이 책의 한국어판 저작권은 EYA(Eric Yang Agency)를 통해 케임브리지대학교 출판부(Cambridge University Press)와 독점계약한 (주)소와당에 있습니다. 저작권법에 의하여 보호를 받는 저작물이므로 무단전재와 복제를 금합니다.

Korean translation copyright © 2021 by SOWADANG
Korean translation rights arranged with Cambridge University Press through EYA(Eric Yang Agency)

CAMBRIDGE WORLD HISTORY: Volume I (part 1)
Copyright © Cambridge University Press 2015

세계사의 탄생

전통과 주제와 서술 방식

데이비드 크리스천 편집 / 류충기 옮김

Cambridge World History
VOL.I PART 1

소와당

케임브리지 세계사 시리즈 소개

케임브리지 세계사 시리즈는 활발한 연구가 펼쳐지고 있는 세계사 분야를 새롭게 개괄하는 권위 있는 개론이다. 세계사 및 지구사의 최근 연구 경향을 반영함으로써 포괄하는 시간적 범위를 확대했으며, 문헌 기록 이후의 역사뿐 아니라 인류의 전체 역사를 대상으로 했다. 국제적으로 다양한 분과 학문에서 선도적인 연구 업적을 내는 필자들을 섭외했고, 200명 이상의 저자들이 참여하여 오늘날까지 인류의 과거를 종합적으로 설명했다. 세계사는 다양한 방법론을 통해, 그리고 다양한 시공간적 범위에서 검토되어야 한다는 인식이 성장하고 있음을 감안하여, 시리즈의 각 권에서는 지역별 연구, 주제별 연구, 비교 연구의 성과를 수록했으며, 사례 연구를 더하여 넓은 시각의 연구를 깊이 있게 들여다볼 수 있도록 기획했다. 바로 이런 점이 케임브리지 세계사 시리즈의 특징이라 하겠다.

시리즈 편집 총괄
메리 위스너-행크스(Merry E. Wiesner-Hanks)
- Department of History, University of Wisconsin-Milwaukee

편집위원회
그레이엄 바커(Graeme Barker)
- Department of Archaeology, Cambridge University

크레이그 벤저민(Craig Benjamin)

- Department of History, Grand Valley State University

제리 벤틀리(Jerry Bentley)

- Department of History, University of Hawaii

데이비드 크리스천(David Christian)

- Department of Modern History, Macquarie University

로스 던(Ross Dunn)

- Department of History, San Diego State University

캔디스 가우처(Candice Goucher)

- Department of History, Washington State University

마니 휴스-워링턴(Marnie Hughes-Warrington)

- Department of Modern History, Monash University

앨런 캐러스(Alan Karras)

- International and Area Studies Program, University of California, Berkeley

베냐민 케다르(Benjamin Z. Kedar)

- Department of History, Hebrew University

존 맥닐(John R. McNeill)

- School of Foreign Service and Department of History, Georgetown University

케네스 포메란츠(Kenneth Pomeranz)

- Department of History, University of Chicago

베린 셰퍼드(Verene Shepherd)

- Department of History, University of the West Indies

산자이 수브라마니암(Sanjay Subrahmanyam)
- Department of History, UCLA and Collège de France

스기하라 가오루(杉原 薫)
- Department of Economics, Kyoto University

마르설 판 데르 린던(Marcel van der Linden)
- International Institute of Social History, Amsterdam

에드워드 왕(Q. Edward Wang)
- Department of History, Rowan University

노먼 요피(Norman Yoffee)
- Departments of Near Eastern Studies and Anthropology, University of Michigan; Institute for the Study of the Ancient World, New York University

한국어판 영어판 분권 대조표

케임브리지 세계사 시리즈 영어판은 7권 9책으로 구성되어 있지만, 번역본 한국어판은 18권으로 출간한다. 그 이유는 분량 때문이다. 분량이 워낙 많은 데다 번역하는 과정에서 페이지 수가 더욱 늘어나 때로는 1000페이지가 넘는 경우가 생기므로, 부득이 영어판 각 1권을 한국어판 2권으로 나눴다. 다만 세계사 서술에서는 시대구분 문제가 중요한 주제 중 하나이며, 영어판의 구성 자체가 시리즈 기획자들의 의도를 담고 있으므로, 페이지 분량 문제로 한국어판에서 부득이 분권을 하더라도 영어판의 구성을 최대한 존중하고자 했다. 그리하여 각 권의 표지에서 영어판의 분권 체제를 명시했으며, 또한 아래와 같이 한국어판과 영어판의 분권 구성과 시대구분을 정리했다. - 옮긴이

영어판		한국어판
Cambridge World Hostory Vol. I (to 10,000 BCE)	Part 1	케임브리지 세계사 01
	Part 2	케임브리지 세계사 02
Cambridge World Hostory Vol. II (12,000 BCE~500 CE)	Ch.1~7	케임브리지 세계사 03
	Ch.8~23	케임브리지 세계사 04
Cambridge World Hostory Vol. III (4000 BCE~1200 CE)	Part 1~3	케임브리지 세계사 05
	Part 4~6	케임브리지 세계사 06
Cambridge World Hostory Vol. IV (1200 BCE~900 CE)	Part 1	케임브리지 세계사 07
	Part 2	케임브리지 세계사 08

영어판		한국어판
Cambridge World Hostory Vol. V (1200 BCE~900 CE)	Part 1~3	케임브리지 세계사 09
	Part 4~5	케임브리지 세계사 10
Cambridge World Hostory Vol. VI (1400~1800 CE)	Part I Ch. 1~10	케임브리지 세계사 11
	Part I Ch. 11~18	케임브리지 세계사 12
	Part II Ch. 1~12	케임브리지 세계사 13
	Part II Ch. 13~18	케임브리지 세계사 14
Cambridge World Hostory Vol. VII (1750~Present)	Part I Ch. 1~10	케임브리지 세계사 15
	Part I Ch. 11~23	케임브리지 세계사 16
	Part II Ch. 1~11	케임브리지 세계사 17
	Part II Ch. 12~21	케임브리지 세계사 18

케임브리지 세계사 VOL. I 소개

케임브리지 세계사 VOL. I (한국어판 01~02권)은 세계사 연구 방법론의 개론인 동시에 기원전 1만 년까지 인류 역사상 최초의 단계에 대한 개론이다.

케임브리지 세계사 01권에서는 선도적 학자들이 세계 전역에 걸쳐, 그리고 오늘날까지 진행되어온 세계사 연구의 접근 방식, 연구 방법, 주제의 대강을 서술했다. 각 장에서는 세계사 연구의 발전 과정을 세부 분야별로 개괄했다. 시대구분, 분기와 통합, 신앙과 지식, 기술과 혁신, 가족, 젠더, 인류학, 이민, 불 등의 주제가 다루어졌다.

케임브리지 세계사 02권에서는 구석기 시대를 다루었다. 구석기 시대는 인류 역사의 기초에 해당하는 시기였다. 우리 책에서는 인류 진화의 최종 단계와, 최후빙하기 말기를 거치는 동안 호모 사피엔스의 부상과 최초 단계 사회의 등장에 초점을 맞추었다. 인류학, 고고학, 역사언어학, 역사학 전공자들이 기후와 도구, 언어, 문화를 중심으로 구석기 시대를 살펴보았으며, 또한 전 세계에 걸쳐 지역별 연구의 주안점을 보여주었다.

책임 편집 / 데이비드 크리스천(David Christian)

시드니 맥쿼리대학교(Macquarie University) 역사학과 교수. 《시간의 지도: 빅 히스토리 개론(Maps of Time: An Introduction to Big History)》의 저자이며, 빌 게이츠(Bill Gates)와 함께 빅 히스토리 프로젝트(Big History Project)를 시작했다.

01권 저자 목록

데이비드 크리스천(David Christian), Macquarie University

마니 휴스-워링턴(Marnie Hughes-Warrington), Australian National University, Canberra

도미닉 작센마이어(Dominic Sachsenmaier), Jacobs University Bremen

마이클 랭(Michael Lang), University of Maine

데이비드 노스럽(David R. Northrup), Boston College

루크 클로시(Luke Clossey), Simon Fraser University

대니얼 헤드릭(Daniel R. Headrick), Roosevelt University

요한 하우드스블롬(Johan Goudsblom), University of Amsterdam

메리 조 메인스(Mary Jo Maynes), University of Minnesota

앤 월트너(Ann Waltner), University of Minnesota

메리 위스너 행크스(Merry E. Wiesner-Hanks), University of Wisconsin-Milwaukee

잭 구디(Jack Goody), University of Cambridge

패트릭 매닝(Patrick Manning), Pittsburgh University

02권 저자 목록

데이비드 크리스천(David Christian), Macquarie University

펠리페 페르난데스-아르메스토(Felipe Fernández-Armesto), University of Notre Dame

크리스토퍼 에렛(Christopher Ehret), University of California, Los Angeles

존 호페커(John F. Hoffecker), University of Colorado

로빈 덴넬(Robin Dennell), University of Exeter

피터 히스콕(Peter Hiscock), University of Sydney

니콜 웨그스팩(Nicole M. Waguespack), University of Wyoming

케임브리지 세계사 시리즈 서문

케임브리지 역사 시리즈는 오래전부터 역사학의 특정 주제를 선정하여 권위 있는 개론을 제공해왔다. 전문가들이 각 장별로 집필을 맡아서 여러 권으로 구성된 시리즈를 제작하는 방식이었다. 이런 방식으로 만들어진 첫 번째 시리즈는 〈케임브리지 근대사〉였다. 액턴 경(Lord Acton)이 기획을 맡았는데, 그가 사망한 직후 1902년부터 1912년까지 14권으로 출간되었다. 이는 이후 시리즈 구성의 모범이 되었다. 후속 시리즈로는 7권으로 구성된 〈케임브리지 중세사〉(1911~1936), 12권으로 구성된 〈케임브리지 고대사〉(1924~1939), 13권으로 구성된 〈케임브리지 중국사〉(1978~2009) 등이 있었다. 이외에도 국가별, 종교별, 지역별, 사건별, 주제별, 장르별로 전문화된 시리즈가 있었다. 이러한 시리즈들은 〈케임브리지 중국사〉가 표방했듯이 해당 주제에 대해서 영어로 된 "가장 방대하고 가장 종합적인" 역사서였고, 〈케임브리지 정치사상사〉가 주장했듯이 해당 분야의 "주요 주제를 모두" 포괄하고자 했다.

〈케임브리지 세계사〉 시리즈는 위대한 선배들의 업적을 본받았지만 동시에 차이도 있다. "가장 방대하고 가장 종합적인" 세계사 시리즈로서 "주요 주제를 모두" 포괄하려면 적어도 300권 규모가 필요할 것이다(시간은 100년쯤 걸리지 않을까?). 그 대신 이번 시리즈는 세계사 중에서 활발히 논의되는 분야를 개괄하고자 했고, 전체는 7권(volume) 9책(book)으로 구성되었다. 시간 범위는 문자 기록이 발달한 이후로 한정하지 않고 인류의 역사 전체를 포괄했다. 이러한 범위 설정은 최근 세계사 연구 경향을 반영한 것이다. 이처럼 폭넓게 시간 범위를 설정하면 고고학과 역사학의 경계가 모호해지고, 인류의 과거를 밝혀내기 위해 두 학문이 서로 보충적 관계에 놓이게 된다. 그래서 시리즈 각 권의 책임 편집에는 역사학자뿐만 아니라 고고학자도 참여했다. 이들은 미국, 영국, 프랑스, 오스트레일리아, 이스라엘 등지의 대학교에 재직하는 학자다. 또한 저자들의 연구 분야 역시 지역 범위 못지않게 폭이 넓다. 역사학, 미술사, 인류학, 고전학, 고고학, 경제학, 언어학, 사회학, 생물학, 지리학, 지역학 전문가가 참여했다. 이들은 오스트레일리아, 영국, 캐나다, 중국, 에스토니아, 프랑스, 독일, 인도, 이스라엘, 이탈리아, 일본, 네덜란드, 뉴질랜드, 폴란드, 포르투갈, 스웨덴, 스위스, 싱가포르, 미국 등지의 대학교에 재직하는 학자다. 연구를 통해 세계사 분야를 형성하는 데 기여한 원로 학자도 포함되어 있으며, 중견 및 소장 학자는 앞으로 세계사 분야를 만들어갈 사람들이다. 저자들 중 일부는 독립된 학문 분과이자 교육 분과로서의 세계사를 구축하는 데 긴밀한 노력을 기울였다. 학계에서는 이들의 활동을 지구사(global history), 초국사(transnational history), 국제사(international history), 비교사(comparative history) 등으로 일컬었다. (이들 분야는 서로 겹치거나 얽혀 있고 때로는 경쟁 관계에 놓여 있다. VOL. I 에 이 분야의 발전을 추적하는 글이 몇 편 수록되었다.) 대부분의 저자는 자기 분야의 전문가일 뿐이라고 생각하지만, 편집자들이 보기에는 폭넓은 대중에게 해당 분야를 가장 잘 설명할 수 있는 전문가, 혹은 자신에게 익숙한 영역을 넘어 새로운 영역으로 나아갈 수 있는 학자다.

세계사에 접근하는 길은 여러 갈래가 있고, 시공간적 범위를 다양하게 설정해야 한다는 인식이 날로 심화되고 있다. 이를 반영해서 각 권에는 다양한 분야의 글이 수록되었다. 지역 연구, 주제 연구, 비교 연구뿐만 아니라 사례 연구도 포함되었다. 사례 연구는 세계사 특유의 폭넓은 시야에 깊이를 부여해줄 것이다.

VOL. I(한국어판 01~02권)에서는 핵심적인 분석의 틀을 소개한다. 시대를 관통하는 세계사를 어떻게 서술할 것인지, 가장 중요한 접근 방법과 주제는 무엇인지 등에 대한 내용이다. 그리고 인류 역사의 95퍼센트를 차지하는 구석기 시대부터 기원전 1만 년까지를 다룬다. 이후로 각 권이 포괄하는 시간 범위는 갈수록 줄어들 것이며, 각 권별로 시간 범위가 다소 겹칠 수도 있다. 여기에는 복잡한 시대구분 문제가 반영되어 있다. 진정으로 글로벌한 역사를 다루려면 시대구분 문제가 복잡할 수밖에 없다. 편집자들은 겹치는 시간 범위를 억지로 조정하지 않았고, (예컨대 고전기, 근대 등의) 전통적 시대구분에 얽매이지 않았다. 이는 기존의 시대구분에 도전하고자 하는 의미도 있다. 또한 각 권별로 시간 범위를 조금씩 겹치게 함으로써 다양한 지역 간의 고립과 불균형, 서로가 서로에게 영향을 미치는 방식을 강조할 수 있었다. 각 권은 고유의 주제, 혹은 일정한 범위 내의 주제에 집중한다. 주제 선정은 편집자들이 맡았는데, 각 권에서 포괄하는 시대의 핵심인 동시에 세계사 전체를 이해하는 데 기본이 되는 주제들이 선정되었다.

VOL. II(한국어판 03~04권) "농업과 세계사(1만 2000 BCE~500 CE)"는 신석기 시대 이전부터 시작해서 이후 농업의 기원과 세계 여러 지역의 농경 공동체를 살펴본다. 더불어 유목 경제와 사냥·어로·채집 경제 관련 이슈들도 검토한다. 농업을 통해 형성된 더욱 복합적인 사회 구조 및 문화 양식의 공통점을 추적하고, 세계 여러 지역을 개관하며, 해당 지역의 사례 연구를 제시한다.

VOL. III(한국어판 05~06권) "고대의 도시들(4000 BCE~1200 CE)"은 초기 도시에 초점을 맞춘다. 도시는 인류 사회 변화의 원동력이었다. 도시 및 공통 이슈 비교 연구를 통해 행정 및 정보 기술의 탄생과 전승, 의례, 권력의 분배, 도시와 그 배후지의 관계를 추적한다. 세계 여러 지역을 대상으로 도시의 발전과 일부 도시가 제국의 수도로 전환되는 과정을 살펴보기 때문에, VOL. III이 포괄하는 시간 범위는 매우 폭넓다.

VOL. IV(한국어판 07~08권) "제국과 네트워크(1200 BCE~900 CE)"는 대규모 정치 단위와 상호 교환 네트워크가 형성되는 과정을 분석한다. 여기에는 "고대 문명"이라고 일컬어지던 내용이 포함된다. 그러나 세계의 다른 지역까지 포함하다 보니 시간 범위가 더 넓어졌다. 노예, 종교, 과학, 예술, 성차별에 대한 장을 포함해 사회·경제·문화·정치·기술 발전의 공통점을 분석한다. 또한 지역별 개관을 제시하는데, 지역별로 한두 군데 사례 연구도 포함되어 있다. 이는 해당 지역을 보다 깊이 있게 들여다보도록 하기 위함이다.

VOL. V(한국어판 09~10권) "교역과 분쟁(500~1500 CE)"은 당시 1000년 동안 특징적으로 나타났던 무역 네트워크 및 문화 교류의 확장을 조명한다. 여기에는 경전 중심 종교의 확장과 과학, 철학, 기술의 전파도 포함된다. 사회 구조, 문화 제도, 환경, 전쟁, 교육, 가족, 법정 문화 같은 의미 있는 주제들이 전 지구적 차원 혹은 유라시아 차원에서 논의된다. 그리고 아시아, 아프리카, 유럽, 아메리카의 정치 및 제국 연구에서는 VOL. Ⅳ에서 시작된 국가 형성에 관한 논의가 계속 이어진다.

이상 VOL. Ⅰ~Ⅴ는 모두 각 1책(book)이다. 그러나 VOL. Ⅵ~Ⅶ은 각 2책이다. 기존의 시대구분으로 보면 근현대에 해당하는 부분이다. 최근 500년에 해당하는 이 시대의 특징은 갈수록 복잡해졌다는 데 있다. 전례 없는 세계화가 진행되었기 때문이다. 뿐만 아니라 그리 멀지 않은 과거이기 때문에 자료도 풍부하고 연구 성과도 많이 남아 있다.

VOL. Ⅵ(한국어판 11~14권) "세계화의 시대(1400~1800 CE)"는 갈수록 확대되는 생물학적·상업적·문화적 교류를 추적하고, 정치·문화·지성의 발달을 살펴본다.

VOL. Ⅵ 제1책(한국어판 11~12권)은 갈수록 상호 의존성이 심화되는 세계가 어떻게 만들어지게 되었는지 그 기초를 살펴본다. 여기에는 환경이나 기술 혹은 질병 등의 주제, 카리브해나 인도양 혹은 동남아시아처럼 특히 교류가 집중되었던 지역, 해양 제국이나 러시아 같은 육지 중심의 제국, 이슬람 제국, 대륙과 해양 모두 진출한 이베리아반도의 제국(포르투갈과 스페인) 같은 대규모 정치 체제 등이 연구 대상에 포함된다.

VOL. Ⅵ 제2책(한국어판 13~14권)은 전 세계적 혹은 지역적 이주와 서로의 만남을 검토한다. 이주를 일으킨 경제·사회·문화·제도적 구조를 살펴보고, 또한 이주를 통해 이러한 구조가 어떻게 바뀌었는지 검토한다. 여기에는 무역 네트워크, 법, 생필품 유통, 생산 과정, 종교 체제 등의 논의가 포함된다.

VOL. Ⅶ(한국어판 15~18권) "생산, 파괴, 접속(1750~현재)"은 세계가 화석 연료 사용 단계로 접어드는 과정을 추적하고, 인구 폭발과 세계화 과정을 통한 활발한 교류의 시대를 다룬다.

VOL. Ⅶ 제1책(한국어판 15~16권)은 인구 과잉의 지구가 만들어진 물질적 조건에 대해 논의한다. 여기에는 환경, 농업, 기술, 에너지, 질병 등의 주제와, 국가주의, 제국주의, 탈식민화, 공산주의 등 현대 사회를 만든 정치적 흐름, 그리고 몇몇 핵심 지역 연구가 포함된다.

VOL. Ⅶ 제2책(한국어판 17~18권)은 앞에서 논의된 주제들을 다시 검토한다. 가족, 도시화, 이민, 종교, 과학 등의 주제뿐만 아니라 스포츠, 음악, 자동차 등 이 시대에 특징적으로 나타난 글로벌한 현상, 냉전과 1989년 같은 변화의 특별한 계기 등에 대한 연구가 포함된다.

〈케임브리지 세계사〉 시리즈에는 모두 200여 편의 논문이 수록된 만큼 종합적이라고 할 수 있다. 그러나 결코 충분하지 않다. 각 권별 책임 편집자는 무엇을 포함하고 무엇을 배제할지 고심을 거듭했다. 이는 세계사 연구자라면 누구나 맞닥뜨리는 문제다. 2000년도 더 지난 과거에 헤로도토스(Herodotos)도 그랬고, 사마천(司馬遷)도 마찬가지였다. 각 권에서 논문의 배열 순서는 해당 시대의 특성을 고려하여 책임 편집자(들)가 판단했다. 그래서 각 권의 구성이 조금씩 다르다. 권별로 시대도 조금씩 겹치므로 어떤 주제는 여러 권에 걸쳐서 등장하기도 한다. 이는 각 권의 역사적 흐름을 이해하는 데 모두 중요하다고 판단되는 주제였기 때문이다. 특히 시리즈 편집자들은 중요한 요소의 발전 과정을 각기 다른 관점에서 살펴보는 것이 세계사 연구에 가장 적합한 방향이라고 생각했다. 각주는 다른 케임브리지 역사 시리즈들과 마찬가지로 상대적으로 가볍게 달았고, 처음 이 분야에 주목하는 독자들을 위한 배려로 각 장이 끝날 때마다 "더 읽어보기" 목록을 제시했다. 또한 이 시리즈는 이전의 시리즈들과 달리 전권이 한꺼번에 출간되었다.(영어판의 경우-옮긴이) 시리즈를 출간하는 데 10여 년씩 걸리던 출판계의 여유로운 속도가 21세기 디지털 시대에 이르러 달라진 것인지도 모르겠다.

다시 말해 〈케임브리지 세계사〉 시리즈는 책이 기획 및 생산되는 시점의 시대상을 반영하고 있다. 〈케임브리지 근대사〉 시리즈도 이와 다르지 않았다. 케임브리지대학교 출판부의 설명에 따르면, 액턴 경이 기획한 것은 "세계사"였다. 그러나 실제로 그 시리즈에 수록된 수백 편의 글 중에서 주인공이나 사건 혹은 정치 단위가 유럽과 북아메리카를 벗어난 경우는 손에 꼽을 정도에 불과했다. 〈새로운 케임브리지 근대사〉(1957~1979) 시리즈도 마찬가지로 세계사를 자처했지만 지역 편중은 별로 개선되지 않았다. 이는 놀라운 일이 아니다. 1957년, 심지어 시리즈의 마지막 권이 출간된 1979년에도 유럽은 곧 "세계"였고, 근대의 모든 것은 유럽에서 비롯되었다고 믿었다. 이런 관점을 우리는 "유럽 중심주의"라 부른다. (다른 언어권에서도 세계사가 집필되는 해당 지역을 중심으로 세계를 바라보는 관점이 없지 않았다.) 20세기 중반에도 유럽 중심은 지속되었고, 세계사와 지구사 분야는 미약했다. 강연회, 학회, 학술지 등 신생 분야를 형성해간 주역들은 1980년대에 이르러서야 등장했다. 그중에는 시작된 지 10년도 안 지난 것들도 있다. 가령 〈세계사 저널(Journal of World History)〉이 1990년 처음 출간되었고, 〈지구사 저널

⟨Journal of Global History⟩⟩이 2005년, ⟨뉴 글로벌 스터디즈(New Global Studies)⟩⟩가 2007년 시작되었다.

　세계사 혹은 지구사의 발전은 다른 모든 학문 분과에서 치열한 자기반성이 이루어지던 시대와 맥을 같이했다. 자신의 존재를 돌아보지 않고는 어떤 연구도 불가능했고, 기존의 모든 범주가 혼란스러워졌다. 포함과 배제, 다양성에 대한 우려가 역사학의 하위 분야에서 기본으로 자리 잡았고, 이러한 분위기에서 역사학 관련 교육이 이루어졌다. 그래서 이 시리즈의 편집자들은 균형을 추구하려고 노력했다. 전통적으로 세계사 분야에서 중점을 둔 것은 거대 규모의 정치·경제적 과정이었고, 정부나 경제 엘리트들이 주체가 된 역사였다. 이것과 문화적 요인, 사고방식, 의미 등 새로운 관심 주제들의 균형을 고려해야 했다. 뿐만 아니라 우리는 세계 여러 나라의 역사에서 중요한 주제들도 포함시키고자 노력했다. 저자의 구성에서도 지역적 안배와 세대별 안배를 고려했다. ⟨케임브리지 근대사⟩와 비교하자면 저자군의 지역적 범위가 훨씬 더 넓고, 저자의 성별도 더 균형이 맞는다. 그러나 우리가 원한 만큼 글로벌하지는 못했다. 현재 세계사와 지구사 연구는 영어권에서 압도적으로 많이 진행되고 있다. 그래서 학자들의 분포 또한 영국과 미국의 대학교에 편중되어 있다. 현대 세계의 여러 가지 불평등한 현실도 그렇지만, 세계사 연구의 이 같은 격차는 그야말로 이 시리즈에서 서술하는 세계사의 결과다. 그중 어느 시대가 핵심 요인이었는가, 그리고 어느 정도 비중으로 기원의 문제를 다룰 것인가 하는 문제는 저자마다 의견이 다를 수 있다.

　나는 다만 이 시리즈가 액턴 경의 시리즈만큼 편차가 크지 않기를 바랄 뿐이다. 가능하면 2권으로 구성된 〈케임브리지 인도 경제사〉 (1982) 정도였으면 좋겠다. 〈케임브리지 인도 경제사〉의 편집자들(Tapan Raychaudhuri, Irfan Habib)은 서문에서 이렇게 말했다. "우리는 감히 우리의 노력이 새로운 지식을 형성하는 데 촉매가 되기를 바랄 뿐이다. 그래서 머지않아 새로운 지식이 이 책에 수록된 내용을 대체할 수 있기를 기원한다." 세계사와 지구사는 활발한 분야라서 머지않아 틀림없이 새로운 지식이 등장할 것이다. 다만 우리의 시리즈가 21세기 초라는 시점에 한해서나마 세계사 분야로 들어가는 문이 되고 전체를 조망할 수 있는 유용한 개론이 되기를 기대해본다.

메리 위스너-행크스(Merry E. Wiesner-Hanks)

감사의 말

이 책을 편집하면서 많은 도움을 받았다. 먼저 메리 위스너-행크스(Merry Wiesner-Hanks)에게 감사하고 싶다. 시리즈 전체를 위해서도 많이 애썼지만, 특히 VOL. I을 구성하는 데 큰 역할을 해주었다. 그다음으로는 마니 휴스-워링턴(Marnie Hughes-Warrington)에게 감사하고자 한다. VOL. I의 기본 계획을 세울 때 많은 도움을 얻었다. 또한 저자들에게도 고마움을 전하고 싶다. 모두 신속하게 원고를 제출했고, 질문에도 성실하게 답해주었다. 이 책을 만드는 데 몇 년이나 걸렸지만 끈기 있게 기다려준 데 대해서도 감사한다. 마지막으로 케임브리지대학교 출판부 편집진에게도 감사해야겠다. 특히 마이클 왓슨(Michael Watson)과 교정을 담당한 줄린 녹스(Julene Knox)에게 감사의 인사를 전한다.

데이비드 크리스천(David Christian)

케임브리지 세계사 01 차례

케임브리지 세계사 시리즈 소개   4
한국어판 영어판 분권 대조표   7
케임브리지 세계사 VOL. I 소개   9
케임브리지 세계사 시리즈 서문   12
감사의 말   21

CHAPTER 1   서장: 책을 펴내며   27
CHAPTER 2   세계사의 세계사   65
CHAPTER 3   세계사의 진화   95
CHAPTER 4   진화와 단절, 그리고 시대구분 문제   141
CHAPTER 5   분화에서 통합으로: 세계사의 구심력과 원심력   193
CHAPTER 6   신앙, 지식, 언어   233
CHAPTER 7   기술과 혁신의 역사   291
CHAPTER 8   인류 역사 속 불과 연료   327
CHAPTER 9   가족사와 세계사: 가정화에서 생물정치까지   367
CHAPTER 10   세계사의 젠더화   409
CHAPTER 11   인류학은 세계사에 어떤 기여를 했는가?   455
CHAPTER 12   이주와 인류의 역사   485

케임브리지 세계사 02 차례

CHAPTER 1　　서장: 책을 펴내며

CHAPTER 13　 농부 탄생 이전: 문화와 기후를 중심으로

CHAPTER 14　 고인류: 도구, 언어, 문화

CHAPTER 15　 아프리카: 기원전 4만 8000년부터

　　　　　　　기원전 9500년까지

CHAPTER 16　 구석기 시대의 유럽: 이주와 혁신

CHAPTER 17　 아시아 구석기 인류의 확산

CHAPTER 18　 오스트레일리아 진출과 정착

CHAPTER 19　 플라이스토세 인류의 아메리카 진출

그림 목록

6-1. 만화로 보는 테슬라 코일(XKCD) 242
6-2. 부와 종교성의 상관 그래프 256
6-3. 수학적 아이디어 전파 도표 263
6-4. 역사가 있는 지역과 없는 지역(Edward Hull) 276
6-5. 세계사 교재에 수록된 과학과 종교 내용의 비중(시대별) 278
6-6. 세계사 교재에 수록된 과학과 종교 내용 중 "서양" 중심 서술의 비중 279
7-1. 〈1851년 박람회 개막 선언〉 296
7-2. 에놀라 게이(보잉 B-29) 300
7-3. 와트 증기기관의 원형 올드 베스 301
9-1. 차탈회위크 가정집의 재구성 378
9-2. 어린이의 관(앙소 문화 매장지) 381
9-3. 성직자에게 재규어 마스크를 주는 여인 385
9-4. 〈흑인과 인디언이 결혼하면 늑대를 낳는다〉 393
9-5. 독일의 대국민 홍보지 〈건강한 부모-건강한 아이〉 399
9-6. 퇴근하는 남성이 등장하는 미국의 광고(1956년) 402
10-1. 버터를 사려고 상점 계산대에 줄을 선 여성 노인들(모스코바) 415
10-2. 퀴어 퍼레이드의 히즈라(hijra) 427
10-3. 입대 홍보 포스터(미국 육군) 441
10-4. 여성 노동자 모집 포스터(제2차 세계대전, 영국) 442
10-5. 입대 홍보 포스터(제1차 세계대전, 영국) 443
10-6. 인도의 민족주의 정당 인도인민당(BJP) 관리들 448

지도 목록

5-1. DNA 증거로 본 인류의 이동   202
5-2. 아프리카 언어 지도   207
6-1. 케임브리지대학교 교육에서 거론되는 인물들의 출생지 분포   274
12-1. 아프리카의 기후 변화와 이주   493
12-2. 세계 전역 인류의 정착   497
12-3. 빙하극성기와 홀로세   502
12-4. 언어의 이동과 확산   507
12-5. 유라시아의 발전   510
12-6. 농업의 확산   514
12-7. 해양 이주와 유목민의 이주   517
12-8. 강제 이주   522
12-9. 1850년 이후 세계의 이주   528
12-10. 20세기의 도시화   532

표 목록

8-1. 세계 인구 및 에너지 사용   358

그림/지도/표 출처

〔그림 6-1〕 www.xkcd.com. 〔그림 6-2〕 www.pewglobal.org/2007/10/04/worldpublics-welcome-global-trade-but-not-immigration. 〔그림 6-3〕 Figure 1.4, pp. 14–15, George Gheverghese Joseph, *The Crest of the Peacock: NonEuropean Roots of Mathematics*, 2nd edn.(London: Penguin Books, 2000). 〔그림 6-4〕 Edward Hull, *Synchronological Chart of Universal History*, 1890. 〔그림 7-1〕 reproduced by kind permission of the Trustees of the Victoria & Albert Museum. 〔그림 7-2〕 © Richard T. Nowitz/Corbis. 〔그림 7-3〕 World History Archive/Alamy. 〔그림 9-1〕 © Mauricio Abreu/JAI/Corbis. 〔그림 9-2〕 © Imaginechina/Corbis. 〔그림 9-3〕 Museo Nacional de Antropologia, Mexico City, Mexico/Bridgeman Images. 〔그림 9-4〕 Breamore House, Hampshire, UK/Bridgeman Images. 〔그림 9-5〕 Deutsches Historisches Museum, Berlin, Germany/DHM/Bridgeman Images. 〔그림 9-6〕 © GraphicaArtis/Corbis. 〔그림 10-1〕 © Shepard Sherbell/CORBIS SABA. 〔그림 10-2〕 © Subhash Sharma/ZUMA Press/Corbis. 〔그림 10-3〕 © Heritage Images/ Corbis. 〔그림 10-4〕 © Heritage Images/Corbis. 〔그림 10-5〕 © Corbis. 〔그림 10-6〕 © AMIT DAVE/Reuters/Corbis.

〔지도 5-1〕 Wikipedia Commons, licensed under the Creative Commons Attribution-Share Alike 3.0 Unported license. 〔지도 5-2〕 Wikipedia Commons, licensed under the Creative Commons Attribution-Share Alike 3.0 Unported license; created by Mark Dingemanse.

〔표 8-1〕 Smil, *Harvesting the Biosphere*, p. 222.

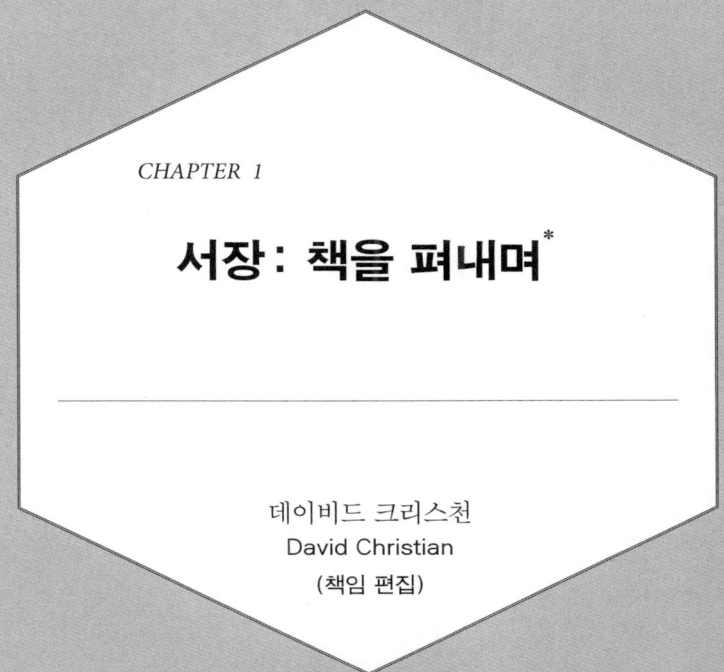

CHAPTER 1

서장: 책을 펴내며*

데이비드 크리스천
David Christian
(책임 편집)

* 영어판 VOL. I이 한국어판 번역본에서 01~02권으로 분권됨에 따라(7쪽 분권 대조표 참조) 서장 또한 각 권의 내용에 맞춰 분리했다. 즉《케임브리지 세계사 01 세계사의 탄생》을 요약 정리한 서장의 앞부분은 이번 책에 수록하고,《케임브리지 세계사 02 인류의 확산》을 요약 정리한 서장의 뒷부분은 02권에 수록했다. - 옮긴이

시리즈 총괄 편집자인 메리 위스너-행크스는 서문에서 〈케임브리지 세계사〉 시리즈가 권위 있고 종합적인 개론이라고 말했다. 그렇다고 해서 이 시리즈가 세계사의 모든 내용을 다 담고 있다는 말은 아니다. 세계사 서술의 목표는 간략화에 있다. 포괄하는 범위가 워낙 넓기 때문이다. 실제 땅덩어리와 같은 크기의 지도가 쓸모없듯이 모든 내용을 다 담고 있는 세계사는 엉터리다. 이는 곧 핵심을 간추리는 고난의 길을 회피한 결과일 뿐이다. 그러니 모름지기 세계사 연구자는 취사선택을 잘해야 한다. 이 책에 수록된 글들은 이미 학계에서 권위를 인정받은 내용이다. 또한 그야말로 방대한 영역을 포괄하고 있다. 그렇다고 해서 이 정도로 충분하다고 말할 수는 없다. 다만 세계사 분야의 위대한 연구 업적들이 그러하듯이, 이 책에 수록된 글들도 역사의 세세한 결들을 드러내는 동시에, 중요한 주제와 여정의 큰 그림을 놓치지 않으려 애썼다. 이 책은 두 가지 측면에서 개론에 해당한다. 《케임브리지 세계사 01 세계사의 탄생》은 역사학의 하위 분야로서 오늘날 세계사 연구가 어떻게 진행되고 있는지를 다룬다. 《케임브리지 세계사 02 인류의 확산》은 인류 역사상 최초의 단계를 살펴본다.

01권에서는 세계사 연구의 틀을 만들어온 연구 동향, 방법론, 주제들을 살펴본다. 여기서 세계사 전반을 다루기는 하지만 구석구석을 살펴보지는 않는다. 세계사에 처음 발을 들여놓는 독자를 위해 역사학자들이 세계사 연구에 어떻게 접근하는지, 그 대강을 보여줄 뿐이다. 세계사 연구자가 본다면, 주요 주제와 방법론을 다시 한 번 강조하고 세계사에서 낯설었던 몇몇 분야를 소개하는 의미가 있을 것이다. 01권에 등장하는 주제들에 대해서는 시리즈 후속권에서 시대별 혹은 지역별 세부사항들이 더 상세하게 논의될 것이다.

02권에서는 인류 역사의 최초 단계인 구석기 시대를 살펴본다. 구석기 시대라 하면 수십만 년 전까지 거슬러 올라가는데, 이때는 인류의 조상들이 역사의 기초를 놓은 시기였다. 02권은 인류의 과거에 관심이 있는 독자를 위한 책이니만큼 인류 진화의 최후 단계와 호모 사피엔스라는 낯선 종의 탄생, 최초의 인류 사회 등을 집중 조명한다. 02권은 최후 빙하기(LGP)와 함께 끝난다. 그때가 불과 1만 년 전이다. 그 즈음에 세계의 일부 지역에서 농경이 시작되었다. 농경 이후 인류 사회는 점차 생물생활권(biosphere)에서 에너지원을 취득하지 않고 자체적으로 먹고사는 쪽으로 나아갔다. 이 문제는 03권 이후의 "농업과 세계사" 편에서 본격적으로 논의될 것이다. 농경 덕분에 풍성해진 에너지는 인류의 역사를 전혀 새로운 길로 이끌었으며, 인류 공동체를 바꾸어놓았고, 전 세계의 변화 속도를 점점 더 가속화했다. 그 과정은 시리즈가 끝날 때까지 계속해서 논의될 것이다.

제1장의 목표는 01~02권에 수록된 글들이 어떤 내용을 담고 있는지 요약 및 설명하는 것이다. 각 장의 주제를 제시하고 각각의 글들을 서로 비교하는 과정에서 불가피하게 세부적 내용이나 뉘앙스의 해석은 생략할 수밖에 없겠다. 역사학이 원래 그러하듯이, 각 장의 글들도 정수를 추

린 것이지만, 제1장은 특히 정수 중 정수를 추린 글이다. 그러니 독자들은 본격적인 독서에 앞서 상세 목차를 확인한다고 생각해도 좋겠다.

01권: 세계사의 탄생

근대 역사학의 하위 분야로서 세계사는 무척이나 새로운 분야다. 작고한 제리 벤틀리(Jerry Bentley)는 이렇게 말했다. "새로운 세계사는 1960년대부터 발전해왔지만 본격적으로 시작된 것은 1980년대에 이르러서다. 개별 공동체나 사회를 독립적으로 바라보는 것이 아니라 비교, 연결, 네트워크, 시스템 등에 초점을 맞추는 것이 새로운 세계사다."[1] 오늘날 세계사 연구자들은 대부분 역사학자로 교육을 받은 사람들이다. 그래서 역사학의 기본 원칙들을 받아들인다. 그러나 국가라는 틀과 실증주의 규범을 넘어서고자 한다. 이 두 가지는 19세기 및 20세기 역사학의 특징이었을 뿐이다. 또한 세계사 연구자들은 유럽 중심주의에서 탈피하고자 각별한 노력을 기울여왔다. 이 책에 실린 여러 편의 글에서 그러한 노력의 실상을 확인할 수 있을 것이다. 기존의 역사학은 지나치게 유럽에 편중되어 있었다. 유럽이나 서양에서 일어난 일이 아니면 그 일은 최초가 아닐 것 같고, 의미가 별로 없었을 것 같고, 영향력이 그리 크지 않았을 것 같은, 그러한 암묵적인 전제가 있었다.

좀 더 글로벌하게 역사를 이해하고자 하는 의도는, 부분적으로 세계화 및 탈식민지화의 영향을 받아 생겨난 것이다. 현실적으로 경제나 군

---

1 Jerry H. Bently, 'The Task of World History', in Jerry H. Bently(ed.), *The Oxford Handbook of World History*, Oxford:Oxford University Press, 2011, p. 2.

사 분야뿐만 아니라 지식 및 학자들 간의 세계적 교류도 갈수록 긴밀해지고 있다. 이런 현실 속에서 지난 세기의 역사학을 주도했던 유럽 중심적 태도, 국가주의적 태도는 개념적으로는 물론 경험적으로도 엄청난 한계에 직면하게 되었다. 그래서 점점 더 많은 학자들이 과거를 인류 공통의 유산으로 이해하고자 하는 노력을 기울여왔다. 아이러니하게도 세계사 연구자들의 이러한 노력 자체는 그렇게 새로운 시도가 아니었다. 형식은 다르지만 세계사 비슷한 것이 이미 대부분의 문화권에서 존재했던 것으로 확인되기 때문이다.

제2장에서 마니 휴스-워링턴(Marnie Hughes-Warrington)은 세계사의 역사를 간략히 정리했다. 핵심 내용은 같지만 이름이 다른 수많은 프로젝트들이 있었다. 예를 들면 "보편사(universal history), 통합사(ecumenical history), 지역사(regional history), 비교사(comparative history), 세계 체제사(world system history), 거시사(macro history), 초국사(transnational history), 거대사(big history), 신세계사(new world history), 신지구사(new global history)" 등등이다(명칭 번역은 조지형·김용우 외, 《지구사의 도전》 참조 – 옮긴이). 앞에서도 말했듯이, 이름은 다를지 몰라도 세계사 프로젝트 그 자체는 새로운 시도가 아니었다. 모두가 어떤 식으로든 일관되고 의미 있는 "세계"를 설정하고, 그것에 비추어 과거의 의미를 이해하고자 했다. 물론 각각의 시도가 포괄하는 내용의 범위는 다양했다. 각자가 구축하고자 하는 "세계"에 따라서 그 범위가 달라졌기 때문이다. 그렇다면 우리가 구축하고자 하는 세계는 다른 사람들이 구축한 세계와 어떻게 다른가? 2000년도 더 지난 과거에 그리스의 헤로도토스(Herodotos)와 중국 한(漢)나라의 사마천(司馬遷)은 자신이 속한 문명 세계와 그 경계 너

머의 야만 세계를 분명하게 구분했다. 어떤 저자들은 젠더 문제를 기준으로 야만과 비-야만을 구분하기도 했다. 크리스틴 드 피잔(Christine de Pizan)과 조지프 스웨트넘(Joseph Swetnam)이 뚜렷하게 대비되는 인물이었다. 크리스틴 드 피잔의 《여성들의 도시에 관한 책(The Book of the City of Ladies)》(1405)은 "여성 전사, 훌륭한 아내, 성스러운 여인에 관한 세계사"인 반면, 조지프 스웨트넘의 《음란하고 게으르고 나서기 좋아하는 여인들에게 주는 충고(The Arraignment of Lewd, Idle and Forward Women)》(1615)에서는 여성이 아담의 갈비뼈에서 나왔기 때문에 휘어진 모양의 갈비뼈처럼 "본래부터 본성이 삐뚤어졌다"고 주장했다.

인쇄의 발달, 계몽주의 시대의 "철학적 전회(philosophical turn)", 19세기 학문의 직업화 등에 의해 과거 뚜렷했던 문명과 야만의 구분선이 지워졌다고 할지도 모르겠다. 그러나 현실에서는 새로운 선이 그어지고 있었다. 역사학자들은 국민 국가(nation state)와 국사(national history)를 구축하는 데 정신이 팔려 있었다. 그러는 사이 세계사는 기피 분야가 되었다. 세계사 책들이 많이 출간되기는 했지만, 공식적인 전문 역사학계를 벗어난 경우가 많았다. 19세기 말부터는 전문 역사학자들이 세계사를 곱지 않은 시선으로 바라보기 시작했다. 20세기 중반에 이르러 역사학의 새로운 주제들이 대두되었다. 근대화, 세계 체제(world-systems), 지역학, 후기-식민지(탈식민지) 등이었다. 이런 주제들을 연구하려면 새로운 방식으로 역사학의 틀을 고민할 수밖에 없었다. 그래서 역사학 전반에 걸쳐 새로운 접근들이 시도되었다. 그중에는 젠더의 역사(01권 제10장)라든가 환경의 역사 같은 접근법들도 있었다. 혹은 이주의 역사(01권 제12장)처럼 내용상 세계적일 수밖에 없는 분야가 급성장하기도 했다.

이처럼 연구 방법이 다양화되면서, 또한 현실적으로 세계화가 날로 가속화됨으로써, 제도권 역사학계에서 세계사도 근대 역사학의 한 분과로 부활할 수 있게 되었다.

제3장에서 도미닉 작센마이어(Dominic Sachsenmaier)도 세계사의 역사를 연구했다. 마니 휴스-워링턴이 학계 외부의 세계사 연구에 주목했다면, 도미닉 작센마이어는 학계 내부의 세계사 연구 성과를 다루었다. 작센마이어는 모든 역사가 어떤 의미에서는 세계사일 수 있다는 입장에 동의한다. 왜냐하면 어떤 사회에서든 역사학자라면 누구나 과거를 어떤 "세계" 속에서 이해하기 때문이다.

어느 시대 어느 문화권에서든 세계사란 곧 "그들만의 세계사"를 의미할 수밖에 없다. "세계"라고 하는 것 자체가 경험의 범위를 벗어날 수 없기 때문이다. 누군가가 직접 여행을 했든 다른 사람으로부터 전해 들었든, 그 사람이 말하는 세계는 그 사람이 이해하는 범위 내의 세계일 뿐이다. 그런 의미에서 14세기의 마야인이 생각했던 세계, 북유럽인이 생각했던 세계, 일본인이 생각했던 세계, 폴리네시아인이 생각했던 세계는 완전히 달랐다. 그러나 이들 14세기의 사람들에게는 분명 그들만의 공통점도 있었다. 그들은 모두가 자기만의 정치 영역, 혹은 문화적 관습 범위의 경계선을 넘어서서 멀리까지 나가본 사람들이었다.

물론 이와 같은 세계사(즉 그들만의 세계사)에는 언제나 "외부자"가 등장했다. 그래서 휴스-워링턴과 마찬가지로 작센마이어도 옛날의 세계사에 등장하는 가상의 분리선에 주목했다(어쩌면 이런 식의 분리선이 바로 세계사의 본질일지도 모른다). 즉 "우리"와 "외부자" 사이에 그어놓은 분리선이다. 헤로도토스나 사마천의 시대에 이미 이러한 분리선은 명확하게 나타났고, 무슬림의 역사서들도 이런 점에서는 별로 다를 것이 없었다. 세계사라는 관심 자체가 "우리의" 세계를 넘어서는 바깥 세계에 대한 관심을 내포하고 있는 것도 사실이다.

16세기부터 "외부자의 세계"가 하나가 아니라 여러 개일 가능성이 커졌다. 예전에는 전혀 생각지도 못한 세계와 연결되자 세계사는 기존의 뿌리에서 떨어져 나오게 되었다. 특히 유럽에서 이런 일이 일어났다. 처음으로 글로벌한 무역 네트워크가 만들어지면서 전 지구적 범위에서 역사를 서술하려는 최초의 시도가 생겨났다. 예를 들면 조지 세일(George Sale)의 65권짜리 세계사가 그러한 시도였다. 이 시리즈가 출간된 때는 1747~1768년이었다. 그러나 세계화는 기존의 이항 대립(우리/외부자)을 더욱 첨예하게 만들 뿐이었다. 즉 "유럽/나머지 세계"라는 이항 대립으로 방향이 바뀌었을 따름이다. 헤겔(G. W. F. Hegel)이나 마르크스(Karl Marx), 베버(Max Weber) 같은 영향력 있는 유럽의 학자들도 세계를 조망하면서 그 중심에 유럽을 위치시키고 다른 지역들은 주변부로 밀어냈다. "대체로 나머지 세계는 서양의 성장 엔진으로부터 너무 멀리 떨어져 있어서 별 참고가 되지 않으므로 진지하게 연구할 필요는 없다"는 입장이었다. 유럽 중심적 세계사는 덜 보편적이고 덜 "세계적"인 역사가 될 수밖에 없었다.

세계화는 유럽 이외 지역의 전통 역사학에도 영향을 미쳤다. 그러나 그 영향의 방식은 유럽과 달랐다. 떠오르는 "서양" 바깥에서는 서양의 역사와 대비되는, 혹은 그에 반대되는 국사(그 나라의 역사)가 등장했다. 여기서는 "서양사"를 "세계사"라고 하는 경우가 많았다. 이들에게 세계사가 중요했던 이유는 그것이 곧 "서양"에 대한 연구였기 때문이다. 또한 이들 나라에서 역사학이 전문 분야로 자리 잡는 과정에서 주로 유럽식 모델을 따랐기 때문에 유럽의 우월성이 특히 강조될 수밖에 없었다. 자와할랄 네루(Jawaharlal Nehru)의 《세계사 편력(Glimpses of World History)》은 서양에 대한 비판적 입장을 견지한 책이지만, 그럼에도 서양사를 역사의 기준으로 삼았다. 대부분의 공산주의 역사학자들도 마찬가지였다. 이들도 마르크스의 유럽 중심적 세계사의 시각을 견지했다.

20세기에 접어들면서 몇몇 역사학자들이 과도한 유럽 중심적 역사 연구에 문제를 제기했다. 오스발트 슈펭글러(Oswald Spengler)도 그중 한 사람이었다. 그는 "쇠락하는 서양(declining West)"이라는 관점을 제시했다. 아널드 토인비(Arnold Toynbee)는 세계를 여러 개의 구분되는 "문명(civilizations)"으로 설명했다. 윌리엄 맥닐(William McNeill)은 문명들 상호 간의 연결을 중요시했다. 이외에도 세계 체제론(world-systems)이나 네그리튀드 운동(Négritude Movement) 등이 있었다. 그러나 20세기의 마지막 10년 사이에 공산주의가 무너지기 전까지 이들의 시도는 그리 큰 영향력을 행사하지 못했었다. 세계의 통합적 변화 과정과 전 지구적 연결 고리들을 찾는 연구에 강한 추진력이 더해진 때는 냉전 구도가 무너진 뒤였다. 세계사 분야가 역사학의 새로운 프로젝트로 간주되는 이유가 바로 여기에 있다. 그러나 오늘날까지도, 심지어 세계사 연구자들의 저술 안에서도 상호 대립적인 경향성이 공존하고 있다. 즉 과거를 하나의 지역 혹은 국가의 틀 내에서 설명하는 기존의 방식(대부분 국가의 교육 체계가 여전히 이 방식을 지원하고 있다)과, 보다 글로벌한 관점에서 과거를 설명하고자 하는 방식(작센마이어는 이를 "국경을 초월한 학문 bordercrossing scholarship"이라고 일컬었다)의 대립이다. 이들의 다양한 시도가 점점 합해져서 결국 단 하나의 지구사로 통합될 것을 기대해서는 안 된다. 다만 세계사 연구의 다양한 전통들이 점점 더 긴밀히 상호소통하기를 기대해볼 수는 있겠다.

제4장에서 마이클 랭(Michael Lang)은 시대구분의 문제를 제기했다. 역사 서술에서는 언제나 시대구분이 기본적으로 문제가 된다. 특히 세계사에서는 세계사만의 시대구분이 있고, 그것이 세계사만의 문제를 야기하는 것이다. "크라카우어(Kracauer)와 아도르노(Adorno)의 표현을 빌리자면, 역사학의 시대구분은 '힘의 장(force field)'이다. 그 시대만의 내재적 의미(특수성)와 연대기(보편성)라는 양쪽의 기둥에서 동시에 끌어당기는 힘이 작용하여 끊임없는 긴장 관계가 해소되지 않는 상태다." 시대구분이라는 개념의 핵심에는 이미 "보편적 시간(universal time)이라는 개념이 포함되어 있다. 그러므로 시대구분 문제는, 설사 직접적으로 표방하지 않는 경우조차도 암묵적으로 세계사 차원의 문제가 된다." 여기서 특수성과 보편성(랑케Ranke의 표현으로는 "거대한 전체great whole")이 대립된다. 근대 역사학은 이를 해결하기 위해 많은 시도들을 해왔다. 마이클 랭은 이러한 시도들을 자세히 설명해준다.

랑케의 시대에는 이미 국사(national histories)를 기반으로 한 시대구분이 학계의 통설이었다. 그러나 다원적 시대구분을 인정하는 학자들도 여전히 많았다. 예컨대 뷔퐁 백작(Comte de Buffon)은 자연의 시대(les Époques de la nature)라고 하는 진화(지질) 시대구분을 사용했고, 헤르더(Herder)처럼 "무수히 많은 시간들을 포괄하는 단 하나의 시간

(innumerable times, all at one time)"을 말하는 사람도 있었다. 랑케는 보편성과 특수성의 대립을 어느 정도 해소할 수 있는 대안으로 국가(nation)를 상정했다. 국가 자체는 그 속에 다양한 요소를 통합하기 때문에 일종의 보편성을 지니고 있다. 그러면서도 각각의 국가는 그 국가만의 특수성도 가지고 있다. 그런 랑케조차 인간으로서는 궁극적 해결에 도달할 수 없다는 생각을 하고 있었다. "오직 신만이 세계의 역사를 아실 것이다. 우리 인간은 모순을 받아들이는 수밖에 없다."

19세기의 다른 역사학자들도 보편적 역사에 대해서는 랑케와 마찬가지로 회의적이었다. 또한 랑케와 마찬가지로 "국가"라고 하는 특수한 보편성에 사로잡혀 있었다. 윌리엄 스텁스(William Stubbs)는 역사란 기본적 실체(elemental unity)보다 끊임없이 파생되는 무언가를 서술하는 것이라고 했다. 그랬던 그도 잉글랜드 국가 정체성에 대해 상당히 방대한 저술을 남겼다. 물론 19세기의 국가는 현실적 측면에서 일종의 보편성을 제공해주었다. 즉 국가는 단지 역사학자의 생각 속에만 있는 것이 아니라, 그들이 일하는 직장이나 그들이 학문 활동을 하며 살아온 관습을 실제로 지배하고 있었던 것이다. 게다가 랑케를 좌절케 했던 그 해답 없는 긴장을 백일하에 드러내 보여주기라도 하듯이, 각각의 국가에서는 자기만의 방식으로 역사학을 만들어나가고 있었다.

20세기에 들어서서 국가 간 분쟁이 결국 세계대전을 낳았고, 역사의 시대구분을 제공했던 국가라는 틀은 더 이상 자연스럽게 받아들여지지 않게 되었다. 그렇다면 무엇으로 국가를 대체해야 할까? 토인비는 문명(civilization)을 제안했다. 맥닐은 세계 전체를 배경으로 인간의 진화 과정을 역사의 기준 틀로 제시했다. 인류 전체에 공통적인 "의미 있는 과거"가 존재할까? 맥닐은 문화의 확산 (혹은 질병 같은 것의 확산) 과정에서 그러한 시대구분을 찾았다. 새로운 보편성을 찾는 사람은 맥닐 혼자가 아니었다. 그러나 마이클 랭도 지적했듯이, 그러한 세계사는 단지 "국가 단위에서 적용하던 것을 그대로 세계 전체로 확대 적용하는 데 지나지 않을" 위험성이 있었다. 드러내놓고 보편성을 추구하는 프로젝트에 대해서 많은 역사학자들이 깊은 의심의 눈초리를 보냈다. 마르틴 하이데거(Martin Heidegger), 미셸 푸코(Michel Foucault), 자크 데리다(Jacques Derrida) 등은 보편적 역사라고 하는 것이 사실은 편협하며, 이데올로기 및 권력으로 작동한다고 주장했다. 그래서 어쩌자는 말인가? 먼 옛날 특수성과 우연성에 매몰되었던 역사, 경험에 국한된 역사학으로 되돌아가자는 말인가? 1956년에 롤랑 바르트(Roland Barthes)는 이렇게 썼다. "오늘날 우리는 시대적인 문제에 직면해 있는 것 같다. … 현실이 완전히 역사로 스며들 수 있다고, 그래서 이데올로기화될 수 있다고 볼 것인가? 아니면 반대로, 현실은 끝내 이해할 수 없고, 뭐라고 표현할 수 없고, 시(詩)의 언어로 포착할 수밖에 없다고 볼 것인가?" 그래서 세계사가 보편성을 향해 나아갈 때 포스트모더니즘 혹은 후기-식민주의 역사학은 특수성을 향해 나아갔다. "이 두 개의 기둥 사이에서, 즉 연대기와 내재성의 사이, 진화와 단절의 사이, 보편성과 의미의 사이에서 역사학은 시대구분 문제를 선택할 수밖에 없다."

    마이클 랭은 세계사의 시대구분 문제에 대한 손쉬운 해결책을 제시하지 않았다. 그러나 제5장에서 데이비드 노스럽(David Northrup)은 인류 역사 전체의 시대구분을 단순하게, 강력하면서도 독특한 방식으로 제시했다. 인류 역사에서 대체로 우리는 서로 갈라지는 원심력을 발견할 수 있다. 그런데 최근 1000년 동안은 어디서나 통합의 면모를 확인하게 된다. "어느 시점부터 세계를 분화시키던 원심력을 넘어서서 세계를 통합시키는 구심력이 앞서기 시작했다. 가끔씩 단절이 없지 않았지만 결국에는 통합 경향이 지속되었고 갈수록 중요한 계기를 얻었다. 이것이 바로 대통합(Great Convergence)이다."

　노스럽이 지적한 바와 같이, 세계사 서술에서 매우 영향력 있는 여러 가지 시대구분론들이 있었다. 지역에 따라서는 유럽식으로 고대, 중세, 근대로 나누는 것이 잘 들어맞기도 한다. 수메르 이전 시기의 모든 것을 제외하는 시대구분법이 있는가 하면, 오늘날의 세계에 대한 연구를 금지하는 시대구분법도 있었다. 어쨌거나 세계사라고 하면 시대구분 문제를 무시할 수 없다. 이 문제를 고려하지 않으면 세계사라는 것이 지역사를 마구잡이로 그러모아둔 것에 지나지 않는다. 노스럽이 제시했던 단순한 시대구분법은 정말로 전 세계적이다. 인류 역사 전부가 포함되며, 앞으로의 여정에 대해서도 논의할 여지가 많다. 인류 역사상 대부분의 기간 동안 원거리 교류는 제한적이었다. 각각의 공동체는 각자 나름대로의 역사를 구축해왔다. 유전자(genome)도 갈라졌고, 언어도, 생활 방식도, 종교도, 의례도 달라졌다. 근대 초기 파푸아뉴기니는 언어가 얼마나 다양하게 갈라질 수 있는지를 잘 보여주는 사례였다. 불과 100만 명의 인구가 33개 어족 500개의 서로 다른 언어를 사용했다. 마찬가지로 원시-반투어는 3000년도 안 되는 시간 동안 250개의 언어로 분화되었다. 역사학자들은 과거를 추적해보고 이들 언어가 공통 조상에서 분화되었다는 것을 알아낼 수 있었지만, 현실을 살아가는 사람들은 그저 차이만 뚜렷하게 인식할 뿐이었다.

그런데 오늘날 통합성은 더욱 분명하게 드러나고 있다. 영어나 스페인어는 지역적 확산에도 불구하고 분화되지 않은 채 단일 언어로 유지되고 있다. 동시에 많은 현지어들은 빠른 속도로 소멸해가고, 현존하는 언어의 종류는 급속도로 줄어들고 있다. 한편 질병, 기술, 분쟁(을 다룬 뉴스)이 전 세계로 뻗어나가는 중이다. 바야흐로 나이폴(V. S. Naipaul)이 언급한 "보편 문명(universal civilization)"이 만들어지고 있다. 언제부터 통합이 주된 흐름으로 자리 잡았을까? 전 세계 곳곳이 정기적으로 교류하기 시작한 것은 16세기에 이르러서다. 그러나 통합 경향의 뿌리는 훨씬 오래되었다고 노스럽은 주장한다. 먼 옛날 구석기 시대부터 사람, 물건, 생각, 의례 등의 교류가 있었다는 사실이 확인되었다. 지난 5000년 동안은 수많은 제국이 명멸하고 무역이 확산되는 과정에서 상품, 사상, 유행, 종교의 교류가 증가해왔다. 분화에서 통합으로 경향성이 역전된 시점은 언제였을까? 노스럽은 몇 가지 가능성을 타진해본 뒤, 존 맨(John Man)이 주장한 기원후 1000년설을 채택했다. 존 맨에 의하면, 자신의 거주지 인접 지역으로 어디든 소식을 전할 수 있다는 생각이 시작된 시점이 그때였다. 어쩌면 노스럽의 말처럼, 세계사에서 시대구분은 일부 역사학자들이 생각하는 것처럼 그리 어려운 일이 아닐지도 모르겠다.

제6장에서 루크 클로시(Luke Clossey)는 지식과 사상의 세계사를 탐구했다. 신앙, 지식, 언어의 세계사가 존재할 수 있을까? 여기서도 유럽중심주의가 언급된다. 유럽의 과학과 세속주의가 세계의 사상계를 점령했다는 생각이 어떻게 변화 및 발전해왔는지를 추적했다. 그리고 지식의 세계사가 인류의 사상 전체에 더욱 포괄적으로 접근할 수 없는지, 그

래야만 하는 것은 아닌지를 묻고 있다.

 클로시가 지적한 바와 같이 지식의 세계사는 거의 없었다. "지식에 관한 우리의 책들은 사실 대부분이 더 넓은 세계의 민속-지식이 아니라 유럽-지식을 담고 있다." 민속 지식이란 어느 곳에서나 쓸 수 있는 지식이 아니라 고향에서만 써먹을 수 있는 지식을 의미한다. 우리는 (특히 우리가 "서양"에 근거를 둔 역사학자라면) 이와 같은 전제에서 벗어나 지식과 신앙을 연구할 수 있을까?

 세계적인 범위에서 종교와 언어를 이해하고자 최초로 시도한 사람들이 유럽인이었다. 초창기 세계 제국을 건설한 이들이 바로 그들이었기 때문이다. 돌이켜보면 그들이 시작한 비교학적 전통은 놀랍게도 전혀 유럽 중심적이지 않았던 것 같다. 이러한 전통은 윌리엄 존스(William Jones)의 업적에서 시작되었다. 그는 18세기 영국령 벵골 지역에서 판사로 근무했던 사람이다. 언어와 종교의 비교 연구를 그가 처음으로 시작했다. 그에게서 비롯된 전통을 이어받은 사람들이 문헌학자인 막스 뮐러(Max Müller), 1927년에 〈이시스(Isis)〉라는 과학사 잡지를 창간한 조지 사튼(George Sarton) 등이었다. 사튼은 무슬림 과학의 결정적 역할을 높이 평가했으며, 이를 제대로 추적하기 위해 본격적으로 아랍어를 배웠다.

 사상사 분야에서는 학자들이 선구자를 중심으로 한 너무 광범위한 일반화를 꺼려하기도 하고 연구 분야의 폭을 좁혀나가기도 해서, 결국에는 지역 전통에 초점을 맞추는 경향이 강해졌다. 이러한 연구 성과는 대체로 근대 유럽 과학의 영광을 드높이는 방향이었다. 유럽의 사상 자체도 지역적 전통에 국한된 것들 중 하나라고 보기란 쉽지 않았지만, 그런 시도가 없지도 않았다. 에릭 울프(Eric Wolf)의 《유럽과 역사 없는 사람들(Europe and the People without History)》, 디페시 차크라바르티 (Dipesh Chakrabarty)의 《유럽의 지방화(Provincializing Europe)》 등이 그런 사례였다. 그러나 이런 책들은 사상의 세계사 분야에서 유럽 중심주의의 끄트머리를 조금 깎아내는 정도에 불과했다.

제6장의 나머지 내용은 다음 네 가지 논점에서 유럽 중심주의의 특성과 정도를 분석하는 것이다. 네 가지 논점이란 인간화(인류의 조상이 인간으로 진화하는 과정), 축의 시대(Axial Age) 이론, 유럽 과학 혁명 연구, 근대 이후 종교의 쇠락 이론을 말한다. 갈수록 그 한계가 뚜렷해짐에도 불구하고 이 네 가지 논의에는 유럽 중심주의가 교묘하게 혹은 공공연하게 자리 잡고 있다. 예컨대 인간화 연구는 필연적으로 "세계적"일 수밖에 없다. 그러나 이 분야를 연구하는 사람들이 대부분 유럽인 혹은 서양인이기 때문에, 여기서도 암묵적인 유럽 중심주의가 확인되는 것이다. (02권 제16장에서도 그러한 결과의 일부를 엿볼 수 있다.)

어쩌면 이런 문제가 유럽 중심주의 문제의 핵심일지도 모르겠다. 너무나 많은 세계사 연구들이 "서양인" 학자들의 성과물이다. 따라서 예컨대 케임브리지대학교에서 개설되는 개론 강의나 교재에 등장하는 "지식 생산자" 목록에서 유럽인이 절대다수를 차지한다고 해도 놀랄 일이 아니다. 오늘날 세계사 교재를 훑어보면 서양 사회를 설명하는 부분은 대체로 과학이 포괄하고 있는 반면 동양 사회를 설명하는 부분은 대체로 종교가 포괄하고 있다. 서양인 학자가 주도하는 세계사가 유럽 중심주의라는 사실이 놀라운가? 유럽 중심적이지 않은 사상의 세계사를 예상해볼 때, 어쩌면 그것은 또 다른 "중심주의"가 아닐까? 클로시는 글을 마치며 2174년에 출간될 북경 세계사를 예로 들고 있다.

제7장에서 댄 헤드릭(Dan Headrick)은 지성사 가운데 특수한 한 분야, 그렇지만 지성사에 결정적 역할을 한 분야를 연구했다. 바로 기술(technology)과 기술 혁신(innovation)이다. 헤드릭의 정의에 따르면, 기술이란 "실용적 목적을 염두에 두고 재료나 에너지, 생물 등을 이용하는 것"이다. 물론 인간 이외에도 여러 동물들에게서 기술을 확인할 수 있다. 그러나 인간은 워낙 새로운 기술을 상상할 줄 아는 능력이 있다. 기술 혁신이 우리 인간에게 주변을 (그리고 서로를) 지배할 수 있는 힘을 주었다. 기술 혁신은 인간 존재를 규정하는 결정적 요소이며 인류의 역사를 이끌어온 근본 요인이었다. 그럼에도 불구하고 기술의 역사는 역사 분야에서 비교적 새로운 분야에 속한다. 계몽주의와 《백과전서(Encyclopédie)》(1751~1772)의 시대를 넘어서까지 그 역사를 추적하기란 매우 어렵다. 본격적인 기술사 연구 저술을 남긴 사람은 요한 하인리히 모리츠 폰 포페(Johann Heinrich Moritz von Poppe)였다. 그의 저서 《가장 오랜 옛날부터 오늘날까지 무역, 예술, 과학에서의 모든 발명과 발견의 역사(Geschichte aller Erfindungen und Entdeckungen im Bereiche der Gewerbe, Künste und Wissenschaften von der frühesten Zeit bis auf unsere Tage)》가 1837년 출간되었다. 이후 수십 년 동안 마르크스를 비롯한 수많은 학자들과 사상가들이 그의 주장을 받아들였다. 즉 기술 발전을 역사의 근본적인 동인으로 인정했던 것이다. 1847년 피에르 조제프 프루동(Pierre-Joseph Proudhon)을 비판했던 유명한 글에서 마르크스는 이렇게 썼다. "풍차는 봉건 영주의 세상을, 방직기는 산업 자본가의 세상을 만들었다." 이런 주장은 역사학자들에게 근본적인 질문을 던져주었다.

기술 혁신이 사회를 이끄는 강한 동력이었다면, 기술 혁신을 이끄는 동력은 무엇인가?

19세기의 급격한 기술 변화는 기술에 대한 대중적 관심을 불러일으켰다. 이러한 관심이 대형 박람회로 표출되었다. 1844년 프랑스 산업 박람회가 그 시초였다. 과학 기술 박물관이 건립되었고, 예컨대 철도 같은 특정 기술에 헌정된 특수 박물관들도 생겨났다. 매사추세츠의 스터브리지 빌리지(Sturbridge Village)에서는 대장장이 같은 전통 기술을 재현한 전시도 있었다. 1845년에 창간된 〈사이언티픽 아메리칸(Scientific American)〉은 과학 기술에 관련된 새로운 정보를 확산하는 저널이었다. 헤드릭이 지적했듯이, 기술에 대한 대중적 관심은 대개 "휘그주의(기술 애국주의)"에 입각해 있었다. 기술과 과학의 변화는 곧 진보로 간주되었다. 이들은 기술 결정론을 받아들였다. 이는 곧 기술 혁신이 역사 변화를 이끌어간다는 믿음이었다. 여느 역사학의 하위 분과들이 그러하듯이, 기술의 역사 또한 국사 서술의 자기장으로 빨려 들어갔다. 역사학자들은 자국인이 기술을 선도했다는 국가의 주장을 뒷받침하는 역할을 맡았다. 사진을 발명한 사람은 영국인 윌리엄 폭스 탤봇(William Fox Talbot)인가, 아니면 프랑스인 루이 다게르(Louis Daguerre)인가? 공기보다 무거운 물체의 비행을 선도한 사람은 프랑스인 클레망 아데르(Clément Ader)인가, 미국인 라이트 형제(Orville and Wilbur Wright)인가?

현대 학문적 의미에서 기술의 역사는 20세기에 시작되었다. 여러 권으로 구성된 조지 사튼의 과학사는 예외적으로 폭넓은 접근을 시도했는데, 특히 이슬람 과학의 성과를 조명하고자 했다. 루이스 멈퍼드(Lewis Mumford)와 애벗 페이슨 어셔(Abbott Payson Usher)의 고전적인 저서들도 기술사 분야의 세련된 성과로 평가된다. 그러나 대부분의 연구들은 국가 우월적이고 개인적인 차원에 머물러 있어서 발명가 개인의 작업을 조명하는 데 중점을 두었다.

제2차 세계대전 이후에야 기술사는 성숙한 하나의 분야로 자리 잡았다. 새로운 학술지와 학회(예를 들면 기술사학회SHOT 등)가 이때 출현했기 때문이다. 휘그당파의 색채는 많이 사라졌고, 어떤 기술이 어느 나라에서 처음 발달했는가를 따지는 것도 약화되었으며, 기술의 실패에도 관심을 기울였다. 국제기술사협회(ICOHTEC)가 1968년에 설립되어서 더욱 글로벌한 차원의 연구를 촉진했다. 조지프 니덤(Joseph Needham)과 바츨라프 스밀(Vaclav Smil)의 연구는 유럽 중심주의를 약화하는 데 기여했다. 니덤의 업적은 아마도 이 분야에서 20세기 최고의 성과로 평가될 것이다. 그는 중국이 15세기까지는 세계 기술의 선도 주자였을 가능성을 제기했다. 특정 기술, 예컨대 소형 총기 같은 것을 글로벌한 차원에서 연구한 성과들은 기술 혁신이 문화 전파에 기대고 있었음을 (혹은 그 때문에 제한되기도 했음을) 보여주었다. 레슬리 화이트(Leslie White)의 연구는 고대 기술 및 기술의 고고학과 인류학에 대한 관심을 북돋워주었다. 사회사학자들과 젠더의 역사 연구자들은 기술 혁신의 사회적 맥락과 사회적 결과를 탐구하기 시작했다. 예컨대 루스 슈워츠 코완(Ruth Schwartz Cowan)은 노동력 절감 기술이 어떻게 가사 노동을 가중시켰는지를 보여주었다.

연구가 성숙해지고 글로벌화될수록 기술 혁신의 사회적 뿌리가 어떻게 되는지에 관한 연구가 늘어나고 있다. 무역과 정보 교환의 국제적 네트워크에 그 뿌리가 있다. 우리는 마침내 세계적 기술사를 본격적으로 연구할 수 있는 때를 맞이한 것일까? 어쩌면 폰 포페나 사튼의 연구를 21세기 버전으로 업데이트할 수 있을지도 모르겠다.

제8장에서 요한 하우드스블롬(Johan Goudsblom)은 좀 특이한 주제를 다루었다. 즉 불과 관련된 기술을 탐구했다. 모든 인간 사회는 불을 통제하지만 다른 종의 동물들은 그렇지 않다. 따라서 불을 관리하는 능력은 "인간이라는 동물이 독점하고" 있으며, 그것이 인간이라는 동물과 그들의 역사를 만들어왔다는 것이다. 불을 다루는 능력은 명백하게 문화적 축적 혹은 "집단적 교육"의 산물이다. 그래서 인간과 불의 관계는 "독특하고, 보편적이고, 문화적"이라고 할 수 있다. 처음에 어떻게 불을 관리하게 되었는지는 분명하지 않지만, 어쨌든 불을 인류 사회 최초의 기술적 분기점으로 보는 시각이 존재하는 것이다.

불은 에너지의 형태를 띠고 있다. 그리고 다른 모든 에너지와 마찬가지로 불이라는 에너지를 이용하여 물질을 변화시킬 수 있다. 그러나 불을 다루려면 정보가 필요하고, 인간이 어떻게 불을 다루어왔는지를 이해하려면 에너지와 물질 및 정보, 이 세 가지를 알아야 한다. 불을 피우려면 산소가 필요하다. 그래서 20~30억 년 이전 대기 중에 산소가 풍부하지 못할 때는 불이 없었거나 일어나더라도 금방 소멸했을 것이다. 또한 불을 피우려면 연료가 필요하다. 그래서 4억 년 이전, 그러니까 식물이 지구상에 확산되기 이전에는 불을 보기 어려웠을 것이다. 마지막으로 불을 피우려면 착화가 가능할 정도의 온도가 필요하다. 그러나 햇빛을 포함해서 자연의 힘으로 이것이 제공될 수는 있다. (우리 인류의 조상들이 지구상에 등장했을 무렵에는 불을 피울 수 있는 조건들이 충족되어 있었고 - 옮긴이) 따라서 우리 인류의 조상들에게 불은 오늘날의 사람들과 마찬가지로 낯선 존재가 아니었을 것이다.

　물론 불과 친해지는 데는 오랜 시간이 필요했을 것이다. 최근에 프란시스 버튼(Frances Burton)의 연구가 이 문제를 다루었다. 200만 년 전 어느 시점부터 우리 조상들은 불을 통제할 수 있는 최초의 동물이 되었다. 원하면 불을 피울 수 있고, 목적에 맞게 불을 통제할 수 있으며, 불을 피우고 통제하는 지식을 문화적 자산으로 축적하기 시작했던 것이다. 인류가 최초로 불을 사용했던 흔적은 25만 년 전까지 거슬러 올라간다. 일부 고고학자들은 이스라엘과 남아프리카 지역에서 80만 년 전에 불을 다룬 흔적이 있다고 주장하기도 한다.

　위대한 사회학자 노르베르트 엘리아스(Norbert Elias)는 불을 통제한다는 것은 곧 인간이 자신의 행동을 점점 더 많이 통제한다는 의미라고 주장했다. 행동 통제의 사례들 중 하나가 바로 요리다. 리처드 랭엄(Richard Wrangham)은 불이 인간의 진화에서 결정적 역할을 했다고 주장했다. 불 덕분에 요리(다른 말로는 "예비 소화pre-digest")를 통해 고기 같은 고칼로리 음식이나, 혹은 독성이 있어서 날것으로 먹지 못하는 음식을 먹을 수 있었다. 조상들에게 요리 기술은 에너지 혁명을 대표하는 것이었다. 왜냐하면 불을 이용해서 몸속 에너지를 많이 소모하지 않고도 고열량 음식을 쉽게 소화되는 상태로 바꿀 수 있었기 때문이다. 지난 200만 년 동안 인간의 창자가 짧아졌다. 이는 요리가, 그러니까 불의 통제가 인간에게 얼마나 중요한 영향을 미쳤는가를 보여주는 사례다. 또한 불은 중요한 방어용 무기를 제공해주었고, 갈수록 증대된 사교성(친목 도모)의 중심이 되기도 했다. 오스트레일리아에 "파이어스틱(fire-stick) 농법"이라는 것이 있는데, 불이 휩쓸고 지나간 땅은 훨씬 더 비옥해진다. 이를 통해서 불이 농업의 본격화를 예비했다고 추정할 수 있다.

불은 인류 역사상 두 번째 결정적 기술 혁명에서도 막중한 역할을 담당했다. 두 번째 기술 혁명이란 바로 농업이다. 농부는 동식물이 살아가는 환경을 조정함으로써 원하는 식물과 동물의 개체를 늘려갔다. 이를 통해 인간은 인간에게 도움이 되는 에너지원을 키워 나갔다. 화전 농업을 할 때는 불을 피워 땅 위의 모든 것을 쓸어버린다. 신석기 시대 삼림이 황폐화된 데에는 불의 책임이 있었다. 더욱 전문화된 방식으로 불을 다루게 되면서 대장장이나 군인 같은 전문화된 노동을 하는 직업이 생겨났다. 한편 불은 다른 식의 위험을 초래했다. 특히 마을이나 도시에서 건물이 다닥다닥 붙어 있는 곳에는 집집마다 화로가 있었는데, 이러한 환경은 돌발적인 큰 화재에 연료와 발화점을 제공하기에 충분한 조건이었다. 불은 필요하면서도 동시에 무서운 존재였다. 당연히 불은 신화와 종교에서도 널리 등장하는 소재였다. 불은 신과 같은 힘을 지닌 존재, 프로메테우스 전설에서처럼 손에 넣고 이용할 수 있는 권력으로 묘사되었다.

세 번째 인류의 결정적 기술 혁명도 불과 관련된 기술이 주도했다. 세 번째 기술 혁명이란 바로 산업화다. 산업화는 새로운 연료에 크게 의존했다. 석탄, 석유, 천연가스 등이었다. 전통적인 연료는 목재였는데, 목재는 수십 년이 지나면 간직한 에너지를 모두 방출해버린다. 이와 달리 화석 연료는 수백만 년 동안 에너지를 저장할 수 있었다. (롤프 페터 시페를레Rolf Peter Sieferle에 의해) "땅속의 숲"이라고 불린 화석 연료는 제조와 운송에서 새롭고도 강력한 기술을 이끌었다. 불을 압축해서 사용하는 무기가 전쟁에서도 중요한 비중을 차지하게 되었다. 최악의 무기라고 일컬어지는 원자 폭탄이 떨어졌을 때도 결국은 불 때문에 사람들이 죽었다. 끝으로 전기를 살펴보면, 전기는 불 에너지를 간접적으로 사용하는 방식이다. 에너지가 공급되는 지점에서 멀리 떨어진 곳에서 소비되기 때문이다. 그래서 오늘날 사람들이 우리의 일상생활에서 불의 역할을 간과하는지도 모르겠다. 또한 이 때문에 오늘날 그 어느 때보다도 왕성하게 불을 사용하고 있지만 "에너지"에 대한 우리의 이야기는 고대 사회의 정령 신앙 같은 이야기보다도 생생하지 못한 감이 있다. 이야기가 그러할 뿐 실제로 불은 우리 주변의 곳곳에 존재하고 있다. 비록 무대에 등장하지 않고 뒤에 숨겨져 있지만 불은 에너지의 원천인 동시에 위험의 원인으로 작동하고 있다. 오늘날과 같은 규모로 에너지를 계속 사용하려면 아마도 다른 형태의 에너지원을 찾아야 할지도 모른다. 예를 들면 태양계 최대의 불 에너지 원천인 태양으로 직접 에너지를 축적하는 방식을 찾아야 할 것이다.

제9장에서 메리 조 메인스(Mary Jo Maynes)와 앤 월트너(Ann Waltner)는 가족과 가정을 세계사의 중심 주제로 설정했다. 이들은 두 가지 개념, 즉 "가정화(domestication)"와 "생물정치(biopolitics)"를 매개로 가족사와 세계사를 연결했다. 고고학에서 "가정화"라는 개념은 물론 신석기 시대 식물 재배와 가축 사육을 의미하지만, 이와 더불어 인간 스스로의 가정화, 즉 인간이 가정생활(domestic life)이라는 새로운 문화를 만들어내고 스스로 그 속으로 들어감으로써 새로운 형태의 가족이 출현한 것을 의미한다. 인간이 스스로 가정화된 결정적 계기는 신석기 시대의 가족과 가정이었다. 클라이브 갬블(Clive Gamble)의 주장에 따르면, 신석기 공동체가 출현하면서 동시에 현생인류의 인지 능력(modern mind)과, 교육을

통해 지식을 전달하는 능력(symbolic culture)이 최고 단계로 접어들었다. 이러한 연구는 강력한 가족과 국가의 변증법을 보여준다. 이들은 가족 안에서 입법 및 통제의 대상, 정치 권력이나 상업 권력을 실행하기 위한 핵심적 구조, 노동과 소비의 관리자 등의 연구를 촉구했다. "생물정치"라는 개념은 정치적으로 인간의 신체를 통제하는 데 중점을 둔다. 예를 들면 인원수를 세거나 물리적으로 측정하는 것, 출산율과 가족 구조를 통제하는 것 등이 해당한다. 미셸 푸코는 근대 세계에서 생물정치적 통제의 방대한 사례를 보여주었다. 그러나 생물정치는 가정화의 경우와 마찬가지로 기껏해야 신석기 시대 초기까지만 추적이 가능할 뿐이다.

물론 어떤 식으로든 가족 관계라고 하는 것이 신석기 시대 이전에도 존재했을 테고, 그것이 학문적으로도 논의되어왔다. 1970년대까지는 "남성 사냥꾼" 개념이 널리 받아들여졌다. 즉 구석기 시대 남성 중심의 획득 및 생산과 여성 중심의 출산 문제가 문화적 관점보다는 생물학적 측면에서 이해되었다. 페미니스트는 이러한 기본 틀을 재해석했다. 이들은 방대한 고고학 자료를 추적했고, 그 결과 여성의 중심적 역할을 집중 조명했다. 여성들은 생산, 가족 관습(구석기 시대 포함), 재생산 행동 양식, 인구 구성 변화에서 가정의 중요성, 아이들의 교육과 사회화 등의 측견에서 중요한 역할을 맡고 있었다.

포레이징(foraging, 수렵채집) 사회에서 채집자로서 여성의 역할은 물론 중요했지만, 농업 사회로의 전환에서도 여성은 중요한 역할을 했다. 뿐만 아니라 유전적 증거들로 볼 때 농업 집단과 수렵채집 집단의 결혼을 통해 농업 기술과 농업을 기반으로 한 생활 방식이 널리 확산되었음이 확인되었다. 클라이브 갬블은 신석기 혁명으로 자녀 양육과 사회화 패턴이 완전히 바뀌었으며, 새로운 환경이 어린 시절의 경험을 크게 바꾸어놓았다고 주장했다. 이안 호더(Ian Hodder)는 가족과 가정이 사회화의 결정적 통로였다고 주장했다. 예를 들어 밀집형 거주지로 유명한 터키의 유적지 차탈회위크(Çatalhöyük) 같은 환경에서는 아이들 교육을 위해 오늘날의 사회와 비슷한 네트워크가 만들어졌다. "사회 조직의 중요한 요소들, 즉 분업 노동을 통한 공동 생산, 주거지 건물, 친족 규칙 등은 국가 같은 상부 조직이 없는 상태에서 출현했다. 사회 조직의 핵심은 마을 및 가정에 있었다." 가정에서는 더 심도 있는 규칙도 교육할 수 있었다. 차탈회위크에서는 유골을 거주지 바닥에 매장했는데, 이는 과거와 미래 세대를 연결하는 것으로, 시간의 흐름에 대한 강한 인식을 심어주었다. 이러한 구조에는 우주적 정보도 담겨 있었다. 예컨대 이집트의 우주론에서 신은 가족과 긴밀히 연결되어 있었다. 각각의 신들은 넓은 범위의 가족 네트워크에서 자신이 담당해야 할 역할을 맡고 있었다. 그래서 "이시스(Isis)는 씨앗을 발견했고, 오시리스(Osiris)는 이집트 사람들에게 씨앗을 어떻게 심는지 알려주었다"는 전설이 있다. 한편 일신론 종교는 성차별적 위계질서를 분명하게 내포했다. 이를 통해 새로운 가부장적 조직 형태를 만들고자 했던 것이다. 그러나 종교에서 가르치는 우주론이 가족의 관점에서 볼 때는 특이할 수도 있었다. 불교에서 강조한 독신 생활 등이 그러한 사례였다.

    가족 구조는 국가와 정치 구조에서 이상적 원형으로 간주되었다. 남성 통치자들은 남성 계보를 중심으로 고대부터 이어져온 후계자라고 주장하는 경우가 많았다. 중국 철학에서는 질서가 잘 잡힌 국가는 마치 질서가 잘 잡힌 가족과 같다고 가르쳤다. 이런 비유는 일거양득의 효과를 겨냥했다. 즉 "왕의 권력을 아버지의 권위에 비유함으로써 남성 정치 권력과 가정 내 남성의 권위가 모두 당연시되도록 했다." 그 결과 정치 권력이 마치 자연적인 권력인 것처럼, 정치 권력의 통치와 권위가 마치 가족처럼 당연한 것으로 인식되게 하는 효과가 있었다. 아마도 그래서 국가의 초창기부터 통치자들이 가족 제도를 통제하려고 했는지도 모르겠다. 기원전 18세기에 만들어진 함무라비 법전에서 전체 내용의 3분의 1은 가족과 관련된다. 은유적 표현이 아니라 실제로 가족 구조가 정치 권력을 부여하거나 시민권을 결정하는 경우가 많았다.

사람들은 가족 구조를 당연한 것으로 받아들이기 때문에 새로운 형태의 결혼, 친족, 성적 관습을 접하면 특히 충격적이라고 생각하는 경우가 많았다. 이런 충격적인 만남은 16세기부터 많아졌다. 동남아시아에 진출한 유럽이나 중국의 무역상들은 그곳의 결혼 풍습을 보고 질겁했다. 그곳에서는 이혼이 간단했고, 여성이 능동적으로 또한 공공연히 상거래에 참여했기 때문이다. 이방인 무역상들의 반응을 감안하면, 누에바 에스파냐 같은 식민지의 통치자들이 왜 그렇게 자신의 가족 제도와 법을 안착시키려 노력했는지 이해가 된다. 다른 한편 노예 소유주들은 상업적 계산에서 노예들의 가족 구조를 설계하고 수정해 나갔다. 이런 식으로 하여 초기 세계화 과정에서 세계 여러 지역의 친족 구조와 관념이 바뀌게 되었다.

가족들이 이렇게 바뀜에 따라 가족 구조에 비유했던 사회 조직이나 정치 조직에서도 변화가 불가피했다. 린 헌트(Lynn Hunt)는 프랑스 혁명 과정에서 형제애가 어떻게 과거 아버지의 권위에 비유되던 권력에 도전하게 되었는지를 보여주었다. 근대 국가의 행정력이 발달함에 따라 가정생활을 파악하고 통제하는 정도가 훨씬 더 세부화되었고, 20세기에 이르기까지 생물정치가 전례 없는 성공을 거두었다. "일상생활에 대한 국가의 감시, 파악, 통제"가 세계 어디에서나 국가의 당연한 임무가 되었다. 가장 폭력적인 형태의 가족 통제는 식민지 정부의 통치에서 확인할 수 있다. 또한 파시즘과 우생학 이론으로 정치 권력이 가족 및 인종 문제에 폭압적으로 관여하기도 했다. 이런 정도까지는 아니지만 어느 정부라도 일상적 통치 과정에 가족 문제를 포함시키고 있다(누가 누구와 결혼하면 안 되는지, 이상적 가족은 어떤 모습이어야 하는지, 가족의 규모는 어느 정도여야 하는지 등). 그리하여 정부와 가족이라는 두 가지 영역, 혹은 정치와 가족이라는 두 갈래의 역사적 경험이 근대에 이르러 "전례 없이 가까운 관계에 놓이게 되었다." 전 세계 어디에서나 인간이라면 누구나 가족 구조에 소속되어 있다. 그러나 더 큰 범위의 사회 및 정치 생활도 가족 구조에 의해 많은 측면이 결정되고 있다.

제10장에서 메리 위스너-행크스는 "인류 역사상 가장 오래된 차별의 범주" 즉 젠더(gender) 문제를 다루었다. 젠더는 가족과 마찬가지로 아주 내밀한 차원에서 인간의 삶을 결정했기 때문에 제대로 된 세계사라면 이 문제를 폭넓게 다루어야 할 것이다.

최근 역사학에서 국가가 중심적 지위를 상실한 뒤에는 젠더 문제가 다른 차별 관련 주제들과 함께 매우 큰 비중을 차지하고 있다. 세계사 분야에서도 과거를 이해하는 새로운 틀을 찾기 위해 노력하고 있지만, 흥미롭게도 세계사와 젠더의 역사는 지난 수십 년 동안 서로 다른 길을 걸어오다가 마침내 양자가 결합되기에 이르렀다.

대부분의 인간 사회는 성별에 따른 역할을 전제해왔다. 이러한 역할은 세계와 우주에도 상징적으로 투영되는 경우가 많았다. 남과 여의 구분이 양(陽)과 음(陰)의 구분으로, 공(公)과 사(私)의 구분으로 이어졌다. 젠더의 구분은 개인 차원에서 남녀의 역할을 규정할 뿐만 아니라 가정과 사회에서 남녀가 각각 어떤 역할을 맡아야 하는지도 결정했다. 젠더 구분이 워낙 내밀하고 또한 곳곳에 스며들어 있어서, 개인이 속한 친족 그룹이 그렇게 생각되듯이, 대개는 자연스럽게 당연한 것으로 인식되어서 세상이 원래 그런 줄로 알게 된다. 젠더는 관습적으로 두 가지로 나뉠 뿐이지만 생물학적으로 보자면 훨씬 더 다양한 것이 사실이다. 그리고 어떤 사회에서는 제3의 성 혹은 중간의 성을 인정하기도 한다. 현대 학계에서는 이와 같은 젠더의 복잡성에 많은 관심을 두고 있다. 그리고 젠더의 생물학적 측면과 문화적 측면을 세심하게 구분하고자 한다. 좀 더 구체적으로 말하자면 "젠더란 대개 '생물학적 차이'라고 일컫는, 성별에 따른 물리적·형태적·해부학적 차이를 기반으로 한 문화적 관습 체계다."

젠더의 차이는 단순한 차이 그 이상의 의미를 함축하고 있다. 기록을 남긴 모든 사회에서 젠더는 아래위가 있는 위계질서로 이해되었다. 언제나 남성이 더 강하고 우월한 존재로 인식되었던 것이다. 그래서 1986년 조안 스콧(Joan Scott)은 이렇게 말했다. "젠더는 사회관계의 구성 요소다. 이는 성별에 따른 차별적 고정 관념에 바탕을 두고 있다. 젠더는 권력 관계를 만들어가는 가장 중요한 방식이다."

전통적으로 젠더에 대한 선입관은 워낙 근본적인 것이라서 대부분의 역사학자들은 이를 간과했다. 역사학자들은 주로 남성이었고, 젠더에 따른 역할 구분을 당연한 것으로 받아들였다. 이들은 남자의 눈으로,

남자의 선입관으로 과거를 보았던 것이다. 19세기에 여성 운동이 일어난 뒤에야 젠더에 따른 역할 구분을 보다 명확하게 인식하기 시작했고, 이 문제에 대해서 좀 더 신중하게 접근하기 시작했다. 그러나 20세기 중반 제2차 페미니즘의 물결이 일어난 뒤에야 비로소 페미니스트 역사학자들이 기존의 "역사"는 사실 "남성의 역사", 혹은 남성의 눈을 통해 본 역사라는 사실을 보여주었다. 뚜렷하게 구분되는 "여성의 역사"를 서술하려는 기획은 계급이나 국가 같은 기존의 범주에서 함정에 빠져버리는 경우가 많았다. 1980년대에 이르러 특히 영어권에서 점점 더 많은 역사학자들이 젠더의 범주에서 남성과 여성을 연구하기 시작했다. 이들은 남성과 여성의 역할이 시간에 따라 어떻게 만들어지고 또한 서로 협상을 거듭해왔는지에 관한 심도 있는 질문을 던졌다.

부분적으로는 게이(gay)의 권리 운동에 영향을 받아서, 영어권에서 전통적인 젠더 범주에 대해 더 깊은 차원에서 의문을 제기하기 시작했고, 이를 통해 섹슈얼리티(sexuality) 일반에 대한 관심을 불러일으켰다. 여성사가 남성의 역사를 연구하다가 그 뒤에 젠더의 역사를 다루게 되었듯이, 동성애의 역사 또한 이성애의 역사 연구로 나아갔다가 그 뒤에 섹슈얼리티 일반의 역사까지, 특히 "퀴어 이론(queer theory)"에서 보듯이, 기존의 일반적인 양자택일에 딱 들어맞지 않는 애매한 형태의 섹슈얼리티라는 문제까지 다루게 되었다. 이러한 연구들은 젠더와 성적 범주가 특정 역할이나 행동을 어떻게 정상과 비정상으로 나누는지를 보여주었다. 특히 섹슈얼리티에 관한 역사 연구에서 중요하게 부상하고 있는 주제는, 젠더와 섹슈얼리티에 대한 근대적 태도라고 하는 것이 따로 존재하는지, 혹은 이러한 범주 자체가 근대성(modernity)의 산물은 아닌지를 연구하는 것이다. 이러한 점들이 보다 큰 틀에서 말하는 근대성이라는 과정에서 굳이 만들어진 산물은 아닐까?

    과거를 이해하기 위해 범주를 어떻게 설정할 것인가에 대해 역사학자들의 관심이 갈수록 커지고 있다. 젠더와 섹슈얼리티의 역사를 연구하는 학자들도 범주 설정에 대한 고민을 하다 보니 더 넓은 차원의 이른바 "문화적 전회(cultural turn)"라고 하는 역사학의 흐름에 매력을 느끼게 된다. 이는 근본적인 관점의 변화를 일컫는다. 즉 기존에는 역사학자들이, 랑케(Ranke)의 표현을 빌리자면, "실제로 일어난 일"로서의 과거와 관련된 증거를 수집했다. 그러나 이제는 역사학자들이 과거를 설명하기 위해 증거를 어떻게 활용했는지를 연구하게 되었다. 즉 역사학자의 임무는 직접적으로 과거의 현실을 연구하는 것이 아니라, 과거의 역사학자를 비롯한 여러 사람들이 만들어놓은 역사의 이미지를 연구하는 것이 되었다. 미셸 푸코는 그러한 이미지들이 어떤 역할을 하는지를 보여주었다. 권력 관계를 유지 및 재생산하는 것이 바로 그 역할이었다. 심지어 그러한 이미지들을 설명하는 언어조차 같은 역할을 하고 있었다. 그의 통찰은 역사적 담론, 특히 젠더와 섹슈얼리티에 관련된 역사적 담론을 연구하는 데 날카로운 비평의 잣대를 제공해주었다. 또한 그는 억압이란 아래로부터의 공모(collusion)에 의존하고 있음을 보여주었다. 이는 그람시(Gramsci)의 헤게모니 이론을 발전시킨 것으로, 젠더와 섹슈얼리티의 역사를 연구하는 학자들이 선호하는 개념이기도 하다. 이와 같은 "사회적 구성주의(social constructivism)"를(사회적 현상이나 의식이 사회 속에서 인간과 다른 사람의 상호 작용에 의해 형성된다고 보는 이론 - 옮긴이) 극단적으로 몰고 가면 역사학자들은 어떠한 지적 수단도 갖지 못하게 될 위험이 있다. 이들이 말하는 이미지라고 하는 것들 중에 하나도 현실에 닻을 내리지 못할 수도 있기 때문이다. 그러나 문화적 전회 덕분에 역사학자들은 젠더와 섹슈얼리티의 역사를 포함한 많은 분야에서 기존 역사학에 비해 소박한 형태로 섬세한 작업을 할 수 있게 되었다. 문화적 필터를 통해 역사학자들은 과거를 보고 이해하고 설명했다. 그리고 이러한 필터는 많은 측면에서 현실을 만들어가는 것이기도 하다.

마침내 평행선을 달리던 젠더의 역사와 세계사가 겹쳐지기 시작했다. 젠더의 역사와 마찬가지로 세계사도 국가 같은 기존의 역사학적 범주를 벗어나려는 시도를 했다. 그러나 벗어난 뒤에 달려가는 방향은 서로 같지 않았다. 젠더의 역사는 차이에 주목한 반면 세계사는 연결점들을 찾아 나갔다. 젠더의 역사는 문화사로 방향을 전환한 데 비해 세계사는 기존 역사학의 전통에 입각한 유물론적 해석에 더 가까이 갔다.

그럼에도 불구하고 둘 사이에는 자연스럽게 접점이 만들어졌다. 〈케임브리지 세계사〉 시리즈 곳곳에서 그러한 접점들이 강조될 것이다. 예컨대 초기 인류 사회 연구, 문화적 경계를 넘어선 결혼 연구, 국가 정체성의 구축 연구, 이민 연구, 식민지 연구 등이 그러한 접점들에 포함된다. 인류 역사상 최초에 해당하는 시기에 대해서는 세계사와 젠더 연구 양측 모두가 관심을 가졌다. 그 결과 구석기 시대의 사회 및 젠더 관계를 재해석하기에 이르렀다. 오늘날 구석기 사회에 대한 설명에 따르면, 남성 못지않게 (때로는 남성 이상으로) 여성의 역할이 중요했다고 한다 (제9장 참조). 젠더가 국가의 정체성과 상징을 구축하는 데 어떤 역할을 했는지에 대한 연구도 세계사와 젠더 연구 양측의 공통분모가 있다. 미국처럼 상대적으로 자유가 보장되는 나라에서라면 동성애자가 완벽한 시민으로 대접받을 수 있는가? 마고 캐너데이(Margot Canaday)와 자스비르 푸아(Jasbir Puar)가 보기에는 "그렇지 않은 경우가 많다"고 한다. 이민도 젠더 문제에 많은 영향을 미쳤다. 식민지에서 젠더의 관계와 글로벌 권력 관계가 서로 만나는 지점에 대한 연구는 가히 충격적이다. 식민지에서는 기득권층의 문화적·법적 규정에 따라 강제로 젠더와 가족이 만들어졌다.

기득권층 연구와 젠더 연구를 확연히 나누는 것이 과연 타당한가에 대한 문제 제기가 있었다. 세계사 연구에서도 그랬고 젠더의 역사 연구에서도 그랬다. 결과적으로 뚜렷했던 구분이 흔들리기 시작했다. 한때는 기득권층 연구와 젠더 연구가 역사학 안에서 확연히 구분되는 분야였다. 그러나 이들 두 분야의 연관성에 주목하게 되면서 세계사는 세계사대로, 젠더의 역사는 젠더의 역사대로 깊이를 더하게 되었다. 세계사 연구도 어느 정도까지는 내용과 구조가 젠더화(성별의 다양화)되었고, 젠더의 역사 연구도 탐구하는 범위가 글로벌화되었다.

제11장에서 잭 구디(Jack Goody)는 세계사와 인류학의 오래고 복잡하며 위험한 관계를 다루었다. 인류학은 세계사와 마찬가지로 큰 범위에서 인류 전체를 이해하고자 하며, 오래도록 강력하게 유럽 중심주의와 싸웠다.

잭 구디는 이들 두 학문의 복잡한 관계를 적극적으로 탐색한 결과, 서로가 서로에게 줄 수 있는 많은 것을 가지고 있음을 발견했다. 세계사와 인류학 양측은 모두 인간을 전 세계적인 차원에서 이해하고자 한다(둘 다 비교사회학과 매우 인접한 학문 분야이기도 하다). 그러나 역사학은 문헌 자료를 선호하는 반면 인류학은 구술 자료를 즐겨 사용한다. 20세기 내내 이들 두 가지 방법론의 차이가 두 학문을 다른 길로 이끌었다. 특히 브로니스와프 말리노프스키(Bronisław Malinowski)와 그의 제자들은 무문자 사회에서도 인류학은 적극적인 현지 조사를 통해 연구를 수행해야 하며 각 문화의 차이와 특수성에 초점을 맞추어야 한다고 주장했는데, 그 이후 역사학과 인류학의 방향은 더욱 크게 갈라졌다. 비교사회학 같은 다른 분야에서도 초기 인류학자들, 예컨대 에드워드 타일러(Edward Tylor) 혹은 제임스 프레이저(James Frazer) 혹은 에밀 뒤르켐(Émile Durkheim)의 방법론을 따르는 경우가 갈수록 늘어났다.

이와 같은 여러 분야의 노고에도 불구하고 나타난 이상한 결과는, 인류학자들이 인도나 중국 같은 복합 사회를 연구할 때에도 소규모 사회를 연구할 때 쓰는 방법론을 그대로 사용한다는 점이다. 이는 문헌 자료를 대체로 무시한다는 의미다. 그 결과 서양은 신식이고 동양은 구식이라는 19세기적 관념이 만들어졌다. 그러나 이러한 관념은 20세기에 들어서 조지프 니덤의 중국 과학 연구에 의해 상당히 약화되었다. 잭 구디는 자신의 소감을 이렇게 밝혔다. "필자 스스로도 놀라웠던 것은, 니덤의 연구에서 보여주었듯이, 이탈리아 르네상스 시기까지도 과학은 서양보다 동양에서 더욱 발달했다는 사실이다." 중국 경제가 차지하는 무게도 유럽 중심주의적 세계사에서는 오래도록 저평가되어 있었다. "18세기 말까지 공산품 최대 수출국은 중국이었다"는 사실이 밝혀진 뒤에도 상황은 바뀌지 않았다.

세계사와 인류학은 각자 다른 길로 먼 길을 걸어왔지만, 서로가 서로에게 줄 수 있는 것을 많이 가지고 있다. 세계사는 인류학을 통해 새로운 형태의 자료를 찾을 수 있다. 책과 기록을 넘어서, 유럽 중심주의를 약화시키고 서양 우월주의라는 전통적 고정관념에서 벗어날 수 있다. 예를 들어 인류학은 민주주의 정부 형태가 근대 혹은 서양에만 국한된 것이 아님을 보여줄 수 있다. 자문 기구를 둔 정부 형태는 고대에도 있었고 전 세계적으로도 존재했다. 인류학은 초기 자본주의가 세계 곳곳에 얼마나 널리 잠재해 있었는지도 보여줄 수 있다. 또한 인류학은 고대 세계에서 세계사 자체가 어떻게 존재할 수 있었는지도 보여줄 수 있다. "최초로 문자 관련 기록을 남긴 인물은 페니키아의 철학자 탈레스(Thales)였던 것 같다. 그러나 세계를 이해하는 방식으로 도덕적이고 지적인 틀을 만들고자 한 사람들은 탈레스 이전에도 분명히 존재했다. 도곤족(Dogon)의 현자 오고템멜리(Ogotemmêli)의 선조들도 그랬을 것이다." 그래서 구디는 "모든 사회에서는 이웃과의 관계 속에서, 때로는 더 멀리 있는 타자들과의 관계 속에서 스스로의 '위치'를 규정한다"고 말했다. 그렇다면 세계사는 새로운 것이 아니다. 모든 사회는 스스로가 더 큰 그림에서 어디쯤 위치하는지에 관한 개념을 가지고 있었다. (여기서 구디는 제2장과 제3장에서 논의된 세계사의 보편성을 더욱 확장시켜 설명하고 있다.) 그러나 근대 이후의 세계사는 고대 문명에서의 세계사와는 상당히 차이가 있다. 무엇보다 근대 세계사는 세속적 관심사를 연구하고, 지역 문화나 종교적 전통에 거의 뿌리내리고 있지 않으며, 그로부터 영감을 받은 일도 없다.

인류학과 세계사는 둘 다 비좁은 인종주의적 관점에서 벗어나기 위해 노력했다. 그러나 세계사는 복합 사회(complex society)에 초점을 맞추는 반면 인류학은 소규모 사회 혹은 단순 사회(simple society), 그리고 특히 20세기 이전 사회에 관심을 둔다. 그래서 세계사는 어떤 식으로든 유럽 중심주의가 인류학에 비해 더 강할 수 있으며, 인류학은 이러한 세계사의 유럽 중심주의에 대해서 문제 제기를 하는 경향이 있고, 갈수록 복합 사회에 대한 언급이 더 많아지고 있기도 하다. 에릭 울프의 《유럽과 역사 없는 사람들》은 무문자 사회를 근대 세계사에서 설명할 때 인류학의 체계적 협력이 어떤 성과를 가져오는지를 보여준 사례다. 그래서 그 자체의 한계에도 불구하고 인류학은 19세기 인종주의적 세계사로부터, 혹은 더 거슬러 헤로도토스까지 올라가는 우월주의적 문명사 서술로부터 벗어날 수 있도록 이끌어주는 강력한 힘이 될 수 있다.

젠더 문제가 그랬던 것처럼 이주 문제도 세계사에서 핵심 주제 중 하나다. 제12장에서 패트릭 매닝(Patrick Manning)은 세계사에서 이주 문제가 중요한 주제 정도를 넘어선다고 주장한다. 세계사라면 당연히 이 문제를 다루지 않을 수 없다. 왜냐하면 세계사 자체는, 그 사전적 정의에 따르더라도, 바로 관계에 대한 학문이기 때문이다. 세계사는 분리된 하나의 단위로서의 공동체 연구를 지양한다. 그 대신 세계사는 공동체의 확산, 이주를 촉진하는 여러 공동체들의 차이에 강조점을 둔다. 또한 세계사는 복합적 차원에서의 연구를 권장하는데, 이는 특히 이주 같은 세계적 주제 연구에 알맞은 접근법이다. 그리고 세계사는 특히 방대한 자료를 취급한다. 고고학, 언어학, 유전학에서부터 책과 문서 등 좀 더 전통적인 자료에 이르기까지, 이들 모두는 이주의 역사를 이해하는 데 강력한 도구가 된다. 마지막으로 이주라는 주제는 인간에게 국한된 것이 아니라 다른 종의 생물, 사상, 종교, 질병, 기술 등도 포함하므로 이주라는 주제와 관련이 있는 세계사의 하위 분야가 많다.

많은 생물들이 이주를 한다. 인간의 이주는 대부분 공동체 사이의 이동이다. 기존에 존재하던 인간의 공동체에서 사람들(주로 젊은 사람들)을 다른 공동체로 이동시키는 것이다. 초기 인류의 이동을 이끈 힘은 아마도 환경의 변화와 사회적 진화였을 것이다. 구석기 시대 우리 조상들은 전 세계를 향해 뻗어 나갔다. 그리고 그들이 진출한 지역의 환경에 따라 기술이 바뀌었고, 마침내는 피부색이나 체형도 바뀌었다. 그러나 심지어 구석기 시대의 이주도 사람이 살지 않는 곳으로 이동하는 경우는 드물었고, 공동체가 이미 살고 있는 곳으로 가는 경우가 많았다.

농업에 의해 이주의 새로운 방향, 새로운 동기, 새로운 목적이 생겨났다. 농업 공동체는 규모가 상당히 컸다. 그래서 학자들이 유전자를 통해 보다 분명하게 이동 경로를 추적할 수 있는 것이다. 유라시아의 유목 기반 사회에서는 계절에 따른 연간 순환 이동이라는 새로운 이주의 방식이 등장했을 뿐만 아니라, 말을 이용하여 매우 먼 거리까지도 이주가 가능해졌다. 더 큰 네트워크가 만들어지면서 새로운 형태의 공동체가 생겨났다. 언어 공동체, 종교 공동체, 그리고 마침내 민족 공동체가 형성되었고, 사람들은 새로운 공동체의 네트워크를 따라 이동하는 경우가 많았다. 오스트로네시아어군 및 반투어군의 대이동을 보면 공통의 언어가 이주에 어떤 영향을 미치는지 알 수 있다. 도시 또한 이주를 촉진하는 계기가 되었다. 시골 마을이나 조그만 도시에서 사람들은 일자리를 찾아 도시로 들어갔다. 육로와 해로를 통한 무역 네트워크는 공동체의 진화와 확산을 촉진했다.

최초의 글로벌한 이주 행렬은 15세기 말부터 시작되었다. 근대적 이주 중 일부는 예컨대 노예 무역처럼 강제적인 경우도 있었지만, 그러나 대부분은 경제적 압박 때문이었다 할지라도 어쨌든 자발적 이주였다.

19세기에 증기선과 철도가 등장하자 더 많은 사람들이 더 빠른 속도로 더 멀리까지 이주해 갔다. "1550년부터 1850년까지 아프리카에서 노예로 잡혀 아메리카로 건너간 사람들은 1000만 명 정도였는데, 1840년부터 1940년까지 100년 동안 유럽에서 대서양을 건너 아메리카로 간 사람들은 거의 5000만 명에 달했으며, 이외에도 인도와 중국에서 아메리카로 이주한 사람들이 8000만 명이었다. 기존에 인구가 희박하던 두 지역, 북아메리카와 동남아시아로 각각 3000만 명의 인구가 유입되었다." 이러한 이주는 완전히 새로운 공동체와 디아스포라를 보여주는 사례들이다. 그리고 거대 공동체에서는 갈수록 인종 문제와 민족 정체성 문제가 심각해졌다. 근대 이주자 중에는 농부들이 같은 나라에 속한 도시 혹은 다른 나라의 도시로 간 경우가 많았다. 그러니 21세기 초에는 결과적으로 대부분의 인구가 도시 지역에 살게 되었다고 하더라도 놀랄 일은 아니다.

이처럼 근대 이주는 고대 이주와는 패턴이 완전히 다르지만, 오늘날도 여전히 고대의 이주 패턴이 남아 있다. 오늘날 교육 때문에 이주를 하는 경우가 많은데, 이는 젊은이들이 고향을 떠나 이주했던 인류 역사상 오랜 이주의 전통과 다르지 않다. (이하 VOL. I 서장의 뒷부분은 구석기 시대 관련 내용으로,《케임브리지 세계사 02 인류의 확산》서장에 수록되었다. - 옮긴이)

CHAPTER 2

세계사의 세계사

마니 휴스-워링턴
Marnie Hughes-Warrington

"세계사"란 역사 분야 중에서도 가장 오래된 분야에 속한다. 수많은 세계사 책들이 계속해서 출간되었고, 포괄하는 내용 또한 책마다 매우 유연했다.[1] 그래서 세계사를 단순하게 정의하기가 쉽지 않다. 서술 방식이나 구조, 포괄하는 시공간의 범위가 다양하기 때문이다. 게다가 세계사를 지칭하는 명칭도 여러 가지다. 예를 들면 보편사(universal history), 통합사(ecumenical history), 지역사(regional history), 비교사(comparative history), 세계 체제사(world system history), 거시사(macro history), 초국사(transnational history), 거대사(big history), 신세계사(new world history), 신지구사(new global history) 등등이다. 명칭은 다양하지만 공통점도 있다. 즉 모든 세계사가 지향하는 목표는 의미 있는 세계(혹은 의미 있는 존재 혹은 활동 범위를 포괄하는 영역 혹은 영토)를 역사가들(혹은 과거의 사람들)의 시각으로 해석해주는 것이었다.[2] 그렇다면 모든 역사는 세계사라고 할 수 있다. 세계사와 다른 역사의 차이가 있다면, 세계 전체를 해석

---

1 이 장은 앞서 출간된 'World history, writing of' by Marnie Hughes-Warrington in William H. McNeill, et al. (ed.), *Encyclopedia of World History* (2nd edn.), pp. 2847-56을 수정한 것이다. Copyright ⓒ 2010 Berkshire. Berkshire Publishing Group, Great Barrington, Mass.의 허락을 얻어 여기에 재수록했다.
2 Marnie Hughes-Warrington (ed.), *World Histories* (London: Palgrave Macmillan, 2004).

의 목표로 하느냐 아니면 그중 일부분을 대상으로 하느냐 하는, 범위 설정 정도의 차이뿐이다.

원시 보편사

무언가를 조사해서 역사를 구성하는 일은 고대 그리스에서 시작되었다. 그러나 그 밑바탕에는 강력한 전통이 자리 잡고 있었다. 전 세계의 원시 공동체에서는 과거, 현재, 미래의 연속성을 설명하기 위해 의미 있는 이야기를 만들어냈고, 또한 그 이야기에 귀를 기울이는 전통이 존재했던 것이다. 그러한 이야기들은 흥미 위주의 가십이 아니라, 오히려 미르체아 엘리아데(Mircea Eliade)가 말한 "성스러운 역사(sacred history)"에 가까웠다.³ 엘리아데가 말하는 성스러운 역사란 "규범 혹은 관습의 근거로서의 과거"라는 의미였다. 이는 현재를 설명할 뿐만 아니라 오늘을 살아가는 사람들이 더 나은 미래를 창출하는 데에도 도움을 주는 것이었다. 유대교-기독교 전통에서 말하는 보편사(universal history, 구약 성서의 내용을 가리킨다. 천지 창조부터 대홍수 및 그 이후까지, 세상 모든 피조물의 역사를 서술한다는 의미에서 보편사普遍史라 칭한다. – 옮긴이)라는 개념도 이와 같은 부류다. 그러나 역사란 시대순에 입각해서 글로 기록된 것이라는 선입관을 갖는다면, 원시 보편사의 형식은 상당히 이상하게 보일 것이다. 그림, 노래, 춤, 자연에 숨겨진 흔적으로도 표현되었기 때문이다. 예를 들어 데보라 버드 로즈(Deborah Bird Rose)

---

3 Mircea Eliade, 'Cosmogonic myth and "sacred history"', *Religious Studies* 2/2 (1967), 171-83.

는 오스트레일리아 원주민들의 역사 인식을 연구했는데, 그들은 시간보다 어떤 사건이 일어난 장소를 중요시한다.[4] 오스트레일리아 원주민들에게 지리는 역사의 의미를 부여하는 가장 중요한 원칙이다. 전혀 다른 시간대에 일어난 사건이라도 마치 동시에 일어난 일처럼 서로 연관 지어 설명하는 것도 의미상으로는 얼마든지 가능하다. 이런 이야기는 교훈적 의미를 내포하고 있다. 어떻게 그럴 수 있는지는, 아메리카 원주민 이야기 중에 트릭스터(trickster)를 떠올려보면 명확하게 이해가 될 것이다(트릭스터는 인류학에서 자연계의 질서를 깨트리는 신화 속 인물이나 동물 따위를 일컫는 말이다. 그리스 신화의 프로메테우스, 한국 전설의 전우치, 구미호 이야기 등이 여기에 속한다. 아메리카 원주민 이야기 중에는 코요테 이야기, 까마귀 이야기 등이 있다. - 옮긴이). 리처드 어도스(Richard Erdoes)의 연구에서 밝혀진 바와 같이, 북서부 인디언들의 까마귀 이야기는 사람들에게 인간과 다른 존재, 그리고 정당한 행위와 부당한 행위의 경계가 넘나들 수 있는 것이라는 인식을 심어주었다.[5] 원시 보편사의 전통은 오늘날까지도 지속되고 있다. 우리는 원시 보편사 연구를 통해, 오늘날 세계사를 구성하는 데 있어서도 그 저변에 어떤 맥락이 흐르고 있는지를 명확히 알 수 있을 것이다.

---

4 Deborah Bird Rose, *Dingo Makes Us Human* (Cambridge: Cambridge University Press, 2000).
5 Richard Erdoes and Alfonso Ortiz, *American Indian Trickster Tales* (Harmondsworth: Penguin, 1999).

고대의 보편사

헤로도토스(Herodotos, 484?~420? BCE)는 흔히 "서양 역사학의 아버지"로 일컬어진다. 역사가 세계를 이해하는 수단이 될 수 있다는 것을 알려준 인물로 평가되기도 한다. 그의 책 《역사(Historia)》는 그 내용을 그리스의 군사 및 정치사로 한정했다. "이방인(others)"을 미개하다고 생각한 편견도 부분적으로 작용했을 것이다. 여기서 역사 서술과 실제 세계와 그의 생각 속 세계 질서, 이들의 관계가 드러나고 있다. 그러나 보편사(universal history)가 제대로 시작된 것은 나중에 보편사가 하나의 장르로서 출현한 뒤였다. 보편사라고 하면 최소한 네 가지 의미가 있다. 첫째, 알려진 모든 세계(혹은 우주)를 포괄하는, 동시에 하나로 통합된 역사를 지칭한다. 둘째, 전 세계를 포괄하는 진리 혹은 이상 혹은 원칙으로 간주되는 것을 밝히는 역사다. 셋째, 유일신의 작용에 의해 통합된 세계의 역사다. 넷째, 끊어지지 않고 전수되어 내려온 세계의 역사다.[6]

보편사는 그리스의 저술가 에포로스(Ephoros, 405~330 BCE)에 의해 출현했다고 한다. 마케도니아 알렉산드로스 대왕의 정복에 따른 사해동포주의(cosmopolitanism) 분위기도 한몫했을 것이다. 라울 모틀리(Raoul Mortley)는 아리스토텔레스 철학의 영향도 있었음을 보여주고자 했지만, 그리스 저작물이 5퍼센트도 남아 있지 않은 상황에서 일반적인 설명을 하기는 어려웠다.[7] 게다가 현재 남아 있는 역사서들이 과연 보편사의 일

---

6 보편사 관련 논문 모음집 Peter Liddel and Andrew Fear (eds.), *Historiae Mundi: Studies in Universal History* (London: Duckworth, 2010) 참조.

부분이었는지는 불분명하다. 예를 들어 로마 시대의 역사가 아리아노스(Arrianos, 92?~180?)의 《알렉산드로스 원정기(Anabasis Alexandri)》와 《인디카(Indica)》가 원래 하나였던 거대한 역사서 중 일부인지에 대해서는 주석가들 사이에 논란이 이어져왔다. 호세 미구엘 알론소 누네즈(José Miguel Alonso-Núñez)는 최초의 보편사를 폭넓은 기준으로 인정했다. 즉 "인류 역사를 최초의 시점부터 서술하며, 그들이 알고 있는 한 세계의 모든 지역을 포괄하는 역사"라면 보편사로 인정했다. 이러한 기준은 논란의 여지가 있다. 그렇게 보면 전기적 연대기(biographical catalogue)를 남긴 사람들(특히 여성들)의 업적이 가려지게 된다.[8] 물론 전기적 연대기가 포괄하는 시공간적 범위가 충분하다고 할 수는 없지만, 이 또한 보편의 사회적·도덕적·정치적 원리를 밝히려는 목적에서 기록된 저작물이었다.

　이 분야의 역사를 논하려면 중국과 이슬람의 풍성한 보편사 전통을 고려하지 않을 수 없다. 이들 지역에서는 적어도 기원전 3세기에서 기원후 9세기 사이에 보편사 전통이 시작되었다. 중국에서는 한(漢)나라의 역사가 사마천(司馬遷, 145?~90? BCE)이 중국을 최초로 통치했던 신화적 인물들의 이야기로부터 시작해 수많은 사건, 업적, 황제와 관료 및 주요 인물의 전기 등을 소개하면서, 이 모든 이야기를 종합적인 역사의

7　Raoul Mortley, *The Idea of Universal History from Hellenistic Philosophy to Early Christian Historiography* (Lewiston: Edwin Mellen, 1996).
8　J. M. Alonso-Núñez, 'The emergence of universal historiography from the 4th to the 2nd Centuries b.c.', in H. Verdins, G. Schepens and E. de Keyser (eds.), *Purposes of History: Proceedings of the International Colloquium-Leuven*, 24-26 May 1988 (Leuven: Peeters Publishers, 1990), p. 197.

과정에 유기적으로 결합시켰다. 무슬림 역사가인 아부 자파르 알-타바리(Abu Ja'far al-Tabari, 839?~923)의 역사는 아담 이전부터 시작된다. 이후 성경과 그리스, 로마, 페르시아, 비잔틴 제국의 자료들을 활용해서, 단절되지 않은 기나긴 문화적 전승으로서의 역사를 서술했다.

고대에 보편사가 번성할 수 있었던 이유는 정치적 영토 확장, 표준화된 시간 체계, 기독교나 이슬람 같은 유일신교의 확산 때문이었다. 보편사 저자들은 하나의 형식을 따르지 않았다. 그래서 수많은 보편사 저작들은 포괄하는 범위, 내용 구성, 세계를 보는 관점 등에서 다양한 결과물로 나타났다. 한마디로 말해서 보편사의 원형이라는 것은 존재하지 않았다. 보편사 서술 방향에는 여러 가지 관점이 있을 수 있다. 예를 들어 폴리비오스(Polýbios, 203?~120? BCE)와 디오도로스(Diodoros Sikeliotes, 90?~21? BCE)는 모두 역사가 전체적으로 연결되어 있다는 전제 아래 자료를 모은다면 역사의 진리를 엿볼 수 있다는 입장이었다. 그러나 폴리비오스는 로마 세력의 확장을 관찰하는 것을 기본으로 삼았고, 디오도로스는 보편적인 인간의 본성이 존재한다는 전제 아래 그것을 찾는 데 주안점을 두었다.

문화나 종교에 따라서 역사의 관점이 다양했음은 명백한 사실이다. 예를 들어 에우세비우스(Eusebius, 263?~339), 성 아우구스티누스(St. Augustinus, 354~430), 오로시우스(Paulus Orosius, fl. 414~417), 오토 폰 프라이징(Otto von Freising, 1111?~1158) 주교 등은 신께서 세상에 하신 일과 기독교의 승리를 7세대로 나누어 서술했다. 이와 같은 구조는 예컨대 기원후 93년 플라비우스 요세푸스(Flavius Josephus)의 저작 《유대 고대사(Jewish Antiquities)》에도 그대로 적용되었다. 이슬람 학자 아부 자파르 알-타바리 또한 보편사를 연속적인 세대의 구조로 파악했다. 그리고 어떤 사건을 해설할 때는 미래에 대한 저자의 예견을 곁들였다. 이슬람 학자들의 저작에서 세대 구분은 7세대가 아니라 3세대인 경우가 많았다. 또한 이들은 이른바 이스나드(isnad)를 구축했는데, 이들의 저작이 보편사가 된 것은 바로 그 이스나드 때문이기도 하다. 이스나드란 끊어지지 않고 후대로 이어지는 사슬 같은 것을 의미한다. 아바스 왕조(749/750~1258) 당시 수많은 이슬람 학자들에게 보편사란 시대순으로 이어지는 것인 동시에, 앞 시대의 역사서가 그다음 시대의 역사서로 이어지는 것이기도 했다. 알 마수디(Al Ma'sudi, 888?~957)의《황금 초원과 보석 광산(Muruj adh-dhahab wa ma'adin al-jawahir)》은 시대, 철학, 지리에 따른 내용 구성으로 크게 비난을 받았다. 그러나 후대의 학자들은 이스나드식 서술 구조와 저자의 개입을 지양하고 알 마수디의 접근법을 따랐다. 예를 들어 이븐 할둔(Ibn Khaldun, 1332~1406)은 그의 저서《역사서설(Kitāb al-'Ibar)》에서 철학, 지리학, 사회학을 결합시켰다.

시대순으로 배열된 역사서들은 중국에서도 생산되었다. 대표적인 예로는 사마광(司馬光, 1019~1086)의《자치통감(資治通鑑)》을 들 수 있다.《자치통감》은 기존의 중국 역사서들을 종합한 백과사전적 저술이다. 이 점이 다른 역사서들과《자치통감》의 가장 뚜렷한 차이다. 중국 최초의 공식 역사서는《사기(史記)》였다. 이 책은 사마담(司馬談, d. 110? BCE)이 시작했고 사마천(司馬遷)에 의해 마무리되었다. 반고(班固)의《한서(漢書)》, 진수(陳壽)의《삼국지(三國志)》, 범엽(范曄)의《후한서(後漢書)》등은 모두 네 부분으로 구성된다. 〈본기(本記)〉, 〈표(表)〉, 〈서(書)〉, 〈전(傳, 혹은 列傳)〉이 그것이다. 〈본기〉는 황실의 주요 사건을 기록한 것이며, 〈표〉는 공식적인 주요 업무(인물)를 시간순(월별, 연별)으로 정리한 것이며, 〈서〉는 방대한 범위의 정부 활동에 대한 이론적 근거를 논술한 것이며, 〈전〉은 위인이나 악한 개인 혹은 어떤 집단의 전기다. 시대별로 변화가 없지 않았지만 이 같은 기본 구조는 공식 역사서에 꾸준히 적용되었고, 《청사고(淸史稿, 청나라 역사 편찬을 위한 초고)》(1928)까지도 그대로 이어졌다.[9]

글로벌 교환 체계와 통합

구석기 시대와 농경 시대에 지적·경제적·사회정치적 교환 체계가 성장함에 따라 보편사 내지는 이후의 세계사적 관점을 옹호 및 증진하고 수정할 필요성이 커져갔다. 처음 마주치는 사람들에게 적응하기 위해 혹은 그들을 복속시키기 위해 그들을 세부적으로 나누는 명명법과 유형론이 사용되곤 했다. 예를 들어 유럽의 보편사에는 인종별 유형론과 성별 유형론이 결합되어 있다. 즉 동양은 정체되고 여성적인 세계로, 서양은 진보적이고 남성적인 완벽한 세계로 서술되어 있다. 한편 자신의 문화를 비판하기 위해 다른 문화를 거론하는 경우도 있었다. 예를 들면 볼테르(Voltaire, 1694~1778)의 에세이(*Essai sur les Moeurs et l'Espirit*

---

9 중국과 그리스의 보편사 비교는 다음을 참조. Siep Stuurman, 'Herodotus and Sima Qian: History and the anthropological turn in ancient Greece and Han China', *Journal of World History* (2008), 1-40; Thomas R. Martin, *Herodotus and Sima Qian. The First Great Historians of Greece and China. A Brief History with Documents* (Boston and New York: Bedford/St. Martins, 2010); Craig Benjamin, 'But from this time forth history becomes a connected whole: state expansion and the origins of universal history', *Journal of Global History* 9/3 (2014), 357-78.

des Nations)에 수록된 중국론이 그러한데, 이 글은 기독교도의 유럽이 얼마나 야만적이고 미신적이며 비이성적인지를 강조하고 있다. 유럽 바깥에서도 이와 유사한 시도가 확인된다. 가령 위원(魏源, 1794~1856)은 《해국도지(海國圖志)》라는 책에서 유럽과 중국의 서로 다른 역사적 경로를 비교했으며, 유럽의 선진 기술을 배우는 것이 그들을 통제할 수 있는 수단이라고 주장했다. 보편사는 또한 특정 사회 집단의 관심과 사상을 진작하는 수단이 되기도 했다. 예를 들어 필리프 멜란히톤(Philipp Melanchthon, 1497~1560)과 자크 베니뉴 보쉬에(Jacques Bénigne Bossuet, 1627~1704) 주교는 기독교 신앙을 옹호하는 가장 훌륭한 수단이 바로 보편사라고 생각했다. 이와는 전혀 다른 이유로, 크리스틴 드 피잔(Christine de Pizan)은 《여성들의 도시에 관한 책(The Book of the City of Ladies)》(1405)에서 여성 전사, 훌륭한 아내, 성스러운 여인의 보편사를 위계질서에 따른 순서대로 구성했다. 여성의 미덕을 지닌 도시를 기대하며 여성 독자들에게 힘을 실어주기 위해 집필된 책이었다. 다른 한편 조지프 스웨트넘(Joseph Swetnam)은 《음란하고 게으르고 나서기 좋아하는 여인들에게 주는 충고(The Arraignment of Lewd, Idle and Forward Women)》(1615)라는 소책자에서, 유대교-기독교의 천지 창조 신화에서부터 유명했던 갈비뼈를 거론하면서, 여자들이란 휘어진 모양의 갈비뼈처럼 "본래부터 본성이 삐뚤어졌다"고 주장했다.

15세기 유럽에서 인쇄 기술이 축적된 이후로 보편사도 양적 성장을 거듭했다. 이런 상황에서 많은 학자들은 갈수록 보편사를 연구하고 서술하고 이해하는 방법론을 구축하는 것이 시급하다고 판단하게 되었다. 예를 들어 장 보댕(Jean Bodin, 1530~1596)은 《역사를 쉽게 이해할 수 있는 방법(Method for the Easy Comprehension of History)》이라는 책에서 시대순으로, 일반적인 내용에서 특수한 내용으로, 유럽에서부터 바깥의 다른 미지의 세계로 나아가는 순서가 보편사의 논리적 순서라는 이론을 내놓았다. 그는 이러한 순서가 잘못되면 정신력이 약해진다고 주장했다. 한편 크리스토포루스 켈라리우스(Christophorus Cellarius, 1638~1707)는 고대(ancient), 중세(medieval), 새시대(new)라는 삼분법을 주창했다.

철학적 전환과 대중서의 등장

17세기 동안 역사에 "과학적" 혹은 "철학적" 기반을 마련하고자 노력하는 보편사 저자들이 더욱 늘어났다. 그러나 과학이나 철학이 의미하는 바는 지역에 따라 달랐다. 예컨대 스코틀랜드에서 "추측을 좋아하는 역사가들"로 알려진 프랜시스 허치슨(Francis Hutcheson, 1694~1746), 애덤 스미스(Adam Smith, 1723~1790), 애덤 퍼거슨(Adam Ferguson, 1723~1816), 존 밀러(John Millar, 1735~1801), 윌리엄 로버트슨(William Robertson, 1721~1793), 듀걸드 스튜어트(Dugald Stewart, 1753~1828), 데이비드 흄(David Hume, 1711~1776) 등은 인간의 사회성의 기원을 설명하기 위한 연구를 수행했다. 이들은 "도덕 감정(moral sense)"이 인간의 공동체 생활뿐만 아니라 인류의 진화도 설명할 수 있다고 생각했다. 한편 이탈리아의 학자 잠바티스타 비코(Giambattista Vico, 1668~1744)는 "과학적" 국사(national history) 연구로 들어서는 문은 라틴어, 로마법, 호메로스의 시라고 주장했다. 프랑스의 역사가들, 퐁트넬(Fontenelle, 1657~1757), 에티엔 보노 드 콩디약(Étienne Bonnot de Condillac,

1715~1780), 콩도르세 후작(Marquis de Condorcet, 1743~1794), 안 로베르 자크 튀르고(Anne Robert Jacques Turgot, 1727~1781), 장 에티엔 몽튀클라(Jean Étienne Montucla, 1725~1799) 등은 "인류의 정신(human spirit)" 혹은 사유가 야만적인 차원에서 시작해 계몽의 단계까지 상승했다가 틀에 박힌 "문명"의 매너리즘에 빠져드는 과정을 역사적으로 탐구했다. 독일의 헤겔(G. W. F. Hegel, 1770~1831)은 계몽적 사유가 종교적 신앙에 위배되지 않는다고 주장하며, 프랑스 학자들과 입장을 같이했다. 요한 고트프리트 헤르더(Johann Gottfried Herder, 1744~1803)는 유기체적 관점을 도입해서 문화의 특징을 단계적으로 유아기, 아동기, 성년기, 노년기로 구분했다. 이마누엘 칸트(Immanuel Kant, 1724~1804)는 인간의 "반사회적 사회성(unsocial sociability)"의 역사 속에서 합리성을 추출해냈다(칸트는 반사회적 성향을 부정 일변도로 보지 않고, 그것이 개인과 개인의 관계에서 경쟁심을 유발해 인간으로 하여금 자신의 소질을 계발하게 함으로써 기술과 문화를 발전시켰다고 해석했다. 채이병, 〈사회성과 반사회성 사이의 갈등〉, 《사회와 철학》12호, 2006, pp. 217-240 참조 - 옮긴이). 레오폴트 폰 랑케(Leopold von Ranke, 1795~1886)는 세계의 문화에서 "성스러운 상형문자(holy hieroglyph)", 즉 신의 흔적과 의미를 발견하고자 했다. 헤겔은 세계사의 중심이 동양에서 서양으로 이동하는 데에서 "자유로운 정신의 진보"를 찾아냈다.[10] 카를 마르크스(Karl Marx, 1818~1883)는 헤겔의 철학적 입장을 거꾸로 뒤집어서, 자유로운 정신이 물질적 조건을 만들어내는 것이 아니라 물질적 조건이 인간의 자유

---

10 G. W. F. Hegel, *Philosophy of History* (New York: Dover, 1956/1899), p. 19.

를 만들어낸다고 주장했다. 시간이 갈수록 중국의 역사가들, 곽숭도(郭嵩燾, 1818~1891), 설복성(薛福成, 1838~1894), 왕도(王韜, 1828~1897), 엄복(嚴復, 1854~1921), 양계초(梁啓超, 1873~1929) 등도 세계사를 기술적 우위를 향해 나아가는 투쟁으로 인식해야 한다고 촉구했다.

대중적 소비를 목적으로 하는 보편사 서적들도 출간되었다. 독자, 평론가, 출판업자는 도덕을 함양하는 내용을 요구했다. 공공연하게 교훈적인 내용을 앞세운, 흔히 전기를 나열하는 형식의 책들이었다. 이런 책은 특히 중산층 여성들에게 인기가 있었다. 이들은 여성이 집안에 있지만 남성의 동료로서 세계 질서를 구축하는 데 일정한 역할을 하는 내용을 선호했다. 대표적인 예를 들자면 다음과 같다.

- Mary Hay, *Female Biography, or Memoirs of Illustrious and Celebrated Women, of all Ages and Countries*, 1803.
- Lucy Aikin, *Epistles on Women, Exemplifying their Character and Condition in Various Ages and Nations with Miscellaneous Poems*, 1810.
- Anna Jameson, *Memoirs of Celebrated Female Sovereigns*, 1832.
- Laure Junot, *Memoirs of Celebrated Women*, 1834.
- Mary Elizabeth Hewitt, *Heroines of History*, 1852.
- Sarah Josepha Hale, *Woman's Record*, 1853.
- Mary Cowden Clarke, *World-Noted Women*, 1858.
- Sarah Strickley Ellis, *The Mothers of Great Men*, 1859.
- Clara Balfour, *Women Worth Emulating*, 1877.

이런 유의 책들은 서술 방식이 조잡하기 때문에 별로 거론되지 않지만, 실제로 이들 중 상당수가 페미니즘이나 개혁가들의 사상에 자양분을 공급해주는 통로 역할을 했다. 예컨대 리디아 마리아 차일드(Lydia Maria Child)의 책(*The History of the Condition of Women, in Various Ages and Nations*, 1835)은 노예제를 반대하고 여성의 참정권을 주장하는 분위기에서 나왔다. 헤스터 피오지(Hester Piozzi)의 책(*Retrospection*, 1801) 또한 거대한 범위를 포괄하는 역사 서술을 통해 개인의 욕망이 사회적으로 어떻게 받아들여질 수 있는지를 보여준 중요한 사례다.

보편사는 세계사의 전 단계였나?

18세기부터 직업적인 역사 교사와 역사 연구자 및 저술가들에 의해 국사(national history) 연구가 전문화되자, 기존의 보편사는 갈수록 시대에 맞지 않는 것처럼 보였다. 그러나 여러 명의 저자가 참여하여 여러 권으로 구성된 보편사 개론 혹은 역사 백과 같은 책을 통해 새로운 시대에 적응해보려는 시도도 없지 않았고, 한 명의 저자가 집필한 세계사도 몇몇 있었다. 예컨대 제1차 세계대전 직후 전쟁의 폐허에서 대량 학살에 대한 문제의식을 담은 웰스(H. G. Wells, 1866~1946)의 저서가 대표적이다. 그가 쓴 《세계사 대계》는 격주간지에 연재되었다. 그 직전에 썼던 그의 소설 《우주전쟁(The War of the Worlds)》과 마찬가지 방식이었다. 이렇게 연재되는 글은 수도 없이 많았다. 《세계사 대계》에서 웰스는 "모든 주제를 하나의 관점에서 꿰뚫어야 달성할 수 있는 일관성"이 보편사의 조건이라고 설명했다.[11] 역사 자료를 다루는 역사 전문가들은 웰스의 노력이 파도를 향해 명령을 내리는 크누트(Knud) 대왕과 같다고 생각했다(크누트는 11세기 잉글랜드를 비롯해 북해 제국을 구축한 왕으로, 바닷가에서 파도에게 멈추라는 명령을 내렸다는 전설이 있다. 비유적으로 불가능한 일을 밀어붙이는 사람을 일컫는다. - 옮긴이). 그들이 보기에 보편사는 원시적인 세계사였다. 20세기 들어 엄밀한 자료 분석 및 1차 자료에 대한 존숭이 소위 역사적 안목이라는 것을 밀어내자, 보편사 또한 역사의 뒤안길로 저물어갔다고 생각한 것이다. 그러나 보편사는 다양한 형태로 살아남았다. 예를 들면 역사 철학(Aron, *The Dawn of Universal History*, 1961; Dennett, *Freedom Evolves*, 2002), 개요(UNESCO, *History of Humankind*, 1963), 거대사의 하위 분야로서 과학과 역사의 결합(Spier, *The Structure of Big History*, 1996; Christian, *Maps of Time*, 2004), 그리고 물론 〈케임브리지 세계사〉 시리즈 같은 여러 권으로 구성된 개설서도 있다.

20세기에도 보편사는 사라지지 않았다. 갈수록 "세계사"라는 이름을 붙인 다양한 저술이 등장하고 있으며, 보편사도 그중 하나일 뿐이다. 웰스의 《세계사 대계》와 비슷한 시기에 나온 다음과 같은 책들이 있다.

— Oswald Spengler, *The Decline of the West*, 1918-22.

— Sigmund Freud, *Civilization and its Discontents*, 1930.

— Arnold J. Toynbee, *A Study of History*, 1932-61.

— Jawaharlal Nehru, *Glimpses of World History*, 1934.

---

11 H. G. Wells, *The Outline of History: Being a Plain History of Life and Mankind* (New York: Macmillan, 1920), p. 2.

- Lewis Mumford, *Technics and Civilization*, 1934.
- V. Gordon Childe, *Man Makes Himself*, 1936.
- Pitirim A. Sorokin, *Social and Cultural Dynamics*, 1937.
- Norbert Elias, *The Civilizing Process*, 1939.
- José Karl Polanyi, *The Great Transformation*, 1944.
- Mary Ritter Beard, *Woman as Force in History*, 1946.
- Karl Jaspers, *The Origin and Goal of History*, 1947.
- Ortega y Gasset, *An Interpretation of Universal History*, 1949.
- Christopher Dawson, *The Dynamics of World History*, 1956.

이상의 책들은 그 중점이 매우 다양하긴 하지만(심리학, 종교학, 정치학, 철학, 사회학, 문화론, 고고학, 과학기술론 등), 문명의 여정에 관심을 둔다는 면에서 공통점이 있다. 예컨대 슈펭글러의 관점에서 서양 문명은 마치 "파우스트"와 같다. 끝을 모르는 야망이 서양 사람들을 나락으로 몰고 가기 때문이다. 토인비 또한 이와 비슷한 관점에서 《역사 연구》의 집필을 시작했다. 그러나 전체 12권 가운데 제6권을 쓰는 동안 토인비는 관점을 바꾸어서, 세계의 미래에는 보편적 사원 혹은 이타심과 동정심에 바탕을 둔 국가가 출현할 것이라고 전망했다. 니얼 퍼거슨(Niall Ferguson)의 최근 저작(*The Great Degeneration: How Institutions Decay and Economies Die*, 2013)에서 슈펭글러가 주장했던 비관주의가 어떻게 이어지고 있는지도 살펴볼 만하다.

근대화론, 종속 이론과 세계 체제론

"근대화" 혹은 "서양 문화"에 대해 보다 긍정적인 시각에서 접근한 학자들의 연구 성과도 있었다. 이들이 서양의 발전 과정을 연구한 이유는, 그 역사가 "개발도상국"의 발전을 연구하고 촉진하는 데 도움이 된다고 보았기 때문이다. 근대화 연구의 핵심 성과로는 다음과 같은 책들이 있다.

— W. W. Rostow, *How it all Began: Origins of the Modern Economy*, 1975.
— Cyril Black, *The Dynamics of Modernization: A Study in Comparative History*, 1966.
— Reinhard Bendix, *Nation-Building and Citizenship*, 1977.
— E. L. Jones, *The European Miracle: Environments, Economies, and Geopolitics in the History of Europe and Asia*, 1986.

이들과 전혀 다른 입장을 취한 신-마르크스주의 학자들은 이러한 연구 성과에 동의하지 않았으며, 근대화론자들이 라틴아메리카의 경제 발전에 대해 해명하지 못한 점에 주목했다. 그래서 종속 이론(dependency theory)이라는 다른 관점을 제시하고, 나중에는 세계 체제론(world system theory)을 주장했다. 근대화론자들이 특정 문화권의 내부적 특성에 주목한다면, 종속 이론 및 세계 체제론에서는 네트워크에 주목하고 불평등을 강조했다. 즉 정치·경제적 교환 체계상의 네트워크를 들여다볼 필요가 있으며, 그 네트워크 가운데 특히 역할 분담, 산업 분포,

권력 관계의 불평등한 구조가 형성되고, 그것이 종속 국가의 경제를 좌우한다는 분석이다. 종속 이론은 처음에 폴 배런 같은 라틴아메리카 연구자들에 의해 발표되었다. 그 뒤 안드레 군더 프랑크에 의해 세계적으로 널리 알려졌다. 그의 저작은 다시 이매뉴얼 월러스틴에게 영향을 미쳐 세계 체제론을 구축하는 일련의 저서가 발표되었다. 이들의 주요 저서는 다음과 같다.

— Paul Baran, *The Political Economy of Growth*, 1957.
— Andre Gunder Frank, *World Accumulation, 1492-1789*, 1978.
— _____, *Dependent Accumulation and Underdevelopment*, 1979.
— Immanuel Wallerstein, *The Modern World System*(전3권), 1974-1989.
— _____, *Historical Capitalism*, 1983.

월러스틴에 의하면 현대의 세계 체제는 마치 15세기 유럽의 귀족 영지 체제와 마찬가지로 등급이 나누어져 있는데, 중심부(core, 선진 산업화 국가들), 주변부(periphery, 원자재를 생산하는 약소국가들), 반-주변부(semi-periphery, 중간 지대의 국가들)가 그것이다.

세계 체제론은 다양한 분야의 학문과 결합되었다.

— 인류학: Eric Wolf, *Europe and the People without History*, 1982.
— 고고학: N. Kardulias(ed.), *World-Systems Theory in Practice: Leadership, Production, and Exchange*, 1999.
— 지리학: Paul Knox and Peter Taylor, *World Cities in a World-System*,

1995.
— 문화사: John Obert Voll, 'Islam as a Special World-System', *Journal of World History*, 1994.

세계 체제 연구의 시공간적 범위 또한 증대되었다. 여기서 아프리카-유라시아 교환 체제 연구가 포괄하는 시간 범위는 7000년 전까지 거슬러 올라간다.

— Leften Stavrianos, *Global Rift*, 1981.
— Janet Abu-Lughod, *After European Hegemony*, 1989.
— Andre Gunder Frank, *ReOrient*, 1997.
— Frank and Barry Gills, *The World System: Five Hundred Years or Five Thousand?*, 1993.
— Christopher Chase-Dunn and Thomas Hall, *Core-Periphery Relations in Precapitalist Worlds*, 1991.

비슷하지만 다양한 : 후기-식민지 세계사, 초국적 세계사, 신제국주의 세계사, 비교사, 신세계사

후기-식민지론(postcolonial theory) 연구자들도 종속 이론과 세계 체제론을 받아들였다. 에드워드 사이드의 책 《오리엔탈리즘》의 출간과 함께 세계사 연구자들도 후기-식민지론에 주목하게 되었는데, 이후 후기-식민지론에서는 정치·경제적 식민지 이론에 문화적 측면을 보강하였다. 여기서 표상(representation)과 언어(language)는 "타자(Other)"를 구성하는 핵심 요인이었다. 마셜 호지슨, 디페시 차크라바르티, 라나지트 구하, 사미르 아민 등은 언어, 개념, 시대구분, 세계사의 구조가 서양의 "바깥" 세계를 축소하거나 심지어 은폐하는 결과를 가져올 수도 있다고 주장했다. 라나지트 구하는 새로운 대안을 제시하기도 했는데, 인도의 시인 타고르(Tagore)의 시가 새로운 세계사 연구의 기본이 될 수 있다는 주장이었다.

— Edward Said, *Orientalism*, 1978.
— Marshall Hodgson, *Rethinking World History*, 1993.
— Dipesh Chakrabarty, *Provincializing Europe*, 2000.
— Ranajit Guha, *History at the Limit of World-History*, 2002.
— Samir Amin, *Global History: A View from the South*, 2010.

후기-식민지론 관련 주제에 관심을 두는 마이클 아다스와 마가렛 스트로벨 같은 경우는 식민지 서민들의 경험을 다른 주제들, 즉 인종 문제, 계급, 국적, 종교, 섹슈얼리티, 지식, 사회, 정치·경제적 위계질서, 젠더 관계 등의 주제들과 함께 연구하고자 했다.

— Michael Adas, *Islamic and European Expansion*, 1993.
— Margaret Strobel, *Gender, Sex, and Empire*, 1993.

종속 이론, 세계 체제론, 후기-식민지론은 20세기 세계사 연구 경향의 일부가 되었다. 더 넓은 차원에서 20세기 연구 경향은 지구 전체 범위에서 사람들의 관계를 연구하는 쪽으로 나아갔다. 이러한 변화는 윌리엄 맥닐의 연구에서 가장 분명하게 확인할 수 있다. 다음 연구로 그는 20세기 세계사 연구의 아버지 혹은 중심인물로 일컬어진다.

― William H. McNeill, *The Rise of the West*, 1963.

관계망 속에서 세계사를 파악하는 그의 폭넓고 깊은 관심이 충분히 드러나는 저서는 다음과 같다.

― William H. McNeill, *Plagues and Peoples*, 1976.
― _____, *The Pursuit of Power*, 1982.
― _____, *Keeping Together in Time*, 1990.
― _____, *The Human Web*, 2003(J. R. McNeill과 공저).

최대 범위(지구 전체)에서 인간의 상호 교류를 연구하는 것이 신지구사(new global history) 연구의 주제이기도 하다. 예를 들면 다음과 같은 책들이 있는데, 경제적·인류학적·정치적·문화적 근거들을 수집하며 세계화 현상(통합 인류의 출현)의 경로를 추적했다.

― Bruce Mazlish and Ralph Buultjens, *Conceptualizing Global History*, 1993.
― Anthony Hopkins, *Globalization in World History*, 2001.
― Roland Robertson, *Globalization*, 1992.

— Manuel Castells, *The Information Age*, 1996-1998.
— Arjun Appadurai, *Modernity at Large*, 1996.

국경을 넘어서는 초국적 세계사, 비교사적 세계사, 신제국주의 세계사 등도 모두 교류에 관심을 두고 있다. 그러나 이들이 다루는 시공간적 범위는 다른 세계사 연구자들에 비해 조금 더 좁다. 이렇게 범위를 좁히는 이유는, 무엇보다도 오늘날 대량으로 쏟아져 나오는 자료들을 거대 규모로 종합하기에는 너무 부담스럽기 때문이며, 한편으로는 포스트모던 혹은 후기-식민지론에서 거대 서사가 학문적 제국주의의 도구가 될 수 있다는 경고를 하기 때문이기도 하다. 이들이 특히 관심을 가지는 분야는 정부 간 협의체, 국제주의자들의 활동, 기술의 교류와 확산, 이민과 디아스포라, 문화적 하이브리드와 초국적 협력 등이다. 예를 들면 다음과 같은 책들이 있다. 지중해, 인도양, 대서양, 태평양을 중심으로 이루어진 무역과 문화적 디아스포라를 분석한 책들이다.

— Fernand Braudel, *The Mediterranean and the Mediterranean World in the Era of Philip II*, 1949.
— Philip Curtin, *The Atlantic Slave Trade*, 1969.
— _____, *The Rise and Fall of the Plantation Complex*, 1990.
— _____, *Cross-Cultural Trade in World History*, 1984.
— Niels Steensgaard, *The Asian Trade Revolution of the Seventeenth Century*, 1974.
— K. N. Chaudhuri, *Trade and Civilisation in the Indian Ocean*, 1985.

- _____, *Asia before Europe*, 1990.
- Eric Jones, *Lionel Frost and Colin White, Coming Full Circle*, 1993.
- John Thornton, *Africa and Africans in the Making of the Atlantic World, 1400-1680*, 1992.
- _____, *A Cultural History of the Atlantic World, 1250-1820*, 2012.
- Adam McKeown, *Chinese Migrant Networks*, 2001.
- _____, *Melancholy Order: Asian Migration and the Globalization of Borders*, 2011.
- Matt Masuda, *Pacific Worlds: A History of Seas, Peoples, and Cultures*, 2012.

시야의 확대: 젠더의 세계사와 환경의 세계사

사람들 사이의 관계 문제는 여성과 젠더의 역사를 연구하는 학자들에게도 주요 관심사였다. 젠더의 역사는 여성의 역사와 다르다. 오히려 성에 대한 고정관념 속에서 사람들의 관계가 어떻게 변해왔는지를 연구한다고 볼 수 있다. 예컨대 미셸 푸코는 고대와 근대를 거치면서 "섹슈얼리티(sexuality)"가 어떻게 변해왔는지를 연구했다(Michel Foucault, *The History of Sexuality*, 1976~1984). 이다 블롬(Ida Blom)은 다양한 젠더 시스템이 민족국가(nation-state)를 이해하는 데 어떤 영향을 미쳤는지를 연구했다.[12] 가장 최근에는 메리 위스너-행크스와 주디스 진서(Judith

---

12 M. Morris, 'Sexing the survey: The issue of sexuality in world history since 1500', *World History Bulletin* 14/2 (1998), 11, accessed 13 September 2014, www.thewha.org/bulletins/ fall-1998.pdf; and I. Blom, 'World history as gender

Zinsser)가 세계사 서술에서 젠더 문제에 관심을 기울였으며, 기존의 고정관념과 서술 방식, 나아가 시대구분의 구조 등이 많은 여성과 남성의 역할을 가려 드러나지 않게 만들었다고 주장했다.[13]

20세기 후반기 들어 세계사 연구에서 생물 환경 및 무생물 환경과 인류가 주고받은 영향에 대한 관심이 높아졌다. 재러드 다이아몬드는 세계가 "선진국"과 "개발도상국"으로 나뉘는 데 결정적 역할을 한 환경 요인을 살펴보았다. 그리고 존 리처드는 탐험과 정복 시대의 환경 문제에 주목했다. 브라이언 페이건은 엘니뇨 같은 기후 문제가 역사적 사건에 미친 영향을 분석했다. 한편 마이크 데이비스는 오히려 엘니뇨 덕분에 식민 제국 건설을 통해 세계 시장이 형성되었다는 기회의 측면을 강조했다. 존 맥닐은 토양권(pedosphere, 땅속)에서부터 성층권(stratosphere)까지 환경이 인간에게 미친 영향에 관한 지식을 개괄했다.

— Jared Diamond, Guns, *Germs and Steel*, 1998.

— John Richards, *The Unending Frontier*, 2006.

— Brian Fagan, *Floods, Famines and Emperors*, 2001.

— Mike Davis, *Late Victorian Holocausts*, 2001.

— John R. McNeill, *Something New Under the Sun*, 2000.

history', in R. Dunn (ed.), *The New World History: A Teacher's Companion* (New York: Bedford, 2000).
13 M. Weisner-Hanks (ed.), *Gender in History: Global Perspectives*, 2nd edn. (Oxford: Wiley-Blackwell, 2010); and J. Zinsser, 'Gender', in Wiesner-Hanks, *Gender in History*.

이외에 이론적인 모델을 개발한 연구자들도 있었다. 예를 들면 로버트 라이트는 자연 과학에서 역사적 변화까지를 아울러서 설명할 수 있는 모델을 추구했다. 스티븐 굴드와 머리 겔만은 진화를 통해 점점 더 복잡한 존재가 만들어진다는 가설에 반대했으며, 에릭 체이슨은 빅뱅에서부터 인류의 진화에 이르기까지 점점 커져가는 에너지 흐름을 추적했다. 더욱 근본적인 차원으로 들어간 연구자들도 있었다. 도리언 세이건과 린 마굴리스는 인류의 활동에 특권을 부여하는 것이 과연 옳은가 하는 문제 제기를 하면서 세포에 중점을 둔 세계사를 주장했다.

— Robert Wright, *Nonzero*, 2000.
— Stephen J. Gould, *Wonderful Life*, 1989.
— Murray Gell-Mann, *The Quark and the Jaguar*, 1994.
— Eric Chaisson, *Cosmic Evolution*, 2000.
— Dorion Sagan and Lynn Margulis, *Microcosmos*, 1986.

세계사: 전문가와 대중성

20세기에는 세계사에 초점을 맞춘 조직, 저널, 학회, 인터넷 토론, 교과 과목 등이 출현했다. 이 분야는 더 이상 훈련받은 전문가만 관심을 가지는 분야가 아니다(앞으로도 그럴 것이다). 웰스(H. G. Wells)의 전통을 이어 마크 쿨란스키, 찰스 만, 링컨 페인 등의 저술처럼 일반 독자의 인기를 얻은 세계사 책들은 수없이 많았다.

— Mark Kurlansky, *Salt: A World History*, 2002.

— Charles C. Mann, *1493: Uncovering the World Columbus Created*, 2012.
— Lincoln Paine, *The Sea and Civilization: A Maritime History of the World*, 2013.

데이비드 크리스천(David Christian)의 웹 기반 거대사(Big Hisotry) 프로젝트는 세계사 교육을 어떻게 새롭게 할 것인가 하는 정보를 모으는 강력한 플랫폼이다. 편집부가 하와이퍼시픽대학교에 있는 전자 저널 〈월드 히스토리 커넥티드(World History Connected)〉 또한 마찬가지다. 오늘날 세계사는, 아마 미래에도 그렇겠지만, 다양성을 특징으로 하는 것 같다. 이는 네 가지 측면에서 말할 수 있다. 첫째, 다양한 시공간에서 생산된 데이터를 활용한다는 측면, 둘째, 다양한 분과 학문의 방법론을 수용하여 혼합한다는 측면, 셋째, 저자들의 출신과 목적이 다양하다는 측면, 넷째, 서술 방식과 구성 방식이 다양하다는 측면이다. 그래서 세계사는 단수(world history)가 아니라 복수(world histories)로 표현하는 것이 제대로 된 표현이라 하겠다.

더 읽어보기

Alonso-Núñez, J. M., *The Idea of Universal History in Greece: From Herodotus to the Age of Augustus*, Amsterdam: J. C. Gieben, 2001.

_____, 'The emergence of universal historiography from the 4th to the 2nd centuries BC', in H. Verdin, G. Schepens and E. de Keyser (eds.), *Purposes of History: Proceedings of the International Colloquium - Leuven, 24-26 May 1988*, Leuven: Peeters Publishers, 1990.

Bentley, J., *Shapes of World History in Twentieth-Century Scholarship*, Washington, D.C.: American Historical Association, 1996.

Breisach, E., *Historiography: Ancient, Medieval and Modern*, 3rd edn. Chicago, IL: University of Chicago Press, 2008.

Burke, P., 'European views of world history from Giovo to Voltaire', *History of European Ideas* 6/3 (1985): 237-51.

Chakrabarty, D., *Provincializing Europe: Postcolonial Thought and Historical Difference*, Princeton, NJ: Princeton University Press, 2000.

Christian, D., 'Big History Project', www.bighistoryproject.com

_____, 'The return of universal history', *History and Theory*, Theme Issue, 49 (December 2010): 5-26.

Clarke, K., *Between Geography and History: Hellenistic Constructions of the Roman World*, Oxford: Oxford University Press, 1999.

Costello, P., *World Historians and their Goals: Twentieth Century Answers to Modernism*, DeKalb, IL: Northern Illinois University Press, 1994.

Curtis K. R., and J. H. Bentley (eds.), *Architects of World History: Researching the Global Past*, Oxford: Wiley-Blackwell, 2014.

Dirlik, A., V. Bahl and P. Gran (eds.), *History after the Three Worlds: Post-Eurocentric Historiography*, Lanham, MD: Rowman & Littlefield, 2000.

Dumont, G.-H., UNESCO History of Humanity: Description of the project, accessed 13 September 2014, www.unesco.org/culture/humanity/html_eng/projet.htm.

Dunn, R. (ed.), *The New World History: A Teacher's Companion*, New York: Bedford, 2000.

Duara, P., V. Murthy and A. Sartori (eds.), *A Companion to Global Historical Thought*, Oxford: Wiley-Blackwell, 2014.

Eliade, M., *The Myth of the Eternal Return*, Princeton, NJ: Princeton University Press, 2005 [1954].

Erdoes, R., and A. Ortiz, *American Indian Trickster Tales*, Harmondsworth: Penguin, 1999.
Geyer, M., and C. Bright, 'World history in a global age', *American Historical Review* 100 (1987): 1034-60.
Guha, R., *History at the Limit of World-History*, New York: Columbia University Press, 2002.
Hodgson, M., *Rethinking World History: Essays on Europe, Islam and World History*, Edmund Burke III (ed.), Cambridge: Cambridge University Press, 1993.
Hughes, J. D., 'Bibliographic essay: Writing on global environmental history', in *An Environmental History of the World*, London: Routledge, 2002, pp. 242-8.
Hughes-Warrington, M., 'Big History', *Historically Speaking* 4/2 (2002): 16-17, 20.(ed.), *World Histories*, London: Palgrave Macmillan, 2004.
_____, 'World history', in M. Spongberg, B. Caine and A. Curthoys (eds.), *The Palgrave Companion to Women's Historical Writing*, London: Palgrave Macmillan, 2005.
H-World (internet discussion) www.h-net.msu.edu/~world/
Iriye, A., and P.-Y. Saunier (eds.), *The Palgrave Dictionary of Transnational History: From the Mid-19th century to the Present Day*, New York: Palgrave Macmillan, 2009.
The Journal of Global History 1, 2006-.
The Journal of World History 1, 1990-.
Manning, P., *Navigating World History: Historians Create a Global Past*, New York: Palgrave, 2003.
Mazlish, B., and R. Buultjens (eds.), *Conceptualizing Global History*, Boulder, CO: Westview, 1993.
McNeill, J. R., and E. S. Mauldin (eds.), *A Companion to Global Environmental History*, Oxford: Wiley-Blackwell, 2012.
Meade T. A., and M. E. Wiesner-Hanks (eds.), *A Companion to Gender History*, Oxford: Wiley-Blackwell, 2004.
Momigliano, A., 'Greek historiography', *History and Theory* 17/1 (1978): 1-28.
Morris, M., 'Sexing the survey: The issue of sexuality in world history since 1500', *World History Bulletin* 14/2 (1998), 11, accessed 13 September 2014, www.thewha.org/bulletins/ fall_1998.pdf.
Mortley, R., *The Idea of Universal History from Hellenistic Philosophy to Early Christian Historiography*, Lewiston: Edwin Mellon, 1996.
Northrop, D. (ed.), *A Companion to World History*, Oxford: Wiley-Blackwell, 2012.

Pomper, P., R. Elphick and R. Vann (eds.), *World History: Ideologies, Structures, Identities*, Malden, MA: Blackwell, 1998.
Robinson, C., *Islamic Historiography*, Cambridge: Cambridge University Press, 2003.
Rose, D. B., *Dingo Makes Us Human*, Cambridge: Cambridge University Press, 2000.
Schneide, A., and S. W. Schwierdrzik (eds.), 'Chinese historiography in comparative perspective', *History and Theory* 35/4 (1996).
Sogner, S. (ed.), *Making Sense of Global History: The 19th International Congress of the Historical Sciences*, Oslo: Universitetsforlaget, 2001.
Steensgaard, N., 'Universal history for our times', *Journal of Modern History* 45 (1973): 72-82.
Stuchtey, B., and E. Fuchs (eds.), *Across Cultural Borders: Historiography in Global Perspective*, Lanham, MD: Rowman & Littlefield, 2002.
_____, *Writing World History 1800-2000*, Oxford: Oxford University Press, 2003.
Weisner-Hanks, M., *Gender in History: Global Perspectives*, 2nd edn., Oxford: Wiley-Blackwell, 2010.
World History Connected: The EJournal of Learning and Teaching, www.worldhistoryconnected.org
Zeitschrift fuer Weltgeschichte 1, 2000- .

CHAPTER 3

세계사의 진화

도미닉 작센마이어
Dominic Sachsenmaier

학계 바깥의 여정

세계사 서술의 진화 과정을 검토하다 보면 과연 역사학이란 무엇인가 하는 근본적 질문을 마주하게 된다.[1] 이 질문에 답하기 위해서는 우선 세계적으로 일반화되어 있는 대학교 시스템을 떠나서 생각해보아야 한다. 그리고 전 세계적으로 과거를 회상하는 방식이 매우 다양하다는 점도 간과해서는 안 된다. 다양한 문화적 맥락을 고려하자면 역사 혹은 역사 서술이 과연 무엇인지 규정하기란 쉽지 않은 일이다. 문학 같은 다른 장르와 역사라는 분야가 어디서부터 갈라지는지 그 경계선을 두고도 상당히 많은 논쟁이 이어져왔다. 예를 들면 전설이나 신화 혹은 노래 같은 구전 장르를 큰 틀에서 역사학에 포함시킬지 여부는 논란의 여지가 있었다. 종교의 텍스트는 역사학이 탄생하는 데 중요한 역할을 했지만, 그럼에도 불구하고 이를 역사학에 포함시킬지 여부 또한 마찬가지로 논란의 대상이 되었다.[2]

---

1 이 연구는 한국 정부에서 출연하고 한국학중앙연구원(AKS)에서 집행하는 연구비의 지원을 받았음을 밝혀둔다(AKS-2010-DZZ-3103).
2 Peter Burke, "History, myth and fiction: Doubts and debates," in José Rabasa, Masayuki Sato, Edoardo Tortarolo, and Daniel Woolf (eds.), *The Oxford History of Historical Writing* (New York: Oxford University Press, 2012), vol. iii, pp. 261-81.

과연 "역사학"이란 무엇인가라고 했을 때, 오늘날 역사학자들은 서양의 기준을 보편적 기준으로 받아들이지 않는다. 오히려 다른 장르나 다른 문화적 가능성에 대하여 갈수록 많은 주의를 기울이고 있다. 이러한 경향은 "세계사"의 여정을 정리하는 방식에도 영향을 미치고 있다. "역사"의 의미를 유연하게 생각할수록 "세계사"에서 말하는 "세계"가 과연 무엇인지, 보편적 차원에서 분명하게 경계선을 그리기가 어려워진다. 어느 시대 어느 문화권에서든 세계사란 곧 "그들만의 세계사"를 의미할 수밖에 없다. "세계"라고 하는 것 자체가 경험의 범위를 벗어날 수 없기 때문이다. 누군가가 직접 여행을 했든 다른 사람으로부터 전해 들었든, 그 사람이 말하는 세계는 그 사람이 이해하는 범위 내의 세계일 뿐이다. 그런 의미에서 14세기의 마야인이 생각했던 세계, 북유럽인이 생각했던 세계, 일본인이 생각했던 세계, 폴리네시아인이 생각했던 세계는 완전히 달랐다. 그러나 이들 14세기의 사람들에게는 분명 그들만의 공통점도 있었다. 그들은 모두가 자기만의 정치 영역, 혹은 문화적 관습 범위의 경계선을 넘어서서 멀리까지 나가본 사람들이었다.

이런 측면에서 보자면 세계사는 다른 역사 분야와 근본적으로 다른 점이 있다. 즉 자신의 과거에만 관심을 두는 것이 아니라 큰 틀에서 "타자"의 과거도 포함하고 있는 것이다. 이런 기본적 측면을 기준으로 세계사를 규정하면 전 세계 어느 문화권에서도 세계사의 존재를 확인할 수 있을 것이다. 문자가 없었던 공동체들도 예외가 아니다. 그들은 특정한 방식의 기억술을 이용해서 구전으로 역사 정보를 전수했다.[3] 예를 들어 오스트레일리아 원주민의 전설과 노래는 자신들이 알고 있는 세계와 사람들의 역사를 담고 있다.[4] 아프리카의 사례로는 요루바(Yoruba) 왕국의 전문가 집단인 아로킨(Arokin)을 들 수 있다. 오늘날 나이지리아, 토고, 베냉 공화국에 걸쳐 있었던 요루바 왕국에서 과거의 경험을 암기하고 구두로 재현하는 임무를 맡은 사람을 아로킨이라 했다.[5] 이미 상당히 이른 시기부터 아랍의 여행자들과 무역상들이 외부 세계의 정보를 전해 줌으로써 아로킨에게 영향을 미쳤다. 또한 반대로 사하라 이남의 구전 체계는 무슬림의 기록에 중요한 전거로 남겨졌으며, 이 기록들이 나중에 아랍 방식의 "세계사"를 형성하는 데 기초가 되었다. 이러한 사례에서 보듯이, 이미 상당히 이른 시기부터 세계사에서는 구술 자료와 기록 자료가 확연히 구분되기 어려웠다.[6]

이 같은 구술 전통(을 비롯한 신화 등)을 단지 현대 학문으로서의 세계사의 전 단계로만 간주해서는 곤란할 것이다. 그렇게 생각하는 것은 옛날 방식의 세계사가 이제는 더 이상 전해지지 않고, 대학교 시스템에서 다루는 학문이 그를 대체했다는 선입관이다. 사실 오늘날에도 구두 전승과 설화는 세계 곳곳에서 강력한 역할을 맡고 있다. 학계의 세계사에서 뚜렷하게 드러나는 종교적 성향 또한 이와 다르지 않다. 오늘날 수많은 종교적 분파들을 떠올려보면 왜 세계사에서 종교적 성향이 뚜렷하

---

3 Jan Vansina, *Oral Tradition as History* (Madison: University of Wisconsin Press, 1985).
4 Paul Faulstich, "Mapping the mythological landscape: An Aboriginal way of being in the world," *Philosophy & Geography* 1 (1998), 197-221; and Margaret C. Ross, "Australian Aboriginal oral traditions," *Oral Tradition* 1 (1986), 231-71.
5 Falola Toyin, "History in Sub-Saharan Africa," in Stuart Macintyre, Juan Maiguashca, and Attila Pók (eds.), *The Oxford History of Historical Writing*, vol. iv, pp. 597-618.
6 예를 들면 Isidore O. Benin, *Once Upon a Kingdom: Myth, Hegemony and Identity* (Bloomington: Indiana University Press, 1998) 참조.

다고 하는지 금방 이해가 될 것이다. 수많은 종교 분파들이 세계와 역사에 대한 자신들의 해석을 전파하려는 노력을 기울이고 있다. 그러한 사례는 이슬람 마드라사(madrasa)의 역사 교육에서부터 기독교적 내용이 풍부한 미국의 역사 교과서까지 다양한 곳에서 확인할 수 있다. 특히 근본주의적 종교 분파에서는 이슬람 혹은 기독교 성서의 관점을 전면에 내세우면서, 다른 사회와 문화를 악마로 규정하는 데 서슴지 않는 경우가 많다.[7]

이러한 현실을 감안할 때 세계사 서술의 종교적 편향을 먼 과거의 일로만 간주할 이유는 없다. 구술 전통 또한 마찬가지다. 둘 다 생생하게 살아 있는 장르이며, 전 세계 수많은 사람들이 세계사를 이해하는 데 지속적으로 영향을 미치고 있다. 세계사 연구의 현 단계를 고려할 때, 이 장의 논의가 종교적 세계사와 세속적 세계사의 구분을 완전히 넘어섰다고 자신하기는 어렵다. 또한 세계의 과거를 설명하는 학문적 관점과 비학문적 관점을 균형 있게 소개할 능력도 못 된다.[8] 여기서는 단지 지식인들의 텍스트에만 논의를 집중할 뿐이며, 19세기와 20세기를 논할 때는 주로 학계의 업적에 초점을 맞출 것이다.

---

7 Jerry H. Bentley, "Myths, wagers, and some moral implications of world history," *Journal of World History* 16 (2005), 51-82; R. Scott Appleby, "History in the fundamentalist imagination," *Journal of American History* 89 (2002), 498-511 참조.
8 지성사의 이러한 경향에 대해서는 Anthony Grafton, "The history of ideas: Precepts and practice, 1950-2000 and beyond," *Journal of the History of Ideas* 67 (2006), 1-32 참조.

고대의 기록 전통

2000년 전에도 이미 상당수의 학자들이(그들 중 일부는 당연히 "역사학자"라고 해야 하겠지만) 자신이 속한 사회나 전통에서 벗어난 외부 문화에 관심을 기울였다. 고대 유럽에서 그 대표적인 사례는 할리카르낫소스의 헤로도토스(Herodotos)였다. 그는 기원전 484~425년경에 살았던 인물로, "역사학의 아버지"로 일컬어진다.[9] 그의 대표작 《역사(Historiae)》는 그리스-페르시아 전쟁을 다루었는데, 서로 다른 상황과 전통을 중립적 시각에서 서술한 책으로 칭송되었다. 그러나 그리스의 폴리스는 자유의 전당이며 페르시아 제국은 압제의 치하인 것처럼 대조적으로 서술했기 때문에 중립적 시각이라는 칭송은 다소 과장된 면이 없지 않다.[10] 많은 측면에서 《역사》는 자신의 문화 및 정치에 대한 자부심을 드러내 보이면서 다른 문화들도 자신의 잣대로 측정하고 있다.

사마천(司馬遷, d. 86 BCE)의 《사기(史記)》에 대해서도 비슷한 평을 할 수 있겠다. 중국의 역사학자 사마천은 130장(章)에 이르는 방대한 역사서 《사기》를 저술했다. 한(漢)나라의 위대한 학자인 사마천도 이웃한 민족들의 이야기를 자신의 역사서에 포함시켰으나, 어디까지나 중국 우월주의적 입장을 기반으로 하는 서술이었다.[11] 그의 책에는 음악부터 정

---

9 Patrick Manning, *Navigating World History: Historians Create a Global Past* (New York: Palgrave Macmillan, 2003); David Christian, "Scales," in Marnie Hughes-Warrington (ed.), *Palgrave Advances in World History* (London: Palgrave, 2006), pp. 64-89 참조.
10 이에 대한 더 상세한 내용은 François Hartog, *The Mirror of Herodotus: The Representation of the Other in the Writing of History* (Berkeley: University of California Press, 1998) 참조.

치까지 다양한 내용이 등장하는데,[12] 주요 줄거리는 중국과 그 인접 지역에 국한되었다. 그의 생전에 이미 인도나 중앙아시아의 왕국들에 대해서도 알려진 상태였지만, 사마천은 굳이 그들의 역사에 대한 정보를 구하려 하지 않았다. 대신 그는 가능한 한 엄밀한 역사를 서술하고자 노력했다고 밝혔다. 이는 (비록 확인된 바는 아니지만) 헤로도토스의 주장과 일치한다. 헤로도토스도 《역사》를 집필하는 동안 널리 여행을 다녔으며, 그가 알고 있는 세상의 대부분을 둘러보았다고 했다.

헤로도토스나 사마천 같은 학자들의 저술은 정보의 범위나 깊이에 있어 분명 독보적인 업적이었다. 그러나 그들의 시대와 그들의 문화권에서 그들만이 유일하게 "세계사"를 대표한다고 말하기는 어렵다. 예를 들면 고대 그리스에서는 에포로스(Ephoros, d. 330 BCE), 폴리비오스(Polybios, d. 118? BCE), 디오도로스(Diodorus, d. 21 BCE) 등도 역사를 서술하면서 외부 세계의 경험을 포함시키려 노력했다. 상당수 중국 학자들에 대해서도 같은 평가를 내릴 수 있다. 예를 들면 한나라 때의 반고(班固, d. 92 CE) 같은 학자들이다.[13] 이후 시대에도 그러한 학자들이 계속 출현했다. 이 맥락에서 가장 중요하게 언급해야 할 사상가라면 정호(程顥, d. 1085)를 들 수 있다. 그는 송(宋)나라 때의 매우 중요한 사상

---

11 예를 들면 Stephen W. Durrant, *The Cloudy Mirror: Tension and Conflict in the Writings of Sima Qian* (Albany: State University of New York, 1995) 참조.
12 사마천의 방법론에 대한 흥미로운 연구는 Grant, Hardy, "Can an ancient Chinese historian contribute to modern Western theory? The multiple narratives of Ssu-ma Ch'ien," *History and Theory* 33 (1994), 20-38 참조.
13 Q. Edward Wang, "History, space, and ethnicity: The Chinese worldview," *Journal of World History* 10 (1999), 285-305 참조.

가로서, 각 나라의 역사는 나름대로의 연대를 따른다는 점을 강조한 것으로 유명하다.[14]

이슬람권에서는 특이한 "보편" 역사적 관점에서 정보를 결합하는 저술들이 번성했다. 지리와 민족에 대해 함께 서술한 책들이었다. 7~8세기에 이미 이런 전통이 시작되었다. 박식한 학자들이 직접 보거나 혹은 믿을 만한 사람에게 받은 편지 등에서 얻은 세상에 대한 정보를 모아 책으로 편찬하는 경우가 많았다.[15] 이런 책에는 역사 관련 정보가 꽤 많이 포함되어 있었다. 바그다드 출신의 여행가 알리 이븐 알-후세인 알-마수디(Ali ibn al-Husayn al-Masudi, d. 956)의 경우도 마찬가지였다. 그의 여러 저서 중 하나에는 이슬람 이전 및 비-이슬람권 세계를 다룬 내용이 등장한다.[16] 이외에 다른 여행가들의 책도 주로 민족지적 성격이 강하지만, 그럼에도 중요한 역사적 참고 자료가 된다. 스페인의 무슬림 이븐 주바이르(Ibn Jubayr, d. 1217)의 메카 순례기도 그러한 사례 중 하나다.[17]

이슬람권에서는 세계 여러 지역에 대한 설명이 풍성하게 나왔지만, 그중에서도 특히 주목할 만한 저작은 이븐 할둔(Ibn Khaldun,

---

- 4 더 상세한 내용은 Masayuki Sato, "Comparative ideas and chronology," *History and Theory* 30 (1991), 275-301 참조.
- 15 S. Akbar Muhammad, "The image of Africans in Arabic literature: Some unpublished manuscripts," in John R. Wills (ed.), *Islam and the Ideology of Slavery* (London: F. Cass, 1985), pp. 47-74.
- 16 Tarif Khalidi, *Islamic Historiography: The Histories of Mas'udi* (Albany: State University of New York Press, 1975).
- 17 Ian R. Netton, "Basic structures and signs of alienation in the 'Rih.la' of Ibn Jubayr," *Journal of Arabic Literature* 22 (1991), 21-37.

1332~1406)의 책이다.[18] 당대는 물론 후대에도 이를 능가하는 저술은 없었다. 튀니지 출신의 이 사상가는 사하라 이남 아프리카에서부터 페르시아에 이르기까지 방대한 지역의 역사를 해설했다. 그 내용은 단순한 설명 이상이었다. 예컨대 거대 세력의 부침을 서술하면서 성장과 쇠락을 순환론으로 설명했다. 나아가 사회나 무역의 패턴을 찾아내곤 했는데, 이는 근대 사회학과 경제학의 원조로 평가되기도 한다. 이처럼 역사적 패턴에 관한 일반 이론을 발전시킨 이븐 할둔이지만, 그의 저서 역시 무슬림 세계가 모범적이며 독보적인 사회라는 전제를 기반으로 했다.

이슬람의 세계 해석과 비교해보자면 기독교의 "보편사(universal history)" 전통은 훨씬 더 직접적으로 종교적 세계관의 틀 속에 갇혀 있었다. 기독교의 보편사는 계속해서 신성한 진리를 이단적 관점으로부터 지켜내야 한다는 사상적 전제 아래 집필되었다. 이러한 보편사는 로마 제국 후기에 그 기원을 두고 있는데, 대표적 저자로는 에우세비우스(Eusebius, d. 340)와 오로시우스(Orosius, d. 417)를 들 수 있다. 보편사 장르의 최전성기는 유럽 중세 시대였다. 유명한 오토 폰 프라이징(Otto von Freising, d. 1158) 주교가 그 시대의 대표적 인물이었다.[19] 그들의 저서는 18세기 이후까지도 중심적 지위를 차지했다. 고대 그리스 텍스트들이 그러했듯이, 기독교의 보편사 책들에도 멀리 떨어져 있는 사람들

---

18 Allen Fromherz, *Ibn Khaldun: Life and Times* (Edinburgh: Edinburgh University Press, 2010).
19 Otto, Bishop of Freysing, *The Two Cities: A Chronicle of Universal History to the Year 1146 AD* (New York: Octagon, 1996).

에 관한 민족지적 정보가 포함되었다. 그러나 성서의 시대구분을 엄격히 추종했다. 예를 들면 천지창조-대홍수-예수의 탄생 등이 주요 시대구분 기준으로 사용되었다.

근세(近世)의 세계사 서술

15세기 말부터 유럽인의 정복 활동이 세계의 모든 지역에 강력한 영향을 미치기 시작했다. 특히 아메리카 지역과 사하라 이남 아프리카 해안 지역에 미친 영향이 가장 컸다. 유럽 세력의 식민지가 된 곳에서는 역사와 "세계"의 개념도 유럽의 영향으로 크게 바뀌었다. 그러나 중국과 아랍권에 미친 유럽 역사 사상의 영향은 상대적으로 그리 크지 않았고, 18세기 말 또는 19세기까지도 이러한 상황은 크게 달라지지 않았다. 그러나 이외의 세계 주요 지역에서 유럽의 팽창주의는 권력 구조만 바꿔놓은 것이 아니라 "세계사에 관한 시각"에도 강력한 영향을 미쳤다. 예를 들면 인도에서 세계에 대한 개념에 영향을 준 사건으로 무굴 제국의 정복이 있었고, 이후 이슬람권의 문헌들이 들어오면서 여기에 영향을 미쳤다.[20]

은이나 향신료 등의 거래 양상에서 알 수 있듯이, 상호 의존성이 점차 강해져가는 세계에서는 다른 지역에 대한 정보량도 점점 많아졌다. 이러한 정보는 주로 유럽 상인들에게 집중되었다. 그러나 유럽 이외의 다른 지역에서도 당시의 시대적 영향이 반영된 흔적들이 남아 있다.[21] 예를 들

---

20 Daniel Woolf, *A Global History of History: The Making of Clio's Empire from Antiquity to the Present* (Cambridge: Cambridge University Press, 2011), pp. 178-229.

면 예수회(Jesuit)에서 만든 주석이 달린 세계 지도가 있는데, 여기에는 역사 관련 정보도 포함되어 있다. 17세기 초 중국에서는 이런 자료에 대한 관심이 상당히 높아져서 초판이 발간된 이후로 1년 안에도 여러 차례 재인쇄를 거듭해야 할 정도였다.[22] 또 하나의 흥미로운 사례로, 프란치스코회에서 교육받은 메소아메리카 귀족 출신의 치말파힌(Chimalpahin)이 쓴 연대기가 있다. 그는 자신의 모국어인 나우아틀어(Nahuatl language)로 메소아메리카의 과거뿐만 아니라, 유럽에서 일본에 이르기까지 세계의 사건들도 기록해두었다.[23] 여기에 더해서 오스만 제국의 여러 학파들도 언급할 만하다. 16~17세기 오스만 제국의 팽창과 함께 등장한 학파들이다. 그들도 세계의 여러 지역에 관한 지식을 축적했다. 일부 역사학 관련 저술에서는 1500년대에 이미 아메리카 대륙이 언급되고 있다.[24]

유럽에서는 먼 지역과 그곳 사람들을 소개하는 여행기와 지식인의 저서들이 출현했고, 세계 곳곳에 대한 정보들이 비약적으로 증가했다. 중요한 사례로 곤살로 페르난데스 데 오비에도 이 발데스(Gonzalo Fernández de Oviedo y Valdés)의 《인디아(서인도제도)의 역사와 자연사

---

21 예를 들어 Donald F. Lach, *Asia in the Making of Europe* (Chicago: University of Chicago Press, 1993), vol. iv 참조.
22 예를 들어 Joanna Waley-Cohen, *The Sextants of Beijing: Global Currents in Chinese History* (New York: W. W. Norton & Company, 1999); D. E. Mungello, *The Great Encounter of China and the West, 1500-1800* (Lanham, MD: Rowman & Littlefield, 1999) 참조.
23 Serge Gruzinski, *Les Quatre Parties du Monde: Histoire d'une Mondialisation* (Paris: Martinière, 2004).
24 Thomas D. Goodrich, *The Ottoman Turks and the New World: A Study of Tarih-i-Hind-i Garbi and Sixteenth-Century Ottoman Americana* (Wiesbaden: Harrassowitz, 1990).

(Historia General y Natural de las Indias)》를 들 수 있다. 이 책이 처음 출간된 때는 1535년이었다. 그로부터 50년 뒤에 아우구스티니안 후안 곤살레스 데 멘도사(Augustinian Juan Gonzáles de Mendoza)가 저술한 중국사에 관한 책,[25] 리처드 해클루트(Richard Hakluyt, d. 1616)와 그의 제자들이 쓴 세계 도처를 향한 영국인들의 여행기도[26] 빼놓을 수 없다. 이러한 글들은 대체로 매우 조작적이며, 명백하게 기독교 혹은 유럽인의 시각에서 서술되었다. 그럼에도 당시 그들이 제공해준 세계 여러 지역들 및 그들의 문화유산에 관련된 정보는 "세계사" 학계의 입장에서 결코 무시할 수 없는 내용들이다.

세계의 다른 지역에 대한 정보가 늘어나자 유럽 역사학에서는 인식론적 문제가 대두되었다.[27] 근세(early modern) 시기에는 많은 사회 공동체들이 나름대로 "문화 전쟁" 혹은 "역사 전쟁"을 겪어야 했다. 예를 들면 종교적 텍스트와 세속주의의 맹아를 담은 텍스트들 사이에 그런 긴장 관계가 존재했다. 이런 맥락에서 유럽 바깥 지역의 연대기와 역사 자료를 이용할 수 있게 되자, 역사학의 본질과 목적을 두고 매우 특이한 주장들이 쏟아지며 논쟁이 촉발되었다. 특히 그 과정에서 유럽의 보편

---

25 Juan González de Mendoza, *Historia des las Cosas Mas Notables, Ritos y Costumbres, del Gran Reyno de la China* (History of the Most Notable Things, Rites and Uses of the Great Kingdom of China) (Rome: Grassi, 1585).
26 Diogo R. Curto, "European historiography of the East," in Rabasa, Sato, Tortarolo, and Woolf (eds.), *Oxford History of Historical Writing*, vol. iii, pp. 536-55; Kira von Ostenfeld-Suske, "A new history for a 'New World': The first one hundred years of Spanish historical writing," in Rabasa, Sato, Tortarolo, and Woolf (eds.), *Oxford History of Historical Writing*, vol. iii, pp. 556-74 참조.
27 Sanjay Subrahmanyam, "On world historians in the sixteenth century," *Representations* 91 (2005), 26-57.

사 전통이 도전에 직면했다. 예를 들어 중국, 일본, 인도의 연대기나 역사 관련 서적들이 번역되자 성서의 시대구분과는 일치하지 않는 면들이 발견되었다.[28] 무엇보다 중국의 역사서에는 검증된 사실들이 기록되어 있다고 알려졌는데, 성서에서 말하는 대홍수보다 시기적으로 앞서는 사건들도 있었다. 이는 대홍수 당시 전 세계가 물에 잠겼다는 이론과는 양립할 수 없는 사실이었다. 그렇지만 그 뒤에도 성서의 시대구분을 포기하지 않는 보편사 역사가들이 많았다. 대신 성서의 시간을 다시 계산해서 내용을 맞춰보려고 시도했다. 이런 작업의 중요한 사례가 바로 자크-베니뉴 보쉬에(Jacques-Bénigne Bossuet)가 쓴《보편사에 관하여(Discours sur l'Histoire universelle)》(1681)다.

그러나 이른바 "보편사"의[29] 의미는, 보다 큰 틀의 흐름 속 일부로서, 기존에 묶여 있던 성서적 의미로부터 점점 풀려나게 되었다. 오늘날 보편사라고 하면 세계의 전부는 아니더라도 어쨌든 대부분을 포괄한다는 의미로 사용되고 있다. 굳이 기독교적 시대구분을 따르는지 여부는 별상관이 없다.[30] 18세기에는 몇몇 주도적 저자들이 함께 저술한 학문적 보편사가 출간되었다. 당시에는 역사학의 하위 분야 중에서도 지역 전문가들이 성장하던 중이었다.[31] 이러한 상황도 부분적으로는 그와 같은

---

28 Edwin J. van Kley, "Europe's 'discovery' of China and the writing of world history," *American Historical Review* 76 (1971), 358-85 참조.
29 "세계사"라는 표현도 그렇지만 "보편사"라는 어휘도 전근대 시대부터 계속 사용되어왔다. 그러나 양자를 뚜렷한 범주로 나누기란 불가능하다. 영어권 출판물에서 "보편사"라는 어휘는 요즘 잘 사용되지 않지만, 프랑스어를 비롯한 다른 언어권에서는 여전히 같은 표현이 그대로 남아 있다.
30 Tamara Griggs, "Universal history from Counter-Reformation to Enlightenment," *Modern Intellectual History* 4 (2007), 219-47.

시리즈 출간의 밑바탕이 되었을 것이다. 대표적으로 65권으로 구성된 《보편사(Universal History)》 시리즈가 있는데, 주로 아랍 전문가 조지 세일(George Sale)이 편집을 맡아서 1747~1768년에 출간되었다.

특히 계몽주의 시대 유럽의 지식인 사회에서는 세계사가 우월한 교양의 지위를 누렸다. 당시에 대표적 명성을 누리던 지식인들은 자신의 견해를 보다 분명하게 표현하기 위해서 문화와 문화, 혹은 문명과 문명을 비교하는 방법을 택했다. 예를 들어 장-마리 드 볼테르(Jean Marie de Voltaire, d. 1778)와 크리스티안 볼프(Christian Wolff, d. 1754)는 예수회 신부들을 비롯한 여러 사람들로부터 중국에 관한 정보를 입수했다. 그리고 자신의 정치적 이상, 즉 귀족이나 성직자들의 법적 특권을 인정하지 않는 정치를 주장하기 위해 중국의 사례를 인용했다. 그 시대에는 문화 혹은 문명 비교 사례가 특히 많아졌다. 대표적인 사례가 바로 오늘날까지 그 명성이 퇴색되지 않는 샤를 드 몽테스키외(d. 1755)의 《법의 정신》이다. 이 책에서는 기후가 정치와 사회 및 법질서의 형식에 큰 영향을 미친다는 사상이 중점적으로 논의되고 있다.[32] 다른 학자들은 또 다른 주제에 초점을 맞추었다. 예컨대 조제프 드 기네(Joseph de Guignes, d. 1800)는 문화권별로 역사학적 방법론과 전통을 서로 비교했다.

그러나 비교학이 부상했다고 해서 계몽주의의 코즈모폴리터니즘을 성급하게 축복하기는 어렵다. 볼테르 같은 사상가들은 자신이 처한 상황을 좀 더 분명히 표현하기 위해 외부 문화를 인용했다. 그러나 동시

---

31 이하의 논의에 대해서는 특히 Woolf, *A Global History of History*, pp. 281-343 참조.
32 Charles de Montesquieu, *De l'Esprit des Loix* (Geneva: Barrillot & fils, 1748).

에 오직 유럽 문화만이 유일하게 인간의 이성을 펼칠 수 있는 기반이라고 생각했으며, 그래서 유럽인만이 다른 어느 문화권의 인물보다 더욱 진정으로 인간의 품성과 재능을 분간할 능력이 있다고 생각했다. 스코틀랜드의 계몽주의 사상가들, 즉 케임즈 경(Lord Kames, d. 1782)이나 윌리엄 로버트슨(William Robertson, d. 1793)이나 애덤 퍼거슨(Adam Ferguson, d. 1816) 등은 사회와 정치 및 경제 체제를 논할 때 문화의 성숙도라는 개념을 보다 분명하게 개입시켰다. 대부분의 저술에서 유럽 지역은 다른 어떤 문명보다 먼저 서술되었다. 특히 사회 진보의 측면을 거론할 때는 더더욱 그러했다. 그 시대의 스코틀랜드 사상가들과 유럽의 지식인들은 "문명"을 다원적 범주로 간주했다. 각각의 시대와 그 시대의 사람들은 나름대로의 원칙을 가지고 있었으며, 그래서 보편적 기준으로 평가할 수는 없다는 것이, 특히 요한 고트프리트 헤르더(Johann Gottfried Herder, d. 1803) 같은 사상가들의 입장이었다.

1600년대와 1700년대 유럽에서 세계사 학계는 분명 다른 어느 지역과도 달랐다. 세계 여러 지역에 대한 정보의 양과 질에서 모두, 중국과 인도를 비롯한 어디라도 유럽과는 비교할 처지가 못 되었다. 그러나 동시에 유럽 계몽주의 시대 역사학의 성과를 다차원적 시각과 비판적 견해의 요람으로 간주한다면 그 또한 제대로 된 평가라고 할 수 없을 것이다. 앞에서 논의된 바와 같이 유럽 계몽주의 시대에 출간된 대부분의 역사학 저서들에서 유럽 중심주의는 생각보다 훨씬 더 심각했다. 더욱이 그 시대의 세계 다른 지역에서는 자문화 우월주의를 비판하는 지적 흐름이 존재했다. 예를 들어 명(明)나라 후기의 불교 서적에서는 중국이 아니라 인도를 "중심 국가(中國)"로 인정해야 한다고 주장했다.[33]

직업으로서의 역사학 및 세계사 상식

19세기에는 유럽 문화의 우월성을 주장하는 세계사 서술이 목소리를 키우며 널리 확산되었다. 심지어 서양을 벗어난 지역에서도 이런 식의 주장이 지지 기반을 확보했다. 세계 공통의 과거 유산을 유럽 중심적으로 해석하는 방식은 근대의 산물이었다. 그것은 당시 유럽 세력이 세계 대륙의 대부분을 장악했을 때 만들어진 틀이었다. 유럽 중심적 질서가 세계사의 상식으로 자리 잡는 데에는 특히 1800년대와 1900년대 초에 확산된 역사 교육 시스템과 대학교 학과 편제가 중요한 역할을 했다. 복잡하고도 오랜 과정을 거쳐 공무원 신분의 교수가 봉직하는 역사학과 체제가 만들어졌다. 이런 식의 학과 체제는 처음에 유럽에서 시작되었지만 그다음에는 북아메리카로, 뒤이어 세계 전 지역으로 확산되었다.[34]

근대에 이르러 세계의 역사학계는 유사한 특징을 지니게 되었다. 즉 모두가 박사 학위 같은 학위 기준을 요구했다. 또한 공통의 연구 방식도 개발했다. 예를 들면 각주 달린 논문 체제 같은 것이었다. 지역마다 지적 전통은 다양했지만 모두가 근대 역사학계의 기준에 부합되도록 비슷한 개념들을 만들어냈다.[35] 갈수록 서양식 학문 수요가 강화되었다. 그렇다고 전 세계의 역사적 사유가 완전히 동질화된 것은 아니었다. 오히려 지

---

33 예를 들어 Marsha Smith Weidner (ed.), *Cultural Intersections in Later Chinese Buddhism* (Honolulu: University of Hawaii Press, 2001) 참조.
34 예를 들어 Gabriele Lingelbach, "The institutionalization and professionalization of historiography in Europe and the United States," in Macintyre, Maiguashca, and Pók (eds.), *Oxford History of Historical Writing*, vol. iv, pp. 78-96 참조.
35 Anthony Grafton, *The Footnote: A Curious History* (Cambridge, MA: Harvard University Press, 1997).

역별로 나름의 전통과 방식을 숙성시켰고, 대학교 체제에 바탕을 둔 역사학계에서조차 이런 점은 다르지 않았다.

역사 논문 생산에 있어서, 새롭게 형성된 역사학계의 글로벌 시스템은 결코 평등의 이름으로 작동하지 않았다. 평등은커녕 식민주의(제국주의) 권력 패턴이 대학교 내 역사학자들의 전문 영역에 깊은 흔적을 남겼다. 이들의 전공은 국가별로 나뉘었지만 동시에 다국적으로 연결되어 있었다.[36] 즉 대학교 중심 역사학계의 글로벌 시스템은 애초부터 개별 국가 단위가 수평적으로 나열된 것이 아니었다. 학문의 글로벌 네트워크가 형성되기는 했지만 대학교 중심 역사학계에서는 뚜렷한 불평등 구조가 나타났다. 19세기 및 20세기 서양 주도권이 반영된 구조였다. 이런 구조 속에서 중심국과 주변국의 차이는 학자들의 일상생활에서도 확연하게 나타났다. 예를 들어 독일이나 프랑스, 영국, 미국 등에서 역사학자들은 이른바 "선진국"이라고 하는 서양의 몇몇 핵심 국가의 연구 성과를 섭렵하면 그만이었다. 그러나 칠레부터 일본에 이르기까지 다른 지역에 사는 그들의 동료 역사학자들은 서양에서 생산된 관련 연구 성과를 보지 않으면(번역본을 통해 보든 원서를 직접 보든) 역사학자로서 경력을 쌓기가 어려웠다.[37]

이 같은 학계의 불평등 구조는 세계 각 지역별로 역사가 서술되는

---

36 Walter D. Mignolo, *Local Histories/Global Designs: Coloniality, Subaltern Knowledges, and Border Thinking* (Princeton, NJ: Princeton University Press, 2000).
37 더 자세한 논의는 Dominic Sachsenmaier, *Global Perspectives on Global History: Theories and Approaches in a Connected World* (Cambridge: Cambridge University Press, 2011), Chapter 1 참조.

방식에도 영향을 미쳤다. 유럽에서 세계사를 서술하면서 우월한 문명의 특권적 지위를 강조하는 경향은 1800년대에 특히 두드러졌다. 게다가 유럽 학계의 타문화에 대한 정보량이 독보적이라는 인식은 유럽이 세계의 핵심이라는 관점을 더욱 자극했다. 오직 유럽만이 세계 다른 문화를 제대로 서술할 수 있는 잠재력을 지녔다는 인식이었다. 18세기 계몽주의 사상가들은 적어도 이상적으로나마 타문화를 배워야 한다는 입장을 표명했지만, 19세기의 대표적인 세계사 저술들은 스스로 우월한 문화에서 바라보는 시각을 고수했다. 다른 문화에서 보는 세계라는 또 다른 관점을 취할 가능성은 완전히 쇠락해버렸다.

또한 당시의 학계에서는 서양사를 다른 문화와 동등한 수준으로 연결시키는 교류사에 대한 관심도 줄어들었다. 유럽의 대표적인 사상가들은 역사란 결국 신의 섭리가 아니라 문명의 축적으로 나아가는 진보의 힘이라고 생각했다. 그 중요한 사례가 바로 오귀스트 콩트(Auguste Comte, d. 1857)의 실증주의(positivism) 사학이었다. 그는 더 높은 단계의 사회정치적 질서로 진화하는 것이 역사의 주요 법칙 중 하나라고 생각했다. 그의 실증주의는 과학적 지식(scientific knowledge)에 바탕을 두었다. 기존에는 그것이 보편적 법칙일 뿐 문화적 기여와는 상관이 없다고 여겨졌다. 그러나 오귀스트 콩트는 그것이 사회 진보를 달성하는 주요 법칙이라고 간주했던 것이다.[38] 물론 그는 유럽이 과학의 요람이라 생각했고, 그래서 유럽의 역사가 다른 어떤 문화권보다 높은 수준에 이르렀

---

38 서양사와 동양사에서 과학주의와 민족국가(nation state) 패러다임의 부상에 대해서는 예컨대 George G. Iggers, Q. Edward Wang, and Supriya Mukherjee, *A Global History of Modern Historiography* (Harlow: Pearson Longman, 2008), pp. 117-56 참조.

다고 믿었다.

또한 헤겔(G. W. F. Hegel, d. 1831)로 대표되는 독일관념론의 역사 이론은 인류의 진보라는 관점에 입각했지만, 여기에는 또 다른 종류의 선입관이 작동했다. 헤겔은 절대적 진리의 존재를 의심했다. 진리란 각각의 역사적 맥락과 긴밀하게 얽혀 있다는 입장이었다. 헤겔에 따르면, 큰 틀에서 인류의 자기실현(self realization)과 함께 역사 해석도 진보한다. 즉 인류 진보의 마지막 단계, 즉 개인의 자유와 집단의 자유가 일치하는 단계에 이르러서야 전체 역사의 의미를 해석할 수 있는 종합적 시각을 얻을 수 있다. 헤겔은 유럽이, 특히 프로이센 왕국이 인류의 자유를 실현할 수 있는 사회 및 정치적 조건에 매우 근접했다고 생각했다. 그는 다른 문화권에 대한 평도 남겼는데, 아프리카는 역사적 진보가 없는 사회이며, 중국은 초기 단계에 고착화된 문화라고 규정했다.

이 같은 조잡한 단계의 유럽 중심주의는 실증주의나 독일관념론에 한정되지 않았다. 19세기에는 이런 입장을 취하는 철학 분파들이 많았고, 마르크스주의도 마찬가지였다.[39] 전혀 다른 학문적 전통에 기반을 둔 막스 베버(Max Weber)조차 유럽은 다른 모든 문화권과 다르다는 단순한 선입관에서 출발해 오직 유럽에서만 합리성이 탄생했고, 그래서 그로부터 보편적 특성을 추출할 수 있을 것이라고 말했다.[40] 베버는 맹목적인 진보의 옹호자가 아니었는데, 그의 유명한 저서《종교사회학(The

---

39 Dipesh Chakrabarty, *Provincializing Europe: Postcolonial Thought and Historical Difference* (Princeton, NJ: Princeton University Press, 2000).
40 W. Schluchter, *The Rise of Western Rationalism: Max Weber's Developmental History* (Berkeley: University of California Press, 1981) 참조.

Sociology of World Religions)》 서론에서는 세계 다른 지역에서는 발견할 수 없는 유럽 문명의 특성이 무엇인지를 묻는 질문을 폭포수처럼 쏟아내고 있다.[41]

물론 서양에서도 유럽 중심주의를 반대하는 흐름이 없지 않았다. 그러나 주류는 유럽 중심주의였다. 19세기 유럽 문화의 특징, 즉 세계질서를 바라보는 그들만의 시각은 세계사의 내용 변화를 통해서도 드러났지만, 문제는 거기서 그치지 않았다. 역사학계에서 세계사가 차지하는 비중 자체가 바뀌었다. 당시 유럽에서는 과거에 비해 보편사 혹은 세계사라는 장르 자체가 완전히 주변부로 밀려나버렸다. 근대 교육 과정에서 서양 이외 지역과 관련된 지식은 전반적으로 비중이 축소되었다. 대체로 서양의 엔진에 비해 유럽 이외 지역은 너무나 뒤처져 있어서 심도 있게 참고할 가치가 없다고 생각했다. 이 비슷한 시기에 중국이나 인도 등 세계의 다른 지역 연구는 특수 분야로 분리되어서 중국학(sinology) 혹은 인도학(indology)이라고 일컬어졌다. 여기서는 문헌학이 주를 이루었으며, 전근대 시기 연구에 초점이 맞추어졌다.[42]

대학교에 새로 설립된 역사학과에서는 보통 새롭게 대두된 민족국가의 역사(national history)를 주로 다루었다. 학계의 변화 경향에다 이런 유행이 더해지자 거시적인 문화 및 사회 비교는 양적으로나 그 영향력

---

41 M. R. Naffrisi, "Reframing Orientalism: Weber and Islam," *Economy and Society* 27 (1998), 97-118.
42 Immanuel Wallerstein, et al. (eds.), *Open the Social Sciences: Report of the Gulbenkian Commission on the Restructuring of the Social Sciences* (Stanford, CA: Stanford University Press, 1996).

면에서 크게 축소되었다. 학계의 이와 같은 변화 속에서도 세계사 저술이 계속 이루어지기는 했지만, 저물어가는 장르로 간주되는 것은 어쩔 수 없었다. 게다가 세계사를 저술하는 사람들도 대부분 민족국가가 수립되지 않은 지역은 가볍게 다루었다. 즉 세계사에서 아프리카의 여러 지역과 중앙아시아를 비롯한 세계의 많은 지역이 제대로 언급되지 않았다. 이는 민족국가가 최고의 정치 형태라는 그 시대 상식의 반영이었다.

유럽에서 이런 일이 일어나는 동안 (혹은 그 뒤에) 점점 더 많은 지역에 그 여파가 미쳤다. 그리고 그 결과는 전혀 예기치 않은 방향으로 흘러가는 경우가 많았다. 오스만에서 중국까지, 인도에서 일본까지 "세계사"라고 하는 분야가 쇠퇴하기는커녕 갈수록 중요한 위치를 차지했다. 이들 나라에서 민족국가의 역사 서술과 새로운 과학적 방법론이 강조되면서 세계사가 그와 결합하게 된 것이다. 이처럼 서양 이외 지역의 적지 않은 나라들에서 새삼스럽게 세계사의 중요성이 부각되었다. 당시 이들 나라에서는 영향력 있는 일부 지식인들 사이에서 중요한 지적 변화가 형성되고 있었다. 세계사의 부각은 이들의 입장을 반영하는 현상이었다. 이들은 서양 세력이 거의 전 세계의 헤게모니를 장악했을 뿐만 아니라 근대화를 이룩한 핵심 사상의 원천이 서양에 있다고 생각했다. 또한 이와 같은 흐름 속에서 전 세계적으로 수많은 역사서들이 출간되었다. 이 책들은 유럽만이 유일하게 생명력 있는 문명이라는 사실을 공공연하게 혹은 암묵적으로 인정했다. 그래서 유럽의 합리성, 역동성, 자유를 향한 기회를 받아들이면 세계 다른 지역의 높은 잠재력이 실현될 것으로 믿었다.[43] 라틴아메리카에서 동남아시아까지 많은 나라의 역사학자들은 선진 문화를 연구하면 자기 나라의 근대화 작업에 무언가 직접적인 도

움이 될 것이라고 믿어 의심치 않았다.⁴⁴

결과적으로 유럽의 역사는 많은 관심의 대상이 되었다. 대학교 차원의 연구나 일반적인 교육 시스템에서도 마찬가지였다. 수많은 나라에서 역사 교육은 두 가지에 중점을 두었다. 한편으로 국가적 혹은 지역적 역사에 초점을 맞추고, 다른 한편으로 서양의 역사에 초점을 맞추는 것이었다. 이 경우 서양사를 흔히 "세계사"라고 불렀다. 오스만 제국 후기 탄지마트(Tanzimat) 개혁 정책의 일환으로 역사 분야에서는 "유럽"을 중요한 참고 지역으로 설정했다.⁴⁵ 또한 일본에서는 새로운 역사학을 받아들이기 위해서 비슷한 방향을 취했다. 다만 일본의 경우 랑케의 영향력이 오스만 제국에서보다 더 강했다는 차이가 있다.⁴⁶ 같은 시기 일본의 교육 시스템에서는 국사(일본사)와 함께 서양사 혹은 "세계사"의 비중을 매우 강조했다. 이와 마찬가지로 중국에서도 서양사는 1911년 신해혁명 이후 중등 교과과정으로 채택되었고, 이후 대학교 커리큘럼에도 포함되었다.⁴⁷ 이런 일들은 공통적인 경향을 반영하고 있다. 즉 서

---

43 더 자세한 내용은 Sachsenmaier, *Global Perspectives on Global History*, Chapter 1 참조.
44 예를 들어 Woolf, *A Global History of History*, pp. 399-454 참조.
45 Ercüment Kuran, "Ottoman historiography of the Tanzimat period," in Bernard Lewis and P. M. Holt (eds.), *Historians of the Middle East* (London: Oxford University Press, 1962), pp. 422-9.
46 Masayuki Sato, "Historiographical encounters: The Chinese and Western traditions in turn-of-the-century Japan," *Storia della Storiografia* 19 (1991), 13-21 참조.
47 Q. Edward Wang, "Between myth and history: The construction of a national past in modern East Asia," in Stefan Berger (ed.), *Writing the Nation: A Global Perspective* (New York: Palgrave Macmillan, 2007), pp. 126-54 참조.

유럽과 대서양의 역사 과정을 세계적 변화의 중심으로 개념화하는 것이었다.[48]

서양의 바깥에서 서양식을 지향하는 민족국가의 역사(national history)가 번성하고 있었다. 독립국이든 식민지든 상관없었다. 두 경우 모두 그 사회의 지식인들은 서양 주도의 역사학 개념과 방법론에 지대한 관심을 표명했다.[49] 일본에서 이집트에 이르기까지 이러한 지식인들은 자신이 속한 국가가 독립하거나 탈식민지화하는 과정에서 민족국가가 수립될 때 중요한 역할을 수행했다. 식민 통치하에서도 역사학은 이와 유사한 이중적 성격을 띠게 되었다. 식민지에서 역사 교육은 한편으로 민족/지역의 역사를, 또 한편으로는 식민 통치자 혹은 유럽 전반의 역사를 함께 교육하도록 강요되었다. 식민지 역사 교육 시스템에 대한 명쾌한 분석으로, 카리브 지역 전공 역사학자이자 트리니다드토바고의 초대 수상이었던 에릭 윌리엄스(Eric Williams, d. 1981)의 저서를 들 수 있다.[50]

20세기 역사학의 라이벌

유럽 중심적 경향은 역사학계, 특히 세계사 분야에서 20세기 내내 지속되었다. 세계의 구조가 "선진국"과 "후진국"으로 명확하게 나뉜 상

---

48 Prasenjit Duara, *Rescuing History from the Nation: Questioning Narratives of Modern China* (Chicago: University of Chicago Press, 1995) 참조.
49 Stefan Berger, "Introduction: Towards a global history of national historiographies," in Berger (ed.), *Writing the Nation*, pp. 1-29.
50 Eric Williams, *Education in the British West Indies* (Port of Spain: Guardian, 1946).

황에서, 세계 어느 곳 어느 언어권에서든 세계사의 줄거리는 당연히 유럽 중심주의가 강했다. 역사 교육 시스템에서 "세계사" 과목은 결국 선진국, 특히 서양 세력 연구로 쪼그라드는 경우가 많았다. 아프리카든, 남아시아든, 동아시아든, 혹은 어디서라도 두꺼운 분량의 세계사를 펼쳐보면 그 내용은 주로 서양의 부상이었다.

서양사가 "세계사"라고 일컬어지는 경우도 많았다. 국가를 수립하는 데 기여했던 주요 사상가들이 서양사나 세계사에 대한 저술을 출판하는 경우가 많았는데, 여기서 서양사가 얼마나 중요했는지 그 위상을 짐작할 수 있다. 세대는 다양하지만 예를 들자면 일본의 개혁가 후쿠자와 유키치(福澤諭吉, d. 1901), 중국의 학자이자 대중적 지식인 양계초(梁啓超, d. 1929), 인도의 학자이자 정치가 자와할랄 네루(Jawaharlal Nehru, d. 1964) 등이다. 네루의 유명한 저서 《세계사 편력》은 식민지 시절 감옥에서 쓰였다. 이 책에서 네루는 서양의 제국주의를 공개적으로 비판하고 인도가 서양의 성과를 모방해야 한다는 관점을 배척했다. 그렇지만 하나의 문명으로서 유럽 문명의 부상이 세계 다른 지역의 문화, 정치, 학문에 미친 막대한 영향력을 부정하지는 않았다.[51]

이와 전혀 다른 정치 환경에서도 유럽 중심적 세계사가 확인되었다 (지금도 여전히 계속되는 중이다). 예를 들어 수많은 공산주의 국가에서는 마르크스주의 전통과 함께 세계사가 제도적으로 강하게 자리 잡게 되었

---

51 Jawaharlal Nehru, *Glimpses of World History: Being Further Letters to His Daughter, Written in Prison, and Containing a Rambling Account of History for Young People* (London: Lindsay Drummond Limited, 1939). 간디 또한 인도 독립 운동 지도자들 가운데 새로운 세계사 분야에 관심을 표명한 몇몇 인물들 중 하나였다.

다. 물론 개별 사회주의 국가 내에서도 역사학계는 다양한 문화를 지니고 있었다. 그러나 세계사 분야만큼은 공통점이 많았다. 세계사는 전형적으로 국가 중심의 관점에서 목적론적으로 서술되었다. 유럽의 역사가 국제 사회 발전에서 핵심 역할을 했고, 그러한 발전 단계의 완결판은 세계적 공산주의의 달성이었다. 한때 소련이나 중화인민공화국 같은 나라의 역사학자들에게도 역사적 유물론이라는 개념적 장애물을 흔들어볼 여유가 주어진 때가 있었다. 그러나 전반적인 경향으로 볼 때, 공산주의 국가에서 생산된 역사서들은 마르크스-레닌주의 이론의 틀에 갇혀 있었고, 유럽사 연구에서 파생된 시대구분을 그대로 사용했다. 모택동 시절 중국의 역사학자들은 누구나 "부르주아지" 혹은 "봉건주의" 등의 개념으로 중국사와 세계사를 연결해보려 노력했다. 그러나 이것은 유럽의 맥락에서 출현한 개념들이었다.[52] 게다가 중국에서 출간된 세계사의 내용은 서양과 소련에 초점을 맞추는 경향이 있었다. 결과적으로 세계의 다른 지역들은 소외될 수밖에 없었다.

물론 지역별로 다양한 요인들, 제도적 장치부터 정치적 상황까지, 지적 전통부터 연구비 지급 구조까지 수많은 이유들에 의해 세계 곳곳에서 국사와 세계사 연구가 계속해서 진행되어왔다. 그러나 주류의 움직임을 정면으로 거스르는 반작용도 없지 않았다.[53] 예를 들면 양차 대

---

52 예를 들어 Q. Edward Wang, "Encountering the world: China and its other(s) in historical narratives, 1949-89," *Journal of World History* 14 (2003), 327-58 참조.
53 예를 들어 Jürgen Osterhammel, "World history," in Axel Schneider and Daniel Woolf (eds.), *The Oxford History of Historical Writing* (New York: Oxford University Press, 2012), vol. v, pp. 93-112 참조.

전 사이 유럽에서는 국가 중심과 유럽 중심의 관점에서 벗어나고자 하는 유명한 저작들이 출간되었다. 한 예로 오스발트 슈펭글러(Oswald Spengler, d. 1936)의 《서구의 몰락(Decline of the West)》을 들 수 있겠다. 이 책은 독일에서 1918~1922년 처음 출간되었다.[54] 이 책에서 저자는 보편적 학문(universal science)이라는 개념에 도전했다. 그리고 그 대안으로 어느 정도 독립적인 문명순환론을 제시했다. 그 이론 틀에서 슈펭글러는 서양 근대의 여정을 문명의 쇠락 운동으로 설명했다. 이 이론으로 슈펭글러는 유럽 전역의 보수주의자들 사이에서 상당한 명성을 얻었다.

슈펭글러는 공공연하게 대학교 기반 역사학에 반대하는 입장을 취했다. 그러나 당시에 그 못지않게 유명했던 세계사 연구자 아널드 토인비(Arnold J. Toynbee, d. 1975)는 영국의 여러 고등 교육 기관에 확실하게 근거를 두고 작업을 했다. 그의 대표작(magnum opus)으로 일컬어지는 《역사 연구(A Study of History)》는 1934~1961년 12권 분량으로 출간되었다. 토인비는 인류의 역사 전체를, 그리고 서양 위주의 서술이 되지 않도록 주의하면서 국제 교류를 포착하려 했다. 토인비는 (정치적·물질적 측면이 아니라) 문화적·정신적 요인에 집중했다. 그것이 역사를 이끌어가는 원동력이라고 생각했기 때문이다. 그는 국가 위주의 관점에 빠지지 않았기 때문에, 세계 전체 범위의 역사를 담아내는 그릇으로 국가 단위보다는 문명 단위를 선호했다.

세계의 다른 지역에서도 유럽 중심적 목적론을 비판하는 수많은 목소리들이 존재했다. 예를 들어 네그리튀드(Négritude) 운동 같은 다국

---

54 영어판은 1926년에 처음 나왔다. 독일어 원서 제목은 *Der Untergang des Abendlandes*.

적 그룹들은 유물론과 과학주의를 비롯한 기타 "백인들의 신화(white mythology)"에 공개적으로 의문을 제기했다.[55] 뿐만 아니라 수많은 아시아의 지식인들이 유럽을 전 세계 진보의 요람으로 해석하는 입장에 반대하여 서양식 인식론에 비판을 가했다.[56] 앞에서 언급했던 에릭 윌리엄스나 양계초 등의 지식인들이 이와 같은 학술 운동에 참여했지만, 많은 나라에서 대학교 역사학과에는 비판적 견해의 영향이 거의 미치지 않았다.

마찬가지로 토인비나 슈펭글러 같은 역사가들의 목소리에 대해서 유럽과 미국의 역사학계에서는 거의 반응이 없었다. 분명 제2차 세계대전 이후에는 새로운 지평을 탐색하고자 하는 세계사의 중요한 사례들이 등장했다. 그중에는 상당한 명성을 얻은 책들도 있었는데, 예를 들면 윌리엄 맥닐(William McNeill)의 《서구의 부상》 같은 책이다. 맥닐은 시카고 대학교에서 근무했고, 아널드 토인비와 함께 연구를 수행하기도 했다.[57] 맥닐은 북대서양 연안국들의 승리를 얘기하는 대신 보다 폭넓은 세계사의 맥락에서 서양 주도의 시대를 상대화시키고자 했다. 그가 강조했던 바는, 16세기 이전 아프리카와 유라시아 대륙이 거대 규모 세력 관계에 의해 연결되어 있었고, 당시의 중심은 유럽이 아니었다는 사실이다. 맥

---

55 Robert J. C. Young, *White Mythologies: Writing History and the West* (New York: Routledge, 1990).
56 Cemil Aydin, *The Politics of Anti-Westernism in Asia: Visions of World Order in Pan-Islamic and Pan-Asian Thought* (New York: Columbia University Press, 2007).
57 William H. McNeill, *The Rise of the West: A History of the Human Community* (Chicago: University of Chicago Press, 1963).

닐은 과연 미래에 서양의 헤게모니를 넘어서는 또 다른 글로벌 세력 집단이 형성될 것인가 하는 질문을 남겨두었다.

맥닐의 책이 열광적인 인기를 얻었음에도 불구하고, 이후로도 오랫동안 미국에서 세계사 전공이 개설된 곳은 소규모 대학교의 몇몇 학과 정도뿐이었다. 유럽 학계도 나을 것이 없었다. 분명 가장 활발했던 역사학 분야는, 기존에 이미 전 세계의 연결과 교류에 많은 관심을 기울여왔던 경제사 분야일 것이다. 예를 들어 이매뉴얼 월러스틴(Immanuel Wallerstein)의 《근대 세계 체제》의 첫 권이 출간된 때가 1974년이었는데[58] 이 책이 경제사학자들 사이에 널리 영향을 미쳤다. 월러스틴은 불평등 무역에 기초를 둔, 지리적으로 확장된 경제 시스템의 출현과 관련된 상세한 연구 성과를 제출함으로써 기존의 어느 학파와도 다른 입장을 표명했다. 월러스틴이 말하는 세계 체제 안에는 전 세계 모든 나라 및 모든 지역이 포함된다. 그중 어떤 지역은 중심부이며, 또 다른 지역은 반(半)주변부 및 주변부다. 월러스틴에 따르면, 세계 체제에 따라 큰 틀에서 부(wealth)의 분포나 자유 및 강제 노동의 지형 같은 요소들이 결정되었다.[59]

이후에도 대부분의 역사학자들이 국민국가의 틀에 고착되어 있었고, 그들의 연구가 유럽 중심적 패러다임에 체계적으로 도전하려 하지 않았

---

58 Immanuel Wallerstein, *The Modern World System*, 4 vols. (New York: Academic Press, 2011).
59 냉전 및 이후 시기 세계 경제학사 연구 개괄은 Peer Vries, "Global economic history: A survey," in Schneider and Woolf (eds.), *The Oxford History of Historical Writing*, vol. v, pp. 113-35 참조.

다는 측면에서 볼 때, 세계 대부분 지역의 역사학계는 뚜렷한 보수적 색채로 남아 있었다고 말할 수 있다. 냉전이 끝날 무렵이 되어서야 비로소 전 세계적 연결이나 지역을 넘어서는 교류 같은 주제에 관심이 높아졌다. 다른 학문 분야들, 예컨대 사회학이나 인류학에서 비슷한 경향의 관심이 시작된 시기에 비해 역사학의 움직임은 훨씬 더 늦었다. 역사학계는 경제, 문화, 사회적 측면에서 새롭게 연결된 세계가 노골적으로 드러나고도 수십 년이 지난 뒤에야 그러한 현실에 관심을 기울이기 시작했다. 그래서 이리에 아키라(入江昭) 같은 역사학자는 냉전 말기의 역사학계에 대하여 "역사에 뒤떨어진 역사학자들"이라고 평했다.[60]

1990년대 이후의 발전

1980년대 말 혹은 1990년대부터 지역 간 연결과 교류 연구가 가파르게 증가했다. 현실적으로 역사학과는 주로 민족 국가의 역사를 연구해왔지만, 최근 세계사 연구의 괄목할 만한 성장 덕분에 다국적 혹은 세계적 범위의 역사 연구는 더 이상 주변부의 예외적 경향이 아니었다. 오히려 정반대로 국경을 넘어선 역사 연구가 혁신의 중심으로 간주되는 경우가 많았다. 학자들의 선호도가 바뀌면서 이를 바탕으로 문화사에서 정치사까지, 역사학 내 대부분의 분야에서 혼합적 경향이 나타났다.[61]

60　Akira Iriye, *Global and Transnational History: The Past, Present and Future* (New York: Palgrave Macmillan, 2013), p. 19.
61　앞에서 언급된 책들 외에도 이러한 연구 경향을 설명하는 글들이 더 있다. Jerry H. Bentley, *Shapes of World History in Twentieth-Century Scholarship* (Washington, D.C.: American Historical Association, 1996), vol. xiv; Sebastian Conrad, *Globalgeschichte: Eine Einführung* (Global History: An Introduction) (Munich:

이러한 경향은 어느 한 분야를 중심으로 일어난 일이 아니었다. 즉 다국적 및 세계적 범위의 역사 연구는 경제사에서 문화사까지, 환경사에서 노동사까지 역사학의 수많은 분야에서 번성했다고 말할 수 있다.

냉전 시기 및 그 이전의 세계사 저술들과 달리 최근의 연구 성과들은 대부분 1차 자료에 근거를 두고 있다. 1980년대까지 방대한 범위의 역사를 다루는 책들은 주로 교재거나, 아니면 대중서가 중심이었다. 그 이후에도 전체 역사 시기의 세계사 혹은 지구 전체의 역사를 다루는 역사서들이 계속해서 출간되었지만, 냉전 시기 이전에 비해 이후의 출간물들은 독특한 주제들을 전 지구적 및 다국적 관점으로 탐구한 풍부한 연구 자료를 수록하고 있다.[62] 이처럼 거시적으로 역사를 서술하는 방식은 점점 더 복잡한 양상을 띠게 되었고, 오늘날 갈수록 더 많은 저자들이 서양식이 아니면서 전 지구적으로 영향을 미친 요인 등의 주제들을 탐구하고 있다.

이러한 연구들이 발달하면서 기존의 대학교 학과 구조와 교육 체제가 일정 부분 도전을 받게 되었다. 이는 오래도록 역사 연구의 방향성을 지탱해온 구조였다. 갈수록 많은 학자들이 오늘날 역사학과의 제도적 틀 때문에 상당히 오래도록 방치되어온 주제들을 연구하기 시작했

C. H. Beck, 2013); Manning, *Navigating World History*.
62 새로운 거시적 연구의 사례들은 여러 언어권에서 출간되었는데, 대체로 다원화된 세계사 서술을 지향하고 있다. C. A. Bayly, *The Birth of the Modern World, 1780-1914: Global Connections and Comparisons* (Malden, MA: Blackwell, 2004); Jürgen Osterhammel, *Die Verwandlung der Welt: Eine Geschichte des 19. Jahrhunderts* (Munich: C. H. Beck, 2009); 吳于廑, 齐世荣 主编,《世界史》全六卷, 北京高等教育出版社, 1994.

다. 예를 들면 남아시아와 동아시아, 혹은 라틴아메리카와 아프리카 지역의 역사적 관계를 연구하는 학자들이 갈수록 늘어나고 있다. 이들의 교류에 대해서는 연구자들이 오랫동안 관심을 갖지 못했었다. 물론 동아시아의 역사나 남아시아의 역사를 외부 세계와의 관계 속에서 살펴보는 연구가 기존에 없었던 것은 아니다. 그러나 대부분은 이들 지역과 서양의 관계를 연구했고, 그래서 동아시아와 남아시아 및 기타 지역의 상호 교류는 주변부로 밀려나는 형국이었다. 예를 들면 근대 역사학에서 중국과 인도처럼 때로 밀접했던 관계에 대한 연구는 상대적으로 매우 드물었다. 이 문제의 저변에는 동아시아 전문 역사학자들(중국, 일본, 한국의 역사학자들을 포함해서) 중에서 서양 이외 다른 지역에 대한 전문 교육을 받은 사람들이 거의 없었던 현실이 놓여 있다. 이후 이런 상황이 크게 변한 것은 아니지만, 오늘날 갈수록 많은 역사학자들이 지역 전공에 몰두하느라 발생했던 기존의 빈틈에 다리를 놓으려는 의지를 갖게 되었고, 또한 그 능력을 갖추어나가는 중이다.

과연 이와 같은 새로운 연구 경향을 두고, 이를 "세계사(world history)"라고 일컬을지 아니면 다른 용어를 만들어야 할지 의문이 제기되었다.[63] 오래도록 "세계사"라고 하면서 큰 시각으로 역사를 다루되 중심 틀은 유럽 중심으로 서술해온 것이 사실이었다. 그래서 많은 학자들은 냉전 이후의 새로운 연구 경향을 의미하는 "지구사(global history)"라는 표현을 더 선호했다. "초국사(transnational history)" 혹은 "얽힌 역사

---

63 예를 들어 Bruce Mazlish, "Terms," in Hughes-Warrington (ed.), *Palgrave Advances in World Histories*, pp. 18-43 참조.

(entangled history)"라는 표현도 등장했다. 그러나 "세계사"라는 용어의 의미가 바뀌기도 했다. 오늘날에는 여러 측면에서 과거 세계사의 한계를 뛰어넘는 활발하고 다양한 연구들을 지칭하는 의미로도 사용되고 있다. 그러다 보니 많은 연구자들이 "지구사"와 "세계사"를 혼용하게 되었다. 이는 근본적으로 두 가지 용어의 의미 차이를 더 이상 구분할 수 없게 되었다는 뜻이다. 거대사(big history)는 좀 더 사정이 특별하다. 거대사는 빅뱅에서 현대에 이르기까지의 구조와 패턴 및 변화를 추적하는 역사다. 여기서 역사학은 자연과학의 연구 성과를 필요로 한다.[64]

"초국사" 혹은 "지구사" 같은 어휘들이 스페인어부터 일본어까지 다른 언어권에서 어떤 식으로 번역되는지를 살펴보는 것도 매우 중요하다. 실제로 전 세계의 역사학자들로부터 경계를 넘나드는 학술 연구의 새로운 양상이 나타나고 있다.[65] 역사적 연결 고리나 지역을 넘어서는 주제에 관한 새로운 관심이 서양에서 기원해 다른 지역으로 전파되었다고 생각한다면, 그것은 오해다. 아직은 상당히 젊은 단계의 이러한 학술 경향은 서양 전파론에서 제기하는 어떤 모델보다 실제로 훨씬 더 복잡하다.[66] 지구사와 세계사의 의미가 갈수록 커지는 것은 분명 글로벌 시대, 특히 냉전 종식과 세계화 양상의 출현과 관련이 있다. 그러나 어디에

---

64 예를 들어 David Christian, *Maps of Time: An Introduction to Big History* (Berkeley: University of California Press, 2004) 참조.
65 Patrick Manning (ed.), *Global Practice in World History: Advances Worldwide* (Princeton, NJ: Markus Wiener Publishers, 2008); and Douglas Northrup (ed.), *A Companion to World History* (Hoboken: Wiley-Blackwell, 2012) 참조.
66 더 상세한 논의는 이 글의 뒷부분과 다음 책을 참조. Sachsenmaier, *Global Perspectives on Global History*.

서든, 지역에 따라서 그 지역의 시대적 특성이나 정치적·사회적·제도적 변화 등이 또한 역사학계에 영향을 미친 것도 사실이다.

학계의 교류가 긴밀해졌다고 해서 전 세계 모든 지역의 세계사 학계가 하나로 통일된 것은 아니다. 지역 혹은 국가별 요소는 여전히 이 분야에 영향을 미치고 있다. 지역에 따라 서술 방식이나 방법론 혹은 논점들이 다르기 때문이다. 예를 들면 연구비 지원이나 학계의 구조, 여론의 분위기, 지적 전통, 과거를 기억하는 방식 같은 요소들이 모두 세계사 분야에 영향을 미친다. 그래서 오늘날 일본, 인도, 프랑스, 캐나다 등 각각의 공동체는 각기 다른 방식의 세계사 연구 및 교육 풍토를 가지고 있다. 이는 각 국가별로 학계가 고립되어 있다는 의미가 아니다. 또한 각각의 국가 혹은 문화권 내에서 세계사 연구 전통이 하나로 통일되어 있다고 말하려는 것도 아니다. 통일은커녕 오히려 한 지역 내에서도 세계사 연구는 훨씬 더 복잡 미묘해지고 있다. 갈수록 다원적이고 초국가적인 연구가 증대하고 있으며, 국경을 넘나드는 연구 풍토가 강화되고 있기 때문이다.

어떤 맥락에서는 중요한 사회 변화나 정치 변혁이 일반 역사학계의 풍토는 물론 특히 세계사 분야에 뚜렷한 영향을 미치기도 한다. 예컨대 미국에서 사회적 혁명이 있었고, 이후 유례없이 다양한 인종들이 대학교에 입학했다. 그 결과 대학교의 학과 및 학생 구성이 큰 변화 겪었다. 이는 이후 전개될 역사학의 방향에 엄청난 영향을 미쳤다.[67] 인권 운동

---

67 예를 들어 Thomas Bender, "Politics, intellect, and the American university, 1945-1995," *Daedalus* 1261 (1997), 1-38 참조.

의 여파도 일부 있었다. 그래서 1970~1980년대의 대학교 역사학과에서는 "서양 문명"이라든가 "진보"라는 개념이 특히 강한 도전에 맞닥뜨렸다. 이를 비롯하여 권력 지향적인 의미가 지나치게 함축된 용어를 연구실에서 분석 도구로 쓸 수 없다고 생각하는 역사학자들이 갈수록 많아졌다.

이는 곧 학계의 주류 담론에 관한 문제였다. 미국 학계의 주류는 미국 내부의 이른바 "역사 전쟁"에 그 뿌리를 두고 있었다. 또한 냉전 시기 지역 연구에 많은 연구비가 주어졌기 때문에 많은 비서구 지역 전문가들이 생겨났다. 이들은 역사학에 국한되지 않고 더 큰 규모의 주류 학계를 형성하고 있었다. 선도적인 역사학자들 중에는 중국, 인도, 중동 등 다양한 지역들이 유럽 중심적 범주에 따라 연구 및 분석되는 현실에 우려를 나타내는 이들이 많았다.[68] 이런 학계의 풍토 때문에 포스트모더니즘이나 후기-식민주의 이론 같은 철학 사조가 미국 학계에서 상대적으로 강세를 보였다. 또한 최근의 초국사 혹은 세계사 서술에도 이런 풍토의 흔적이 남아 있다. 예컨대 오늘날 세계사 분야의 학자들 대부분은 "근대성(modernity)"이라는 개념을 방법론이나 학문적 용어로 사용하려 하지 않는다.

한편 중국에서는 이런 개념들이 여전히 강력한 지위를 유지하고 있다. 중국에서도 유럽 중심적 범주나 개념에 대한 논쟁이 없지는 않았다. 그러나 최근 중국에서 국경을 초월하는 연구가 부상한 맥락은 미국에서

---

68 Joyce Applebee, Lynn Hunt, and Margaret Jacob, *Telling the Truth About History* (New York: W. W. Norton & Company, 1995) 참조.

의 맥락과 전혀 다르다. 중국 대학교의 역사학과나 일반 교육 시스템에서 세계사는 이미 수십 년 전부터 주요 과목으로 자리 잡고 있었다. 그럼에도 불구하고 기존의 역사 연구 방식과 구조를 바꾸려는 연구자들이 점점 더 많아졌다. 특히 초국가적인 연구 성과가 풍성해지자, 중국사와 세계사를 제도적으로 나누었던 구조를 바꾸려는 시도가 늘어났다. 이는 수십 년 동안 구별되어온 구조였다.[69] 이와 관련해서 유럽 중심적 서술을 몰아내려는 노력이 꾸준히 지속되었다. 즉 "중국식 세계사"의 가능성을 탐색해왔던 것이다. 그럼에도 불구하고 대다수 미국의 역사학자들과는 달리 중국의 세계사 연구자들은 최근의 시대적 변화를 설명할 때 "근대화" 같은 개념을 기꺼이 버리지 못하고 있다. 또한 역사 서술 범주로서의 국가 개념에 대한 문제 제기도 별로 없다. 새로운 세계사를 찾고자 하면서도 국사라는 개념은 건드리지 않으려 하는 것은, 물론 중국 정부의 영향 때문일 것이다. 최근의 연구 경험을 통해 중국에서는 국사와 세계사의 시각이 서로 모순되지 않는다고 쉽게 생각하는 학자들이 많아진 것 같다. 그렇다고 해서 중국 학계를 학문이 "뒤처진" 상태로 보아서는 안 되고, 또한 언젠가는 서양의 주류적 입장으로 이끌려 오게 마련이라고 생각해서도 안 될 것이다.

이 같은 지역별 세계사 학계의 차이가 그대로 유지되리라고 보는 근거는 충분하다. 차이가 있다는 현실 자체는 명백하지만, 아직은 세계사 및 지구사 연구자들 사이에서 그 차이를 충분히 논의한 적이 없다. 세계

---

69 예를 들어 Luo Xu, "Reconstructing world history in the People's Republic of China since the 1980s," *Journal of World History* 18 (2007), 235-50 참조.

사 학계는 고사하고 일반 역사학과의 위치가 대학교 안에서 어떻게 변해가고 있는지에 대해서도 세계적 현황이 연구되지 못했다. 이 연구가 있어야만 세계 각처의 세계사 연구자들이 서로 균형 잡힌 교류를 할 수 있는 단초가 마련될 것이다.[70] 19세기 및 20세기 초에 만들어진 학과 편제와 권력 구조가 지금도 그대로 유지되고 있다. 오늘날 세계사 분야가 더 나은 미래로 나아가는 데 이러한 불평등 구조가 장애물이 되고 있음은 두말할 필요가 없다.

이와 같은 상황에서 우리 세대의 세계사 연구자들은 서로가 보다 우호적인 대화를 나눌 수 있는, 과거와 다른 학계의 전통을 만들어야 할 것이다. 특히 오늘날까지도 서로 떨어져서 학계 간 교류가 거의 없는 나라들 사이에 이런 대화가 시작되어야 할 것이다. 지난 수십 년 동안 세계 학계 교류의 허브 역할을 한 것은 영미권의 대학교들이었다. 이러한 허브가 다양화되는 것, 즉 세계적으로 협업 네트워크가 다원화되는 것은 아직은 미래의 일일 뿐이다. 물론 이를 향한 중요한 첫걸음은 이미 시작되었다고 할 수 있다. 그러나 인터넷이 발달하고 장거리 여행 비용이 상대적으로 저렴해진 시대에 지식의 새로운 사회적 환경을 만들어내지 못한다면 학계의 혁신을 위한 잠재력 또한 줄어들 수밖에 없을 것이다.

세계 여러 지역 역사학자들이 보다 수준 높은 소통을 하게 되면, 교류를 통해 각자의 연구 성과가 더욱 풍성해지는 것은 물론 그 이상의 효과도 기대할 수 있다. 즉 핵심적 개념, 선입관, 세계관 등에 관한 폭넓은

---

70 Dominic Sachsenmaier, "World history as ecumenical history?," *Journal of World History* 18 (2007), 433-62.

논쟁이 촉발될 테고, 전 세계적 범위에서 역사를 논하고자 하는 어떤 시도라도 예외가 될 수 없을 것이다. 학계의 교류를 통한 새로운 논의가 깊어진다면, 기존에 과도한 전문화로 인해 억눌려왔던 학문의 열기가 어느 정도 활력을 되찾을 수도 있다. 또한 대중성을 어느 정도로 갖추게 될지는 아직 불분명하지만, 특히 국제기구나 시민 사회 단체와의 대화에서 세계사 분야는 더욱 중요한 역할을 맡게 될 것이다.

세계사 연구자는, 세계적인 차원이든 지역적인 차원이든, 새로운 역사적 정체성을 만드는 일을 할 수도 없고 해서도 안 된다. 민족국가가 형성되던 시대에는 역사학자들의 뒤에서 교육 시스템을 통해 역사 사상을 전파하고자 하는 정치 권력이 존재했지만, 오늘날 세계사 연구자들의 처지는 그때와 같을 수가 없다. 그러나 오늘날 세계사 연구를 뒷받침하는 정치 구조가 없다는 사실은 오히려 엄청난 기회가 되기도 한다. 왜냐하면 기존 정치 세력이나 경제 권력자들의 논리와 상충되는 과거라 할지라도 걸림 없이 연구할 수 있는 공간이 주어지기 때문이다. 이와 같은 조건에서 뜻이 통하는 세계사 연구자들 사이의 다국적 대화와 협력은 더욱 강화될 것이다.

이미 서론에서 언급했던 바와 같이, 역사학계가 새롭게 대두되는 세계적 문제나 다국적 관심사를 덮어버리는 허수아비로 기능해서는 안 될 것이다. 역사를 해석하는 관점은 다양한 포럼을 통해 결국은 수많은 사람들에게 전해진다. 특히 신문에서 영화에 이르기까지, 인터넷 클럽에서 만화에 이르기까지 수많은 대중매체들은 대중이 국사 및 세계사의 사건을 이해하는 데 강한 영향력을 행사한다.[71] 예컨대 수많은 사람들이 세계사의 주요 범주와 개념을 어떻게 이해할지를 좌우하는 것도, 과거 세계의 중심이 어느 지역이었다는 상식을 전파하는 것도 대중매체다. 마찬가지 방식으로 종교 단체들도 신도들에게 자신의 역사 해석을 전파한다.

대학교에 기반을 둔 역사학계는, 영향력의 한계에도 불구하고, 대중매체에 어느 정도 영향을 미칠 뿐만 아니라 일반 교육 시스템에도 강한 영향력을 행사해왔다. 그러나 미래에 세계사와 지구사도 그럴 수 있으리라는 보장은 없다. 다만 전 세계를 포괄하는 전문 영역으로서 역사학의 엄청난 잠재력을 더욱 개발한다면 기대해볼 수도 있겠다. 세계 거의 모든 나라에 전문 역사학자들이 존재한다고 해서 곧바로 세계적 지식인 공동체가 존재한다고 말할 수는 없다. 오늘날 학계 시스템은 여전히 국가별 구분과 세계적 불평등 구조에 기초하고 있기 때문이다. 이것을 바꾸는 일이 곧 세계사적 사유와 세계사 서술의 여정을 향해 내딛는 분명한 한 걸음을, 또한 이 둘을 모두 이끌어갈 더욱 깊은 관심을 의미할 것이다.

---

71 Serap Özer and Gökçe Ergün, "Social representation of events in world history: Crosscultural consensus or Western discourse? How Turkish students view events in world history," *International Journal of Psychology* 48 (2012), 574-82.

더 읽어보기

Primary source materials

de Mendoza, Juan González, *Historia des las Cosas Mas Notables, Ritos y Costumbres, del Gran Reyno de la China* (History of the Most Notable Things, Rites and Uses of the Great Kingdom of China), Rome: Grassi, 1585.

de Montesquieu, Charles, *De l'Esprit des Loix*, Geneva: Barrillot & fils, 1748.

Nehru, Jawaharlal, *Glimpses of World History: Being Further Letters to His Daughter, Written in Prison, and Containing a Rambling Account of History for Young People*, London: Lindsay Drummond Limited, 1939.

Otto, Bishop of Freysing, *The Two Cities: A Chronicle of Universal History to the Year 1146 AD*, New York: Octagon, 1996.

Spengler, Oswald, *The Decline of the West*, 2 vols., London: Allen & Unwin, 1926.

Williams, Eric, *Education in the British West Indies*, Port of Spain: Guardian, 1946.

Secondary source materials

Applebee, Joyce, Lynn Hunt, and Margaret Jacob, *Telling the Truth About History*, New York: W. W. Norton & Company, 1995.

Appleby, R. Scott, "History in the fundamentalist imagination," *Journal of American History* 89 (2002), 498-511.

Aydin, Cemil, *The Politics of Anti-Westernism in Asia: Visions of World Order in Pan-Islamic and Pan-Asian Thought*, New York: Columbia University Press, 2007.

Bayly, C. A., *The Birth of the Modern World, 1780-1914: Global Connections and Comparisons*, Malden, MA: Blackwell, 2004.

Bender, Thomas, "Politics, intellect, and the American university, 1945-1995," *Daedalus* 1261 (1997), 1-38.

_____, *Rethinking American History in a Global Age*, Berkeley: University of California Press, 2002.

Benin, Isidore O., *Once Upon a Kingdom: Myth, Hegemony and Identity*, Bloomington: Indiana University Press, 1998.

Bentley, Jerry H., "Myths, wagers, and some moral implications of world history," *Journal of World History* 16 (2005), 51-82.

_____, *Shapes of World History in Twentieth-Century Scholarship*, Washington, D.C.: American Historical Association, 1996, vol. xiv.

Berger, Stefan, "Introduction: Towards a global history of national historiographies," in Stefan Berger (ed.), *Writing the Nation: A Global Perspective*, Basingstoke:

Palgrave Macmillan, 2007, pp. 1-29.

Burke, Peter, "History, myth and fiction: Doubts and debates," in José Rabasa, Masayuki Sato, Edoardo Tortarolo, and Daniel Woolf (eds.), *The Oxford History of Historical Writing*, New York: Oxford University Press, 2012, vol. iii, pp. 261-81.

Chakrabarty, Dipesh, *Provincializing Europe: Postcolonial Thought and Historical Difference*, Princeton, NJ: Princeton University Press, 2000.

Christian, David, *Maps of Time: An Introduction to Big History*, Berkeley: University of California Press, 2004.

———, "Scales," in Marnie Hughes-Warrington (ed.), *Palgrave Advances in World History*, London: Palgrave, 2006, pp. 64-89.

Conrad, Sebastian, *Globalgeschichte: Eine Einführung* (Global History: An Introduction), Munich: C. H. Beck, 2013.

Conrad, Sebastian, and Dominic Sachsenmaier (eds.), *Conceptions of World Order: Global Moments and Movements, 1880s-1930s*, Basingstoke: Palgrave Macmillan, 2007.

Curto, Diogo R., "European historiography of the East," in José Rabasa, Masayuki Sato, Edoardo Tortarolo, and Daniel Woolf (eds.), *The Oxford History of Historical Writing*, New York: Oxford University Press, 2012, vol. iii, pp. 536-55.

Duara, Prasenjit, *The Global and Regional in China's Nation Formation*, New York: Routledge, 2009.

———, *Rescuing History from the Nation: Questioning Narratives of Modern China*, Chicago: University of Chicago Press, 1995.

Durrant, Stephen W., *The Cloudy Mirror: Tension and Conflict in the Writings of Sima Qian*, Albany: State University of New York, 1995.

Faulstich, Paul, "Mapping the mythological landscape: An Aboriginal way of being in the world," *Philosophy & Geography* 1 (1998), 197-221.

Fromherz, Allen, *Ibn Khaldun: Life and Times*, Edinburgh: Edinburgh University Press, 2010.

Goodrich, Thomas D., *The Ottoman Turks and the New World: A Study of Tarih-i-Hind-i Garbi and Sixteenth-Century Ottoman Americana*, Wiesbaden: Harrassowitz, 1990.

Grafton, Anthony, *The Footnote: A Curious History*, Cambridge, MA: Harvard University Press, 1997.

———, "The history of ideas: Precepts and practice, 1950-2000 and beyond," *Journal of the History of Ideas* 67 (2006), 1-32.

Griggs, Tamara, "Universal history from Counter-Reformation to Enlightenment," *Modern Intellectual History* 4 (2007), 219-47.

Gruzinski, Serge, *Les Quatre Parties du Monde: Histoire d'une Mondialisation*, Paris: Martinière, 2004.

Hardy, Grant, "Can an ancient Chinese historian contribute to modern Western theory? The multiple narratives of Ssu-ma Ch'ien," *History and Theory* 33 (1994), 20-38.

Hartog, François, *The Mirror of Herodotus: The Representation of the Other in the Writing of History*, Berkeley: University of California Press, 1998.

Hoerder, Dirk, *Cultures in Contact: World Migrations in the Second Millennium*, Durham, NC: Duke University Press, 2002.

Iggers, George G., Q. Edward Wang, and Supriya Mukherjee, *A Global History of Modern Historiography*, Harlow: Pearson Longman, 2008.

Iriye, Akira, *Global and Transnational History: The Past, Present and Future*, New York: Palgrave, 2013.

_____, *Global Community: The Role of International Organizations in the Making of the Contemporary World*, Berkeley: University of California Press, 2002.

Khalidi, Tarif, *Islamic Historiography: The Histories of Mas'udi*, Albany: State University of New York Press, 1975.

Kuran, Ercüment, "Ottoman historiography of the Tanzimat period," in Bernard Lewis and P. M. Holt (eds.), *Historians of the Middle East*, London: Oxford University Press, 1965, pp. 422-9.

Lach, Donald F., *Asia in the Making of Europe*, Chicago: University of Chicago Press, 1993, vol. iv.

Lingelbach, Gabriele, "The institutionalization and professionalization of historiography in Europe and the United States," in Stuart Macintyre, Juan Maiguashca, and Attila Pók (eds.), *The Oxford History of Historical Writing*, New York: Oxford University Press, 2012, vol. iv, pp. 78-96.

Manning, Patrick (ed.), *Global Practice in World History: Advances Worldwide*, Princeton, NJ: Markus Wiener Publishers, 2008.

_____, *Navigating World History: Historians Create a Global Past*, New York: Palgrave Macmillan, 2003.

Mazlish, Bruce, "Terms," in Marnie Hughes-Warrington (ed.), *Palgrave Advances in World Histories*, London: Palgrave Macmillan, 2006, pp. 18-43.

McNeill, John R., *Something New Under the Sun: An Environmental History of the Twentieth-Century World*, New York: W. W. Norton & Company, 2000.

McNeill, William H., *The Rise of the West: A History of the Human Community*, Chicago: University of Chicago Press, 1963.

Mignolo, Walter D., *Local Histories/Global Designs: Coloniality, Subaltern Knowledges, and Border Thinking*, Princeton, NJ: Princeton University Press, 2000.

Moyn, Samuel, *The Last Utopia: Human Rights in History*, Cambridge, MA: Harvard University Press, 2010.

Muhammad, Akbar, "The image of Africans in Arabic literature: Some unpublished manuscripts," in John R. Wills (ed.), *Islam and the Ideology of Slavery*, London: F. Cass, 1985, pp. 47-74.

Mungello, D. E., *The Great Encounter of China and the West, 1500-1800*, Lanham, MD: Rowman & Littlefield, 1999.

Naffrisi, M. R., "Reframing Orientalism: Weber and Islam," *Economy and Society* 27 (1998), 97-118.

Netton, I. R., "Basic structures and signs of alienation in the 'Riḥla' of Ibn Jubayr," *Journal of Arabic Literature* 22 (1991), 21-37.

Northrup, Douglas (ed.), *A Companion to World History*, Hoboken: Wiley-Blackwell, 2012.

Osterhammel, Jürgen, *The Transformation of the World: A History of the 19th Century*, Princeton: Princeton University Press, 2014.

_____. "World History," in Axel Schneider and Daniel Woolf (eds.), *The Oxford History of Historical Writing*, New York: Oxford University Press, 2012, vol. v, pp. 93-112.

Özer, Serap, and Gökçe Ergün, "Social representation of events in world history: Crosscultural consensus or Western discourse? How Turkish students view events in world history," *International Journal of Psychology* 48 (2012), 574-82.

Pagden, Anthony, *The Fall of Natural Man: The American Indian and the Origins of Comparative Ethnology*, Cambridge: Cambridge University Press, 1982.

Pomeranz, Kenneth, *The Great Divergence: China, Europe, and the Making of the Modern World Economy*, Princeton, NJ: Princeton University Press, 2001.

Ross, Margaret C., "Australian Aboriginal oral traditions," *Oral Tradition* 1 (1986), 231-71.

Sachsenmaier, Dominic, *Global Perspectives on Global History: Theories and Approaches in a Connected World*, Cambridge: Cambridge University Press, 2011.

_____. "World history as ecumenical history?", *Journal of World History* 18 (2007),

433-62.
Sato, Masayuki, "Comparative ideas and chronology," *History and Theory* 30 (1991), 275-301.
_____, "Historiographical encounters: The Chinese and Western traditions in turn-of-the-century Japan," *Storia della Storiografia* 19 (1991), 13-21.
Schluchter, Wolfgang, *The Rise of Western Rationalism: Max Weber's Developmental History*, Berkeley: University of California Press, 1981.
Shirong, and Wu Yujin (eds.), *Shijie shi* (World History), 3 vols., Beijing: Gaodeng jiaoyu chubanshe, 1994.
Smith Weidner, Marsha (ed.), *Cultural Intersections in Later Chinese Buddhism*, Honolulu: University of Hawaii Press, 2001.
Subrahmanyam, Sanjay, "On world historians in the sixteenth century," *Representations* 91 (2005), 26-57.
Sydnor, Roy, "The constitutional debate: Herodotus' exploration of good government," *Histos* 6 (2012), 298-320.
Toyin, Falola, "History in Sub-Saharan Africa," in Stuart Macintyre, Juan Maiguashca, and Attila Pók (eds.), *The Oxford History of Historical Writing*, New York: Oxford University Press, 2012, vol. iv, pp. 597-618.
van der Linden, Marcel, *Workers of the World: Essays Towards a Global Labor History*, Leiden: Brill, 2008.
van Kley, Edwin J., "Europe's 'discovery' of China and the writing of world history," *American Historical Review* 76 (1971), 358-85.
Vansina, Jan, *Oral Tradition as History*, Madison: University of Wisconsin Press, 1985.
von Ostenfeld-Suske, Kira, "A new history for a 'New World': The first one hundred years of Spanish historical writing," in José Rabasa, Masayuki Sato, Edoardo Tortarolo, and Daniel Woolf (eds.), *The Oxford History of Historical Writing*, New York: Oxford University Press, 2012, vol. iii, pp. 556-74.
Vries, Peer, "Global economic history: A survey," in Axel Schneider and Daniel Woolf(eds.), *The Oxford History of Historical Writing*, New York: Oxford University Press, 2012, vol. v, pp. 113-35.
Waley-Cohen, Joanna, *The Sextants of Beijing: Global Currents in Chinese History*, New York: W. W. Norton & Company, 1999.
Wallerstein, Immanuel, *The Modern World System*, 4 vols., New York: Academic Press, 2011.
_____, et al. (eds.), *Open the Social Sciences: Report of the Gulbenkian*

Commission on the Restructuring of the Social Sciences, Stanford, CA: Stanford University Press, 1996.

Wang, Wang, "Encountering the world: China and its other(s) in historical narratives, 1949-89," *Journal of World History* 14 (2003), 327-58.

_____. "History, space, and ethnicity: The Chinese worldview," *Journal of World History* 10 (1999), 285-305.

Xu, Xu, "Reconstructing world history in the People's Republic of China since the 1980s," *Journal of World History* 18 (2007), 235-50.

CHAPTER 4

진화와 단절,
그리고 시대구분 문제

마이클 랭
Michael Lang

어린아이들이 바닷가에서 놀고 있었다. 그때 파도가 밀려와 아이들의 장난감을 깊은 바닷속으로 쓸어가 버렸다. 아이들은 울음을 터뜨렸다. 그러나 가버렸던 바로 그 파도가 다시 올 것이고, 아이들에게 새로운 장난감을 가져다줄 것이다. 온갖 색깔의 새로운 조개를 아이들 앞에 쏟아놓을 것이다.
— 프리드리히 니체, 《차라투스트라는 이렇게 말했다》[1]

근대 역사학에서 시대구분(periodization)은 가장 기본적인 방법론에 속한다. 시대구분을 통해 특정 사건을 맥락 속에서 이해할 수 있고, 역사와 관련된 어떤 논의라도 그 범위를 파악할 수 있다. 1932년 마이클 오크숏(Michael Oakeshott)은 이렇게 말했다. "액턴 경(Lord Acton)의 조언, 즉 '기꺼이 시대 속에서 문제를 연구하라'고 하셨던 조언에 대해 우선, 우리도 아무런 이견이 없다는 답을 드려야겠습니다."[2] 물론 오늘날의 역사학자들도 이견은 없을 것이다. 특히 세계사 연구자라면 더더욱 그러할

---

1 Friedrich Nietzsche, *Sämtliche Werke: Kritische Studienausgabe*, Giorgio Colli and Mazzino Montinari (eds.), 11 vols. (Munich: Deutscher Taschenbuch Verlag, 1988), vol. iv, p. 123.
2 Michael Oakeshott, *Experience and Its Modes* (Cambridge: Cambridge University Press, 1933), p. 143, n. 1.

것이다. 세계사 서술은 줄곧 하위 분야의 도전을 받아야 했다. 새로운 지리적 구성, 방법론의 혁신, 새로운 시대구분의 시도가 수없이 되풀이되었다. 그 결과 세계사 서술도 많은 변화를 겪었다. 그러나 다양한 시대구분의 개념적 토대를 역사적으로 비교 분석한 연구는 아직 미진한 상태다. 시대구분이라는 개념의 핵심에는 보편적 시간(universal time)이라는 개념이 포함되어 있다. 그러므로 시대구분 문제는, 설사 직접적으로 표방하지 않는 경우조차도 암묵적으로 세계사 차원의 문제가 된다.

이번 장에서는 세계사 연구에서의 시대구분 문제를 살펴보려 한다. 시대구분의 방법론에 어떤 문제들이 있었는지, 그리고 그것이 역사학에서 얼마나 중요한 문제였는지를 보여주고자 한다. 논의는 랑케(Ranke)로부터 시작된다. 그가 역사학의 시대구분을 어떤 식으로 체계화했는지 살펴볼 것이다. 랑케는 세계적 시간(global time)에 관한 18세기의 모순을 그대로 물려받았다. 그 또한 연대기(chronology) 개념과 시대구분(period) 개념을 전적으로 화해시키지는 못했다. 그러나 그의 뒤를 따랐던 주요 역사학 저서들은 이 문제로부터 자유로웠다. 랑케가 역사학의 정체성을 민족(nation)이라는 정신적 실재와 국가(state)라는 세속적 현실 사이에 애매하게 설정한 덕분이었다. 다윈의 진화론이 이런 식의 애매한 설정을 위협할 수도 있었다. 그러나 실제로는 별로 영향력을 미치지 못했다. 민족주의 역사학은 지금도 여전히 20세기의 복잡다단한 현실을 제대로 담아내지 못하고 있다. 그래서 두 가지 대안이 출현하게 되었다. 이들은 각자 랑케를 절반으로 갈라서 계승했다. 한 축은 토인비에서 시작해서 맥닐을 거쳐 오늘날까지 이어지고 있다. 이들의 입장은 진화(evolution) 개념에 바탕을 두고 있으며, 세계사를 지향한다. 따라서 연대기를 중시한다. 또 다른 한 축은 하이데거로부터 시작해서 포스트모더니즘을 거쳐 오늘날까지 이어지고 있다. 이들은 의미의 지평(horizons of meaning) 개념에 바탕을 두고 있으며, 역사적 사유(세계사를 이해하려는 시도) 자체를 비판하는 입장이다. 따라서 단절을 중시한다. 이들 두 가지 입장의 대립 혹은 모순은 오늘날 우리에게도 그대로 이어지고 있다.

랑케와 민족주의 역사학

19세기 초에 이르러 역사학은 역사학 고유의 방법론을 만들고자 했고, 이를 위해 다양한 분야를 참조했다. 자연과학, 정치 이론, 문헌학 등이 참고 대상이었고, 물론 과거의 역사학도 참고했다. 이와 같은 큰 그림에 당시의 세계사 논의가 더해져 상황이 더욱 복잡해졌다. 세계사는 유럽 바깥의 상황까지 고려했기 때문이다. 당시 역사학이 참조하던 다른 분야들에도 유럽 바깥의 상황이 영향을 미치고 있었다. 또한 유럽 바깥 세계의 지적 전통도 거론되었다. 유럽이 그들로부터 무엇을 빌려 왔고 유럽은 그들과 무엇이 다른지가 논의의 주제였다. 수백 년의 성과들을 한데 모아냈다는 의미에서 "19세기는 근대 사학사에서 큰 저수지와 같다."[3] 수많은 참조 대상들 중에서도 특히 시대구분 문제에 큰 영향을 미친 분야는 계몽주의 시대의 지질학과 인식론이었다. 그런데 이들 두 분야는 18세기 사상의 "모순적 성격"을 만드는 데 기여했다.[4]

---

3 Daniel R. Woolf, *A Global History of History* (Cambridge: Cambridge University Press, 2011), P. 345.
4 Donald R. Kelly, *Fortunes of History: Historical Inquiry from Herder to Huizinga* (New Haven, CT: Yale University Press, 2002), P. 9.

첫째, 유럽인들이 점점 더 넓은 세계로 나아가자 역사 서술도 더 종합적이고 보편적인 방향을 추구했다. 수많은 방법론들이 당시의 세계사 서술에 영향을 미쳤겠지만, 가장 강력한 영향을 미친 분야는 아마도 지질학이었던 것 같다. 화석이라고 하면 기존에는 대개 "인류"의 과거를 연구하는 자료였다. 그런데 이 시대에 와서 처음으로 인류 탄생 이전 시대, 즉 지질 시대 연구 자료로 활용되었다. 뷔퐁(Buffon)은 이를 "자연의 시대(les Époques de la nature)"라 일컬었다. 자연학 연구자들을 비롯해서, 고정적이고 신 중심적인 창조론을 버리고 발전론을 채택하는 사람들이 점점 더 늘어났다. 발전론에서 제시하는 시간 범위는 매우 거대했다. 이곳이 바로 "비판적 지식인들의 무대"였다. 퐁트넬(Fontenelle)과, 뒤이어 볼테르(Voltaire), 몽테스키외(Montesquieu) 등은 순차적 인과관계(sequential causality)를 역사 해석의 기본으로 설정했다. 이런 측면에서 계몽주의 시대 역사서들이 세계를 보는 관점은, 전 세계적 연대기로 지질 시대를 다루는 지질학의 방식과 거울에 비춘 듯이 그대로 닮아 있었다.[5]

둘째, 전 세계로부터 정보가 흘러 들어오고 새로운 과학적 발견이 이루어져, 새로운 지식이 그야말로 홍수처럼 밀려들었다. 그 속도가 너무나 빨라서, 전통에 입각해 있던 당시 역사학의 시공간 개념과는 "호환"이 될 수 없을 정도였다.[6] 역사적 진실은 이제 상황에 달린 문제가 되어

---

[5] Martin J. S. Rudwick, *Bursting the Limits of Time: The Reconstruction of Geohistory in the Age of Revolution* (Chicago: University of Chicago Press, 2005), p. 195; and Jonathan Israel, *Enlightenment Contested: Philosophy, Modernity, and the Emancipation of Man, 1670-1752* (Oxford: Oxford University Press, 2006), pp. 496-504 and 733-50, 744.

[6] Anthony Grafton, *What Was History? The Art of History in Early Modern*

버렸다. "관점", "입장", "위치" 등 자신의 한계를 지칭하는 표현들이 당시의 연구 성과에 대거 등장했다.[7] 토마스 압트(Thomas Abbt)는 1766년 《인류의 역사(History of the Human Race)》라는 책에서, 유럽이 아니라 아시아에서 책을 썼다면 내용이 상당히 "달라졌을" 것이라고 지적했다.[8] 헤르더(Herder)는 바로 이와 같은 상대적 관점을 무기로 볼테르를 비판했다. 볼테르를 비롯한 자연학자들의 시대구분이 헤르더가 보기에는 정당하지 못했다. 왜냐하면 그들은 현재의 관점으로 과거를 판단했기 때문이다. 또한 그들은 현대의 비-유럽인을 과거로 분류하는 오류를 범했다. 헤르더는 "무수히 많은 시간들을 포괄하는 단 하나의 시간"을 말했다.[9] 이는 세계의 다양성 경험이 역사철학의 맥락에서 시간의 다양성으로 표현된 것이었다. 19세기가 시작되면서 유럽에서는 전체로서의 세계에 대한 관심이 드높았고, 그에 관한 정보들이 엄청난 양으로 밀려들었다. 그 속에서 유럽과 세계의 괴리를 느꼈고, 그러다 보니 이중적 관점이 형성되었던 것이다.

랑케는 계몽주의 시대의 수많은 사상적 흐름들을 모두 끌어들였다. 그래서 역사학 고유의 방법론을 찾고자 했다. 자연과학이나 관념론에서 단순하게 파생되는 정도의 방법론으로는 만족할 수 없었다. 바로 이러

    Europe (Cambridge: Cambridge University Press, 2007), p. 121.
7 Reinhart Koselleck, *Futures Past* (Cambridge: The MIT Press, 1985), pp. 140-1.
8 Koselleck, *Futures Past*, pp. 140-90.
9 Johann Gottfried von Herder, *Philosophical Writings*, Michael N. Forster (ed.) (Cambridge: Cambridge University Press, 2002), pp. 276-80; and Johann G. von Herder, *Verstand und Erfahrung: Eine Metakritik zur Kritik der reinen Vernunft* (Leipzig: Johann Friedrich Hartknoch, 1799), pp. 120-1.

한 태도가 랑케와 이전의 학자들이 다른 점이었다. 랑케에 의해 역사학의 학문적 깊이가 달라졌다.[10]

문제의 핵심은 시간(time)이었다. 시간에 관한 기존의 두 가지 해석 사이에서 랑케는 중간 지대를 찾아내고자 했다. 랑케에 따르면, 시대(period)란 스스로 자족적인 논리에 따라 구분되어야 하는 것이었다. 그럼에도 불구하고 인접한 시대와의 연결 고리도 있어야 했다. 랑케는 우선 사실(fact)이 있고, "통일성(unity)이나 사건의 전개가 그 뒤를 따른다"고 했다. 이 간단한 구절은 이후 역사학의 방법론에서 금과옥조로 여기는 격언이 되었다. 즉 시대란 그 자체로 내재적 의미를 가지면서도 또한 보편적 연대기 안에서 앞으로 나아가는 힘이 있어야 하는 것이었다.

한편으로 시대는 그 자체로 내재적 일관성(coherence)을 갖추어야 한다. 그 의미인즉 역사 연구는 어떤 전제에 의존하지 않고 그 결과에도 의존하지 않으며, 오직 "스스로의 존재, 스스로의 독자성(in ihrem Eigenen selbst)"에 근거해야 한다는 것이다. 그래서 랑케는 "각각의 시대는 저마다 직접 신(God)과 연결된다"는 유명한 선언을 남겼다. 다른 한편 모든 시대는 세계의 발전이라는 전체 과정의 일부여야 한다. "이 모든 시대는 거대한 전체에 속한다. 그 전체를 우리는 보편사(普遍史)라고 한다. … 각각의 세기는 그 자체의 본질을 갖추고 있으며, 그러한 세기와 세기가 연속되어… 태초부터 지금까지 모두가 서로 연결된다."[11]

---

10 Frederick C. Beiser, *The German Historicist Tradition* (Oxford: Oxford University Press, 2011).
11 Leopold von Ranke, *Geschichten der romanischen und germanischen Völker von 1494 bis 1514* (Leipzig: G. Reimer, 1824), p. vii; Leopold von Ranke, *Aus Werke*

시대란 전적으로 스스로 존재하는 동시에 시간의 사슬에서 다른 시대의 매개가 되어야 한다. 이와 같은 본질론과 발전론의 수수께끼 같은 결합을 감안하면 후대의 랑케 해석이 왜 그렇게 상충되는지 이해가 된다. 피터르 게일(Pieter Geyl)은 랑케의 시대적 내재성과 특수성을 높이 평가한 반면, 한스-게오르크 가다머(Hans-Georg Gadamer)는 랑케의 주장이 권력의 연대기(chronology of power)라고 비판했다. 이들보다는 프리드리히 마이네케(Friedrich Meinecke)가 평했던 것처럼 "화해 불가능한 이원론(an irreconcilable dualism)"이라는 표현이 더 정확한 것 같다.[12]

랑케 자신도 이러한 딜레마를 모르지 않았다. 어떤 사건을 그 사건 자체만의 독자성과 인류의 보편성이라는 양 측면에서 모두 이해하려고 한다면, "누구든 시도할 수 있고 노력할 수 있지만 끝내 목표에 도달하지는 못할 것"이라고 했다. 그는 연구의 대상을 압축함으로써, 즉 국가(state) 범위로 제한함으로써 이러한 대립을 해소하려 했다. 시간에 대한 랑케의 관점에서 볼 때 국가는 정신적 통일성(spiritual unity)을 지닌 단위인 동시에 서로 간에 물질적 힘이 작동하는 단위기도 하다. 국가에는 "신의 여정과 인간의 노력이 함께" 포함되어 있다. 국가는 누메논(noumenon, 물자체)으로서의 본질을 지니며, 어떤 외적인 관계나 역사적인 부침으로 환원될 수 없는 신성한 내재적 실체가 그 안에 존재한

---

    und Nachlass, Walter Peter Fuchs and Theodor Schieder (eds.), 4 vols. (Munich: R. Oldenbourg, 1971), vol. ii, pp. 59-60; and von Ranke, *Aus Werke*, vol. iv, pp. 296-7.
12 Pieter Geyl, *Debates with Historians* (London: B. T. Batsford, 1955), p. 8; Hans-Georg Gadamer, *Truth and Method*, 2nd edn. (New York: Crossroad, 1989), pp. 204-8; and Friedrich Meinecke, *Werke*, Hans Herzfeld et al. (eds.), 10 vols. (Munich: R. Oldenbourg, 1963), vol. i, p. 445.

다. 즉 랑케의 표현으로 말하자면 국가는 "자기동일성(identical only with itself)"을 지닌다. 동시에 이와 반대되는 측면도 있다. 즉 모든 국가는 자연으로부터 파생된, 다시 말해 "공동의 필요성(common necessity)"에 의해 생겨난 존재다. 모든 국가는 "독립"과 "세계 속에서의 위치"를 차지하기 위해 투쟁해야 한다. 이와 같은 세계적 투쟁의 맥락에서는 모든 국가가 같은 조건 아래 놓여 있다. 시대가 그러했던 것처럼 국가 또한 역사적 뿌리를 갖는 동시에 그 자체로 타당한 의미를 가져야 한다. 그 의미란 나름대로 독특하면서 국가를 통합하는 "정신(spirit)"이다. "정신은 국가의 과거와 현재를 묶어주며, 또한 미래에 생명을 불어넣는다." 랑케에게 이와 같이 "세속적이면서 동시에 정신적인 공동체"는 정신적 통일과 물질적 진보의 모순, 그 자체로 의미를 갖는 즉자성과 시대를 연결하는 매개성의 모순이 하나의 실체로서 구현된 것이다. 따라서 역사를 이해하기 위해서는, 설사 모순이 해소되지 않는다 하더라도, 어쨌든 국가(state)에 초점을 맞춰야 한다. "오직 신만이 세계의 역사를 아실 것이다. 우리 인간은 모순을 받아들이는 수밖에 없다."[13]

랑케는 말년에 자신의 이론 틀에서 핵심 요소를 변경했다. 그는 국가의 정신적 영역을 "민족성(nationality)"이라 지칭하기 시작했다. 예전에는 국가와 민족의 동일시를 반대했던 랑케다. 그러나 랑케의 말년에 이르러 프로이센이 독일을 통일하자 랑케의 연구 또한 프로이센의 일치단

---

13 Von Ranke, *Geschichten der romanischen*, p. viii; Leopold von Ranke, *Zur Geschichte Deutschlands und Frankreichs im 19. Jahrhundert*, Alfred Dove (ed.) (Leipzig: Dunder und Humblot, 1887), pp. 338, 329, 328, 322, 329; and Ranke, *Aus Werke*, vol. iv, p. 83.

결을 강조하는 방향으로 나아갔다. 레오나르드 크리거(Leonard Krieger)의 평에 의하면, 랑케는 말년에 국가와 민족을 통합함으로써 마침내 자기동일성과 연속성의 모순을 해결했다. 랑케는 "학문으로서의 세계사"에 대해 스스로 경고한 적이 있음에도 불구하고 말년에는 인정하는 입장을 취했다.[14] 그러나 크리거의 평가는 화해의 변증법에 너무 후한 점수를 준 것 같다. 랑케에게서 "시간의 모순"은 여전히 남아 있는 문제였다.[15] 랑케의 후기 저작 중에서도 《세계사(Weltgeschichte)》는 19세기 중반 역사학의 민족주의 혹은 헤겔주의 경향과 보조를 같이했다. 헤이든 화이트(Hayden White)는 19세기의 역사학을 이렇게 평했다. "인간은 자연 속의 존재이면서 동시에 자연을 벗어난 존재였다."[16] 그러나 이러한 이원론은 국가민족주의(시민민족주의)의 속임수에 불과했다(속임수라는 표현이 과하다면 문제를 덮어둔 정도였다고 해두자).

19세기에 이르러 역사 이론들이 제도화되면서, 물론 랑케의 철학적 역사 일반론도 거기에 포함되었다. 역사란 축적된 자료와 엄밀한 디테일이 요구되는 일이었다. 요한 드로이젠(Johann Droysen)은 이를 "개별화(individualization)"라 일컬었다. 이 원칙은 역사 시대구분의 기본으로 적용되었다. 하나의 시대는 반드시 유일한 하나의 맥락으로 모든 특수성을 포괄할 수 있어야 했다. 오직 발전에 초점을 맞춘 드로이젠이 강조

---

14 Leonard Krieger, *Ranke: The Meaning of History* (Chicago: University of Chicago Press, 1977), pp. 332-4, and Leopold von Ranke, *Weltgeschichte*, 9 vols. (Leipzig: Dunder und Humblot, 1880), vol. i, p. v.
15 Von Ranke, *Weltgeschichte*, vol. i, p. vi.
16 Hayden White, *The Historical Imagination in Nineteenth-Century Europe* (Baltimore, MA: The Johns Hopkins University Press, 1973), p. 45.

했던 바는 "진리의 희생"이었다. 조지 뱅크로프트(George Bancroft)도 이와 비슷한 말을 남겼다. "진리는 오직 세대의 연속 말고는 아무것도 모른다." 윌리엄 스텁스(William Stubbs)는 역사 지식이란 "근본적인 통일성"이 아니라 끊임없는 차이를 보여줄 뿐이라고 주장했다. 심지어 쥘 미슐레(Jules Michelet)는 초기 저작 《세계사 서론(Introduction à l'Histoire Universelle)》에서 짧은 서술 부분과 상당한 비중의 "해설" 지면을 구분했는데, 해설 지면에서는 개별 사건이 어떻게 시대에 연결되는지 그 맥락을 설명했다.[17] 이처럼 다양한 사례에도 불구하고 모든 시대의 내재적 의미란 보편적 진보와는 모순되는 것처럼 보인다. 민족주의 역사학자들은 자신이 속한 국가의 행위가 보편적 진보에 부합한다고 주장했다. 일회적인 사건들을 서로 조화시킬 수 있는 근거로는 예외 없이 민족-국가를 내세웠다. 존 버로우즈(John Burrows)가 심층 분석한 바 있듯이, 정신적이며 정치적인 실체로서의 "잉글랜드 민족 정체성"이 유행처럼 번져 윌리엄 스텁스 같은 빅토리아 여왕 시대의 역사가들을 사로잡았다. 민족 정체성이 동시대 여러 지역의 세부 사항들을 중개하여 하나로 묶어주었고, 통시적인 인과관계 역시 바로 그 정체성을 통해 연결되었다. 마찬가지로 쥘 미슐레 또한 모든 것을 포괄하는 이른바 "프랑스의 힘(force

---

17 Johann Gustav Droysen, *Historik: Historische-Kritische Ausgabe* (Stuttgart: Frommann-Holzboog, 1977), p. 19 quoted in Robert Southard, *Droysen and the Prussian School* (Lexington: University Press of Kentucky, 1995), p. 28; George Bancroft, *The Necessity, the Reality, and the Promise of the Progress of the Human Race* (New York: New York Historical Society, 1854), p. 9; William Stubbs, *Lectures on Early English History* (London: Longmans, Green, and Co., 1906), p. 195; and Jules Michelet, *Introduction à l'Histoire Universelle* (Paris: L. Hachette, 1834).

of France)"을 상정하고, 이를 통해 하나의 시대를 다른 여러 시대에 통합해서 엮어 나갔다. 그에게 프랑스는 "인류의 배를 이끌어 나아가는 조타수"였다. 한편 밴크로프트는 미국이 인류의 모든 과거 문명을 "완성" 단계로 이끌어준다고 주장했다. 그는 이런 글을 남겼다. "우리나라(미국)는 가장 고귀한 지위에 올랐다. 서유럽인에게는 젊음을 되찾아주었고, 아시아로부터 일어선 가장 오래된 문명은 구부정하게 허리를 굽히고 백발을 드리운 채로 자유의 메신저가 전하는 기쁜 소식을 듣는다."[18]

시간의 모순 문제는 특히 민족과 국가의 범주를 어떻게 설정하는가에 달려 있었다. 드로이젠은 민족과 국가의 관계가 "영혼과 육체의 관계 같은 근본적인 상호 관계"라고 설명했다. 드로이젠에 의하면 민족-국가만이 유일하게 다자(the many)와 일자(the one)를 통합하고, 도덕적 자유와 의지적 행동을 통일하며, 민족-국가의 역사는 가장 거대한 종합을 구현해낸다. "인간을 위한 것이 곧 신을 위한 것이다." 이와 같은 헤겔주의적 입장을 받아들임으로써 19세기 수많은 역사학자들은 방법론의 모순을 피해 갈 수 있었다. 그게 아니었더라면 시대구분 문제는 둘로 나뉘었을 것이다. 민족과 국가를 동일시하면서 정신(spirit)은 온전히 역사의 과정 속으로 들어오게 되었다. 각 시대의 눈크 스탄스(nunc stans, 영원한 현재)도 마찬가지였다. 각 시대는 직접 신과 연결되며, 흘러가는 시간의 연속으로부터 분리된다. 밴크로프트가 주장했듯이, 사건이 "지

---

18 J. W. Burrows, *A Liberal Descent: Victorian Historians and the English Past* (Cambridge: Cambridge University Press, 1981), pp. 108 and 146-7; Southard, *Droysen*, pp. 10, 37-8, and 47-8 (translation modified); Michelet, *Introduction*, p. vi; and Bancroft, *Necessity*, pp. 28-9.

나감으로써 역사 속에서 신이 드러난다." 호언장담이 특징이었던 미슐레는 마침내 역사학의 진정한 목적을 발견했노라고 주장하며, "티에리(Thierry)는 그것을 이야기 서술(narration)이라 했고, 기조(M. Guizot)는 분석(analysis)이라고 했다. 나는 그것을 부활(resurrection)이라고 칭한다." 조금 더 겸손했던 드로이젠은 이를 "신성화(consecration)"라고 규정했다. 그는 역사 연구를 세례 요한의 "빛을 증거하는" 일에 비유했다. 형이상학적 실체로서의 민족-국가를 통해 의미(meaning)와 시대(chronology)는 깔끔하게 화해가 되었다.[19] (여기서 등장하는 철학적 개념 몇 가지를 간략하게 부연하자면, 먼저 다자the many와 일자the one는 탈레스의 개념이다. 탈레스는 특수성을 여러 경우에 일어나는 일로 다자라 칭했고, 이를 관통하는 하나의 원리를 일자라 칭했다. 눈크 스탄스nunc stans는 토마스 아퀴나스 신학에 등장하는 개념이다. 신은 영원한 존재지만 눈앞에 현재로 나타나는데, 그 현재는 세속의 시간, 즉 과거-현재-미래로 이어지는 시간 속 현재가 아니라 영원히 지속되는 현재라고 한다. 라틴어 nunc stans는 한국어로 "영원한 현재" 또는 "정지된 현재"로 번역되는 경우가 많다. "빛을 증거한다"는 표현은 성경에 등장하는데, 세례 요한이 예수를 증거하기 위해 이 땅에 왔다는 의미로 이 표현을 사용했다. – 옮긴이)

자주 지적된 바 있듯이, 19세기 역사학은 민족-국가의 정치적 관심을 위해 시녀 노릇을 했다. 그러나 그 반대도 사실이다. 민족주의는 시간 문제를 두고 대립하는 역사학의 두 가지 입장이 서로 소통할 수 있도

---

19 Southard, *Droysen*, pp. 47-8 (translation modified); Bancroft, *Necessity*, p. 16; Jules Michelet, *Le Peuple* (Paris: Hachette, 1846), p. 37; and Droysen, *Historik*, p. 411.

록 귀중한 통로를 제공해주었다. 역사학자들은 이러한 구도에서 시대의 문제를, 당시 지질학과 생물학의 성과로부터 발전론의 언어를 빌려 설명하기도 했다. 그러나 다윈의 진화론 수준으로 과학적 엄밀성을 갖추었는지를 따진다면, 역사학에서 의미와 시대의 종합은 위기에 처할 수도 있었다. 세계적 변화의 물결 속에서 시대구분을 만드는 사람들은 어디까지나 사후에(post hoc) 구분을 하는 것이고, 그들이 어떤 식으로든 구분 지표를 만들 수는 있겠지만 시대정신이나 의미를 부여할 수는 없기 때문이다. 헨리 애덤스(Henry Adams)는 다윈이 자연 법칙에서 "폭력적 충동(violent impulse)"이라고 하는 핵심을 발견했다고 평가했는데, 이후 수십 년 동안 많은 역사학자들은 역사학에서도 이와 같은 과학적 핵심 원리를 찾아야 한다는 입장을 더욱 전면적으로 받아들였다. 하지만 이들은 다윈의 상대주의와는 정반대의 길로 나아갔다. 예를 들어 프레더릭 잭슨 터너(Frederick Jackson Turner)는 미국사의 시대구분을 "사회 진화의 기록"이라고 했다. 버펄로 사냥 — 인디언 사회 — 모피 무역 — 집약 농업 — 산업화 도시, 이 모두는 "문명이 일직선으로 진행되는 과정에서… 한 단계씩 더 높이 올라갔던" 역사를 보여주는 것이다. 서부 개척은 이러한 시대구분에서 나타나는 변화를 이끈 원동력이었고, 이를 통해 사람들은 황무지의 최전선에서 맞서 싸웠다. 터너에게 미국사의 시대구분은, 미국이라는 국가의 "끊임없는 재탄생"뿐만 아니라 미국 사회 진화의 각 단계를 나타내는 것이었다. 그는 아킬레 로리아(Achille Loria)를 인용하여 이렇게 말했다. "역사가 없던 땅에서 세계사의 여정이 확연하게 드러났다."[20]

터너의 진화론은 그저 "다윈의 은유"를 겉치레로 걸친 정도가 아니었다.[21] 그는 결정론적 역사관을 발견했고, 그 근거는 자연의 과정 및 자연의 환경이었다. 그러나 미국이라는 국가의 "정신(spirit)"은 단지 환경에 "적응"하는 과정을 연대순으로 늘어놓은 정도를 초월해서 존재했다. 각 시대에 의미를 부여하고, 세계사와 같은 순서대로 시대가 펼쳐지도록 조정하는 국가의 정신이 있다는 주장이었다.[22] 같은 시기 카를 람프레히트(Karl Lamprecht)의 역사철학도 마찬가지로 자연의 발전과 팽창 단계에 주목했다. 그는 국가란 "자연에서 가장 높은 단계의 사회 조직"이라고 주장했다. "보편 법칙에 부합하는 요소"는 국가의 "진화 과정에 원래부터 갖추어져 있었다"고 했다. 람프레히트는 그러한 합법칙성과 연결하여 독일의 영토 합병을 옹호했다.[23] 또한 람프레히트는 역사 해석이 다윈의 "일방적인 기계론적 설명"과 같을 수는 없다고 했다. 국

---

20 Henry Adams, "The tendency of history," in *Annual Report of the American Historical Association for the Year 1894* (Washington, D.C.: Government Printing Office, 1895), p. 19; Frederick Jackson Turner, *The Frontier in American History* (New York: Henry Holt, 1921), pp. 2 and 11-12; 사회진화론을 지지하는 경제학자 로리아(Loria)가 헤겔을 인용하여 쓴 표현, *Analisi della proprietà capitalista*, 2 vols. (Turin: Fratelli Bocca, 1889), vol. ii, p. 15.
21 William Cronon, "Revisiting the vanishing frontier: The legacy of Frederick Jackson Turner," *Western Historical Quarterly* 18 (1987), 165.
22 Turner, *Frontier in American History*, p. 206; 정신(spirit)에 대해서는 다음 논의를 참조. Turner, *Frontier in American History*, pp. 166 and 176, and Frederick Jackson Turner, *Frontier and Section: Selected Essays of Frederick Jackson Turner* (Englewood Cliffs: Prentice Hall, 1961), pp. 152-3.
23 Karl Lamprecht, *Moderne Geschichtswissenschaft* (Freiburg im Breisgau: H. Heyfelder, 1905), p. 129; K. Lamprecht, "Was ist Kulturgeschichte? Beitrag zur einer empirischen Historik," *Deutsche Zeitschrift für Geschichtewissenschaft Neue Folge* 1 (1896-1897), 99; Lamprecht, *Moderne*, p. 90; and Karl Lamprecht, *Deutsche Geschichte, Zur jüngsten deutschen Vergangenheit* (Freiburg im Breisgau: H. Heyfelder, 1904), pp. 626-7 and 736-7.

가는 마치 인간처럼 고유의 분리 불가능한 "영혼"을 가지고 있기 때문이다. 그래서 "지구상에 있는 모든" 나라는 "공통"의 단계를 밟아 진화하며, 한 국가의 역사에서 시대는 "그 자체로… 연대기 혹은 영토의 위치를 고려하지 않고서도" 이해할 수 있다고 했다. "세계사적 맥락"에서 보면 이런 주장이 모순되지 않는다고, 람프레히트는 주장했다. 즉 진화의 역사(evolution-history)라고 하는 시간을 초월한 거대한 전체(great totality)를 상정하는 것이다. 그것이 각 시대에 "연결(connection)"과 동시에 "일관성(coherence)"을 부여한다. 이는 자연의 진화론에서 발전론과 내재론을 통합한 것이었다. 람프레히트는 이처럼 시대구분의 타당성 문제를 신에 의존하는 대신 자연주의적으로 해결하고자 했다. 이러한 람프레히트의 역사철학에서도 시간의 문제 해결은 어디까지나 민족-국가에 달려 있었다.[24]

세계의 연대기

랑케는 처음부터 "보편사"의 "거대한 전체(great whole)"를 인정했다. 그래서 고유의 의미를 지니는 "특정 시대"와 "거대한 전체"를 언제나 서로 대비해서 언급했다. 헤겔주의 역사학은 민족 정체성이라는 블랙박스에 양자의 모순을 숨겨둠으로써 이 문제를 해결한 것처럼 보였다. 19세기에 민족 통합이 이루어지면서 국가의 영토 확장과 해외 진출이 촉진되었다. 그러한 상황에서 민족사의 연대기를 세계적으로 확장하면 민족 중심의 세계사가 가능하리라는 믿음이 생겨났다. 터너도 그랬지만, 람프

---

24 Lamprecht, *Moderne*, pp. 97, 27, 3, 92-3, 97, 115, and 119.

레히트도 "역사학의 최종 목표는 세계사"라고 말했다.[25] 20세기 초에 이르러 19세기 역사학에서 주장하던 민족주의 프레임으로는 감당하기 어려운 일련의 사건들이 일어났다. 유례를 찾아볼 수 없는 연대 세력이 등장해서 강력한 민족국가들이 설계했던 세계 및 제국주의 질서를 위협하기 시작했다. 한편 국경을 초월하는 사회적 재생산(social reproduction, 카를 마르크스의 개념으로, 대를 이은 불평등을 일컫는다. 세부적으로는 금융 자본의 재생산, 문화 자본의 재생산, 인적 자본의 재생산, 사회적 자본의 재생산이 있다. – 옮긴이) 투쟁 전선이 갈수록 정치적 및 개인적 정체성을 분열시켰다. 1915년 아널드 토인비(Arnold J. Toynbee)가 자신의 저서에서 밝혔듯이, 갈수록 영토와 문화는 "정체성의 근거가 되지 못했다."[26] 그렇다면 민족-국가를 대신해서 역사의 통일성을 담보해줄 수 있는 실체는 무엇이란 말인가?

토인비는 과감하게 "문명(civilization)"을 들고 나왔다. 문명이 포괄하는 범위는 세계적 범위를 만족시키기에 절대적으로 부족했지만, 다양한 갈래로 흩어진 여정을 하나로 묶어주는 기본 틀은 될 수 있었다. 토인비는 익숙한 패턴을 그대로 따라 했다. 즉 문명의 핵심 요소들은 자연의 산물인 동시에 내재적 의미를 지니는 것들이었다. 문명은 "고등한 유기체"로서, "자연 그 자체"의 힘에 따라 성장하고 죽음에 이르는 과정을 내포하는 "생명체"와 같다. 문명 또한 국가와 마찬가지로 분할 불가능한 자기만의 "정신(spirit)"을 가지며, "스스로에 근거하는 법칙"이 있다. 이

---

25 Lamprecht, *Moderne*, p. 125, and Turner, *Frontier and Section*, pp. 11-27.
26 Arnold J. Toynbee, *Nationality and the War* (London: J. M. Dent and Sons, 1915), p. 19.

러한 표현들에는 모두 시간적 차원이 분명히 포함되어 있다. 문명의 "일대기"라는 표현에는 "시간 속에서의 움직임"이 포함되어 있고, "보편적" 발전 단계를 따른다는 의미도 있다. 한편 문명은 "영원한 어떤 것"이기도 하다. 각각의 문명은, 설사 그것이 사망하여 소멸한 뒤에라도 유산으로 남겨져서 다른 모든 문명과 함께 "공존한다." 이처럼 토인비는 사회 진화론의 진보적 지평으로부터 자신의 이론을 만들었지만 진보의 위계(상하) 개념은 가져오지 않았다. 토인비는 유럽 중심주의에서 벗어난 세계사를 쓰려는 노력의 일환으로 시간적 진보 대신 공간적 차이를 선택했다. 19세기 민족주의 역사학에서는 정신에 대응되는 물리적 실체로서 국가가 존재했지만, 토인비의 문명사에서는 이와 달리 문명의 정신적 측면에 대응되는 목적론적 행위 주체가 없다. 역사적으로 문명은 하나로 통일되어 있지 않으며, 그래서 단절 없이 이어지는 연대기를 만들기도 어렵고, 문명을 통합해주는 주체도 없다. 토인비는 학자로서의 연구 기간 내내 결정론과 신비주의 사이를 끊임없이 오갔다. 즉 "지구의 일대기"를 관통하는 "명백하고도 필연적인… '법칙'"을 추적하는 자와, "시간의 벽돌"과 신이 비추어주시는 "변치 않는… 내부의 빛"의 목격자 사이를 오가는 행보를 보였다.[27]

---

27 Arnold J. Toynbee, *The Western Question in Greece and Turkey, A Study in the Contact of Civilizations* (London: Constable and Co., 1922), pp. 363, 337, and 345; Arnold J. Toynbee, *Greek Civilization and Character: The Self-Revelation of Ancient Greek Society* (London: J. M. Dent and Sons, 1924), p. xi; Arnold J. Toynbee, *Greek Historical Thought: From Homer to the Age of Heraclitus* (London: J. M. Dent and Sons, Ltd., 1924), p. xiii; and Arnold J. Toynbee, *A Study of History*, 12 vols. (London: Oxford University Press, 1939), vol. iv, pp. 423 and 648.

랑케와 마찬가지로 토인비 또한 그의 정신(spirit) 개념과 역사(history) 개념이 "명백한 모순 관계"라는 점을 인정했다. 랑케도 그렇지만, 토인비에 대한 이해 역시 어느 측면을 주목하느냐에 따라 둘로 나뉜다.[28] 랑케와 토인비 사이에 활동했던 역사학자들은 민족-국가를 통해 모순되는 문제를 해결했다고 확신했다. 한편 토인비가 활동할 당시에는 현실 자체가 민족 중심의 역사 서술이 용이하게끔 펼쳐지고 있었다. 1930년대 토인비가《역사 연구(A Study of History)》를 출간하기 시작했을 때, 서양 중심주의를 반대하고자 하는 여러 흐름들이 민족주의 역사학과 첨예하게 대립하고 있었다. 그러나 유럽 내부의 분쟁 때문에 민족주의 역사학은 다시금 강세를 띠고 있었다. 이런 상황은 수십 년 동안 지속되었다. 하지만 세계대전 이후 세계적 범위의 국제 정치가 강화되고 또한 복잡해지면서 글로벌 차원의 역사 서술에 대한 수요가 새삼스레 생겨났다. 윌리엄 맥닐(William H. McNeill)에 의하면, 길고 큰 틀의 역사학적 범주는 매일같이 쏟아지는 혼란스러운 사건들의 해석을 "교정"하는 역할을 할 수 있었고, 이를 통해 "보다 안정적이고 더 나은 세계"를 건설하는 데 도움을 줄 수 있었다. 한편 칼 헴펠(Carl Hempel)이 말했던 "모든 경험과학에 공통되는 방법론" 같은 주장을 극성 모더니즘(high modernism)이라 하는데, 이런 입장에서는 주제와 분야를 막론하고 보편적인 방법론으로 통합되어야 한다는 요구가 드높았다. 예를 들면 인류학에서 프란츠 보아스(Franz Boas) 이후로 문화 상대주의(idiographic

---

28 Toynbee, *A Study of History*, vol. iv, p. 157; Michael Lang, "Globalization and global history in Toynbee," *Journal of World History* 22 (2011), 747-83.

culturalism)가 주류였지만, 이들을 진화론적으로 다시 설명해야 한다는 요구가 있었다.[29] 역사 분야에서 이러한 경향을 가장 주도적으로 반영한 인물이 바로 맥닐이었다.

초기 저작에서 맥닐은 당시의 세계가 직면한 문제들에 초점을 맞추었다. 군비 확장, 약소국 주권 침해, 극심한 자산 불평등, 대규모 문화 및 인종 갈등 등의 문제들이 포함되었다. 하지만 이 모든 문제들은 더 근본적인 하나의 문제 위에 놓여 있었다. 바로 "도덕 및 종교의 불안정성"이었다. 기술의 근대화와 세계적 사상의 혼합은 오래도록 유지되어온 신념 체계를 훼손했다. 서양의 산업화 과정에서 이성은 인간의 힘을 세계를 좌우할 만큼 강하게 키워냈지만, 삶의 목적을 묻는 질문에는 대답을 내놓지 못했다. 이와 같은 "온갖 다양한 공격들"에 의해 세계 어디에서나 사회 안정성의 기초가 되었던 지성적 토대가 깨져버렸다.[30] 이와 같은 유용성과 의미 파괴 사이의 균열이 바로 맥닐의 연구가 관심을 기울인 주제였다. 그의 저서 《서양의 부상(The Rise of the West)》에서 맥닐은 이러한 균열을 "20세기의 불확실성에 대한 분노"라고 했고, 1990년대에는 "전 세계에 만연해 있는 근본적인 불안정성"이라고 했다. 이와 같은 세계적 위기에 대해서 세계사(맥닐의 표현을 빌리자면 "오랜 시간에 걸

---

29 William H. McNeill, *Past and Future* (Chicago: University of Chicago Press, 1954), p. 212; Carl G. Hempel, "The function of general laws in history," *The Journal of Philosophy* 39 (1942), 48; and Leslie A. White, "Evolutionary stages, progress, and the evaluation of cultures," *Southwestern Journal of Anthropology* 3 (1947), 165-82.

30 McNeill, *Past and Future*, p. 114, and William Hardy McNeill, *America, Britain, and Russia: Their Co-operation and Conflict, 1941-1946* (London: Oxford University Press, 1953), p. 768; McNeill, *Past and Future*, p. 111.

친 수많은 사람들을… 일반화하고 분류하는 것")는 오늘날 인류 전체의 공동체를 위해 필요한 도덕의 회복을 도와야 한다. 맥닐은 자신의 책 《서양의 부상》이 "기독교 세계관을 대신할 세속적 대안"이라고 했다. "의미 있는 과거"를 인류 전체에 전파하는 것은 곧 "도덕적 의무"이자 "거룩한 소명(holy calling, 〈고린도후서〉에 등장하는 용어 – 옮긴이)"이었다. 이런 의미에서 역사학은 과거 신화가 했던 역할을 맡는다. 이때의 신화란 "정치적 리더십 중에서 가장 강력한 방식"이다. 맥닐은 "다양성 가운데 모두가 주의를 기울이는 공통된 어떤 것"으로서 모두가 상식적으로 진리라고 믿고 있는 것을 "신화"라고 표현했다. "세계의 현실"은 통일된 하나의 세계사를 필요로 한다. 그것은 곧 "우리가 만들 수 있는 한도 내에서 가장 큰 신화의 지평"이 될 것이다.[31]

맥닐의 프로그램은 명백한 딜레마에 맞닥뜨렸다. 분과 학문으로서의 역사학 자체가 세계적으로 수많은 정보와 입장과 종교적 경향이 서로 경쟁하는 각축장이다. 서로 다른 개념과 신념이 중첩되는 와중에 그중 어느 것을 근거로 세계적인 의미와 도덕을 주장한단 말인가? 여기서 맥닐은 신조어를 내세운다. "진화"의 보편성을 바탕으로 하는 "신화

---

31 William H. McNeill, *The Rise of the West: A History of the Human Community* (Chicago: University of Chicago Press, 1991), p. 752; William H. McNeill, "Fundamentalism and the world of the 1990s," in R. Scott Appleby and Martin E. Marty (eds.), *Fundamentalisms and Society: Reclaiming the Sciences, the Family, and Education* (Chicago: University of Chicago Press, 1993), p. 573; McNeill, *Past and Future*, p. 2; William H. McNeill, *The Pursuit of Truth: A Historian's Memoir* (Lexington: University Press of Kentucky, 2005), p. 75; William H. McNeill, *Mythistory and Other Essays* (Chicago: University of Chicago Press, 1986), pp. 16 and 226; McNeill, *America, Britain, and Russia*, p. 763; William H. McNeill, "Make mine myth," *New York Times*, December 28, 1981, A19; McNeill, *Mythistory*, p. 42.

역사(mythistory)"를 그 근거로 제시했던 것이다. "오랜 세월에 걸친 시험에서 살아남은" 역사학, "기존에 진화를 거듭했던" 세계사가 다른 분야를 극복하고 번성한 만큼, 세계사는 더욱 강력한 "신화"에 다름 아니라는 주장이다. 세계적인 신앙의 위기를 정반대로 뒤집는 이와 같은 진화론적 사고가 맥닐의 연구 전반을 관통한다. 맥닐은 무엇보다 문화 전파에 주목했다. 그는 문화 전파를 적응과 생존을 위한 투쟁으로 보았다. 맥닐의 표현을 빌리자면 그것은 곧 "사회 진화"라는 시계의 "가장 큰 태엽(mainspring, 원동력)"이었다. 그래서 맥닐은 이러한 사회 진화 과정의 주요 구간에 따라 시대를 구분했다. 《과거와 미래(Past and Future)》에서 맥닐은 교통과 통신을 중심으로 세계사를 크게 네 개의 시대로 구분했다. 걷는 시대, 말 타는 시대, 항해하는 시대, 기계 동력 시대가 그것이다. 《서양의 부상》에서는 인류가 환경에 적응하는 과정을 중심으로 시대를 나누었다. 고대는 변혁의 확산(transformative diffusion), 중세는 지역별 균형(interregional balance), 근현대 격동기는 서양의 부상(Western take off)과 글로벌 통합(global unification)으로 이름을 붙였다. 《전염병과 인간(Plagues and Peoples)》에서는 인류의 적응 과정을 생물학적 측면으로 설정했다. 기생충과 싸우던 초기 인류 단계, 지역별 병원균 풀(pool)의 형성 단계, 유라시아 범위의 질병 교환 단계, 대양을 건넌 질병 교환 단계, 근현대의 질병 통제를 위한 노력의 단계가 바로 그러한 구분이었다. 이상에서 언급한 여러 저서에서 맥닐은 각각의 시대를 "평형 상태(equilibrium)"로 규정했다. 정도의 차이는 있겠지만 어쨌든 안정된 상태가 유지되는 가운데 그 속에서 "혁명적 변화"가 일어나 "변혁"을 촉발하고, 그것이 한 시대의 문을 닫고 새로운 시대의 문을 여는 것이다. 이와 같은 개념으로 맥닐은 세계사의 시대구분과 진화론의 시대구분을 통합했다. 맥닐의 주장에 따르면, 평형 시스템이라는 측면에서 역사학과 생물학의 "변화 패턴은… 전적으로 동일한 현상이다."[32]

1966년 마셜 호지슨(Marshall Hodgson)은 맥닐의 책 《서양의 부상》이 "진정한 의미의 세계사로는 최초의 책"이라고 평가했다. 이후로 맥닐의 연구 및 그와 입장을 같이하는 연구자들이 역사학에 큰 영향을 미쳤다. 바야흐로 "세계화(globalization)"의 시대에 발맞추어 맥닐의 넓은 시각이 역사 연구의 중심으로 진입하게 된 것이다. 그의 관심은 애초에 문화 전파에서 네트워크의 역동성으로 옮겨 갔지만, 그의 연구를 떠받치는 두 가지 원칙은 오늘날에도 세계사 연구자들에게 모범으로 인정되고 있다. 첫째, 세계사 연구자들은 글로벌 차원의 윤리를 도입하여 연구의 정당성을 확보하고자 한다. 패트릭 오브라이언(Patrick O'Brien)의 표현을 빌리자면, "글로벌화된 세계의 요구에 부응하여 도덕적 목적을 향해 나아가는" 것이다. 많은 연구자들이 그러하지만 특히 제리 벤틀리(Jerry Bentley)와 데이비드 크리스천(David Christian)도 이와 같은 세계사 서술을 지지하고 있다. 그러나 이들은 오브라이언보다 조금 더 민감하게 현실을 인정하는 편이다. 즉 세계사 분야가 혼란스러운 개념들의 각축장임을 인정해서 세계사에 "신화(myth)"라는 이름표를 붙여주었다.[33] 둘째, 많은 세계

---

32 McNeill, *Mythistory*, pp. 19-20; and McNeill, *Past and Future*, p. 13; William H. McNeill, *Plagues and Peoples* (Garden City, NY: Anchor Books 1997); William H. McNeill, "Humankind in the balance of nature," in Robert P. Bareikis (ed.), *Science and the Public Interest: Recombinant DNA Research* (Bloomington: Poynter Center, Indiana University, 1978), p. 237.
33 Marshall G. S. Hodgson, *Rethinking World History: Essays on Europe, Islam,*

사 학자들이 세계의 변화를 설명할 때 자연주의적 관점에서 진화론의 모델을 따르고 있다. 예컨대 데이비드 크리스천의 연대기는 갈수록 우주론적 복잡성이 강화되었다. 그는 인위적 발전 및 문화적 발전도 모두 자연선택의 과정과 같을 것이라는 추정을 제시했다. 댄 플로레스(Dan Flores)는 세계의 "생태 지역(bioregion)" 단위로 "깊은 시간(deep time, 아득히 오랜 시간)"을 연구해야 하며, 정치적 경계선을 전제로 "순차적" 과거를 조사하는 일은 "거의 쓸모가 없다"고 주장했다. 댄 플로레스 또한 문화유산을 일종의 "자연선택"의 결과로 보는 입장이다. 세계의 시스템을 역사적으로 추적하는 일은 이처럼 진화론의 설명 방식을 따르는 경향이 있다. 오늘날의 세계사 연구자들은 전통적인 분과 학문 모델에 입각해서 변화를 해석하지 않으려 한다. 벤틀리나 홉킨스(A. G. Hopkins)에게서 보듯이 세계사의 시대구분은 세계의 진화로부터 일관된 체계를 추출해내는 것이다. 데이비드 크리스천은 이를 "절대 연대(absolute date)"라고 했다.[34]

    and World History (Cambridge: Cambridge University Press, 1993), p. 92; Patrick O'Brien, "Historiographical traditions and modern imperatives for the restoration of global history," *Journal of Global History* 1 (2006), 38; Jerry H. Bentley, "Myths, wagers, and some moral implications of world history," *Journal of World History* 16 (2005), 79 and 82; and David Christian, *Maps of Time: An Introduction to Big History* (Berkeley: University of California Press, 2004), p. 8.
34 Christian, *Maps of Time*, pp. 46, 147, and 510; Dan Flores, "Place: An argument for bioregional history," *Environmental History Review* 18 (1994), 14, 6, and 11; George Modelski, "World system evolution," in Robert A. Denemark et al. (eds.), *World System History: The Science of Long-Term Change* (London: Routledge, 2000); Jerry H. Bentley, "Cross-cultural interaction and periodization in world history," *American Historical Review* 101 (1996); and A. G. Hopkins (ed.), *Globalization in World History* (New York: W. W. Norton & Company, 2002); Christian, *Maps of Time*, p. 65.

맥닐의 연구를 따르는 세계사 연구는 기존에 분과 학문으로서의 세계사가 설정했던 범위와 주제 및 접근 방법을 모두 근본적으로 바꿔놓았다. 무엇보다도 관계와 역동성에 초점을 맞춤으로써 기존의 전제를 넘어서서 세계사 분야 자체의 변화를 역사적으로 고찰하게 되었다. 자연주의적 및 진화론적 경향의 세계사는 이와 같은 상호 작용의 관점을 인간에게까지 확장해서 그대로 적용했다. 인간은 역사의 중심에서 밀려나고 환경론과 우주론의 맥락이 인간을 대신했다. 《시간의 지도(Maps of Time)》에서 데이비드 크리스천은 여기에 경이로움과 즐거움의 미학을 덧붙였다. 이런 요소들은 전문적인 역사 연구에서는 전혀 거론되지 않던 것들이었다. 또한 분과 학문으로서의 세계사 스스로를 돌이켜본다는 점에서 이러한 입장의 정치적 및 학문적 잠재력은 충분했다. 그러나 문제는 여전히 남아 있었다. 어떻게 하면 세계사 속에서 연대기의 설명과 시대적 의미를 결합할 수 있을까? 진화론은 어떻게 하면 도덕적 목적과 화해할 수 있을까? 이미 1942년에 헴펠은 "의미"를 "원인" 혹은 "결과"로서 "연결된 사건"으로 제한함으로써 세계사의 시대를 일관된 하나의 시간(homogeneous time)으로 설정했다. 그로부터 6년 뒤 맥닐은 "의미"를 "순서(순차)"로 완전히 대체했다. "만약 의식적인 목적을 설정하면… 어쨌거나 하나의 목적은 다른 목적을 취소해버릴 것이다. 따라서 진화의 과정은 어느 누구의 의도와 상관없이 지속된다."[35] 이처럼 의미를 시간에 종속시킨 대가가 없을 수는 없었다. 과거의 상상력이나 신앙 혹은 욕

---

35 Hempel, "The function of general laws," p. 45, and William H. McNeill, "One world: Divisible or indivisible?," *Journal of Contemporary History* 37 (2002), 492.

망을 이해하는 데에는 분명한 한계가 주어졌다. 순차적인 인과론의 연쇄는 의미를 압축하고 균질화하여 핵심 요인으로 축소시키다 보니 그 의미가 온전히 전해질 수 없었다. 기능주의적 관점이 강해지다 보면, 대니얼 로드 스메일(Daniel Lord Smail)이 쓴《깊은 역사와 뇌에 관하여(On Deep History and the Brain)》에서처럼 의미를 큰 주제나 목적론에 무리하게 연결시키게 된다. 윌프리드 셀러스(Wilfrid Sellars)가 주장했듯이, "의도"를 남용하는 것과 무언가를 설명하는 것을 혼동해서는 안 된다. "생활"도 "인간의 과학적 이미지"에 포함될 수 있지만 모든 것을 과학으로 설명할 수는 없다. 패트릭 매닝(Patrick Manning)이 세계사에서 "다층적 차원"과 "다원적 관점"을 요구했던 것은 이와 비슷한 느낌이었다. 이는 마이클 벤틀리(Michael Bentley)와는 다른 입장이었다. 그는 반대로 다원론적 입장을 비난하면서, "세계의 모든 자료를 모아서 '논문'이랍시고 쌓아둘 수는 없다. 자료들을 처리해서 과학 연구 보고서 같은 결과를 만들어야 한다"고 했다. 이는 또한 모든 시대가 직접 신과 연결된다고 했던 랑케의 선언과도 배치된다.[36]

이와 관련해서 세계사가 스스로 추구했던 도덕성은 시대구분 문제

---

36 Daniel Lord Smail, *On Deep History and the Brain* (Berkeley: University of California Press, 2008), 이에 대한 강력한 비판으로는 William Reddy, "Neuroscience and the fallacies of functionalism," *History and Theory* 49 (2010), 412-25; Wilfrid Sellars, *Science, Perception and Reality* (New York: Humanities Press, 1962), pp. 39-40; Patrick Manning, "Epistemology," in Jerry H. Bentley (ed.), *The Oxford Handbook of World History* (Oxford: Oxford University Press, 2011), p. 118; Michael Bentley, "The singularities of British world history," in Benedikt Stuchtey and Eckhardt Fuchs (eds.), *Writing World History, 1800-2000* (Oxford: Oxford University Press, 2003), p. 193.

에만 국한될 수 없었다. 복합적 차원 혹은 진화론적 입장이 덧붙여짐으로써 세계사와 도덕성의 연결은 불안정해졌다. 이는 니체의 "위대함(greatness)" 개념이 그러했던 것처럼, "복합성"과 다양성의 협력이 최고의 단계에서는 "선과 악의 문제를 넘어서는" 것이었다. 자연과학의 진화론 연구는, 비록 우연적이거나 사소한 사건들조차도 큰 틀에서 환경에 적응하는 과정임을 보여주려는 목적을 가지고 있다. 마이클 루즈(Michael Ruse)가 지적했듯이, 자연선택에서 확인되는 협력은 "규범적 윤리의 근거"와는 아무런 관련이 없다.[37] 진화론은 더 이상 제국주의를 옹호해주는 응답 신호가 될 수 없었다. 그렇다고 제국주의 반대 세력을 위한 근거가 될 수도 없었다. 대니얼 로드 스메일은 기존의 세계사 서술(그는 이를 "현대식 미신"이라고 조롱했다)에서 "구석기"를 제외하는 관행을 바꿔보고자 했다. 대신 진화론적 "연대기"를 통해 "빈틈이 없는 줄거리(seamless narrative)"를 찾고자 한 것이다. "여전히 아프리카로부터 시작되는 역사를 가르치지 못하도록 가로막고 있는 암묵적 관행에 대해서, 이제 우리는 가슴에 손을 얹고 재검토해야 한다고 생각합니다."[38] 그의 말에 동의하기는 어렵지 않다. 그러나 그가 말하는 "우리"는 과연 누구이며, 그가 말하는 윤리적 의무는 어디에서 비롯되는 것인가 하는 의문은 여전히 남는다.

"빈틈이 없도록" 세계사를 다시 쓴다고 할 때, 시간은 단지 빈 그릇일 뿐이며, 거기에 원인과 결과를 순서대로 담아내야 할 것이다. 시대구

---

37 Nietzsche, *Sämtliche Werke*, vol. v, pp. 145-7, and Michael Ruse, *Evolutionary Naturalism: Selected Essays* (London: Routledge, 1995), p. 248.
38 Smail, *On Deep History*, pp. 3 and 10.

분은 형식적 틀이며, 자연사에서 말하는 "세대(age)"와 같다. 그렇다면 헤르더가 말했던 다양성을 내포하는 시간(differential temporality)은 설 자리가 없다. 하나의 일관된 시간(homogeneous time) 속에서, 시대란 그 시대가 내포하는 개별 요소로부터 추출되는 것이며, 이른바 세계화 과정 그 자체로부터 드러나는 보편적(세계적) 소명에 부합되어야 한다. 여기서 세계사는 정신(spirit)의 기반을 민족에서 세계 전체로 바꿔놓았다. 이제 세계사가 말하는 윤리는 단지 국민의 요구에 부응하는 것이 아니라 세계사 자체에 근거를 두게 되었다. 그게 아니라면 세계의 연대기는 과학의 진화론처럼 의미를 내포하지 않는 중성적 서술이 될 뿐이다. 세계사가 표방하는바, 과거의 사건과 세계사적 의미를 굳이 연결시키고자 하는 것은, 세계 그 자체가 역동적인 만큼 매우 복잡한 일이 아닐 수 없다. 세계사 분야의 선두적인 학자들이 세계사를 "신화"의 집대성이라고 하는 것도 그 때문이다. 그럼에도 불구하고 인과론적 서술 방식만은 아무도 건드리지 못했다. 이들이 보여준 과학주의에는 근대의 "사회적 신화"라는 아이러니가 숨어 있다. 한스 블루멘베르크(Hans Blumenberg)는 이를 "탈신화 과정에서 정리되고 남은 찌꺼기"라고 일컫기도 했다.[39] 순차적 사건의 나열이냐, 아니면 의미 있는 목적을 향한 서술이냐의 사이에 박힌 쐐기는, 근대 역사학 탄생 때부터 시작된 문제가 세계사 버전으로 확대 재생산된 것이다. 세계사 서술이 직면한 이와 같은 한계는 세계사라는 학문의 뿌리가 민족주의에 있어서가 아니다. 히더 서덜랜드(Heather Sutherland)를 비롯해서 그것이 발생론적 오류(genetic fallacy)라고 평가하

---

39 Hans Blumenberg, *Work on Myth* (Cambridge: The MIT Press, 1985), p. 224.

는 학자들도 있지만,[40] 그것보다는 민족-국가에 근거한 시간의 종합을 대체할 정치적 혹은 문화적 대체제를 찾지 못했기 때문일 것이다.

의미의 자리

세계사 연구자들은 거의 한 세기 동안 진화론에서 파생된 방법론에 근거해서 세계사의 여러 주제들을 검토해왔다. 같은 시기, 진화론적 세계사 서술에 강력히 반대하는 입장도 있었다. 이들 또한 전 세계적 범위를 대상으로 논의를 펼쳤지만, 진화론과는 다른 전통에 입각한 역사 이론이었다. 20세기 초 다원주의 역사학을 전면적으로 거부했던 이런 입장은 바로 독일관념론의 환생이었다. 이들은 다른 무언가로 환원될 수 없는 상황 혹은 가치를 강조했다. 신칸트주의는 과학적 분석의 "대상"이 상호 주관적(intersubjective)이며, 이론에 앞서는(pre-theoretical) 어떤 전제로부터 파생된 것이라는 점을 지적했다. 에드문트 후설(Edmund Husserl)은 생활세계(Lebenswelt)가 바로 그러한 전제라고 주장했다. 한편 빌헬름 딜타이(Wilhelm Dilthey)는 마음(mind)이 "지구상 진화의 최고 단계"라는 점을 인정했다. 과학이 설명할 수 있는 것은 마음의 배경이 되는 "물리적 현상"일 뿐이며, 마음은 "공통의 영역(common sphere)" 즉 다 같이 공유하는 언어의 의미나 관습, 스타일, 가족, 사회, 국가, 법 등의 범위 안에서 함께 얽혀 있는 것이다. 역사적 유산도 마찬가지로 이 모든 것 속에 뒤얽혀 분리 불가능한 상태로 존재한다. 그런 의미에서 "과거는

---

40 Heather Sutherland, "The problematic authority of (world) history," *Journal of World History* 18 (2007), 491-522.

영원히 지속되는 현재다." 따라서 물리적 현상 연구와 달리 마음(정신)에 관한 지식은 인간의 상호 작용 "경험"을 이해할 수 있어야 한다. 즉 마음을 연구하기 위해서는 먼저 "역사적 행위 주체로서의 공동체에 대한 이해"가 있어야 한다.[41]

후설의 제자였으며 딜타이로부터 크게 영향을 받았던 마르틴 하이데거(Martin Heidegger)는 이들의 논의를 확장해서 역사학의 시간 문제에 적용시켰다. 하이데거의 입장은 오늘날에도 여전히 영향을 미치고 있으며, 특히 최근의 후기-식민지 역사론에서도 그 영향이 드러나고 있다. 다른 많은 학자들처럼 하이데거 또한 제1차 세계대전 이후 위기의 언어로 시대를 진단했다. 젊은 시절의 토인비처럼 하이데거도 현대 사회의 공간적 조건 변화에 주목했다. 하이데거는 이를 "거리의 해체(Ent-fernung)… 거리를 극복하는 것"이라고 일컬었다. 하이데거의 첫 번째 주요 저작인 《존재와 시간(Being and Time)》에서 현대 세계의 특징으로 장소 상실(placeless) 문제를 설명한다. 하이데거에 의하면 생활세계는 두 가지 요소, 즉 일시성과 "타인과 함께하는 존재"에 기초하고 있다. 이들 두 가지 요소를 함께 고려하자면 시간 계산이 필연적으로 요구된다. 공동체에 속하는 사람들에게는 공동체의 시간이 의미와 의의를 "드러낸다." 시간이 바로 "세상의 세속성을 구성하는" 요소인 셈이다.[42] 하이데

---

41 Edmund Husserl, *The Crisis of European Sciences and Transcendental Phenomenology* (Evanston: Northwestern University Press, 1970), pp. 121-48; and Wilhelm Dilthey, *W. Dilthey: Selected Writings*, H. P. Rickman (ed.) (Cambridge: Cambridge University Press, 1976), pp. 211, 191, 194, 221.
42 Martin Heidegger, *Sein und Zeit* (Halle: Max Niemeyer, 1927), pp. 105, 410, 411, and 414.

거는 태양계와 천문학에서의 시간과 그로부터 파생된 현실 속에서의 시간 계산법, 즉 양적으로 시간을 측정하는 시계를 비교해서 설명한다. 그의 주장에 따르면, 기계적 시간은 심층에 놓여 있는 존재론적 시간을 은폐한다. 세속적인 시간은 지속(duration)을 "수많은 지금들… 순수한 계기(succession, 잇달아 일어남)의 연속"처럼 보이게 만든다. 의미는 실제로는 특정 지역에서만 공유되는 것이지만, "세속적인 시간 해석" 즉 기계론적 시간은 이를 "오직 숫자"로 대체해버렸고, 그 결과 의미에서 장소가 상실되는 특성이 생겨났다. 공동체가 소유했던 시간이 우주적인 추상의 시간으로 옮겨 가면서, 이제 시간은 "모두의 것인 동시에 어느 누구의 것도 아닌" 것이 되어버렸다.[43]

하이데거는 두 가지 시간의 특징을 "진정한" 시간과 "진정성이 없는" 시간, 혹은 "본래의" 시간과 "비본래적" 시간으로 구분했다(eigentlich / uneigentlich). 현대의 역사학은 후자에 기대고 있다. 왜냐하면 역사학은 시간 속의 존재로 다룰 뿐, 존재를 시간 그 자체로 다루지 않기 때문이다. 과거의 사건을 일정한 기간이 아니라 하나의 "시점"으로 서술함으로써, 역사학은 기계적인 시계 장치가 그랬던 것처럼 생활세계의 시간적 지속을 은폐했다. 일시적인 존재는 "객관적 현재라는 칸을 채울 수 없다." 그보다는 "그 존재 자체로 시간 속에서 흘러갈 뿐이다." 이와 같은 "역사성"은 역사학의 서술 속에서는 결코 나타날 수 없다. 역사서의 보편주의는 오히려 흘러가는 시간을 "거꾸로" 뒤집어서 "초-시간적인 패턴"으로 만들어버린다. 어느 강좌에서 하이데거는 "역사학은 마약처럼

---

43 Heidegger, *Sein und Zeit*, pp. 417, 425, 417, 422, 418, 425.

우리를 역사로부터 회피하도록 만든다"고 말했다. 이와 달리 진정으로 역사를 회복한다는 것은, 과거에 가능성으로 남겨져 있던 어떤 것에 대하여 미래에 응답을 해주는 것이다. 하이데거는 남겨진 과거의 가능성을 "유산(heritage)"이라고 했다. 이런 의미에서 역사적 사유란 "공동체로 하여금, 사람들로 하여금 영웅을 선택하도록" 하는 것이다. 오직 이와 같은 회복을 통해서 공동체는 "진정성"과 "완성"에 도달할 수 있다. 그렇게 되면 공동체를 분열시키는 어떠한 모순도 없을 것이며, 역사학의 시간적 모순도 사라질 것이다.[44]

하이데거는 "공동체"를 위한다는 명분으로 "하일 히틀러"를 끌어들였다. 그럼에도 불구하고 보편주의적 역사학에 대한 하이데거의 공격은 이후 포스트모던 이론에 깊은 영향을 미쳤다. 포스트모더니즘의 주요 이론가들은 중요한 측면에서 하이데거와 입장을 달리했다. 그러나 텍스트 생산과 권력에 관심의 초점을 둔다는 점, 그리고 역사 서술의 권위적 이데올로기와 유럽의 거대 규모 폭력성을 자주 연관시킨다는 점에서는 하이데거와 공통점이 있다. 대개 포스트모더니즘 이론가들은 시간적 불연속성과 차이를 강조한다. 그리고 역사 서술에서 기본 전제로 하는 변증법적 진보, 시대적 동질성, 목적성 등에 도전하고자 한다. 미셸 푸코(Michel Foucault)는 1971년에 발표된 포스트모더니즘의 대표적인 논문에서 "역사의 의미"를 "초월적 역사로부터 해방시켜야" 한다고 주장했다. 자크 데리다(Jacques Derrida)는 비슷한 맥락에서 "틈새(brisure) 구조

---

44 Heidegger, *Sein und Zeit*, pp. 424 and 376, 374, 395; Martin Heidegger, *Basic Questions of Philosophy: Selected "Problems" of "Logic"* (Bloomington: Indiana University Press, 1994), p. 108, Heidegger, *Sein und Zeit*, pp. 383-5.

와 역사"를 말한다. "모든 시대의 내면에는 다른 무엇으로 환원될 수 없는 단절이나 과잉이 존재할 수밖에 없다." 데리다는 어떤 동력과 개념이 연결되면서 여러 시대에 걸쳐 지속될 수 있다는 사실을 부정하지 않았다. 그러나 그러한 연속성은 언제나 불연속, 경쟁, 단절 위에 존재한다고 주장했다. 푸코도 순차적 연속의 이면에 "단절"이 존재하며, 단절이 있어야 역사학의 "대상"이 확정된다고 주장했다.[45]

포스트모더니즘 이론이 프랑스에서 출현할 때는 여러 가지 역사적 계기가 혼재되어 있었다. 홀로코스트, 나치 협력, 난폭했던 공산주의의 실패 등이 모두 중요한 원인이었다. 이와 함께 탈식민지화도 중요한 계기였다. 데리다는 이를 유럽의 정치경제적 "탈중심화"라고 분석했다. 1954년 고등사범 졸업 논문에서 데리다는 후설 철학에서 "유럽"이 결정적이지만 실체가 비어 있는 개념이라고 지적했다. 이후로 그는 유럽 중심주의에 대하여 "점점 더 강력하고 위협적인 압력"을 가했다. 서양의 인류 "보편" 개념이 "서양과 비서양의 차이를 덮어보려는" 시도라고 비판하면서, 비서양을 길들이려는 노력이 마치 미국이 베트남과 전쟁을 벌이는 것과 같다고 했다. 이러한 경향의 이론가들 중에 중요한 목소리를 냈던 또 한 사람이 바로 장 프랑수아 리오타르(Jean-François Lyotard)였다. 그는 포스트모던 시대를 세계의 다양성과 유럽의 과학적 및 윤리

---

45 Michel Foucault, "Nietzsche, la généalogie, l'histoire," in Suzanne Bachelard, et al. (eds.), *Hommage à Jean Hyppolite* (Paris: Presses Universitaires de France, 1971), p. 167; Jacques Derrida, *Marges de Philosophie* (Paris: Minuit, 1972), p. 206, n. 14; and Michel Foucault, "Réponse au cercle d'épistémologie," *Cahiers pour L'Analyse* (1968), 11.

적 정당성의 간극으로 규정했다. 미셸 푸코는 주요 저작 중 첫 책에서 "유럽 문화"와 "비유럽 문화"의 대결 전선이 곧 자신의 연구 대상이라고 선언했다. 가장 대표적인 사례가 바로 서양의 "식민지 개척 이유"였다. 그 이유에 따르면 "동양"은 "서양의 기원이면서 동시에 서양의 바깥"이었다. 서양과 동양의 "원초적인 구분"을 통해 서양의 정체성이 만들어졌고, 그 정체성은 보편적이면서 동시에 특수한 정체성이었다. 뒤이어 자신의 학문적 방법론 선언이라 할 수 있는 《지식의 고고학(The Archeology of Knowledge)》이라는 책에서 푸코는 역사학의 연속성 문제를 이와 같은 주제에 포함시켰다. 역사학에 주어진 이율배반적 질문을 제기함으로써 푸코는 자신의 결론을 맺는다. "무슨 두려움이 있기에 역사학은 숱한 한계와 단절과 충격과 분리에도 불구하고 역사를 초월한 서양의 거창한 운명을 굳이 찾는 것일까?"[46] 이상의 저자들이 공통적으로 주장하는 바는, 유럽의 지정학적 쇠락이 역사학 이론에 변화를 가져왔다는 점이다.

1980년대에 이르러 포스트모더니즘 역사 이론들이 역사학으로 수렴되었다. 역사학 내의 분야에 따라서 선별적으로 이론이 채택되기도 하고 영향을 미친 정도가 다양하기도 했다. 세계사 분야에서는 서발턴(subaltern, 하층민) 이론과 후기-식민지(postcolonial) 이론에서 기존의 연

---

45 Jacques Derrida, *L'Écriture et la Différence* (Paris: Éditions de Seuil, 1967), p. 414; Jacques Derrida, *The Problem of Genesis in Husserl's Philosophy* (Chicago: University of Chicago Press, 2003), pp. 153-60; Derrida, *Marges*, 133; Jean-François Lyotard, *The Postmodern Condition: A Report on Knowledge* (Minneapolis: University of Minnesota Press, 1984), p. 8; Michel Foucault, *Folie et Déraison: Histoire de la Folie à l'Âge Classique* (Paris: Plon, 1961), pp. iii-iv; Michel Foucault, *L'Archéologie du Savoir* (Paris: Gallimard, 1969), p. 273.

구에 근본적으로 도전하는 연구들이 제출되었고, 이들 덕분에 포스트모더니즘 역사학은 지속적인 영향력으로 자리 잡게 되었다. 그러나 영향력이 컸던 저자들은 오히려 자신의 이론을 포스트모더니즘과는 다르다며 거리를 두는 경향이 있었다. 때로는 포스트모더니즘을 식민주의 이론을 개선한 정도라거나 "인종주의적 한계"를 지니고 있다고 비판하기도 했다. 이런 주장이 얼마나 영향을 미쳤는지는 보는 사람에 따라서 달리 평가되겠지만, 어쨌든 대부분의 후기-식민지 역사학은 이전 세대의 반-토대주의(anti-foundationalism)에 비해 기술 및 전략적인 면에서 뚜렷한 차이를 보였다. 지안 프라카시(Gyan Prakash)는 서발턴 이론이 국가 권위의 쇠퇴, 즉 1970년대 인도가 대중적 신망을 잃었을 때 시작되었다고 보았다. 이때부터 연구자들은 식민지 시대와 후기-식민지 시대 국가 건설의 허점이 무엇이었는지를 중점적으로 파고들기 시작했다. 라나지트 구하(Ranajit Guha)는 〈서발턴 연구(Subaltern Studies)〉 제1호 서문에서, 국가로서의 인도는 "실패"했으며 서발턴 연구는 이제부터 인도 역사학의 "중심적인 문제를 추적하겠다"고 선언했다. 앤토이네트 버튼(Antoinette Burton)은 이들과 같은 입장에 서서, 국가는 "최고 권위의 존재"가 아니라 "만들어져가는 과정에 있는 불안정한 주제"에 불과하다고 진단했다.[47] 이상의 저자들은 국가 안에서 모순적인 부분들을 끌어내어

---

47 Homi K. Bhabha, *The Location of Culture* (London: Routledge, 1994), p. 244; Gyan Prakash, "Postcolonial criticism and history: Subaltern studies," in Axel Schneider and Daniel Woolf (eds.), *The Oxford History of Historical Writing* (Oxford: Oxford University Press, 2011), vol. v, pp. 74-5; Ranajit Guha, "On some aspects of the historiography of colonial India," in Ranajit Guha (ed.), *Subaltern Studies 1: Writings on South Asian History and Society* (Delhi: Oxford

해체함으로써 역사적 실체로서의 국가에 대한 논쟁을 이끌었다. 이들은 국가 권력 혹은 국가-제국 권력의 혼란스러운 양상을 근거로 역사학의 보편주의를 비판했다. 한편 기존에 묻혀 있었던 사회의 이면들을 실증을 통해 전면에 내세웠다. 국가의 실체를 파헤치기 위해서 그들은 연대기와 의미를 분리했다.

디페시 차크라바르티(Dipesh Chakrabarty)는 이렇게 설명했다. "서발턴 이론은 역사학이 적용되지 않는 부분이 폭로될 때까지 역사학을 끝까지 밀고 나갔다." 라나지트 구하는 독특한 연구 주제를 선택했다. 제국 및 국가 차원의 역사 서술에서 빈틈을 메워주는 것이 무엇인지에 관한 연구였다. 산탈족의 봉기(Santhal uprising)가 농민들의 의식 속에서, 그리고 국가 기관들 사이에서 지워지는 과정을 살펴보면서 "연속성(continuum)"과 "인과론(causality)"이 어떤 역할을 했는지를 추적했던 것이다. 라나지트 구하는 그 과정이 "동질화 의식"을 통한 "반-폭동"의 과정이라는 예리한 분석을 제시했다. 이와 유사하게 스테판 다나카(Stefan Tanaka)는 "연대기"라고 하는 것이 일본의 "민족-국가"를 위한 "알리바이"를 제공했다고 주장했다. 다양성, 모순, 반-민족적 과거를 민족 공통의 과거에 대한 성찰이라는 오케스트라의 요소로 묶었다는 것이다. 프라센지트 듀아라(Prasenjit Duara)에 의하면, "일직선의 역사(Linear History)는 타자를 지양(sublation)하여 동일자로 수렴"하는 것, "국가의 실체가 단절되는 것을 막기 위한" 예방주사 같은 것이다. 일부 학자들은

University Press, 1982), p. 7; and Antoinette Burton (ed.), *After the Imperial Turn: Thinking With and Through the Nation* (Durham, NC: Duke University Press, 2003), p. 5.

이들의 전략이 "세계사의 해체"와 "보편적 역사 서술의 종말"을 알리는 신호탄이라고 평했다.[48]

방법론상 또 다른 측면의 빈틈이 있었다. 그것은 공동체와 소유의 지역성 및 고정성이었다. 디페시 차크라바르티는 이를 "세계 속에서 존재하는 매우 특이한 방식"이라고 규정했다. 라나지트 구하는 일생의 연구를 통해 인간의 정신적 거처를 탐구했다. 신화, 정신, 이야기, 의례, 관습 등이 바로 그러한 거처들이었다. 이는 공동체의 일상생활에 자리 잡고 있는 "원초적 관계"였으며, 이러한 거처들 속에서 "최고 종주권"은 서발턴 의식에 있었다. 이와 같은 의미의 자리를 연구함으로써 후기-식민지 이론은 기존 역사학의 추상화에서 벗어나려고 노력했다. 그 대신 어떤 원리로 환원될 수 없는 특이한 사례들, 여러 가지 방식의 이야기들, "다양한 시간의 순서들"을 나열했다. 생활세계의 역사성은 통치권력의 역사와 "근본적인 이질성"을 띠게 된다. 각각의 역사 속에 흐르는 시간이 다르고, 뿐만 아니라 역사 지식 자체가 다르기 때문이다. 프라센짓 듀아라의 설명에 따르면, 비판적 역사학이 국가적 차원의 역사에서 "발전(진화)"을 "다양성"으로 대체한 덕분에, 과거에는 물론 지금

---

48 Dipesh Chakrabarty, *Provincializing Europe: Postcolonial Thought and Historical Difference* (Princeton, NJ: Princeton University Press, 2000), p. 96; Ranajit Guha, "The prose of counter-insurgency," in Ranajit Guha (ed.), *Subaltern Studies 2: Writings on South Asian History and Society* (Delhi: Oxford University Press, 1983), pp. 30 and 32; Stefan Tanaka, *New Times in Modern Japan* (Princeton, NJ: Princeton University Press, 2004), pp. 118-26; Prasenjit Duara, *Rescuing History from the Nation: Questioning Narratives of Modern China* (Chicago: University of Chicago Press, 1995), p. 33; Steven Feierman, "Africa in history: The end of universal narratives," in Gyan Prakash (ed.), *After Colonialism* (Princeton, NJ: Princeton University Press, 1994), p. 60.

도 여전히 "억압되고" 있는 역사의 "의미"를 조금이나마 엿볼 수 있게 되었다고 한다.[49]

후기-식민지 역사학은 기존 역사학의 민족주의, 유럽 중심주의, 목적론적 방향에 커다란 충격을 주었다. 세계사 서술이 그러했던 것처럼, 후기-식민지 역사학 또한 세계 환경의 변화로부터 초래된 틈새를 비집고 출현한 것이다. 따라서 필연적으로 후기-식민지 역사학에도 초국가적 접근, 다양한 자료적 관점의 활용이 포함될 수밖에 없었다. 또한 후기-식민지 역사학은 사회사 분야에서 민주주의에 대한 열망을 전례가 없을 정도로 크게 강화시켰다. 그러나 세계사 분야에서 후기-식민지 이론의 수용은 상당히 미온적이었다. 이는 기본적으로 오해에서 비롯된 결과인 듯하다. 오브라이언(O'Brien)이 역사학의 폭을 더 넓혀서 서발턴 연구가 제기했던 논점들을 "수용"하려 했을 때, 그는 후기-식민지 이론의 도전이 무언가를 추가하면 해결되는 것으로 생각했다. 오히려 다른 측면을 주목했더라면 더 좋았을 것이다. 후기-식민지 이론은 하이데거에 깊이 의존하고, 과도할 정도로 역사학적 사유를 해체하려 했던 하이데거의 입장에 동조하고 있다. 라나지트 구하는 자신의 방법론을 집중적이고도 아름답게 해명한 적이 있다. 그 글에서 라나지트 구하는 하이데거와 라빈드라나트 타고르(Rabindranath Tagore)를 나란히 비교했다. 라나지트 구하에 의하면, 이들은 둘 다 공동체적 의미에서 시간의 일상성에 주목했다.

---

49 Chakrabarty, *Provincializing Europe*, p. 255; Guha, "The prose of counter-insurgency," pp. 3 and 40; Chakrabarty, *Provincializing Europe*, p. 92; Prakash, "Postcolonial criticism," p. 82; and Duara, *Rescuing History*, pp. 233-6.

그와 같은 존재 방식은 다른 사람들과 공존하는 방식을 의미한다. 그들은 사회적 시간 속에서 함께 살아가며, 그 밑바탕에는 그들이 함께 공통의 과거에 속한다는 개념이 자리 잡고 있다. 만약 그러한 개념이 없다면, 그들에게는 공동의 행동 규범이 존재할 수 없고, 그것 없이는 그들이 함께 공적인 무언가를 수행할 수 없다. 또한 그 사회 고유의 전통이라거나 역사라고 하는 것도 존재할 수 없게 된다.

이렇게 형성된 상호성(mutuality)이 시간이 지나더라도 어떻게 사라지지 않고 유지될 수 있었을까? 라나지트 구하의 설명에 따르면, 과거는 "창조적인 방식으로 되살아난다." 그렇지 않으면 과거는 단지 전통주의의 "지루한 획일화"로 축소될 뿐이다. 그렇다면 역사가 과거의 합의를 창조적으로 회복한 것인지, 아니면 전혀 다른 무언가를 발견한(만들어 낸) 것인지 어떻게 알 수 있을까? 이것을 판별하려면 공공성이라거나 전통이라거나 혹은 역사라고 하는 잣대에 비추어보아야 한다(역사를 검증하기 위하여 역사라는 잣대에 비추어보아야 한다면 순환 논리에 빠지게 된다. — 옮긴이). 이런 곤란한 문제를 비켜 가기 위해 가야트리 차크라보르티 스피박(Gayatri Chakravorty Spivak)은 공을 다시 역사학으로 넘긴다. 그리고 역사학에 "실증주의적 본질론(essentialism)의 전략적 활용"이라는 이름을 붙여주었다. 그러나 "타인과 함께 살아가는" 모든 개별 존재의 바탕에 깔려 있는 보편적 존재, 즉 본질이라고 하는 것을 역사적 사실이나 방법론으로부터 추론할 수는 없다. 그것은 오히려 공동체 고유의 존재론적 본질을 밝히는 존재론 연구에 의거해야 할 것이다. 테오도어 아도르노(Theodor Adorno)는 그것이 바로 "그들끼리만 통용되는 본래성

(authenticity)이라는 헛소리"라고, 하이데거를 야멸차게 공격한 적이 있었다.[50]

　보편적 연대기가 성립되려면 역사학에서 "원초적 공동체" 운운하는 이상론을 제거해야 한다. 그러나 하이데거가 생각했던 바와 달리 역사학 또한 동시에 지역화되고 분화된다. 매우 세심하게 근세 기계론적 시간을 연구했던 폴 글레니(Paul Glennie)와 나이젤 트리프트(Nigel Thrift)는 실제로 시계라는 기계 장치가 존재론적 시간을 해체하거나 파괴하는 것이 아니라 오히려 같은 연장선상에 있다는 사실을 보여주었다. 이들은 시계 속의 시간을 "관습의 그물망(a web of practices)"이라고 규정했다. 주변 환경과 시간적 맥락에 따라 시간의 가능성은 엄청나게 확대된다. "누구도 같은 '지금'을 공유할 수 없다. '지금'이라는 것도, '어느 누구'라는 것도 사실은 단수가 아니라 복수의 사건이기 때문이다." 미시사(microhistory)에서는 대체로 역사의 지역성이 강조되는 경향이 있다. 그리고 사회 속에서의 생활은 다양하게 표출되기 때문에 맥락은 "수많은 가능성이 존재하는 멀티-스칼라(multi-scala)의 공간"으로 간주된다. 이와 같은 다양성의 원칙이 바로 서발턴 전략의 비판적 측면과 함께할 수 있는 것이다. 서발턴 연구에서는 근대 역사학의 모든 성과가 시간적 동일성과 목적론에 따라 이루어진 것으로 평가한다. 디페시 차크라바르티

50　O'Brien, "Historiographical traditions," p. 38; Ranajit Guha, *History at the Limits of World-History* (New York: Columbia University Press, 2002), p. 93; Gayatri Chakravorty Spivak, "Subaltern studies: Deconstructing historiography," in Ranajit Guha and Gayatri Chakravorty Spivak, *Selected Subaltern Studies* (New York: Oxford University Press, 1988), p. 13; Theodor W. Adorno, *The Jargon of Authenticity* (Evanston, IL: Northwestern University Press, 1973).

는 역사학이 과거의 사람들을 느낄 수 있도록 해주어야 한다는 설득력 있는 논지를 전개했다. 그렇게 하면 과거는 현재의 삶에 빛을 비추어줄 것이다. 오늘날 역사학적 이해는 "암묵적으로… 오직 정체성이라는 전제"에 의존하고 있다. 실제 역사 서술에서는 이질적 측면들이 모순이라 하여 내쳐지고 보편적 연대기에 의해 "거부"되지만, 사실 역사학의 현재에는 "여러 가지 다양한 시간"이 포함되어 있다. 디페시 차크라바르티가 어느 글에서 썼듯이, "마지막에 웃는 자는 과거의 헤겔이다." 역사학 안에서 시간이 분화되어 있다는 그의 통찰은 매우 충격적이며 깊이 연구해볼 가치가 있다. 그러나 이는 랑케의 모순과 보편성을 획득하지 못하는 역사학의 한계를 반영하고 있는 것이다. 랑케가 말했듯이, "역사학은 개념화에 적합하지 않다." 그래서 역사학은 "다양한 형태의 삶에 대한 실질적인 이해를 필요로 한다. 다양한 삶이 바로 인간이라는 종을 구성하는 것이다. 우리 자신도 그러한 내용의 다양성 중 하나이며, 이는 영원히 지속될 것이며, 언제나 타자일 것이다."[51]

결론

1956년 롤랑 바르트(Roland Barthes)는 〈오늘날의 신화(Le mythe

---

51 Paul Glennie and Nigel Thrift, *Shaping the Day: A History of Timekeeping in England and Wales 1300-1800* (Oxford: Oxford University Press, 2009), pp. 235, 97; Jacques Revel, "Microanalysis and the construction of the social," in Jacques Revel and Lynn Hunt (eds.), *Histories: French Constructions of the Past* (New York: New Press, 1995), p. 500; Chakrabarty, *Provincializing Europe*, pp. 109-13; Dipesh Chakrabarty, "In defense of Provincializing Europe: A response to Carola Dietze," *History and Theory* 47 (2008), 90; Ranke, *Aus Werke*, vol. iv, pp. 88-9.

aujourd'hui〉〉라는 긴 논문을 마무리하면서 간략하지만 정제된 표현으로 하나의 모순을 제시했다. "이것이 아마도 우리 시대가 직면한 문제인 것 같다. … 현실이란 역사와 이데올로기에 완전히 흡수될 수 있는 것인가, 아니면 반대로 끝내 꿰뚫을 수 없는 것, 환원될 수 없는 것, 그래서 시적 언어로 기술할 수밖에 없는 것인가?" 시적 언어란, 롤랑 바르트의 설명에 따르면 "의미를 소외시키지 않는" 방식이다. 〈오늘날의 신화〉에서 제시된 시적 언어와 시간의 한계의 대립은 우리 시대의 대표적 모순 명제가 되었다. 그로부터 몇 년 후에 발표된 지그프리트 크라카우어(Siegfried Kracauer)의 논문《역사: 종말 이전의 마지막에 오는 것들(History: The Last Things Before the Last)》의 부제는 바로 이 문제를 겨냥한 것이었다. 이 논문은 그리 유명하지 않지만 저자의 대표작이라 할 수 있다. "마지막에 오는 것들"은, 그 자체로 마지막이라는 점에서 절대적이다. 그러나 여기서 다시 그다음 시간(종말)으로 연결되는데, 종말은 또 하나의 절대성이다. 이 논문에서 시대구분 문제를 논하는 장의 제목으로, 방랑하는 유대인 아하수에로(Ahasuerus)의 이름이 등장한다. 여기서 아하수에로는 무서운 운명에 처한 인물로 그려진다. 즉 그는 "자신이 거쳐 갔던 수많은 시대"를 상징하는 "수없이 많은 얼굴"과 "단 한 번 육신을 빌려 태어날 운명" 사이를 끊임없이 오가며 갇혀버린 인물이다.[52]

크라카우어와 아도르노의 표현을 빌리자면, 역사학의 시대구분은

---

52 Roland Barthes, *Mythologies* (Paris: Éditions de Seuil, 1957), pp. 267-8, and Siegfried Kracauer, *History: The Last Things Before the Last* (New York: Oxford University Press, 1967), p. 157.

"힘의 장(force field)"이다.[53] 그 시대만의 내재적 의미(특수성)와 연대기(보편성)라는 양쪽의 기둥에서 동시에 끌어당기는 힘이 작용하여 끊임없는 긴장 관계가 해소되지 않는 상태다. 시간의 문제를 두고 이와 같은 독특한 대립은 세계에 관한 유럽식 상상력의 문제로부터 비롯된 것이다. 18세기에 역사적 시간의 통일성은 지구의 자연적 시간의 통일성을 반영한 것이었다. 시간의 불일치 또한 전 지구적 공간에서 펼쳐진 다양한 과거의 측정 불가능성을 반영한 것이었다. 세계사와 생활세계의 대립이 언제부터였는지는 "날짜를 특정"하기가 거의 불가능하다.[54] 근대 역사학의 기초에서부터 이러한 대립은 지속적으로 이어져왔다. 오래도록 민족주의가 이러한 대립을 덮어두기도 했었다. 그러나 20세기에 이르러 민족이란 개념은 과거가 어떻게 흘러왔는지를 이해하는 틀로서는 적당치 못하다는 사실이 갈수록 뚜렷하게 드러나고 있다. 세계 정치 권력이 강력하고도 폭력적으로 재편되는 가운데 세계사와 후기-식민지 이론은 저마다 각각의 기둥을 향해 더 가까이 다가가려고 했다. 그 배경에는 연대기 혹은 측정 불가능성이라는 배경이 강하게 자리 잡고 있었다.

아마도 오늘날 이들 두 기둥의 위치는 또다시 바뀌고 있는지도 모른다. 차크라바르티의 주목할 만한 연구는 이들을 함께 수용하기 위한 방안을 찾는 중이다. 전 지구적 기후 변화는 기존의 역사학이 감당하기 어려운 새로운 역사학을 요구하고 있다. 인간의 무지막지한 행위는 "인간이라는 하나의 전체"를 드러내고 있다. 즉 기후 변화는 인간이 "생물학

---

53 Theodor Adorno, *Notes on Literature*, 2 vols. (New York: Columbia University Press, 1992), vol. ii, p. 59.
54 O'Brien, "Historiographical traditions," p. 33.

분류상 하나의 종(種)"이라는 사실을 전에 없이 강력하게 느끼도록 해준다. 그렇게 느낀다고 해서 인간이 스스로에 대해서 알거나 스스로의 정체성을 공유하는 것은 아니다. 느끼기는 하겠지만 "모든 특수성을 포괄할 수는 없다." 그래서 차크라바르티는 아도르노의 표현을 빌려 "부정의 보편사(negative universal history)"를 자신의 대안으로 제시했다. 벤저민 라지어(Benjamin Lazier)는 지구 전체와 생활세계를 포괄하는 뛰어난 역사 개념을 제시했다. 그는 자신의 개념을 "하찮은 세속적인 일들(earthly)과, 현재 인간 경험의 조건을 형성하고 있는 세속성(Earthly)의 종합(동시에 충돌)"이라고 표현했다.[55] 이 두 개의 기둥 사이에서, 즉 연대기와 내재성의 사이, 진화와 단절의 사이, 보편성과 의미의 사이에서 역사학은 시대구분 문제를 선택할 수밖에 없다.

---

55 Dipesh Chakrabarty, "The climate of history: Four theses," *Critical Inquiry* 35 (2009), 199 and 222, and Benjamin Lazier, "Earthrise; or, the globalization of the world picture," *American Historical Review* 116 (2011), 630.

더 읽어보기

Adams, Henry, "The tendency of history," in *Annual Report of the American Historical Association for the Year 1894*, Washington, D.C.: Government Printing Office, 1895.

Adorno, Theodor W., *The Jargon of Authenticity*, Evanston, IL: Northwestern University Press, 1973.

_____, *Notes on Literature*, 2 vols., New York: Columbia University Press, 1992.

Bancroft, George, *The Necessity, the Reality, and the Promise of the Progress of the Human Race*, New York: New York Historical Society, 1854.

Barthes, Roland, *Mythologies*, Paris: Éditions de Seuil, 1957.

Beiser, Frederick C., *The German Historicist Tradition*, Oxford: Oxford University Press, 2011.

Bentley, Jerry H., "Cross-cultural interaction and periodization in world history," *American Historical Review* 101 (1996), 749-70.

_____, "Myths, wagers, and some moral implications of world history," *Journal of World History* 16 (2005), 51-82.

Bentley, Michael, "The singularities of British world history," in Benedikt Stuchtey and Eckhardt Fuchs (eds.), *Writing World History, 1800-2000*, Oxford: Oxford University Press, 2003.

Bhabha, Homi K., *The Location of Culture*, London: Routledge, 1994.

Blumenberg, Hans, *Work on Myth*, Cambridge: The MIT Press, 1985.

Burrows, J. W., *A Liberal Descent: Victorian Historians and the English Past*, Cambridge: Cambridge University Press, 1981.

Burton, Antoinette (ed.), *After the Imperial Turn: Thinking With and Through the Nation*, Durham, NC: Duke University Press, 2003.

Chakrabarty, Dipesh, "The climate of history: Four theses," *Critical Inquiry* 35 (2009), 197-222.

_____, "In defense of *Provincializing Europe*: A response to Carola Dietze," *History and Theory* 47 (2008), 85-96.

_____, *Provincializing Europe: Postcolonial Thought and Historical Difference*, Princeton, NJ: Princeton University Press, 2000.

Christian, David, *Maps of Time: An Introduction to Big History*, Berkeley: University of California Press, 2004.

Cronon, William, "Revisiting the vanishing frontier: The legacy of Frederick Jackson Turner", *Western Historical Quarterly* 18 (1987), 157-76.

Derrida, Jacques, *L'Écriture et la Différence*, Paris: Éditions de Seuil, 1967.
_____, *Marges de Philosophie*, Paris: Minuit, 1972.
_____, *The Problem of Genesis in Husserl's Philosophy*, Chicago: University of Chicago Press, 2003.
Dilthey, Wilhelm, W. *Dilthey: Selected Writings*, H.P. Rickman (ed.), Cambridge: Cambridge University Press, 1976.
Droysen, Johann Gustav, *Historik: Historische-Kritische Ausgabe*, Stuttgart: Frommann-Holzboog, 1977.
Duara, Prasenjit, *Rescuing History from the Nation: Questioning Narratives of Modern China*, Chicago: University of Chicago Press, 1995.
Feierman, Steven, "Africa in history: The end of universal narratives," in Gyan Prakash (ed.), *After Colonialism*, Princeton: Princeton University Press, 1994.
Flores, Dan, "Place: An argument for bioregional history," *Environmental History Review* 18 (1994), 1-18.
Foucault, Michel, *L'Archéologie du Savoir*, Paris: Gallimard, 1969.
_____, *Folie et Déraison: Histoire de la Folie à l'Âge Classique*, Paris: Plon, 1961.
_____, "Nietzsche, la généalogie, l'histoire," in Suzanne Bachelard, et al. (eds.), *Hommage à Jean Hyppolite*, Paris: Presses Universitaires de France, 1971.
_____, "Réponse au cercle d'épistémologie," *Cahiers pour L'Analyse* (1968), 9-40.
Gadamer, Hans-Georg, *Truth and Method*, 2nd edn., New York: Crossroad, 1989.
Geyl, Pieter, *Debates with Historians*, London: B. T. Batsford, 1955.
Glennie, Paul, and Nigel Thrift, *Shaping the Day: A History of Timekeeping in England and Wales 1300-1800*, Oxford: Oxford University Press, 2009.
Grafton, Anthony, *What Was History? The Art of History in Early Modern Europe*, Cambridge: Cambridge University Press, 2007.
Guha, Ranajit, *History at the Limits of World-History*, New York: Columbia University Press, 2002.
_____, "On some aspects of the historiography of colonial India," in Ranajit Guha (ed.), *Subaltern Studies 1: Writings on South Asian History and Society*, Delhi: Oxford University Press, 1982.
_____, "The prose of counter-insurgency," in Ranajit Guha (ed.), *Subaltern Studies 2: Writings on South Asian History and Society*, Delhi: Oxford University Press, 1983.
Heidegger, Martin, *Basic Questions of Philosophy: Selected "Problems" of "Logic,"* Bloomington: Indiana University Press, 1994.
_____, *Sein und Zeit*, Halle: Max Niemeyer, 1927.

Hempel, Carl G., "The function of general laws in history," *The Journal of Philosophy* 39 (1942), 35-48.

von Herder, Johann Gottfried, *Philosophical Writings*, Michael N. Forster (ed.), Cambridge: Cambridge University Press, 2002.

_____, *Verstand und Erfahrung: Eine Metakritik zur Kritik der reinen Vernunft*, Leipzig: Johann Friedrich Hartknoch, 1799.

Hodgson, Marshall G. S., *Rethinking World History: Essays on Europe, Islam, and World History*, Cambridge: Cambridge University Press, 1993.

Hopkins, A. G. (ed.), *Globalization in World History*, New York: W. W. Norton & Company, 2002.

Husserl, Edmund, *The Crisis of European Sciences and Transcendental Phenomenology*, Evanston, IL: Northwestern University Press, 1970.

Israel, Jonathan, *Enlightenment Contested: Philosophy, Modernity, and the Emancipation of Man, 1670-1752*, Oxford: Oxford University Press, 2006.

Kelly, Donald R., *Fortunes of History: Historical Inquiry from Herder to Huizinga*, New Haven, CT: Yale University Press, 2002.

Koselleck, Reinhart, *Futures Past*, Cambridge: The MIT Press, 1985.

Kracauer, Siegfried, *History: The Last Things Before the Last*, New York: Oxford University Press, 1967.

Krieger, Leonard, *Ranke: The Meaning of History*, Chicago: University of Chicago Press, 1977.

Lamprecht, Karl, *Deutsche Geschichte, Zur jüngsten deutschen Vergangenheit*, Freiburg im Breisgau: H. Heyfelder, 1904.

_____, *Moderne Geschichtswissenschaft*, Freiburg im Breisgau: H. Heyfelder, 1905.

_____, "Was ist Kulturgeschichte? Beitrag zur einer empirischen Historik," *Deutsche Zeitschrift für Geschichtewissenschaft Neue Folge* 1 (1896-7), 75-150.

Lang, Michael, "Globalization and global history in Toynbee," *Journal of World History* 22 (2011), 747-83.

Lazier, Benjamin, "Earthrise; or, the globalization of the world picture," *American Historical Review* 116 (2011), 602-30.

Loria, Achille, *Analisi della proprietà capitalista*, 2 vols., Turin: Fratelli Bocca, 1889.

Lyotard, Jean-François, *The Postmodern Condition: A Report on Knowledge*, Minneapolis: University of Minnesota Press, 1984.

McNeill, William Hardy, *America, Britain, and Russia: Their Co-operation and Conflict, 1941-1946*, London: Oxford University Press, 1953.

_____, "Fundamentalism and the world of the 1990s," in Martin E. Marty and R.

Scott Appleby (eds.), *Fundamentalisms and Society: Reclaiming the Sciences, the Family, and Education*, Chicago: University of Chicago Press, 1993.

_____, "Humankind in the balance of nature," in Robert P. Bareikis (ed.), *Science and the Public Interest: Recombinant DNA Research*, Bloomington: Poynter Center, Indiana University, 1978.

_____, "Make mine myth," *New York Times*, December 28, 1981, A19.

_____, *Mythistory and Other Essays*, Chicago: University of Chicago Press, 1986.

_____, "One world: Divisible or indivisible?", *Journal of Contemporary History* 37 (2002), 489-95.

_____, *Past and Future*, Chicago: University of Chicago Press, 1954.

_____, *Plagues and Peoples*, Garden City, NY: Anchor Books 1997.

_____, *The Pursuit of Truth: A Historian's Memoir*, Lexington: University Press of Kentucky, 2005.

_____, *The Rise of the West: A History of the Human Community*, Chicago: University of Chicago Press, 1991.

Manning, Patrick, "Epistemology," in Jerry H. Bentley (ed.), *The Oxford Handbook of World History*, Oxford: Oxford University Press, 2011.

Meinecke, Friedrich, *Werke*, HansHerzfeld et al. (eds.), 10 vols., Munich: R. Oldenbourg, 1963.

Michelet, Jules, *Introduction à l'Histoire Universelle*, Paris: L. Hachette, 1834.

_____, *Le Peuple*, Paris: L. Hachette, 1846.

Modelski, George, "World system evolution," in Robert A. Denemark et al. (eds.), *World System History: The Science of Long-Term Change*, London: Routledge, 2000.

Nietzsche, Friedrich, *Sämtliche Werke: Kritische Studienausgabe*, Giorgio Colli and Mazzino Montinari (eds.), 11 vols., Munich: Deutscher Taschenbuch Verlag, 1988.

Oakeshott, Michael, *Experience and Its Modes*, Cambridge: Cambridge University Press, 1933.

O'Brien, Patrick, "Historiographical traditions and modern imperatives for the restoration of global history," *Journal of Global History* 1 (2006), 3-39.

Prakash, Gyan, "Postcolonial criticism and history: Subaltern studies," in Axel Schneider and Daniel Woolf (eds.), *The Oxford History of Historical Writing*, Oxford: Oxford University Press, 2011, vol. v.

von Ranke, Leopold, *Aus Werke und Nachlass*, Walter Peter Fuchs and Theodor Schieder (eds.), 4 vols., Munich: R. Oldenbourg, 1971.

_____, *Geschichten der romanischen und germanischen Völker von 1494 bis 1514*, Leipzig: G. Reimer, 1824.

_____, *Weltgeschichte*, 9 vols., Leipzig: Dunder und Humblot, 1880.

_____, *Zur Geschichte Deutschlands und Frankreichs im 19. Jahrhundert*, Alfred Dove (ed.), Leipzig: Dunder und Humblot, 1887.

Reddy, William, "Neuroscience and the fallacies of functionalism," *History and Theory* 49 (2010), 412-25.

Revel, Jacques, "Microanalysis and the construction of the social," in Jacques Revel and Lynn Hunt (eds.), *Histories: French Constructions of the Past*, New York: New Press, 1995.

Rudwick, Martin J. S., *Bursting the Limits of Time: The Reconstruction of Geohistory in the Age of Revolution*, Chicago: University of Chicago Press, 2005.

Ruse, Michael, *Evolutionary Naturalism: Selected Essays*, London: Routledge, 1995.

Sellars, Wilfrid, *Science, Perception and Reality*, New York: Humanities Press, 1962.

Smail, Daniel Lord, *On Deep History and the Brain*, Berkeley: University of California Press, 2008.

Southard, Robert, *Droysen and the Prussian School*, Lexington: University Press of Kentucky, 1995.

Spivak, Gayatri Chakravorty, "Subaltern studies: Deconstructing historiography," in Ranajit Guha and Gayatri Chakravorty Spivak, *Selected Subaltern Studies*, New York: Oxford University Press, 1988.

Stubbs, William, *Lectures on Early English History*, London: Longmans, Green, and Co., 1906.

Sutherland, Heather, "The problematic authority of (world) history," *Journal of World History* 18 (2007), 491-522.

Tanaka, Stefan, *New Times in Modern Japan*, Princeton, NJ: Princeton University Press, 2004.

_____, *Greek Civilization and Character: The Self-Revelation of Ancient Greek Society*, London: J. M. Dent and Sons, 1924.

_____, *Greek Historical Thought: From Homer to the Age of Heraclitus*, London: J. M. Dent and Sons, Ltd., 1924.

_____, *Nationality and the War*, London: J. M. Dent and Sons, Ltd., 1915.

_____, *A Study of History*, 12 vols., London: Oxford University Press, 1939.

_____, *The Western Question in Greece and Turkey, A Study in the Contact of Civilizations*, London: Constable and Co., 1922.

Turner, Frederick Jackson, *Frontier and Section: Selected Essays of Frederick Jackson Turner*, Englewood Cliffs: Prentice Hall, 1961.
_____, *The Frontier in American History*, New York: Henry Holt, 1921.
White, Hayden, *The Historical Imagination in Nineteenth-Century Europe*, Baltimore, MA: Johns Hopkins University Press, 1973.
White, Leslie A., "Evolutionary stages, progress, and the evaluation of cultures," *Southwestern Journal of Anthropology* 3 (1947), 165-92.
Woolf, Daniel R., *A Global History of History*, Cambridge: Cambridge University Press, 2011.

CHAPTER 5

분화에서 통합으로:
세계사의 구심력과 원심력

데이비드 노스럽
David R. Northrup

역사 전체를 몇 개의 시대로 나누다 보면 어쩔 수 없이 주관성이 개입되기 마련이다. 예컨대 기독교나 이슬람은 교세가 크게 번성한 뒤 창시자를 기준으로 역사를 나누었다. 유대인도 마찬가지였다. 그들은 성경에 나오는 천지창조의 연대를 추정하여 시간을 계산했다. 로마인은 (그리고 후대의 로마 추종자들도) 자신의 수도를 건설한 때(추정치)를 기준으로 연대를 계산하는 체계를 만들었다(로마 건국 원년ab urbe condita). 르네상스 시기 유럽인은 자신의 시대가 중세의 끝이자 새로운 시대, 고전 시기의 표준이 되살아나는 새시대의 시작이라고 믿었다. 그래서 그들은 역사를 고대-중세-근대로 나누었는데, 아직도 이 시대구분법이 그대로 사용되고 있다. 다행히 새로운 시대구분을 만들어내려는 시도는 그리 많지 않았다. 이 글에서는 인류 역사 전체를 두 개의 비대칭 시대로 구분하고자 한다. 그러나 새로운 역법을 제시하거나 새로운 시대 명칭을 제정하려는 것은 아니다. 다만 우리 시대의 관점에서 세계 전체의 과거를 조망해보고자 할 따름이다.

역사를 고대-중세-근대로 나누는 방식은 지중해 지역에서 처음 만들어졌다. 이곳을 벗어나면 같은 방식을 적용하기에 다소 어색한 면이 있다. 예컨대 중국이나 인도에서는 고대와 중세가 서양의 라틴어권 지역처럼 분명하게 나뉘지 않는다. 그리고 근대의 시작도 1500년 이후부터라고 보는 것이 자연스럽다. 사하라 이남 아프리카의 일부 지역에도 중세 제국의 시대가 있었다. 가나(Ghana), 말리(Mali), 서아프리카 수단 지역의 송가이(Songhay) 제국, 에티오피아의 솔로몬(Solomon) 왕국 등이 여기에 포함된다. 그러나 아프리카 대륙에서 특히 길었던 인류의 역사에도 불구하고, 나일강 유역을 벗어나면 고대라고 할 만한 시대가 없었다.[1] 아메리카 대륙에서도 고전 고대(classical antiquity)라고 할 만한 시대가 없었다(마야는 예외라고 해야겠다). 그래서 역사학자들은 대개 아메리카의 역사를 콜럼버스 이전 시대-식민지 시대-독립 이후의 3단계로 나눈다. 한 가지 시대구분 기준을 적용했을 때 생겨나는 이런 문제를 세계사 연구자들은 단지 눈감고 외면하는 식으로 회피할 따름이다. 고대-중세-근대로 나누는 3단 구분법은 이른바 선진 문화("문명")와 귀족 사회의 발전이라는 전제를 함축하고 있음을 부정하기는 어렵다. 이런 식의 관점은 오늘날의 계급적 관점이나 젠더 문제, 문화 다양성 문제 등에 잘 들어맞지 않는다. 게다가 일관된 시대구분법이 없다면 세계사는 특정 지역의 역사로 국한될 수밖에 없다. 세계화가 시작되기 이전에 나왔던 세계사가 사실은 이런 것이었다.[2]

    기존의 세계사 시대구분에서 더 심각한 문제는 인류 역사의 대부분

---

1 크리스토퍼 에렛(Christopher Ehret)은 《아프리카의 고전 고대(An African Classical Age: Eastern and Southern Africa in World History, 1000 B.C. to A.D. 400)》(Charlottesville: University of Virginia Press, 1998)에서 고전 고대(Classical Age)라는 용어를 유럽과 다른 기준으로 사용한다. 그의 연구에 의하면 아프리카 반투어권에서는 문자나 제국, 기념비적 건축물 없이도 문화와 경제적 토대가 만들어졌다고 한다.
2 Bruce Mazlish and Ralph Buultjens (eds.), *Conceptualizing Global History* (Boulder, CO: Westview Press, 1993).

을 누락시켰다는 데 있다. 처음에는 그저 무지해서 이런 일이 생겼다. 유대교 계산으로 인류의 탄생은 기원전 3760년의 일이었고, 제임스 어셔(James Ussher, 1581~1656) 대주교의 좀 더 세련된 계산법으로는 기원전 4004년 10월 말쯤의 어느 날이었다. 다윈을 비롯한 생물학자들에 의해 과학이 발달하자 천지창조라는 사건이 허구라는 사실이 뿌리째 드러났다. 고고학자들은 천지창조 훨씬 이전 시기의 인류가 남긴 증거들을 발견했다. 역사학자들은 이른바 "역사 이전 시대(선사 시대)" 연구는 기꺼이 역사학이 아닌 다른 분야에 맡겨두고, 역사의 "시작"은 유대교나 제임스 어셔 주교가 계산한 천지창조부터라고 고집했다. 그래서 역사학자들은 반세기 이전 사무엘 노아 크레이머(Samuel Noah Kramer)가 제안한 유명한 가설, 즉 역사는 6000년 전 메소포타미아 지역의 수메르에서 시작된다는 주장을 기꺼이 받아들였다.[3] 일부 역사학자들은 역사의 시작 시기를 2000년 정도 더 뒤로 올려서 농경의 시작부터라고 주장하기도 했다. 그렇다 하더라도, 만약 "인류"의 의미를 현생인류(Homo sapiens sapiens)로 본다면, 인류 역사의 95퍼센트는 여전히 역사에서 누락되는 셈이다. 호모 사피엔스는 20만 년 전에 출현했기 때문이다. 만약 인류의 의미를 호모 사피엔스보다 훨씬 더 오래된, 250만 년 전부터 있었던 고인류까지 포함해서 생각하면, 기존 역사학에서 주장하는 역사에는 인류 역사의 99.6퍼센트가 누락되어 있다.

역사가 약 6000년 전부터 시작된다고 하는 주장은 대개 문자 기록

---

3 Samuel Noah Kramer, *History Begins at Sumer* (Philadelphia: University of Pennsylvania Press, 1956).

의 탄생을 근거로 하는 경우가 많다. 문자 기록이 있으면 과거를 재구성하기가 그만큼 용이한 것이 사실이다. 그러나 문자는 생각만큼 그렇게 결정적이거나 신뢰할 만한 것이 못 된다. 뒤에서 다시 논의하겠지만, 우리는 최근 반세기 동안 "선사 시대"에 대한 엄청나게 많은 정보를 입수했다. 일상생활을 파악하는 데는 이러한 지식들이 법률 문서나 포고문, 종교나 철학적 사유를 담고 있는 고대의 텍스트보다 훨씬 더 좋다. 게다가 문자 기록에 너무 의존해서 역사를 보면 대부분의 사람들이 역사에서 배제되는 결과가 초래된다. 인류 역사상은 물론 최근까지도 절대다수의 사람들은 문맹이었다. 물론 오늘날에야 드러내놓고 이런 주장을 하지 못하지만, 예전에는 평민, 대부분의 비서구인, 대부분의 여성에게 역사가 없다는 선입관이 만연했다.

기존 역사학자들의 "역사" 개념에서 누락되는 두 번째 중요한 문제는 "시사 문제"다. 주로는 역사학자들이 박사 학위를 받은 이후에 일어난 일들을 의미한다. "현재주의"로부터(모든 역사서는 집필자의 현재적 관점을 투영할 수밖에 없으므로 실증주의에서 말하는 절대적 객관성은 존재할 수 없다는 입장의 반실증주의를 현재주의라 한다. – 옮긴이) 역사의 객관성이 오염되는 것을 방지한다는 명분 아래, 역사학이 현실 문제를 해석하는 관점을 제공해야 한다는 의무를 포기해버리는 것이다. 그렇게 하는 것이 오늘날의 어떤 개념을 뒷받침한답시고 역사 자료나 모으고 앉아 있는 것보다는 낫겠지만, 과거만 연구한다면 역사학 자체로만 보더라도 균형이 제대로 잡히지 않는 것은 물론, 현재와 과거의 대화로서의 역사는 불가능하다. 현재 일어나고 있는 사건들은 그저 과거의 사건에 또 하나의 사건이 병렬적으로 추가되는 정도에 그치는 것이 아니다. 현재의 사건은 곧 과거를 이해하는 근본이다.

원하건 원하지 않건 간에 우리는 새로운 시대, 세계화의 시대에 살고 있다. 세계적 상호 교류(경제적, 문화적, 정치적)가 고도화되었고 그 속도는 점점 더 빨라지고 있다. 그러나 세계화를 교육이나 연구 주제로 삼는 역사학자들은 그리 많지 않다. 세계화가 어떻게 도래했는지를 역사적으로 탐구하는 역사학자는 더더욱 드물다. 토니 홉킨스(A. Tony G. Hopkins) 같은 역사학자의 지적에 따르면, "세계화의 기원, 본성, 결과를 분석하는 것은… 오늘날 사회학 고유의 가장 중요한 논점 중 하나"인데, 대부분의 역사학자들은 이 논점을 알지 못하고 있다.[4] 오늘날 일어나는 사건들에 대한 이해는 다른 분야의 학자들에게 맡겨둠으로써, 역사학자들은 인류 역사의 최초 20만 년을 누락한 것보다 더 무책임하게 자신의 의무를 방기하고 있다. 역사학자들의 외면과는 상관없이 실제로 세계화라고 일컬어지는 일련의 흐름들은 역사를 이해하는 데 결정적 도움을 주고 있다.

이상과 같은 이유로 세계사 연구자는 인류 역사 전체와 모든 부류의 사람들을 포괄할 수 있는 역사 이해의 틀을 필요로 한다. 또한 세계화는 일시적 유행이 아니라 심도 있는 역사적 흐름의 유의미한 결과임을 인정해야 한다. 이런 의미에서 이 글에서는 역사를 두 가지 커다란 역사적 방향으로 나누어 보고자 한다. 즉 분화의 방향과 통합의 방향이 그것이다. 역사는 시작부터 대개 분화의 방향으로 나아가는 이야기다. 인류가

---

4 A. G. Hopkins, "Globalization - An agenda for historians," in A. G. Hopkins (ed.), *Globalization in World History* (New York: W. W. Norton, 2002), p. 2.

진화하고 세계 전역으로 확산되어가는 과정에서 생물학적 및 문화적 분화가 일어났다. 그런데 지난 1000년은 통합의 방향이 역사를 주도했다. 세계화는 그 방향에서 가장 최근의 단계라 할 수 있다. 이 단계를 나는 대통합(Great Convergence)의 시대라고 하는데, 인간의 교류와 무역 및 소통이 급속도로 증가했던 시대다.

기나긴 분화(Divergence)의 시대

현생인류의 개체 수가 늘어남에 따라 아프리카에서는 물론 아프리카 대륙을 벗어나 지구 구석구석으로 진출했던 사람들 사이에서도 다양성이 커졌다. 일부 생물학적 변화도 있었지만, 시간이 지날수록 문화적 차이가 더욱 결정적인 요인이 되었다. 수천 년 동안 생물학적 및 문화적 분화가 이어졌고, 이를 일컬어 "분화의 시대(age of divergence)"라 한다.

어떤 면에서 분화는 자연의 과정이다. 어떤 종이 새로운 환경에 적응하거나 새로운 종으로 진화하는 것이 곧 분화다. 현생인류(호모 사피엔스 사피엔스)가 이전의 영장류와 유인원에서 진화할 때도 분화라는 자연의 과정을 거쳤다. 현생인류가 출현한 뒤에도 진화는 계속되었다. 겉으로 드러나는 과정도 있었고, 눈에 잘 보이지 않는 과정도 있었다. 머리카락이나 피부색이 확연히 눈에 보이는 차이였다면, 다양한 혈액형이나 귀지의 두 가지 유형 등은 눈에 보이지 않는 차이였다. 최근 4반세기 동안 유전학에서 괄목할 만한 발전이 이루어져 인류의 다양성에 대한 이해가 혁명적으로 바뀌었고 비과학적 선입견의 오류도 뿌리째 드러났다. 예컨대 인간의 유전자 지도(게놈)가 해독됨으로써 과거 인류의 확산 과정을 타당하게 설명할 수 있게 되었다. 고고학 발굴 자료의 DNA 분석을 통해 보자면, 현생인류는 약 20만 년 전 아프리카에서 출현했으며, 약 7만 년 전 아프리카를 벗어나 다른 대륙으로 이동하기 시작했다. 미토콘드리아 DNA는 모계 유전자를 통해 전해지는데, 이를 분석해본 결과 최초의 이주는 남아시아를 거쳐 오스트레일리아까지 이어졌고, 이후 또 다른 이주의 물결이 유럽과 아시아 북부의 추운 지역으로 흘러갔다. 이곳을 거쳐 다시 아메리카 대륙으로도 진출했다(지도 5-1).[5] 이렇게 이주를 하는 가운데 여러 갈래의 가족적 계보들이 독특한 자기만의 면모를 띠게 되었다.

유전자 변이의 원인은 매우 다양하다. 다윈 이래로 진화의 방향에서 자연선택의 중요성은 널리 인정을 받아왔다. 인류가 아프리카 대륙을 벗어나기 이전에도 주요 변이들이 이미 생겨났었다. 예를 들어 피그미 같은 작은 체구는 열대우림에서 이동이 더 유리하도록 진화된 결과였다. 인류가 지구상 모든 기후 지대에 진출한 뒤에 일어난 명백한 자연선택의 결과 중 하나가 바로 피부색의 변화였다. 열대 지방의 강렬한 햇빛으로부터 피부를 보호하기 위해 인간의 짙은 피부색이 진화했었는데, 북쪽으로 올라간 뒤로는 오히려 햇빛의 이로운 효과를 더 얻기 위해 짙은 피부색이 사라지게 되었다. 이외에도 인간의 게놈 변화는 유전자 부동(遺傳子 浮動, genetic drift)으로부터 비롯되기도 했다. 유전자 부동이

---

[5] Corinna Herrnstadt, et al., "Reduced-median-network analysis of complete mitochondrial DNA coding-region sequences for the major African, Asian, and European haplogroups," *American Journal of Human Genetics* 70 (2002), 1,152-71; "Human mitochondrial DNA haplogroups," *Wikipedia, The Free Encyclopedia*, accessed October 23, 2012, http://en.wikipedia.org/wiki/ uman-mitochondrial-DNA-haplogroup.

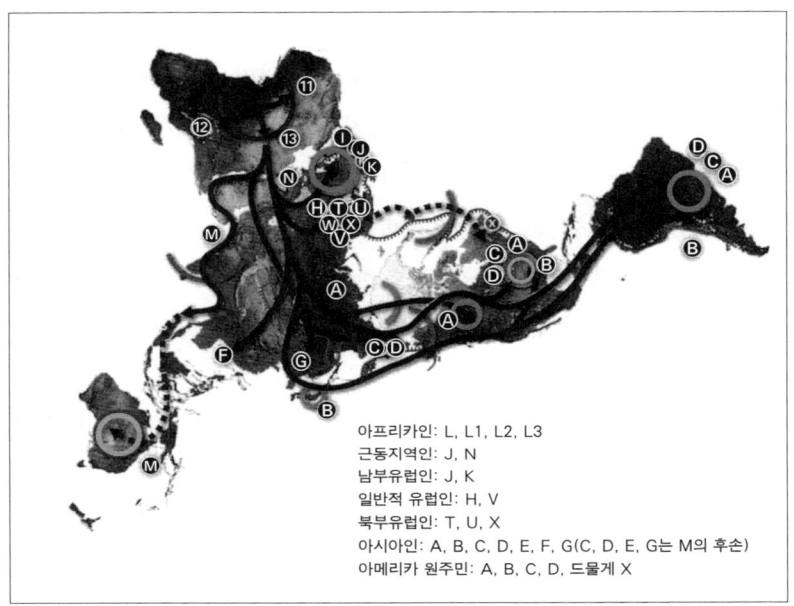

[지도 5-1] DNA 증거로 본 인류의 이동(약 17만 년 전 이후)
이 지도는 미토콘드리아 DNA를 추적하여 아프리카를 벗어난 인류의 이동 궤적과 이후 미토콘드리아 DNA 하플로그룹의 분화를 보여준다. 영문 대문자는 각 하플로그룹의 명칭이다.

란 자연에서 무작위로 일어나는 유전자 변이를 의미한다. 일부 고립된 사람들 사이에서는 동류교배(assortative mating)의 결과로 유전자 변이가 일어난다. 동류교배란 일정한 범위에 국한된 유전자 범위 내에서만 교배가 이루어지는 것을 말하는데, 이때 해당 집단에서는 유전자 다양성이 축소되는 동시에 다른 집단과의 유전적 거리가 멀어지는 결과가 나타난다. 또한 아프리카 대륙을 벗어난 이후로 초기에는 다른 종의 고인류, 예컨대 지중해 지역의 네안데르탈인이나 멜라네시아 지역의 유사한 고인류와 이종교배(interbreeding)가 이루어진 흔적도 발견되었다.

두 가지 환경이 인간의 생물학적 다양성에 영향을 미쳤다. 첫째, 인간이 아프리카 대륙에서만 서식할 때 수천 년 동안 뚜렷한 유전자 변이가 일어났다. 둘째, DNA 증거로 볼 때 약 7만 년 전 아프리카 대륙을 벗어난 인류의 개체 수는 매우 적었고, 이는 아프리카 대륙 내의 다양한 유전자 가운데 일부만이 아프리카를 벗어났음을 의미한다. 그래서 유라시아, 오스트레일리아, 아메리카 대륙에 사는 모든 사람은 결국 제한된 유전자 범위에서 대를 이어왔다. 인간의 유전자 다양성은 아프리카 밖을 다 합친 것보다 아프리카 안이 더 크다. 전반적으로 인간의 생물학적 다양성은 비교적 변화의 폭이 그리 넓지 않은 편이다.

다른 동물들과 달리 인간은 문화적 변화를 만들어내는 능력이 엄청나게 컸다. 바로 이 점이 생물학적 변화보다 더 중요한 다양성의 원인이 되었다. 인류 탄생 이후 대부분의 기간 동안 문화적 변화는 그 속도가 매우 느렸다. 그도 그럴 것이, 집단의 규모가 작은 데다 집단들 간의 접촉도 매우 제한적이었기 때문이다. 문화적 다양성은 다양한 방식으로 나타났다. 기술, 신앙, 선호하는 음식, 장식품의 형태 등에서도 차이가 드러났다. 그러나 그 직접적 증거가 남아 있는 사례는 경우에 따라서 불규칙하고, 완전히 사라지기도 했다. 그래서 과거에 존재했던 문화 다양성을 논할 때는 직접 증거 대신 언어의 분화를 살펴보는 것이 유용하다.

구술 언어의 직접적 기록은 문자 탄생 이후부터 남아 있겠지만, 언어학자들은 고대의 구술 언어가 어떠했을지를 짐작할 수 있는 충격적 흔적들을 제공하고 있다. 또한 이를 통해 어떻게 하나의 언어가 시간이 지나면서 수십 내지 심지어 수백 개의 언어로 갈라져, 결국에는 서로 의미가 소통되지 않는 단계로 분화되는지도 알 수 있다. 기원후 1000년을 기준으로 당시 세계에는 1만 개 내지 1만 8000개의 언어가 사용되고 있었다. 그 이전에 사용되다가 당시에 이미 소멸된 언어도 수없이 많았다. 오늘날 인구는 그때보다 100배 이상 많지만, 우리가 사용하는 언어의 수는 그때보다 오히려 적다. 왜 더 적은 인구가 살았을 때 그렇게 많은 언어를 사용했으며, 또한 왜 남아 있는 언어의 수는 그렇게 적을까?

일부 사람들이 고립되어서 오랜 시간이 지나면 그들이 사용하는 언어가 달라지는데, 인간의 개체 수가 적을 때는 이렇게 어떤 집단이 고립되는 경우가 많았다. 심지어 같은 섬 안에서도 고립이 발생할 수 있는데, 뉴기니에서 그러한 사례를 확인할 수 있다. 뉴기니의 고산 지대는 세계에서 가장 다양한 언어가 밀집되어 있는 곳이다. 1500년도 기준으로 섬의 인구는 100만이 채 되지 않았지만, 그들의 언어는 500개로 나뉘어 있었고, 어족(language family)으로 분류하더라도 33개의 어족이 있었다. 섬 안에서도 깊은 산속 계곡에 살던 사람들은 이웃 계곡의 사람들과 접촉하는 경우가 드물었고, 각각의 공동체에서는 그들만의 문화와 함께 독특한 언어가 발달했던 것이다.

드넓은 바다 때문에 고립이 더더욱 심화된 환경에 살았던 사람들도 있다. 태평양에 흩어진 섬에 살던 사람들이 바로 그러한 경우였다. 마찬가지로 오스트레일리아 대륙이나 아메리카 대륙에서도 사람들이 광대한 지역에 걸쳐 풍부한 야생에 기대어 살았기 때문에 개별 공동체에 따라 언어가 다양하게 분화되었다. 외부인들이 오스트레일리아 대륙의 사람들과 지속적으로 접촉하기 시작한 18세기 말에 원주민 인구는 25만 명 정도였는데, 이들은 360~750개 공동체로 나뉘어 있었고, 각각의 공동체에서 서로 다른 언어를 사용했다. 아메리카 대륙에서는 외부인과 지속적인 접촉이 시작된 때가 1492년이었는데, 당시 아메리카의 인구는 오스트레일리아보다 훨씬 더 많았다. 훨씬 나중에 기록된 바에 따라 추정하자면, 2000년 전 아메리카 대륙에서 사용된 언어의 수는 줄잡아도 500개가량이었다. 지금까지도 아메리카 대륙에서 사용되는 원주민 언어의 수는 약 150개에서 1000개에 이른다.[6]

뉴기니, 오스트레일리아, 아메리카는 불과 수백 명 혹은 수천 명의 사람들이 고립되어 그들만의 언어를 사용했던 사례를 극명하게 보여준다. 과거 대부분의 시간 동안 세계의 언어적 상황도 이와 크게 다르지 않았을 것이다. 수렵채집 공동체는 규모가 작고 듬성듬성 분포할 따름이었다. 유목민들도 매우 넓은 목초지에서 흩어져 살았다. 기원전 1만 년 기준으로 세계 인구는 약 400만이었는데, 당시 언어의 수는 7000개 정도였다. 오늘날과는 극단적으로 대비되는 상황인데, 당시 개별 언어의 사용자는 많아야 수천 명을 넘지 못했고, 평균적으로 600명 이내였다.[7]

---

6 M. Paul Lewis (ed.), *Ethnologue: Languages of the World*, 16th edn. (Dallas, TX: SIL International, 2009), accessed September 10, 2013, www.ethnologue.com; "Languages of Papua New Guinea," *Wikipedia, The Free Encyclopedia*, accessed September 10, 2013, http://en.wikipedia.org/wiki/Languages-of-Papua-New-Guinea; "Australian Aboriginal languages," *Wikipedia, The Free Encyclopedia*, accessed September 10, 2013, http:// en.wikipedia.org/wiki/Australian-Aboriginal-languages; and "Indigenous languages of the Americas," *Wikipedia, The Free Encyclopedia*, accessed September 10, 2013, http://en. wikipedia.org/wiki/Indigenous-languages-of-the-Americas.

7 Frances Karttunen and Alfred W. Crosby, "Language death, language genesis, and world history," *Journal of World History* 8 (1995), 159, and Tore Janson, *The History of Languages: An Introduction* (New York: Oxford University Press, 2012), pp. 22-3.

농업이 발달한 이후로 새로운 언어는 그 출현 속도가 훨씬 더 빨라졌던 것 같다. 농부들은 유목민이나 수렵채집인에 비해 훨씬 더 좁은 지역에 매여 살았기 때문이다. 초기 농경 시대의 언어 분화와 관련된 하나의 사례로, 남부 아프리카의 넓은 지역에 분포하는 반투어군의 분화를 들 수 있다. 지난 2500~3000년 사이에 하나의 조상어(원시 반투어)가 약 250개의 언어로 분화되었다. 농업 및 기타 기술을 보유한 사람들이 확산되면서 어족의 분화도 함께 일어났다. 이들은 수렵채집인에 비해 자신의 언어를 사용하는 인구수를 훨씬 더 빨리 늘릴 수 있었고, 이들의 공동체가 수렵채집인 공동체를 대체하거나 흡수했다. 기존에는 반투어의 확산이 한 차례 혹은 여러 차례의 "이주"를 통해서 일어난 일이라고 주로 알려져 있었지만, 사실은 광대한 지역에 인구가 불규칙하게 확산되면서 매우 서서히 일어난 일이었다. 충분한 식량을 확보한 농업 공동체의 인구가 늘어나자 공동체 안에서 젊은 세대가 기존의 공동체 관리 영역을 벗어나 새로운 농장이나 목초지를 개척할 수밖에 없는 일들이 벌어졌을 것이다. 수십 세대를 거치면서 이들이 이동해 간 지역과 고향의 연결 고리가 점점 약해지거나 끊어진 뒤, 새로운 공동체는 자기만의 정체성과 언어와 문화복합체(cultural complex)를 가지게 되었다(지도 5-2).

고고학자 콜린 렌프루(Colin Renfrew)는 반투어 모델을 더 오래되고 더 넓은 지역에 퍼져 있는 인도유럽어족에 적용했다. 렌프루가 출발점으로 삼은 가설은, 반투어의 경우와 마찬가지로, 광대한 지역에 분포하는 인도유럽어도 이민이나 침략 전쟁의 결과가 아니라, 매우 오랜 기간 동안 서서히 사람들이 농업 공동체의 중심지를 벗어나 불규칙하게 확산된 결과일 것이라는 추정이었다. 또한 이 경우에도 농업 노동의 결과로

[지도 5-2] 아프리카 언어 지도, 반투어군 지역(니제르-콩고 B)

농업 공동체의 인구가 유목민이나 수렵채집인 인구보다 훨씬 더 빨리 늘어났고, 그래서 농업 공동체가 이들을 대체하거나 흡수했을 것으로 추정했다. 처음 연구를 시작할 당시 언어학적 근거로는 기원지를 알 수 없었지만, 그럼에도 렌프루는 확산 과정이 처음 시작된 장소를 터키 중부 지역으로 설정했다. 그곳에서 초기 농업의 혁신이 일어났기 때문이다. 최근에 이 가설을 뒷받침하는 언어학 연구들이 줄을 이었다. 모든 전문가가 터키를 시작 지점으로 보는 것은 아니다. 또한 인도유럽어가 유럽, 중동, 중앙아시아, 남아시아로 퍼져 나간 메커니즘이 반드시 농업(스텝 지역에서는 목축)이었다고 생각하지도 않는다. 그럼에도 불구하고 인구가 성장하여 서서히 평화롭게 확산되는 과정을 통해 지난 6000년 동안 인도유럽어족이 450개 언어로 구성된 9개의 하위 어족(sub-families)으로 분화된 과정을 설명할 수는 있다.[8]

수천 가지 서로 다른 언어 및 언어와 결부된 다양한 문화가 형성되는 과정은 그 자체로 엄청난 성과였다. 마찬가지로 인류가 지구 전체로 확산되는 과정, 새로운 환경을 극복하고, 식물을 재배하고 동물을 사육하며, 새로운 기술을 발달시키는 일들도 엄청난 성과였다. 그러나 수천 년 동안 문화가 분화되는 과정에서 또한 소통에 엄청난 장벽이 형성된 것도 사실이다. 그리고 그것이 증오와 분쟁의 근거가 되어 오늘날까지도 여전히 그 영향이 미치고 있다.

서로 다른 공동체들은 문화적 차이에도 불구하고 일정한 공통점을 지니고 있었다. 한 예로 인도유럽어족의 종교 전통에 대해서는 풍부한 연구가 이루어졌는데, 이들이 공통적으로 가지고 있는 관념이나 의도에서 여러 공통점을 추출해낼 수 있었다. 예를 들어 매장할 때 부장품을 함께 묻는 관습은 고대로부터 널리 퍼져 있었다. 이는 사후 세계에 대한 믿음을 함축하는 행위였다. 뿐만 아니라 미적 표현은 인간에게 공통된 욕

---

8 Colin Renfrew, *Archaeology and Language: The Puzzle of Indo-European Origins* (New York: Cambridge University Press, 1987); Heather Pringle, "New method puts elusive Indo-European homeland in Anatolia," *Science* 24 (2012), 902.

구였다. 동굴 생활을 하는 원시 "혈거인(穴居人)"들에게 예술적 표현이 존재하지 않았다는 그릇된 신념 때문에 알타미라 벽화와 라스코 벽화의 편년을 1만 5000~2만 년 전으로 설정하자, 논쟁이 크게 벌어지기도 했다. 이후 계속해서 새로운 증거들이 나왔다. 남아프리카 블롬보스 동굴(Blombos Cave)에서 채색 석기가 발굴되어서 예술적 관점이 동굴 벽화보다 5만 년 앞서부터 존재했음을 입증해주었다. 춤, 음악, 의례 같은 다른 예술 분야는 물리적 증거를 남기지 않지만, 유추해본다면 이러한 장르의 예술 또한 그림 못지않게 기나긴 역사를 가지고 있을 것이다.

오늘날에 와서 학자들이 여러 언어를 하나의 어족(language family)으로 분류하고 그로부터 문화적 공통점(아프리카 예술 혹은 "원시" 예술)을 추출해내기도 하지만, 예전에 실제로 그 언어를 사용하며 살았던 사람들이 그러한 연결 고리를 의식했을 리 없다. 마찬가지로 세계사 연구에서는 농업이나 제철 같은 기술이 과거 수천 년 동안 수많은 사람들에게 공유되었다고 하지만, 막상 그러한 기술을 사용했던 수많은 사람들이 각자의 문화적 차이보다 그 기술의 중요성을 더 비중 있게 인식했을 것 같지는 않다. 게다가 한때는 그러한 기술이 하나의 기원에서 비롯되었다고 믿었지만, 지금은 여러 곳에서 독립적으로 발생한 발명들이 모여서 그러한 기술이 형성되었음이 밝혀졌다. 가장 강력한 사례가 바로 농업이다. 농업 기술은 비단 중동이나 아메리카에서만 발생한 것이 아니라, 동아시아와 사하라 이남만 하더라도 최소한 세 곳에서 발달했다.[9] 기술이나 관

---

9 Ehret, *African Classical Age*, pp. 5-16에서 아프리카의 농업 및 제철 기술에 관한 언어학적 근거들이 거론된다.

넘이 전파되었다고 하더라도 그것을 통해 두 집단 사이에 의미 있는 연대가 이루어졌다고 할 수는 없다. 예를 들어 어떤 작물이 전파되었을 때 그것을 소비하는 방식은 공동체마다 서로 달랐다. 같은 종류의 곡식이나 뿌리 혹은 열매를 먹는 사람들이 식재료를 기반으로 어떤 연대를 맺었다는 근거는 발견된 적이 없다. 공통점이 아닌 차이가 공동체의 정체성을 확인하는 근거가 되어왔고, 지금도 여전히 그러하다.

대통합(Great Convergence)의 시대

오늘날 우리가 살아가는 시대는 오랜 세월 서서히 이어졌던 분화의 시대와는 정반대에 있는 것 같다. 교류, 통합, 혁신이 놀라운 속도로 이루어지고 있다. 신속한 의사소통과 교통수단의 발달로 문화의 경계선이 희미해지고 있다. 교역과 여행의 증대, 기반 시설의 통합, 세력 연합 등으로 정치적 및 경제적 경계선의 의미가 약해지고 있다. 지금도 여전히 분쟁이 벌어지고 있지만, 세계 전체적으로 폭력의 수위는 낮아지고 있는 것 같다.[10] 민족의 언어 혹은 특정 지역별 언어 통합이 중시되면서 실제 사용되는 언어의 숫자도 줄어들고 있다. 역사상 최초로 영어라는 단 하나의 언어가 글로벌 언어로 부상했다.[11] 글로벌 시대는 화려하면서도 동시에 두려운 시대다. 긍정적 측면에서 보자면 세계화를 통해 생활수

---

10 Stephen Pinker, *The Better Angels of Our Nature: Why Violence Has Declined* (New York: Penguin Books, 2012); and Joshua Goldstein, *Winning the War on War: The Decline of Armed Conflict Worldwide* (New York: Plume, 2012).
11 David Northrup, *How English Became the Global Language* (New York: Palgrave Macmillan, 2013).

준(standard of living)이 높아졌고, 강력한 신기술이 확산되었으며, 국제적 및 초국적 협력이 강화되었다. 부정적 측면에서 보자면 전통적 관습의 상실에 대한 우려가 커졌고, 세계적으로 자원과 시장을 서로 차지하려는 경쟁이 분쟁을 조장했으며, 소비 증가로 글로벌 환경이 심각한 위험에 처했다. 최악의 경우 인간의 진보나 인류애 자체가 위험에 빠질 수도 있다. 더 좋은 길로 나아갈지 혹은(동시에) 더 나쁜 길로 나아갈지, 세계화는 현재 기로에 서 있는 것 같다.

세계화가 지구를 어디로 데려갈지는 역사학이 예언하기 어렵다. 그러나 그 기원을 다시 볼 수 있도록 유용한 관점을 제공할 수는 있다. 물론 그 시작이 언제인지에 대해서는 합의가 쉽지 않다. 사회과학에서는 흔히 세계화가 20세기 말에 나타난 새로운 현상이라고 말하곤 한다. 그러나 대다수는 세계화의 뿌리가 1945년 이후 시기에 있었다는 데 동의하는 편이다. 이 시기에 UN(United Nations)이 성립되었고, 국제 무역이 확대되었으며, 이른바 "보편 문명(universal civilization)"이라고 하는 것(나이폴Naipaul이 1990년에 발표한 개념)이 등장했다. 하지만 세계화를 이보다 더 긴 과정으로 보는 학자들도 있다. 경제학에서는 세계화의 기원을 산업 혁명으로 보는 경향이 대세다.[12] 세계사 연구자들은 당연히 그 시작을 훨씬 더 옛날로 본다. 토니 홉킨스는 세계화의 과정을 "먼 옛날(archaic)"(1600년경 이전까지 구대륙에서 일어났던 흐름들), "원형(proto)"(정치, 금융, 상업 시스템이 확장되던 1600~1800년 시기), "오늘날

---

12 예를 들면 Jeffrey G. Williamson, *Globalization and the Poor Periphery before 1945* (Cambridge, MA: The MIT Press, 2006) 그리고 Martin Wolf, *Why Globalization Works* (New Haven, CT: Yale University Press, 2004), Chapter 8.

(modern)"(산업혁명 이후)의 3단계로 나누었다. 혹은 유럽의 해양 세력 확장 혹은 아시아 정복에 큰 관심을 두는 연구자들도 있었다.[13]

세계화의 의미를 무리하게 과거로 확장하는 대신 "통합(convergence)" 이라는 용어를 사용하면 그 시작을 언제로 볼 것인가에 대한 논쟁에서 한 걸음 물러설 수가 있다. 이 글에서 시도하고자 하는 바가 바로 이것이다. 통합이라는 개념은 세계화보다 더 넓은 의미로서, 세계화에서 거론하는 많은 현상들(정치적 통합과 협력, 경제와 문화의 통합, 인간과 사상의 이동 등)을 포함한다. 그리고 구분하자면 세계화란 용어는 근대 이후 통합이 집중화된 시기의 현상에 한정해서 사용할 수 있겠다. 통합의 경향은 분화의 경향 못지않게 오래된 흐름인 것 같다. 역사학자 윌리엄 맥닐(William H. McNeill)에 따르면 "인간 사회는 언제나 외부자들과 소통했고, 새롭거나 매력적인 무언가를 전수받으면 언제나 자신의 행동 관습을 바꿔왔다."[14] 본능적으로 사교성을 갖춘 인간은 언제나 친족이나 공동체 혹은 여러 가지 사회경제적 연합체를 기반으로 한 집단에 소속되어 살아왔다. 집단과 집단 사이에도 언제나 공유 혹은 차용이 존재했

---

13 Hopkins, "Globalization – An agenda for historians"; Fernand Braudel, *Civilization and Capitalism, 15th-18th Century,* Sian Reynolds (trans.), 3 vols. (New York: Harper & Row, 1984); Immanuel Wallerstein, *The Modern World System*, 3 vols. (New York: Academic Press, 1974-89). 역사학 분야의 더 많은 논의에 관해서는 다음을 참조. David Northrup, "Globalization in historical perspective," in George Modelski (ed.), *World System History*, in the online *Encyclopedia of Life Support Systems (EOLSS)*, UNESCO, Eolss Publishers, accessed September 10, 2013, www.eolss.net.

14 William H. McNeill, "Afterward: World history and globalization," in A. G. Hopkins (ed.), *Global History: Interactions Between the Universal and the Local* (New York: Palgrave, 2006), p. 285.

다. 집단 사이의 차용이란 때로는 자발적으로 이루어졌지만 때로는 침략이나 도둑질, 납치 등의 수단을 통하기도 했다. 가장 흔한 교환 방식은 교역이었다. 최초의 교역은 자연환경이나 생활 방식에 따라 다양했다. 유목민은 농민에게 우유와 가죽을 팔고 곡식을 샀다. 소금은 가장 오래된 원거리 교역 품목 중 하나다. 모든 인간은 소금을 먹어야 살 수 있기 때문이다.[15]

나일강 유역과 인더스강 유역, 중국과 메소포타미아에서 기원전 제1천년기 동안 정치적 중앙 집권화 현상이 있었다는 사실이 밝혀진 지는 오래되었다. 역사학에서는 이를 과거와의 중요한 단절로 파악했고, 사실이 또한 그러했다. 여러 제국에서는 전에 없던 대규모로 사람들을 조직했다. 제국 치하에서 궁정과 엘리트 계층의 수요를 바탕으로 사치품 교역도 크게 늘어났고, 문화적 통일성도 크게 강화되었다. 예를 들어 고대 이집트나 고대 이스라엘의 기록을 보면 교역을 위해 남쪽 아프리카로 진출했던 이야기가 나온다. 동물 가죽, 희귀한 목재나 향신료, 그리고 물론 금도 교역 품목이었다. 시간이 지나면서 장거리 교역으로 시장의 규모가 확대되었다. 자와섬 근처에서 발견된 기원후 1000년경의 난파선에는 말레이 지역의 주석(tin) 수천 톤에 동남아시아산 유리구슬, 중국산 은과 철 잉곳, 중국과 페르시아의 도자기 등이 실려 있었다. 인도의 면직물이나 중국의 비단도 실려 있었겠지만 물속에서 오래 견디지 못하는 품목이다 보니 남은 것이 없었다.[16] 이와 같은 여러 가지 화물을 볼 때

---

15 Harlan W. Gilmore, "Cultural diffusion via salt," *American Anthropologist* 57 (1955), 1,010-5; and Mark Kurlansky, *Salt: A World History* (New York: Penguin, 2003).

당시에 수출용 광물을 캐서 처리하는 공동체가 있었고, 또한 전문적으로 무역에 종사하는 공동체도 존재했음을 알 수 있다.

장거리 교역은 두 개의 서로 다른 문화를 연결하는 역할을 했다. 먼저 교역 언어의 확산을 들 수 있다. 옛날 자료를 보면 사람들이 말없이 물물 교환을 하던 모습이 나온다. 각자가 상대방이 수긍할 때까지 잠자코 자신의 물건을 쌓아가는 방식이었다. 그러나 말로 하는 거래가 훨씬 신속 간편했다. 예를 들어 고대 사회에서는 그리스의 코이네(Koine, 그리스의 표준어)가 교역용 언어로 널리 통용되었다. 13세기의 마르코 폴로가 드넓은 중앙아시아를 거쳐 중국으로 가는 길에서는 페르시아어가 통용되었다. 인도양 서부에서는 아랍어가 중요한 무역 언어로 확산되었고, 무역의 흐름을 아라비아해로 이끌어 왔다. 기원후 1500년경 인도양 동부의 주요 교역국이었던 플라카에서는 언어 전문 관리들이 근무하고 있었다. 그곳에 교역하러 오는 수많은 외국 상인들이 사용하는 수십 개 언어의 전문가들이 모두 포함되어 있었다. 일반적으로 무역 언어는 어디까지나 제2언어로 사용되었을 뿐 현지어를 대체하지는 않았다. 그러나 시간이 지나면서 그것이 일부 사람들 사이에서 제1언어로 통용되기도 했다. 예컨대 중동 대부분 지역에서 아랍어가 바로 그러한 운명을 거쳤다.

지역을 초월하는 종교의 발전은 또 한 가지 문화적 통합의 양상이었다. 이 또한 주로 무역로를 따라 확산되는 경우가 많았다. 유대인 상인들

---

16 Stewart Gordon, *When Asia Was the World* (Philadelphia, PA: Da Capo, 2008), Chapter 4.

은 페르시아와 인도 서부 곳곳에 흩어져 있었고, 실크로드를 따라 동아시아까지도 진출했다. 인도의 무역상들은 동남아시아에 힌두교를 소개해주었다. 이보다 훨씬 이전에는 불교가 인도에서 남아시아로, 인도양의 해상 무역로와 중동의 육로 및 실크로드를 따라 전파되었다. 유대교와 힌두교는 대개 민족적 기반을 유지했지만, 불교는 기원이 되는 민족을 초월해서 전파되었다. 기독교와 이슬람도 처음에는 주저했지만 결국 세계적인 차원을 받아들였다. 기독교는 무역로를 따라 로마 제국 내부와 바깥으로도 퍼져 나갔다. 주목할 만한 사례가 바로 실크로드를 따라 전파된 네스토리우스파 기독교다. 이슬람은 중동, 아프리카, 이베리아반도에 정착한 아랍인, 인도양, 사하라 사막, 중앙아시아에 뻗어 있는 무역로를 통해서도 확산되었다. 예컨대 기원후 1000년경 금과 노예가 사하라 이남 아프리카에서 무슬림 세계로 유입되는데, 반대급부로 말을 비롯한 여러 상품과, 이슬람 및 아랍 언어도 스와힐리 해안 지역을 따라 사하라 이남으로 전해졌다.

어느 시점부터 세계를 분화시키던 원심력을 넘어서서 세계를 통합시키는 구심력이 앞서기 시작했다. 가끔씩 단절이 없지 않았지만 결국에는 통합 경향이 지속되었고 갈수록 중요한 계기를 얻었다. 이것이 바로 대통합(Great Convergence)이다. 반드시 무언가 갑자기, 혹은 극적인 사건과 얽혀 있는 결정적 순간이 있었던 것은 아니다. 또한 그 순간을 살아간 사람들이 반드시 변화를 의식했던 것도 아니다. 지나고 나서야 사람들이 그러한 변화가 있었다는 평가를 하게 되었을 따름이다. 다만 언제 어떻게 구심력이, 즉 통합의 힘이 더 커졌는지를 밝힐 수 있다면, 인류의 역사를 이해하는 데 큰 의미가 있을 것이다.

결정적 순간을 찾기에 앞서 먼저 커다란 시간 범위를 논했던 연구 성과들을 살펴보는 것이 좋겠다. 대부분의 세계사 책들은 두 권으로 나뉘어 있는데, 첫 번째 권은 거의 예외 없이 1500년까지를 서술한다. 이때가 전통적으로 중세와 근대를 나누는 분기점이었기 때문이다. 이러한 분기점 설정에 대한 비판을 피해 가는 좋은 방법이 있다. 바로 두 번째 권을 1500년보다 몇 세기 더 이전으로 거슬러 올라가서 시작하는 것이다. 예를 들어 펠리페 페르난데스-아르메스토(Felipe Fernández-Armesto)의 저서 《세계: 내가 생각하는 역사(The World: A History)》(2007)의 두 번째 권은 표면적으로는 1300년부터 시작한다고 하지만, 제2권 제1장에서 몽골의 정복 및 실크로드를 통한 육로 교역의 확장을 설명하면서 거의 한 세기 앞에서부터 논의를 시작하고 있다. 데이비드 크리스천은 《시간의 지도(Maps of Time: An Introduction to Big History)》에서 처음 5개 장을 할애하여 우주의 기원과 생명의 진화를 설명하고 제6장에서 인류의 진화를 다루었다. 그 뒤 8개 장에서 인간의 역사를 농업 혁명에서부터 21세기 초까지 서술했다. 여기서 "근대(Modern Era)"는 마지막 4개 장에 걸쳐 서술되었다. 데이비드 크리스천 또한 기존의 1500년 분기점을 받아들였지만, 시대구분에 대해서는 의문을 표시했다. 근대기를 다룬 첫 번째 장에서 그는 이렇게 말했다. "인류 역사상 그 어느 때보다도 지난 수천 년 동안, 그중에서도 특히 최근 200~300년 동안 변화는 점점 더 빨라졌고 점점 더 근본적이었다."[17] 데이비드 크리스천에 따르면,

---

17 David Christian, *Maps of Time: An Introduction to Big History* (Berkeley: University of California Press, 2004), p. 335.

기원후 1000년 무렵 칭기즈 칸이 중국 송(宋)나라의 번영을 탐내어 침략을 감행했고, 그 과정에서 몽골 제국이 일어났으며, 그 결과 역사의 분기점이 만들어졌다. 또한 그는 이 책을 비롯한 다른 글에서도, 근대의 핵심적 변화는 서서히 진행되었으며 1750년 이후에야 가속도가 붙었다고 명백히 밝혔다.

역사의 분기점은 과연 1500년일까?

비단 데이비드 크리스천과 페르난데스-아르메스토뿐만 아니라 많은 연구자들이 근대 세계의 특징으로 급속한 변화를 주장하며, 기원후 1500년을 전후한 극적 변화가 수백 년을 이어온 세계적 변화의 축적이라고 말한다.[18] 아시아 여러 제국들의 규모나 번영만이 그 근거가 되는 것은 아니다. 세계사 연구자들은 이베리아반도에서 출발한 대항해를 몇 가지 다른 맥락에서 강조하며, 일부 유럽사 연구자들도 이러한 주장을 내놓고 있다.[19] 이베리아의 대항해가 신세를 진 여러 가지 맥락 중 하나로 동양으로부터의 기술 유입이 있다. 항해와 지리 관련 지식을 확산하는 데 기여한 인쇄술은 원래 중국에서 발명된 것이었다. 바다에서 위치의 공간적 좌표를 숫자로 표시하는 기술은 인도 수학에 바탕을 두고 있으며, 아라비아 세계를 거쳐 서양으로 전파되었다. 더욱 기본적인

---

18 이런 주장을 내놓은 다른 연구자들에 대해서는 David Northrup, "Globalization and the Great Convergence: Rethinking world history in the long term," *Journal of World History* 16 (2005), 249-67 참조.
19 J. R. S. Phillips, *The Medieval Expansion of Europe* (Oxford: Clarendon Press, 1988).

것들도 있다. 이베리아를 출발한 배는 나침반(중국 발명)과 아스트롤라베(아랍 혹은 그리스 발명)를 이용해서 바다 위 좌표를 파악했다. 삼각돛(lateen)을 이용한 항해 기술은 아랍을 모방한 것으로 추정된다. 심지어 아무도 예상치 못한 가운데 아메리카 대륙을 덮친 전염병조차 흑사병으로 알려진 유사한 전염병 재앙을 닮아 있었다. 흑사병은 남아시아로부터 무역로를 따라 급속도로 서유럽에 전파되었던 전염병이다.

이베리아 출발 대항해가 중요하기는 하지만, 그런 항해가 다른 곳에서 없었던 것은 아니다. 바이킹이나 아마도 아일랜드 사람들도 그 이전에 이미 대서양을 건넜던 것으로 추정된다.[20] 또한 세계사 서술에서 흔히 볼 수 있듯이, 잊혔던 중국 명(明)나라의 대항해도 있었다. 정화(鄭和)가 이끈 명나라의 함대는 1400년대 초 인도양을 가로질러 항해했다. 그들의 함대는 콜럼버스나 바스쿠 다 가마의 함대보다 훨씬 큰 규모였고, 당대 최대 규모의 함선도 포함되어 있었다. 명나라 함대가 따라 간 인도양 항로는 남아시아 사람들이 고대로부터 개척한 항로였으며, 이슬람 무역이 확산되자 인도양 서반부의 교역망이 아라비아해로 연결되었다. 1300년대 모로코의 무슬림 이븐 바투타(Ibn Battuta)는 무슬림 세계 전체를 아우르는 고난의 여행을 감행했다. 그는 대상 행렬에 참여하거나 혹은 상선을 얻어 타고 여행을 했다고 한다. 학자들이 논증한 바와 같이, 중국에 대한 서술이 워낙 성긴 점으로 보아 본인이 주장하는 것처럼 멀리까지 가지는 못한 것 같다. 하지만 사하라 사막을 가로질러 말리

---

20 Benjamin Hudson, *Viking Pirates and Christian Princes: Dynasty, Religion, and Empire in North America* (Oxford: Oxford University Press, 2005), and Tim Severin, *The Brendan Voyage* (New York: Modern Library, 2000).

제국(Mali Empire)을 다녀왔고, 메카와 스와힐리 해안을 거쳐 인도까지는 방문했던 것 같다. 오스만 제국 사람들도 이러한 전통을 계속해서 이어갔다.[21] 전하는 바에 따르면, 1400년대에 말리의 술탄이 두 차례에 걸쳐 대규모 함대를 파견하여 대서양을 건너도록 했지만 아메리카에 도착하지는 못했다고 한다. 그러나 14세기와 15세기에 에티오피아 기독교 사절이 동맹 세력을 찾느라 유럽의 지중해 연안을 몇 차례 방문했다. 이들 방문객의 이야기가 퍼지면서 전설 속의 사제왕 프레스터 존(Prester John)의 이야기가 더욱 힘을 얻었고, 여기에서 영감을 얻은 항해왕자 엔히크(Henrique O Navegador)가 이슬람 세계 너머에 있다고 하는 기독교 왕국을 찾는 모험을 감행했다.[22]

외래 기술과 역사적 선례 이외에도 세계사 연구자들이 주목하는 요소가 또 하나 있다. 바로 동양의 번영이다. 일부 유럽 혹은 아메리카 중심주의자들이 생각하는 것보다 동양의 부는 이베리아 대항해에 크나큰 동기 부여가 되었다. 콜럼버스가 애초에 원한 것도 동양으로 가는 새로운 항로를 찾는 일이었다. 그 과정에서 예기치 않게 아메리카 대륙을 발견하기는 했지만, 애초의 목적에 비추어 보자면 콜럼버스의 항해는 실

21 George F. Hanouri, *Arab Seafaring in the Indian Ocean in Ancient and Medieval Times* (Princeton, NJ: Princeton University Press, 1995); and Giancarlo Casale, *The Ottoman Age of Exploration* (New York: Oxford University Press, 2010).
22 말리의 술탄 만사 무사(Mansa Musa)가 이집트의 술탄에게 한 이야기를 아랍의 역사학자 알 우마리(Al Umari)가 기록한바, 만사 무사의 선왕이 1차로 400척의 배를 보냈고, 2차로 1000척의 배를 보내 탐험하도록 했다고 한다. J. F. P. Hopkins and Nehemia Levtzion (eds.), *Corpus of Early Arabic Sources for West African History* (Princeton, NJ: Markus Wiener, 2000), pp. 268-9 참조. 에티오피아 사절단의 여행은 다음 책에 간략하게 정리되어 있다. David Northrup, *Africa's Discovery of Europe, 1450-1850*, 3rd edn. (New York: Oxford University Press, 2013), pp. 2-6.

패였다. 이와 달리 바스쿠 다 가마는 1497~1498년에 인도까지 항해하는 데 성공했다. 이는 포르투갈 사람들이 거의 한 세기 동안 노력을 기울인 결과였다. 전 세계적으로 보자면, 이들이 새롭게 개척한 해상 무역에서 유럽의 중요한 교역 파트너는, 이후로 250여 년 동안은 아메리카보다 아시아와 사하라 이남 아프리카였다.

아시아의 부에 대해서는 굳이 길게 논할 필요도 없다. 스튜어트 고든(Stewart Gordon)의 저서 가운데 《아시아가 세계였을 때(When Asia was the World)》(2008)라는 예리한 제목의 책이 있는데, 기원후 500년에서 1500년까지 아시아의 상업적·문화적 우위에 관한 연구서다. 가장 최근에는 필리프 보자르(Philippe Beaujard)가 인도양에 관한 연구에서 비슷한 논점을 심도 있게 다루기도 했다.[23] 고든이나 보자르가 마르코 폴로의 책을 사료적 근거로 삼은 것은 아니다. 마르코 폴로 당시의 유럽인은 그의 말을 거의 믿지 않았지만, 분명한 것은 마르코 폴로가 13세기 중국 시장과 도시의 엄청난 규모와 부에 대한 이야기를 남겼다는 사실이다. 예컨대 마르코 폴로에 의하면, 쿠빌라이 칸의 왕성을 둘러싸고 엄청난 규모의 시장이 있는데, 그 규모가 얼마나 큰가 하면, 그곳에 출입하는 외국 상인을 상대로 하는 매춘부만 2만 명에 이르렀다고 한다. 또한 마르코 폴로는 중국 동남부에 항주(항저우)라는 도시 이야기도 들려주었다. "귀족적이고 화려한" 항주의 규모와 아름다움은 다른 어떤 도시도 비할 바가 못 되었다.[24] 그는 그 도시를 잘 알고 있었다. 그가 말한 세부 내용

---

23 Philippe Beaujard, *Les Mondes de l'Océan Indien*, 2 vols. (Paris: Armand Colin, 2013), vol. ii.

들 중에서 가장 충격적인 것은 항주의 수많은 운하에 관한 이야기다. 그는 운하에 건설된 1만 2000개의 다리에 주목했다고 한다. 마르코 폴로의 고향 베네치아는 당시 "썩 나쁘지 않은" 도시였지만, 도시를 가로지르는 운하에 놓인 다리가 고작 하나뿐이었다. 리알토(Rialto) 시장 근처에 있었던 그 다리는 16세기에 다시 석조로 멋지게 만들기 전에는 소박한 나무 다리였다. 베네치아와 제노바의 무역상들은 남아시아와 동남아시아의 엄청난 시장을 익히 알고 있었다. 정기적으로 그들에게 오갔던 무슬림 상인들로부터 이야기를 전해들었기 때문이다. 말로만 듣던 그 시장이 눈앞에 펼쳐진 때는 1498년이었다. 캘리컷에 도착한 포르투갈인은 무슬림 상인에게 들러 무례하게 카스티야어(당시 스페인 표준어)로 인사를 전했다. 이베리아의 선원들이 동양으로 가는 새로운 항로를 개척한 업적은 그 자체로 칭송해 마땅한 일이지만, 그들의 목적은 어디까지나 거대한 시장에 접근하는 것이었고, 그곳은 1400년대 당시에도 이미 오랜 전통을 지닌 시장이었다.

포르투갈인이 선도적으로 아프리카 남단을 돌아 인도양으로 진출하는 데 성공한 것도 오랜 종교 분쟁, 즉 수백 년 동안 이어진 기독교도와 무슬림의 분쟁에 그 뿌리를 두고 있었다. 세계사에서는 신항로 개척과 종교 분쟁의 관계를 과소평가하는 경향이 있지만, 이 주제야말로 깊이 연구할 가치가 충분하다. 1497년 바스쿠 다 가마의 함대가 인도를 향해 출발할 때 돛에다가 십자군의 상징인 붉은색 십자가를 그려놓았던 사실

---

24 Thomas Wright (ed.), *The Travels of Marco Polo, the Venetian*, W. Marsden (trans.) (London: Henry G. Bohn, 1854), pp. 313-14.

만 보더라도 포르투갈인이 자신의 모험을 어떻게 생각했는지 짐작할 수 있다. 그들은 스스로가 수백 년 동안 이어져온, 혹독했던 이슬람과의 투쟁의 연장선상에 있다고 생각했다. 무슬림의 이베리아반도 정복은 711년이었고, 회복은 쉽지 않았다. 11세기에 이르러 이베리아반도를 되찾기 위한 투쟁은 갈수록 더 큰 차원의 성전(Holy War) 개념과 섞이게 되었다. 제1차 십자군(1096~1099)은 성지(Holy Land)를 무슬림으로부터 해방시키기 위한 것이었지만, 이런 관점에서 보자면 이베리아반도의 기독교화를 위한 투쟁 또한 성전의 제2전선이었다. 교황청 지도부에서도 레콩키스타(reconqista, 재정복)에 참여하는 기사들에게, 그 또한 성지 회복 못지않은 성전이라고 인정해주었다.[25]

제1차 십자군은 성공적으로 팔레스타인을 정복했지만 잠시뿐이었다. 그로부터 1세기 이후에 기록된 윌렐무스 티렌시스(Willelmus Tyrensis, 티레의 윌리엄) 대주교의 글을 보면, 십자군 이후 팔레스타인 지역의 핵심적인 변화를 알 수 있다. "예전에는 거의 모든 도시마다 통치자가 있었다. … 그들은 서로가 독립적이었다. 그들이 같은 동기로 움직이는 경우는 거의 없지만 서로 충돌하는 경우는 매우 흔하다." 라틴어권의 기독교도로서는 불행하게도, 그들이 성지를 점령하는 바람에 무슬림의 통합에 박차를 가해준 꼴이 되었다. 그래서 대주교는 이렇게 썼다. "우리 이웃의 모든 왕국은 단 한 사람(살라딘)의 권력 아래 모였다. … 그들은 한 사람의 의지를 실현하고, 오로지 그의 명령만을 따르며, 비록 일

---

25 Glenn Ames, *Vasco da Gama: Renaissance Crusader* (New York: Pearson Longman, 2005).

부가 원하지 않더라도 그들은 하나의 통일체이기 때문에, 우리에게 상처를 입히기 위해 무기를 들 준비가 되어 있다."[26]

도시 티레(Tyre)는 기독교도의 통치하에 있다가 1291년 이집트의 맘루크 술탄국에 병합되었다. 기독교와 이슬람의 분쟁은 여기서 끝나지 않았다. 오스만 제국은 1453년 기독교도의 비잔틴 제국 최후의 도시 콘스탄티노폴리스를 점령했다. 티레를 비롯한 수많은 도시들도 새롭게 부상한 오스만 제국에 병합되었다. 콘스탄티노폴리스가 정복된 그 이듬해, 에네아 실비오 피콜로미니(Enea Silvio Piccolomini)의 편지에서 진단한 유럽의 정세는, 과거 윌렐무스 티렌시스가 제1차 십자군 전쟁 이후 중동의 분열을 진단했던 것과 크게 다르지 않았다. "기독교 권역에는 모두가 복종하는 군주가 없습니다. 교황도 황제도 그러한 지위를 감당하지 못합니다." 이렇게 한탄해 마지않던 사람이 머지않아 교황의 자리에 올라 비오 2세(Pio II)가 된다. "모든 도시에는 저마다 왕이 있고, 가구 수만큼 많은 왕공이 있습니다."[27] 비오 2세는 오스만의 맹렬한 공격을 유럽의 기독교도가 막아내지 못할까봐 두려워했다. 그러나 이후 2세기 동안 기독교 측은 가까스로 무슬림을 상대로 몇 차례 승리를 거두었고, 비오 2세의 우려는 적중하지 않았다. 하지만 그 결과로 이후 수백 년 동안 기독교와 무슬림의 투쟁은 결코 줄어들지 않았다.

---

26 William of Tyre, in Mary Martin McLaughlin and James Bruce Ross (eds.), *The Portable Medieval Reader* (New York: Penguin Books, 1977), pp. 456-7.
27 Aeneas Sylvius Piccolomini to Leonardo di Bentivoglio, 1454, in James Bruce Ross and Mary Martin McLaughlin (eds.), *The Portable Renaissance Reader* (New York: Penguin Books, 1977), p. 75.

15세기 포르투갈인의 항해는 무슬림과 라틴어권 기독교의 분쟁을 빼고는 이해하기 어렵다. 1450년대 교황의 칙령(encyclical)에서도 이 논점이 분명하게 드러난다. 항해왕자 엔히크의 전기 작가가 밝혔듯이, 젊은 왕자는 1451년 모로코의 세우타(Ceuta) 정복에 참여했는데, 이는 십자군의 연장선으로 기독교도가 포르투갈 정복에 성공한 뒤 북아프리카의 무슬림까지 공격했던 사건이다. 왕자가 사망하기 훨씬 전에 전기를 집필한 고메스 데 아주라라(Gomes de Azurara)는, 엔히크 왕자가 아프리카의 대서양 연안을 따라 남쪽으로 탐험을 진행한 동기를 열거해두었다. 첫째는 지적 호기심이며, 종교적 이유가 그 뒤를 잇는다. 무슬림 세계 너머에 있는 기독교도 무역 파트너를 찾는 것, 무슬림 세력이 어디까지 펼쳐져 있는지를 확인하는 것, 다른 기독교도를 찾아 반-무슬림 연맹을 맺는 것, 기독교 신앙을 전파하는 것 등이 그 이유였다. 이것이 단지 왕자의 생애를 찬양하기 위해 갖다 붙인 말일까? 사하라 이남에서 세우타를 비롯한 아프리카 북부 항구로 거래되었던 황금을 굳이 거론하지 않은 것으로 보아, 아마 그런 면도 없지는 않은 것 같다. 세속적 동기에 대한 아주라라의 평가는 어찌되었든 간에, 오래도록 십자군 운동에 대한 적극적 지지가 지속되고 있었다는 사실은 분명하다. 그게 아니라면 엔히크 왕자를 비롯한 이후 포르투갈인의 노력을 이해할 수 없다. 해양 탐험의 배경은 바로 십자군 운동이었던 것이다.[28]

넓은 역사적 맥락에서 보면 유럽의 탐험이 유독 예외적인 사실은 아

---

28 Gomes de Azurara, 1434, in McLaughlin and Ross (eds.), *Portable Medieval Reader*, pp. 491-3.

닐 것이다. 그러나 유럽 중심주의를 버린다고 해서 이 사건의 의미가 과연 축소될지는 의문이다. 보는 사람에 따라서 의견은 다를 수 있겠지만, 필자가 보기에 비교 연구를 해보면 오히려 그 의미가 강조되는 것 같다. 핵심 인물로서는 호전적 봉건주의와 종교적 환상, 보물에 대한 탐욕이 뒤섞여 있었을지도 모른다. 그러나 어쨌든 성과가 있었다. 다른 지역에서 개발된 기술을 사용했다고 해서 유럽인을 비난할 수는 없다. 오히려 그런 기술을 잘 활용했다면 칭찬을 받아야 할 일이다. 조그만 포르투갈이 중국의 명나라보다 훨씬 더 적은 자원을 가지고도 오래도록 미지의 항해를 후원했을 뿐만 아니라 새롭게 발견한 동방 항로를 지속적으로 유지 및 강화했지만, 정화의 함대는 그렇게 하지 않았다. 사하라 이남 아프리카와 아시아를 잇는 많은 통로가 과거 오래도록 무슬림에 의해 형성되었지만, 여기에 새로운 경제적 활력을 지속적으로 불어넣은 사람들은 유럽인이었다.

아메리카 대륙의 발견에 관해서는 필적할 만한 상대가 더욱 드물다. 일부 연구자들은 바이킹 이외에도 명나라의 선박이나 말리의 카누가 콜럼버스 이전에 이미 아메리카 대륙에 도달한 적이 있었다고 주장한다.[29] 그러나 핵심은 세계사를 바꿔놓을 정도로 지속적이고 폭넓은 변화를 초래한 계기는 콜럼버스의 항해였다는 사실이다. 콜럼버스 이후의 변화는 여러 다양한 사람들에게 서로 다른 영향을 미쳤으며, 아메리카 원주민에게는 특히 무거운 영향을 미쳤다. 아프리카 출신의 노예, 유럽에서 이

---

29 Gavin Menzies, *1421: The Year China Discovered America* (New York: William Morrow, 2003); and Ivan van Sertima, *They Came before Columbus: The African Presence in Ancient America* (New York: Random House, 1976).

주한 계약 노동자, 심지어 자유 노동자라도 고향에서 멀리 떠나온 사람들 모두가 고통을 받았다. 그렇다면 이베리아반도에서 출발한 대항해가 유럽인과 세계사의 과정에 미친 영향의 역사적 중요성은 재론의 여지가 없는 일이다.

대서양이 바야흐로 통합의 시대로 접어들었다는 사실은 사후의 평가로만 파악되는 일이 아니다. 당시에도 그런 현실을 읽어낸 견해가 존재했다. 1588년 프랑스의 사상가 미셸 드 몽테뉴(Michel de Montaigne)는 이런 글을 남겼다. "최근 우리 시대는 새로운 또 하나의 세계를 발견했다. 그 세계는 우리의 세계보다 결코 작지 않고, 사람들로 가득하며, 모든 것을 갖추고 있고, 우리보다 더 힘이 세다." 또한 오늘날의 세계화 문제에서도 공감이 갈 만한 대목들이 있는데, 몽테뉴는 새로운 만남을 통해 유럽인이 이득을 본다 할지라도 아메리카 원주민에게는 불행한 결과가 초래되는 현실을 우려했다. "우리가 전염병을 퍼뜨림으로써 그들을 더욱 쇠락케 하고 멸망을 앞당기는 것은 아닌지, 그들에게 우리의 의견과 우리의 유행과 우리의 예술을 너무나 끔찍한 대가를 받고 팔아먹는 것은 아닌지 두려울 뿐이다."[30] 이른바 "신대륙"의 발견은 매우 특별한 발견이었고, 새로운 강대국들이 등장하는 계기가 된 사건으로서 그 자체의 중요성을 결코 부정할 수 없지만, 그렇다고 그것을 과장해서 시대구분의 지표로 삼을 정도는 아니다. 유럽과 동양의 새로운 연결도 그렇지만, 마찬가지로 아메리카와 유럽의 연결 또한 수백 년에 걸친 뿌리 깊은 역사가

---

30 Michel de Montaigne, "On coaches," in Ross and McLaughlin (eds.), *Portable Renaissance Reader*, pp. 158-9.

있는, 훨씬 더 거대한 과정의 흐름에서 등장한 사건일 뿐이다.

눈에 잘 띄지 않는 미묘한 분기점

그렇다면, 1500년을 전후한 사건들이 어떤 거대한 통합의 흐름이 축적되어 나타난 결과라면, 새로운 역사적 단계로서의 통합의 흐름은, 이베리아반도에서 출발한 대항해를 포함하는 거대한 물줄기의 분기점은 적어도 1500년보다는 수백 년 앞서 존재해야 한다. 원조를 거슬러 올라가자면 과연 끝이 있을까? 모든 사건은 저마다 기나긴 역사의 끈에 나름대로 연결되어 있을 것이다. 안드레 군더 프랑크(Andre Gunder Frank)는 세계 체제의 과거가 5000년 전까지 거슬러 올라간다는 과감한 주장을 펼쳤다.[31] 그러나 시작점은 분기점과 다른 개념이다. 지리적으로는 물줄기가 갈라지는 분기점이 거대한 산맥일 수도 있지만 대개 그리 높지 않은 조그만 언덕인 경우가 많다. 분화의 힘이 더 강력한 시대에서 통합의 힘이 더 우위에 서는 시대로 넘어가는 역사의 분기점은 조그만 언덕에서 갈라지는 물줄기와 같다. 그 시대를 살아갔던 사람들에게조차 분기점이 분명하게 인식되지는 않았을 것이다. 새로운 시대를 살아가는 사람들이 점차로 새로운 경향을 느낄 따름이었다.

기원후 1000년에는 무슨 특별한 사건이 없었다. 그러나 통합의 흐름이 분화의 흐름을 넘어서는 시점이 바로 그해였던 것 같다. 역사학자 존 맨(John Man)은 그해의 핵심적 사건을 이렇게 설명했다. "이때 역사상

---

31 Andre Gunder Frank, "A theoretical introduction to 5,000 years of world-system history," *Review* 13 (1990), 155-248, and Andre Gunder Frank, *ReOrient: Global Economy in the Asian Age* (Berkeley: University of California Press, 1998).

최초로… 무언가가 혹은 어떤 메시지가 세계 전역으로 유통될 수 있는 가능성이 열렸다." 당시 태평양은 여전히 어마어마한 장벽이었다. 그러나 바이킹은 대서양을 통해 아메리카 대륙과 기존의 구대륙을 연결시켰고, 이러한 연결은 콜럼버스의 항해로부터 한 세기 전까지 지속되었다. 그러나 존 맨도 인정했듯이, 가능성이 현실화된 것은 아니었다. 어떤 물건도, 어떤 사상도, 어떤 사람도 세계 전역을 거쳐 이동하지는 못했다.[32] 기원후 1000년이 눈에 띄지 않는 분기점이라면, 통합의 흐름이 확연해진 단계는, 확실하게 대통합의 시대가 가속화된 단계는 그보다 좀 더 나중일 것이다.

접촉(혹은 분쟁)의 밀도가 높아진 배경에는 인구 성장 문제가 놓여 있었다. 인류의 인구는 기원전 5000년 약 500만에서 기원전 1000년 5000만으로 증가했고, 기원후 1000년에는 약 2억 6500만까지 늘어났다. 흑사병의 대참사가 덮쳤음에도 불구하고 이후 1500년대 말 인구는 다시 두 배로 불어났다. 간혹 주춤하는 때도 있었지만 어쨌거나 인구는 두 배로, 또 다시 두 배로 늘어나 최근에는 60억 명을 넘어섰다.[33] 그 이유가 무엇이든 간에 결과적으로 인간의 접촉과 교류는 늘어날 수밖에 없었다. 통합의 흐름을 추적할 때 간편한 도구 중 하나가 바로 언어다. 기원후 1000년에는 약 1만 개 내지 1만 8000개의 언어가 사용된 것으로 추정되는데, 20세기 말에는 그 수가 절반으로 줄어들었다. 세계화의

---

32 John Man, *Atlas of the Year 1000* (Cambridge, MA: Harvard University Press, 1999), pp. 8-9.
33 Colin McEvedy and Richard Jones, *Atlas of World Population History* (New York: Penguin, 1978), pp. 342-5.

영향을 고려할 때 2100년에는 그 수가 다시 절반으로 줄어들 것으로 예상된다. 그러나 전 세계의 모든 사람이 단 하나의 언어를 사용하는 일은 결코 일어나지 않을 것이다. 오늘날 500~600개의 언어가 세계 인구 96퍼센트의 모국어를 구성하고 있는데, 이들 언어는 사라지지 않고 오래도록 살아남을 것이다.[34] 수천 년 동안 이어진 분화 시대의 결과물들이 하루아침에 사라지지는 않았다. 통합 시대의 저변에, 언어 속에, 관습 속에, 신앙 속에 끈질기게 살아남아 강한 힘을 발휘할 것이다.

과거를 크게 두 개의 시대, 즉 분화가 주도했던 시대와 통합이 주도했던 시대로 분류하면 여러 가지 유리한 점이 있다. 첫째, 인류 전체의 과거가 이 두 시대에 포함된다. 이로부터 앞으로 펼쳐질 미래의 일들을 예측하는 통찰력을 얻을 수 있다. 선사 시대는 더 이상 "진짜" 역사를 위한 전주곡이 아니다. 오늘날 펼쳐지는 극단적 변화들은 단지 새로운 사건 정도가 아니라 역사의 흐름을 들여다볼 수 있는 안경이 되어줄 것이다. 둘째, "분화"나 "통합"은 "고전 고대"라든가 "근대"라고 하는 시대구분에 비해 훨씬 더 중립적인 개념이다. 분화는 분열이나 실패의 개념이 아니고, 통합은 신의 섭리나 진보의 다른 이름이 아니다. 분화의 시대에 사람들은 나름대로 다양한 환경에서 정착하는 데 성공했으며, 사상과 기술과 예술적 표현이 풍성하게 발달했고, 접촉이 증대되는 과정에서 이런 성과들이 서로 차용 및 교환되거나 폐기되는 과정을 거쳤다. 분화의 흐름 속에서 정체성들이 서로 충돌하는 분쟁의 불씨가 만들어졌다. 그 불씨는 여전히 꺼지지 않고 지금도 연기를 피우고 있다. 통합의 흐름은

---

34 Lewis (ed.), *Ethnologue*; and Kartturen and Crosby, "Language death," pp. 157-74.

협력과 상호 이해를 도모했다. 그러나 세계적 충돌의 규모나 파괴력 또한 커졌다. 톰 프리드먼(Tom Friedman)이 세계화 문제에 관한 그의 첫 번째 주요 저서에서 주장했듯이, 세계적 협업 체계로 만들어지는 고급 자동차 렉서스(Lexus)의 기술적 완성도와 애정을 듬뿍 담아 보호하는 어느 시골의 올리브 나무 한 그루는 둘 다 인간이 추구하는 가치를 담고 있다. 이들이 지닌 가치는 다 같이 소중하겠지만, 역사의 현 단계와 관련해서 각자가 가지는 가치가 같을 수는 없다.[35] 분화와 통합을 동등한 주제로 비교하면 다양성은 예외가 아니라 오히려 당연한 현상으로 보일 것이다. 끝으로 여기서 말하는 통합의 흐름은 균질화(homogenization)보다 훨씬 복합적인 개념으로 이해되어야 할 것이다. 마찬가지로 분화는 분열보다 더 복합적인 차원에서 이해되어야 한다. 분화의 시대에도 통합적 요소가, 반대로 통합의 시대에도 분화적 요소가 분명히 존재한다. 어느 쪽이 주도적 흐름인가는 별개의 문제다. 강력한 구심점을 지닌 제국을 이해할 때도, 그것을 단지 역사의 시작으로 보기보다는 풍부한 문화적 유산 가운데 작동하는 흐름으로 이해할 필요가 있다.

---

35 Thomas L. Friedman, *The Lexus and the Olive Tree: Understanding Globalization* (New York: Anchor Books 1999).

더 읽어보기

Frank, Andre Gunder, *ReOrient: Global Economy in the Asian Age*, Berkeley: University of California Press, 1998.

Hopkins, A. G. (ed.), *Globalization and World History*, New York: W. W. Norton, 2002.

Northrup, David, "Globalization and the Great Convergence: Rethinking world history in the long term," in George Modelski (ed.), *World System History*, in the online *Encyclopedia of Life Support Systems (EOLSS)*, UNESCO, Eolss Publishers, accessed September 10, 2013, www.eolss.net.

Phillips, J. R. S., *The Medieval Expansion of Europe*, Oxford: Clarendon Press, 1988.

Renfrew, Colin, *Archaeology and Language: The Puzzle of Indo-European Origins*, New York: Cambridge University Press, 1987.

Wallerstein, Immanuel, *The Modern World System*, 3 vols., New York: Academic Press, 1974-89.

CHAPTER 6

신앙, 지식, 언어

루크 클로시
Luke Clossey

만약 내가 안다(知)고 해도, 그것이 곧 모르는 것(不知)은 아닌지 어찌 알
겠는가? 만약 내가 모른다(不知)고 해도, 그것이 곧 아는 것(知)은 아닌지
어찌 알겠는가?(庸知吾所謂知之 非不知邪? 庸知吾所謂不知之 非知邪?)
— 《장자(莊子)》

진리가 어디에서 왔든, 심지어 우리와 멀리 떨어진 이방인에게서 왔다 해
도 우리는 그 진리를 인정하고 받아들이기를 부끄러워해서는 안 된다.
— 알 킨디(al-Kindī,), 《제1 철학에 대하여》[1]

〈케임브리지 세계사〉 시리즈의 출간은 곧 새로운 세계사 연구가
어느 정도 성숙 단계에 접어들었다는 신호. 이번 장에서는 사상사
(history of idea)와 관련된 방대한 연구 성과와, 미약하나마 세계 사상사
(global history of idea) 연구 성과를 살펴보는 계기를 마련하고자 한다.
이를 위하여 우리는 한 가지 질문을 제시한다. 사상(신앙, 지식, 언어)의
역사를 이해하고 서술하는 데 있어서 세계 "전체"란 어떤 의미가 있을

---

[1] *Al-Kindi's Metaphysics*, Alfred L. Ivry (trans.) (Albany: State University of New York Press, 1974), p. 58.

까?

역사학자들은 여러 가지 방식으로 언어, 신앙, 지식을 연구해왔다. 이러한 다양성은 우리가 이해하고 있는 언어, 신앙, 지식의 여러 측면에 관한 상식에 그대로 반영되어 있다. 또한 그 영향의 연장선상에서 우리는 언어, 신앙, 지식이 보편적이어야 한다고 믿는다. 일반적으로 말해서 지식에 약간의 의심을 더하면 신앙이 되고, 신앙에 약간의 확신을 더하면 지식이 된다고 알고 있다. 우리는 여전히 사회·문화적으로 깊은 선입관의 늪에 빠져 있다. 그래서 종교는 전통적이며 비합리적이라 생각하고, 과학은 현대적이며 합리적이라 생각하며, 둘 사이에는 명확한 차이가 존재한다고 믿는다. 우리는 학술 논문의 바람직한 저자 혹은 독자로서 과학은 확신과, 신앙은 의심과 연결 지어 생각할 것이다. "과학적 지식"이나 "종교적 신앙" 같은 표현은 자연스럽게 느껴진다. 그러나 "과학적 신앙" 혹은 "종교적 지식"이라고 하면 뭔가 어색하고 거북한 느낌이 든다. 신앙(belief)의 복수형(beliefs)은 당연하게 들리지만 지식(knowledge)의 복수형(knowledges)은 워드 프로세서 프로그램에서 오류 메시지가 뜬다. 이는 보편적 지식이 어떻게 복수일 수 있을까 하는 의심이 반영된 것 같다.

이 논문은 역사가 아니라 역사학에 관한 글이다. 그러므로 역사학에서 제대로 규정하지 않았거나, 했더라도 일관되게 적용하지 않은 용어의 의미를 우리가 규정하지는 않을 것이다. 앞에서 언급한 "신앙"이나 "지식" 같은 용어를 예로 들자면, 이 글에서는 주로 이러한 용어가 역사학의 현장에서 어떻게 등장하여 어떻게 사용되었는지를 보여주고자 한다. "유럽"은 대륙을 의미하지만 그 경계는 상당히 모호하다. 지식의 세계사(world history of knowledge)에서 등장하는 "유럽식"이라는 표현은 유럽뿐만 아니라 지난 2세기 동안 유럽인이 개척한 지역, 그 지역의 사람들, 그들의 사상을 일컫는 경우가 많다. 편의상 "서양(West)"이라는 말도 사용될 것이다. 이와 상대 개념으로 "더 넓은 세계(Wider World)"라는 표현이 사용될 텐데, 구체적으로 의미를 규정하기는 어렵다. 사실 이는 둘 다 어리석은 표현이다. 지구는 둥글고 자전하기 때문에, 북극과 남극은 정해져 있으나 고정적 "서양(West)"이란 존재할 수가 없다. "더 넓은 세계"라는 표현을 쓸 때도 그에 대응되는 의미로 "더 좁은 세계"가 무엇인지 분명하게 전제된 것은 아니다. 서양과 더 넓은 세계 사이의 경계선이 명확하지 않은 가운데 사람과 사상의 이동이 양방향으로 갑작스레 폭증했고, 역사학자들은 이러한 이동을 인식하고 갈수록 관심을 기울였지만, 기본적인 지리적 구획은 오래도록 변함없이 유지되었다.

"서양"이나 "과학"이라고 하는 말의 의미도 고정된 것이 아니다. 게다가 이 두 단어를 합치면 해석의 여지가 두 배로 커져버린다. 그런데도 역사학자들은 부지불식간에 이런 용어를 사용한다. "과학은 서양에서 발달한 지식"이라는 문장을 쓴다면, 여기서 서양은 과학과 결부된 장소를 의미하고, 과학은 서양에서 발달한 지식을 의미하며……. (이런 식의 순환논법에 빠진다.) 과학에서 서양의 독점적 지위를 인정하지 않는 연구자들조차 생명을 구하거나 무언가 폭파할 때는 서양 과학에 필적할 만한 상대가 없다고 생각한다. 그러나 이처럼 우리가 객관적이라고 인정하는 과학의 의미도 어디까지나 환상일 가능성은 없지 않다. 코미디언 스티브 마틴(Steve Martin)이 〈테오도릭 오브 요크(Theodoric of York)〉라는 중세극에서 의사 역을 맡았었는데, 그가 들려주는 의학적 설명은 오늘날과 다르겠지만 그의 믿음만큼은 오늘날과 전혀 다를 바가 없다. "50년 전만 해도 따님 같은 병에 걸리면 악마가 들었다거나 마법에 걸렸다고 했을 겁니다. 하지만 요즘은 다르지요. 이사벨라가 아픈 건 체질의 불균형 때문이라는 게 밝혀졌거든요. 아마도 이자벨라의 위장 속에 두꺼비나 조그만 난쟁이가 살기 때문에 생긴 병일 겁니다."[2]

"종교"라는 용어의 문제도 이보다 더하면 더했지 덜하지 않다. "종교"는 어찌어찌하다 보니 뜻하지 않게 하나의 범주를 지칭하는 명칭이 되었다. 주로 기독교 선교사와 그들의 선교 대상이 된 사람들이 협력하는 과정에서 생겨난 범주였다. 토속 신앙과 관습이 기독교 비슷한 틀 속에서 정형화되며 생겨난 현상들을 지칭하면서 "종교"라는 용어가 등장했다. 예를 들면 스리랑카로 간 최초의 영국 선교사들이 현지의 불교 승려를 보고 그다지 "종교적"이지 않은 것 같다고 보고했는데, 좀 더 정확히 말하자면 불교 의례가 서양식 의미의 "종교"로 인식되지 않았던 것이다.[3]

학문의 관점에서 보자면 종교도 나름대로 역할이 있다. 예전에는 죽은 자를 살리는 일을 했는지 모르겠지만, 일단 오늘날 종교의 초점은 다른 곳으로 옮겨 갔다. 윤리적 미묘함, 심리적 안정, 사회의 분열을 막는 접착제, 이상한 기적(갑자기 토르티야에 예수의 얼굴이 나타나는 등) 같은

---

2 "Theodoric of York", *Saturday Night Live*, season 3, episode 18, 1978년 4월 22일 방송.
3 Richard Gombrich, *Theravada Buddhism: A Social History from Ancient Benares to Modern Colombo* (London: Routledge and Kegan Paul, 1988). 또한 Talal Asad, *Genealogies of Religion: Discipline and Reasons of Power in Christianity and Islam* (Baltimore, MD: The Johns Hopkins University Press, 1993); and Peter van der Veer, *Imperial Encounters: Religion and Modernity in India and Britain* (Princeton, NJ: Princeton University Press, 2001) 참조.

일들이 종교가 담당하는 역할이다. 에모 필립스(Emo Philips)는 밤마다 자전거를 달라고 기도했는데, 응답이 없자 실망한 나머지 결국 자전거를 한 대 훔쳤다. 그러고는 다시 신에게 용서를 구하는 기도를 올렸다고 한다. (학계의 눈으로 보자면) 그나마 현대 종교에 남겨진 몇 안 되는 역할 가운데 하나가 이런 것이다.[4]

이런 식으로 유럽의 과학이 "승리했다"고 하는 무례한 생각이 존재하는 이유는, 어쩌면 그것이 객관적 진실이기 때문일 수도 있고, 유럽 바깥의 더 넓은 세계는 힘이 더 약하더라는 경험에 근거를 둔 것일 수도 있고, 유럽의 전통에 속한 우리(이 책을 보는 사람들은, 정도의 차이는 있겠지만 어떤 식으로든 "우리"에 포함될 것이다)가 그것을 유럽 바깥으로 전파해야 한다는 의도 때문일 수도 있고, 한때 유럽의 제국들이 세계의 대부분 지역을 장악했었기 때문일 수도 있다. 지식에 관한 우리의 책들은 사실 대부분이 더 넓은 세계의 "민속-지식"이 아니라 "유럽-지식"을 담고 있다. 우리가 알고 있는 지식이 칸트와 뉴턴의 유산이라는 것을 우리는 워낙 당연하게 여긴다. 그래서 우리의 지식에 굳이 "유럽-"이라는 접두어를 붙이지 않으며, 때로는 그렇게 해야 한다는 사실조차 잊어버린다.

"유럽-지식"과 "민속-지식"의 구분은 논의되는 지식의 종류, 보편적 지식이라는 선입관의 정도, 지식에 관해 우리가 가지는 확신의 정도에 따라 다양하게 적용된다. 여러 가지 지식을 나열해보자면, 한쪽 끝에는 수학적 지식이 위치한다. 우리는 대부분 2+2=4를 알고 있다. 이는 케임브리지에서나 팀북투에서나 동일하다. 우리는 이 같은 지식에 엄청

4 Cinemax Comedy Experiment, 1985년 11월 17일.

난 보편성을 부여하기 위해 (놀라울 정도로 자의적인) 공리로부터 (놀라울 정도로 복잡한) 추론의 과정을 거친다. 그러나 수학 중에는 "유럽-수학" 이외에도 몇 가지 "민속-수학"의 전통이 존재한다. "민속-수학"에서는 대체로 공리와 추론의 과정이 포함되지 않는다. 이들 지식은 방법론이 서로 다르며 객관성도 다르다. 그러나 결과 값은 "유럽-수학"과 같다. 심지어 "유럽-수학" 전문가들이 자신의 방법론을 통해서 "민속-수학"의 결과 값을 수학적으로 증명하는 경우도 있었다. 타밀인(Tamil) 수학자 라마누잔(Ramanujan, 1887~1920)의 경우를 생각해보자. 여신 락슈미(Lakshmi)가 그의 머리에 지혜의 씨앗을 심어준 뒤로 라마누잔은 자신의 석판에 문제를 풀어보았고, 나중을 위해 그 결과 값을 종이에 적어두었다. 그러나 어떤 과정으로 그러한 답을 도출했는지, 그 과정이나 답을 찾게 된 힌트 등은 석판을 지울 때마다 사라져버렸다.[5] 아시아의 수학에서 알맞은 풀이 방법을 정리하는 일은, 교육 현장에서는 전통적으로 제자들의 몫이었다. 그러나 라마누잔의 경우에는 그가 사망한 뒤 유럽의 뛰어난 수학자들이 그 역할을 맡았다. 수학 이외의 다른 자연과학 분야에서도 대체로 같은 방식의 "유럽-" / "민속-" 구분이 존재한다. 물리학의 보편 법칙이 팀북투에서는 보편적이지 않을 수 없겠지만, "민속-물리학"이라는 이상한 명칭이 실제로 존재하며, 대개는 비과학적 믿음을 지칭할 때 사용된다. 철학의 경우는 더욱 유동적이다. 학계의 주류를 형성하고 있는 것은 유럽 철학이다. 유럽 철학은 논리적이고 체계적이며

---

5 Robert Kanigel, *The Man Who Knew Infinity: A Life of the Genius Ramanujan* (New York: Charles Scribner's Sons, 1991), p. 36.

철학자 개인의 차원에서 존재한다. 그러나 아프리카에는 "민속-철학"이라는 것이 있는데, 이는 논리보다 직관에 의존하고 개인적 천재보다 공동체의 성과에 가깝다.[6]

"유럽-" / "민속-"의 구분을 종교로 확장하는 것은 매우 조심스러운 일이다. 자칫 "민속-종교"를 원시적 종교로 인식하거나, 기독교가 아닌 다른 종교로 이해하는 경향이 강하기 때문이다. 그러나 앞에서 언급한 논지를 일관되게 적용하자면, 세계의 모든 종교는 "민속-종교"로 간주되어야 하며 별도로 "유럽-종교"는 존재하지 않는다고 이해해야 할 것이다. 물론 "유럽-과학"을 "유럽-종교"로 봐야 하지 않을까 하는 유혹도 있다. 오늘날 학문이 워낙 세속화된 결과로 어떤 종교도 자연과학만큼의 신뢰를 받지 못하고 있기 때문이다. 우리가 "민속-지식"에 대해서도 그랬지만, 신뢰 문제는 잠시 접어두어야 오늘날 종교가 살아남을 수 있다. 다만 유럽 수학이 라마누잔의 문제를 풀이해준 것과 달리, 무함마드의 문제를 풀어줄 유럽의 카운터파트가 종교 분야에서는 존재하지 않는다.

결국 "민속-"이라는 접두어는 유럽 이외의 지식을 포함하는 동시에 배제하는 역할을 한다. 포함하는 경우는 오직 일정한 전제하에서만 허용되는데, 마치 결혼식 만찬 테이블 구석에 놓이는 아이들을 위한 과

---

6 "아프리카 철학"의 입장에 관한 연구로는 Paulin J. Hountondji, *African Philosophy: Myth and Reality*, Henri Evans (trans.) (London: Hutchinson University Library for Africa, 1983); and H. Odera Oruka (ed.), *Sage Philosophy: Indigenous Thinkers and the Modern Debate on African Philosophy* (Leiden: Brill, 1990) 참조. 또한 R. T. Ames and D. L. Hall, *Thinking Through Confucius* (Albany: State University of New York, 1987)에서는 유럽의 기준으로 중국 철학의 주제를 추출해내기 이전에 주목함으로써 중국 철학에서 유럽식 전제를 걷어내려 시도했다.

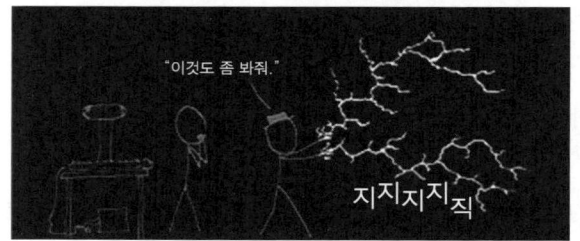

〔그림 6-1〕 만화로 보는 테슬라 코일(XKCD)

자 같은 것이다. 랜들 먼로(Randall Munroe)의 만화는 이 문제의 핵심을 잘 포착했다(그림 6-1).[7] 즉 과학은 어떻게 작동하며, 문화 환경이 과학에 미치는 영향("너는 무언가에 몰두할 때가 제일 귀엽거든")이 무엇인지를 표현했다. 만약 두 번째 인물이 쓴 모자가 불교 승려의 것이라면(어떤 불교 승려는 공중부양을 하고 장풍으로 물건을 날려버릴 수도 있다고 한다), 우리는 이 만화가 과학과 종교의 긴장 관계를 표현한 작품이라고 해석할 수도 있다. 만화는 종교의 편을 들고 있는데, 이 만화가 웃긴 이유는 과학이 제대로 "통하지" 않는 것 같기 때문이다. 나는 과학-지식-서양 / 종교-신앙-더 넓은 세계의 구분을 옹호하려는 것이 아니며, 다만 서양 지성계에서 암묵적으로 합의된 내용을 간추려서 보여주고 싶을 뿐이다. 이런 관점에서 볼 때 이 논문에서 설명하는 학계의 모습이 더 분명한 의미로 다가올 것이다.

학계의 상황

근대 서양에서 언어와 신앙 및 지식을 어떻게 연구했는지, 그 기원을 다시 한 번 살펴보자. 초기 예수회 수도사들이 새로운 근대식 연구 방식의 선구자였다고 보는 견해도 없지 않지만,[8] 대부분의 역사학자들은 19세기 초에 거대한 변화의 물결이 시작되었다고 생각한다. 학문적 차원

---

7 Randall Munroe, "Tesla Coil", accessed 23 August 2013, http://xkcd.com/298.
8 Claudio M. Burgaleta, *José de Acosta, S.J., 1540-1600: His Life and Thought* (Chicago: Jesuit Way, 1999); Luke Clossey, *Salvation and Globalization in the Early Jesuit Missions* (New York: Cambridge University Press, 2008); and Paula Findlen (ed.), *Athanasius Kircher: The Last Man Who Knew Everything* (London: Routledge, 2004).

(쐐기문자, 상형문자, 산스크리트어 연구)과 대중적 관심 양쪽 모두에서 큰 진전이 있었던 시기가 바로 그때였기 때문이다. 학문 세계에서는 누가 누구의 후손인지 혼란스럽기 그지없다. 유전자 조사를 한들 학자들의 복잡다단한 사상적 애정 관계를 모두 추적할 수는 없을 것이다. 그럼에도 불구하고 굳이 근대식 언어와 신앙 및 지식 연구의 아버지를 찾는다면, (초창기 비교언어학 연구, 학문적 종교 연구, 과학사 연구를 근거로) 윌리엄 존스(William Jones, 1746~1794), 막스 뮐러(Max Müller, 1823~1900), 조지 사튼(George Sarton, 1884~1956) 등이 가장 자주 언급된다.

윌리엄 존스는 영국령 벵골에서 배석판사로 근무했다. 그는 제국의 공무원으로서 업무를 더 잘 해보려는 동기에서 학문 연구를 시작했다. 언어학을 비롯한 그의 지식은 점차 세계적 차원으로 확대되었다. 성서 〈시편〉의 히브리어를 열정적으로 연구하다가 아랍어 공부까지 하게 되었고, 그러다가 페르시아어도 공부했다. 나중에는 페루어도 조금 공부했고, 중국어는 조금 더 심도 있게 들여다보았으며, 산스크리트어도 연구했다. 그는 산스크리트어 연구를 통해 자신의 가장 유명한 결론에 도달했다. 즉 "bhartr(산스크리트어)"와 "frater(라틴어)"와 "brother(영어)"가 모두 형제간으로, 인도-아리아어(Indo-Aryan) 어원을 공통 조상으로 하는 후손이었던 것이다. 그의 학문적 동기는 실용적 측면(산스크리트어를 공부하면 마누법전을 읽을 수 있었는데, 이는 당시 대영제국 법령에 인도 현지의 법을 보충함으로써 인도의 법체계 수준을 높이는 데 도움이 되었다)부터 이상적 측면(페르시아어는 당시 빈사지경의 영국 문학에 생기를 불어넣었다)까지 다양했다.[9]

비교문헌학은 비교신학을 낳았다. 여러 언어를 하나의 어족(語族,

language family)으로 묶는다는 생각은 곧 여러 종교를 하나의 종족으로 묶는다는 생각으로 나아갔다. 이것이 "종교학(science of religion)"이라고 하는 새로운 학문의 핵심이었다. 독일어로 번역된 이 단어(Religionswissenschaft)를 특히 홍행시킨 사람이 막스 뮐러였다. 그는 옥스퍼드대학교의 비교문헌학 교수였다. 그는 "무엇이든 한 가지만으로는 학문이 될 수 없다. 인류가 이룩한 모든 지식의 발전은 비교를 통해서, 즉 서로 다른 것들이 갖는 공통점을 발견함으로써 인류가 가진 지식의 범위 내에서 최대한의 보편성과 최고의 관념에 도달할 때까지 나아간 것"이라고 주장했다.[10] 그리하여 그는 "단 하나의 언어만 아는 자는 곧 어떤 언어도 알지 못하는 것과 같다"라는 괴테의 격언을 종교학에도 적용할 수 있었다. "산을 옮길 만한 믿음을 가진 사람 수천 명이 있더라도, 진정으로 종교가 무엇이냐고 묻는 말에 답할 사람은 하나도 없을 것이다."[11] 이 같은 비교종교적 시각으로 보면 어느 종교의 계시라도 상대적인 것으로 간주되었다. 막스 뮐러는 "언어와 사상이 아리아족이건 셈족이건 혹은 이집트인이건 상관없이 우리 모두는 같은 진리를 공유하며,

---

9 Garland Cannon, *The Life and Mind of Oriental Jones: Sir William Jones, the Father of Modern Linguistics* (Cambridge: Cambridge University Press, 2006); R. K. Kaul, *Studies in William Jones: An Interpreter of Oriental Literature* (Shimla: Indian Institute of Advanced Study, 1995); and S. N. Mukherjee, *Sir William Jones: A Study in Eighteenthcentury British Attitudes to India* (Hyderabad: Orient Longman, 1987).
10 F. Max Müller, *Natural Religion: The Gifford Lectures Delivered before the University of Glasgow in 1888* (London: Longmans, 1892), pp. 417-19.
11 F. Max Müller, *Lectures on the Science of Religion, with a Paper on Buddhist Nihilism, and a Translation of the Dhammapada or "Path of Virtue"* (New York: Scribner, 1872), p. 11.

우리 모두가 똑같은 오류의 위험에 노출되어 있다"라고 주장했다.[12] 당시의 기독교인들은 막스 뮐러의 의견에 동조하지 않았다. 그래서 《성서》만은 막스 뮐러가 열거한 세계의 성스러운 텍스트들 가운데 포함시키지 않으려고 했다. 그렇지 않으면 《성서》 또한 인류 사회의 수많은 성스러운 텍스트 중 하나에 불과하게 되기 때문이었다.

세 번째 선구자는 조지 사튼이었다. 그는 과학사 저널 〈이시스(Isis)〉(1912)와 자매지 〈과학사회사(History of Science Society)〉(1924)를 창간했다. 그리고 다섯 권의 저서를 남겼는데, 미완성작으로 제목은 《과학사 개론(Introduction to the History of Science)》(1927~1947)이었다. 조지 사튼의 국제주의(internationalism)는 민족주의(nationalism)에 정면으로 배치되는데, 벨기에인이었던 그는 특히 이 문제에 민감했다. 당시 보편적 진리를 추구하는 이른바 "새로운 인문주의(new humanism)"라는 국제주의 운동이 있었는데, 조지 사튼은 과학사가 그러한 운동의 일환이라고 생각했다. 그는 이렇게 말했다. "이슬람이나 불교를 거부한다고 해서 내가 반드시 멍청이라고 할 수는 없다. 그러나 지구가 둥글다는 것을 부정한다면 나는 더 이상 이성적인 사람들의 공동체에 속하지 못할 것이다. 이는 인종이나 국적 혹은 종교와는 상관없는 문제다." 이러한 그의 입장은 그의 이론 전반에 걸쳐 일관되게 적용되었다.[13] 이집트 여신의 이름을 빌려 정한 저널의 제목(Isis)이 그의 앞날을 예고하는 듯했다.

---

12 F. Max Müller, *Physical Religion: The Gifford Lectures Delivered before the University of Glasgow in 1890* (London: Longmans, 1891), p. 274.
13 George Sarton, *The History of Science and the New Humanism* (New York: Holt, 1931), p. 47.

과학사를 연구하던 중 무슬림 사상가들의 중요성을 인지한 그는 40대 중반의 나이에 중동으로 이주하여 아랍어 공부를 시작했다. 과연 오늘날 학자들도 감히 따라 하기 어려울 정도의 학문적 용기가 아닐 수 없었다. 이후 중국어도 별도로 공부했으며, 나중에는 인도 하이데라바드(Hyderabad)에 위치한 연구기관(Da'irat al-Ma'arif al-'Uthmaniyya)에 소속되기도 했다.[14]

근대식 연구의 세 아버지 가운데 어느 누구도 특별히 자신의 주제를 세계사 속에서 연구하겠다는 사람은 없었다. 의도하지는 않았지만 그들의 연구가 혁명적이었던 이유는, 그들의 연구가 포괄하는 범위가 세계적이었기 때문이다. 때로는 민족주의가 동기를 부여하는 경우도 있었지만(막스 뮐러는 《베다》에서 유대교 구약의 뒤를 잇는 아리아인을 찾으려 했고, 윌리엄 존스는 프랑스의 경쟁자들보다 앞서 페르시아어를 번역하려고 속도를 높였다), 어쨌든 언어와 신앙 및 지식에 관한 최초의 "근대식" 역사 연구는 모두가 세계적이었다. 논란의 여지가 없지는 않았다. 막스 뮐러는 다음과 같은 고백을 하지 않을 수 없었다.

"종교학이라는 명칭 자체가 귀에 거슬리는 사람들이 많을 겁니다. 세계의 모든 종교를 비교하는 것, 그리고 그 가운데 어떤 종교도 특권적 지위를

---

14 I. Bernard Cohen, "George Alfred Leon Sarton (1884-1956)", *American Philosophical Society Year Book* (1956), 126-7. George Sarton, "Remarks on the study and teaching of Arabic", in David B. MacDonald (ed.), *The Macdonald Presentation Volume, a Tribute to Duncan Black Macdonald, Consisting of Articles by Former Students, Presented to him on his Seventieth Birthday, April 9, 1933* (Princeton, NJ: Princeton University Press, 1933), pp. 341-7 참조.

주장할 수 없다는 말도 괘씸하게 들릴 것입니다. 누구라도, 심지어 맹목적 우상숭배자라도 자신의 종교와 자신이 섬기는 신에 대해서는 공경하는 마음을 가지고 있을 테니까요. 한때 나 자신도 이런 의혹을 가지고 있었음을 고백하지 않을 수 없군요. … 나는 종교학이 전부라고 말하지 않습니다. 절대 아니지요. 종교학이 잃어버리는 것이 분명히 있으며, 그것은 우리가 기꺼이 잃고 싶지 않은 것들이기도 합니다."[15]

윌리엄 존스가 여러 종교를 연구하기에 앞서 서문에서 표명한 견해도 이와 비슷했다. 자기 자신이나 자신의 시대와 관련된 입장이나 솔직한 표현이 그대로 닮아 있다. 아마도 오늘날의 우리와 같은 세계주의자(globalistas)라면 쉽게 따라 할 수 있는 말일 것이다. 〈락슈미 찬가(A Hymn to Lacshmí)〉(1788)서문에서 윌리엄 존스는 이렇게 말했다.

우상숭배자의 엉뚱한 이야기는 알 필요가 없다고, 옛날 그리스나 로마의 이교도 신학을 배우는 것은 시간 낭비 아니냐고, 우리는 아마도 그렇게 생각하는 경향이 있는 것 같다. 그러나 우리는 다음과 같은 사실을 간과해서는 안 된다. 오늘날 가장 광대한 영토를 차지한 가장 유명한 제국에서 가장 주도적인 위치에 있는 종교라 할지라도 〈락슈미 찬가〉에서와 같은 알레고리를 사용하고 있고, 수백만 명의 독실한 신도가 〈락슈미 찬가〉와 같은 종교를 믿고 있으며, 이 종교 사업으로 벌어들이는 소득이 대영제국의

---

15 F. Max Müller, *Introduction to the Science of Religion: Four Lectures Delivered at the Royal Institution in 1870* (London: Spottiswoode, 1870), pp. 2-3.

수입에 기여하고 있고, 그들의 종교적 관습은, 그리고 그 관습과 분리될 수 없는 그들의 종교적 견해는 그들과 함께 살아가는 거의 모든 유럽 사람들에게 영향을 미치고 있다.[16]

윌리엄 존스는 지역에 국한된 편협한 태도("우상숭배자의 엉뚱한 이야기")를 전제하고, 이를 자신의 연구와도 연결시킨다("시간 낭비"). 그러고 나서 유럽에서 벗어난 연구를 정당화하는데, 비유럽인의 인구 규모를 강조하고, 마지막으로 그들이 영국의 안팎에서 미치는 문화적·경제적 영향을 언급한다.

윌리엄 존스와 1980년대 "새로운 세계사"의 출현 사이에는 2세기의 간극이 있다. 이것은 그동안 세계를 보는 관점이 성장했다는 단순한 이야기가 아니다. 처음에 우리는 세계적이고 낙관적인 입장을 취했다가, 뒤이어 축소되고 나뉘어서 지역 경계가 분명해진 가운데 그 범위 안에서 심도 있는 연구를 하는 쪽으로 나아갔다. 학문의 주제와 지역 범위는 점점 더 좁아져서 추상적 의미 영역을 탐구했다. 언어사와 종교사, 과학사가 성장함에 따라 선구자들의 연구는 거추장스럽고 별 매력이 없는 것으로 보였다. 새로운 세계사를 주창하는 연구자들도 더 이상 과거 선구자들의 질문에 그다지 관심을 두지 않게 되었다. 새로운 세계사가 초기에 성공을 거둔 분야는 상대적으로 구체적인 대상을 다루는 영역이었고, 주로는 경제사 분야였다. 에릭 울프(Eric Wolf)의 《유럽과 역사 없는

---

16 "A hymn to Lacshmí", in Frances Gladwin (eds.), *The New Asiatic Miscellany: Consisting of Original Essays, Translations, and Fugitive Pieces* (Calcutta: Joseph Cooper, 1789), vol. i, pp. 1–12.

사람들(Europe and the People Without History)》(1982)에서는 유럽 바깥의 역사에 무지한 역사학자와, 자기 자신의 역사에 무지한 인류학자 양쪽을 모두 비난한다. 울프 이후의 역사학자들은 "역사 없는 사람들"의 역사에 주목함으로써 그 사람들이 가진 지식을 계속 발견해가는 중일까?

역사학에서 유럽 중심주의 비판으로 최근 가장 주목을 받은 연구는 디페시 차크라바르티(Dipesh Chakrabarty)의 《유럽의 지방화(Provincializing Europe)》였다. 저자 스스로도 자신의 방대한 연구서를 "비밀스럽다"고 솔직히 평했던 만큼, 이 연구를 요약 정리하는 것은 위험천만이다. 그러나 전반적으로 말해서 이 책의 요지는 다음과 같다. 즉 유럽의 사상, 범주, 전제, 보편성이 간과되는 경우가 너무 많은데, 이는 위험한 일이라는 주장이다. 이러한 내용들의 기원과 시간, 장소, 전통을 특정할 필요가 있다는 것이다. 그러나 차크라바르티가 유럽 중심주의를 포기하자는 쪽은 아니다. 왜냐하면 "유럽의 사상은 오늘날 우리 모두에게 주어진 선물"이기 때문이다. 포기보다는 "변두리로부터, 변두리를 통해" 유럽 중심주의를 새롭게 개선하자는 입장이다. 유럽 계몽주의의 핵심적 가치는 여전히 유효하기 때문이다. 계몽주의자들은 이방인의 신들을 거부했다. 그러나 오늘날 역사학자라면, 굳이 진보적 입장을 표방하지 않더라도 계몽주의의 배타적 입장을 따르는 학자는 거의 없다. 그러나 1855년 산탈 반란 사건(Santhal rebellion)이 일어났을 때 현지에서는 그 지방의 신 타쿠르(Thakur)를 반란의 주동자로 지목했지만, 이런 식의 주장은 유럽 중심적 사고방식으로 이해될 때까지 "인류학적 연구"가 필요하다고들 했다(성서에서 보이는, 신앙을 기반으로 한 알레고리적 표현들이 자연스럽지 않듯이, 유럽 중심적 사고방식 또한 자연스러운 것은 아니다).

우리에게는 여전히 유럽 중심주의가 강하게 남아 있다. 이른바 더 넓은 세계(the Wider World)의 학자들은 "미천한 과거들, 역사학자의 전공으로 취급되는 학계의 연구 대상으로 진입하지 못한 과거들"을 무기로 유럽 중심주의를 더욱 강화해줄 것이다.[17]

이러한 논점이 실제로 어떻게 작동했을까? 지금부터 우리는 역사학자를 비롯한 연구자들이 네 번의 변곡점을 어떻게 연구했는지 살펴보고자 한다. 특히 그들의 연구에서 이른바 더 넓은 세계의 의미가 어떻게 설정되었는지 검토해볼 것이다. 지성사 및 신앙의 역사에서 네 번의 변곡점이란 익히 알려진 바와 같다. 즉 인간화 과정(선사 시대 인류의 출현), 축의 시대(종교의 발전), 유럽 과학 혁명, 그리고 (최근에 시작되어 지금도 지속되고 있는) 세속화가 그것이다. 언어, 지식, 신앙을 연구하기 위해서 우리는 우리의 언어, 지식, 신앙을 이용할 수밖에 없다. 즉 어느 정도는 <u>스스로를 참조하는 순환논법</u>의 늪에 빠질 수밖에 없다. 그래서 우리는 시간의 역순으로 논의를 진행하고자 한다. 골절 환자를 대할 때 간호사가 상대적으로 안정화된 부위부터 안전을 확보해가는 것과 같은 방식이다. 먼저 최근 100년을 돌이켜보고, 그다음으로 500년, 그리고 2000년,

---

17 Dipesh Chakrabarty, *Provincializing Europe: Postcolonial Thought and Historical Difference* (Princeton, NJ: Princeton University Press, 2000), pp. xiii, 5, 16, 101-4, and 255; Dipesh Chakrabarty, "In defense of Provincializing Europe: A response to Carola Dietze", *History and Theory* 47 (2008), 85-6. 예를 들어 비-유럽 중심주의를 시도한 (캐나다의) 역사학자도 있었다. Luke Clossey, "Asia-centred approaches to the history of the early-modern world", in David Porter (ed.), *Comparative Early Modernities: 1100-1800* (Basingstoke: Palgrave Macmillan, 2012), pp. 73-96 참조. 아마도 차크라바르티라면 급진주의 못지않게 이런 입장도 거부할 것이다. 클로시의 장난스런 놀이가 오히려 차크라바르티의 논점을 잘 보여주는 것일 수도 있다. 달리 말하자면, 계몽주의를 지키기로 맹세한 엄숙한 경비병들을 살짝 피하기 위해서 가벼운 접근이 필요했을 수도 있다.

마지막으로 수십만 년 과거로 거슬러 올라갈 것이다. 이를 통해 네 번의 변곡점은 설명할 것이 가장 많이 응집되어 있는 계기였음을 보여줄 것이다.

세속화 테제

네 번의 변곡점 중에서 가장 최근의 것이 바로 세속화(secularization)다. 이 글의 서문에서도 언급했듯이, 이 문제가 특히 중요한 이유는 학계에서 지식과 신앙을 구분하는 기준이 바로 여기에 있기 때문이다. 라틴어 세쿨룸(saeculum)은 원래 "시대(era)"라는 뜻이었지만, 의미가 확장되면서 "세계(world)"라는 뜻도 포함하게 되었다. 여기서 말하는 세계란 지리적으로 지구 전체가 아니라 사원의 담장 너머였다. 예를 들어 "세속 사제(secular clergy)"란 수도원 바깥에 있는 성직자를 의미했다. 여러 가지 논의가 있겠지만, 세속화와 관련하여 학계에서 가장 많이 논의된 테제는 "근대화(혹은 재산 혹은 과학 혹은 이성)가 확대될수록 종교는 쇠퇴한다"는 명제였다. 스스로 종교인이라 자처하는 사람들이 줄어들거나, 교회에 출석하는 등 종교 행사에 참여하는 횟수가 줄어들거나, 정부나 공공 영역 및 학계에 미치는 종교의 영향력이 감소하고 종교 중립적 입장이 확대되거나, 종교 세력이 갈라지고 무력화되며 내부적으로 고립되는 것 등이 모두 종교 쇠퇴 현상으로 간주되었다. 만약 의학이 신(God)을 등한시하고 기도의 효과를 방해한다는 이유로, 아이가 아픈데도 부모가 병원 치료를 거부한다면 결국 국가가 개입하게 될 것이다. 이것이 바로 오늘날 서구 사회 종교의 현주소다. 이제 서구 사회에서 종교는 배타적 특권을 누리지 못하게 되었다.

18세기, 19세기, 20세기, 21세기를 거치면서 학자들은 세속화의 시대가 "매우 가까이" 다가왔다고 예측했다. 그러한 "매우 가까이"가 오래도록 이어졌다. 누군가는 이를 천국이라 하고, 누군가는 이를 지옥이라 했다. 어쨌든 그들이 말하는 미래는 모퉁이만 돌면 나타날 정도로 가까이, 코앞으로 다가와 있다고 했다. 수 세기에 걸쳐 이러한 논의가 지속되다 보니 논점이 모호하고 불확실해진 면이 없지 않았다. 그러나 실제 데이터를 검토하면서 오히려 세속화 테제 자체가 오류라는 공감대가 커져갔다. 사회학자 피터 버거(Peter Berger)는 1968년 다음과 같은 예언을 했었다. "21세기가 되면 종교를 믿는 사람들이 워낙 소규모로 줄어들고, 서로 똘똘 뭉쳐서 세속화된 현실에 맞서게 될 것이다."[18] 그러나 결국 그는 자신의 예언을 철회했다.

서양 바깥의 이른바 더 넓은 세계는 세속화 테제와 무슨 상관이 있었던가? 세속화 논점은 유럽 학계 안에서 만들어진 것이었다. 또한 현재 및 과거의 기독교 이해에 바탕을 둔 것이기도 하다. 유럽 이외의 세계에 이 논점이 적용된 것은 어디까지나 나중 문제였다. 찰스 테일러(Charles Taylor)는 기독교 안에서 세속화의 뿌리를 발견했다. "라틴어권 기독교 지역에서는 사회 개혁에 대한 요구가 특히 높았다. 이는 사회 전체의 수준을 높이고자 하는 노력의 일환이었다."[19] 이러한 미묘한 유럽 중심주의가 세속화 논점에 포함되어 있다. 예를 들면 다양한 차원의 세계화

---

18 Peter Berger, "A bleak outlook is seen for religion", *New York Times*, 25 April 1968, p. 3.
19 Charles Taylor, *A Secular Age* (Cambridge, MA: Harvard University Press, 2007), p. 63.

(globalization) 때문에 종교 분쟁이 초래되었다는 생각도 그중 하나다. 이는 세속화 논점에서 단골로 등장하는 메뉴다. 여기서 말하는 종교란 자기들끼리 똘똘 뭉쳐서 경계선을 엄격히 설정하는, 그래서 조화보다는 충돌을 일으키는 존재로 이해되고 있다. 근대 이전 서유럽에서 종교가 특히 그러했다. 하르트무트 레만(Hartmut Lehmann)은 세속화를 존더베크(Sonderweg, 특별한 혹은 독특한 길)라 했다. 존더베크는 원래 독일의 역사를 일컫는 용어였다. 유럽 역사에서 독일이 독특한 과정을 거쳤기 때문에 독일사를 그렇게 칭했던 것이다. 레만은 엉뚱하게 이 용어를 세속화에 적용했다. 비꼬는 의미에서 그렇게 한 것이다. 즉 세속화 논점을 원래 고향(유럽)에 국한된 문제로 되돌려주자는 뜻이었다.[20]

그럼에도 때로는 유럽 바깥의 더 넓은 세계가 세속화 테제를 확인하는 데 이용되기도 했다. 이 논점을 유럽 바깥에 적용하는 것은 상당히 자연스러워 보였다. 유럽 바깥의 세계는 상대적으로 덜 근대화되고 더 종교적일 것으로 예상되었고 실제로도 그러했기 때문에, 어떻게 보면 유럽 바깥의 세계에 이 테제를 적용해보면 논점을 검증하는 데 도움이 될 것 같기도 했다(특히 외부 세계의 새로운 자료를 면밀히 검토하지 않은 유럽인이 이런 착각들을 했다). 사회학자 탤컷 파슨스(Talcott Parsons)는 세계사 이론의 구도상 유럽 바깥의 더 넓은 세계가 더 잘 들어맞는다고 주장했다. 그는 에밀 뒤르켐(Emil Durkheim)이 제시한 사회 진화 이론을 좀 더 명확한 구도로 발전시켰는데, 그가 말하는 사회 진화 도식의 초기

---

20 Hartmut Lehmann, *Säkularisierung: Der europäische Sonderweg in Sachen Religion* (Göttingen: Wallstein, 2004).

모습을 오늘날의 오스트레일리아 원주민 사회(혹은 에밀 뒤르켐이 설명한 그들의 모습)에서 여실히 확인할 수 있다고 한다.[21] 한편 2008년 퓨 연구소(Pew Institute)에서는 종교성(religiosity, 도덕의 기준으로 신이 반드시 필요한지, 종교나 기도가 얼마나 중요하다고 생각하는지 설문 조사를 통해서 파악했는데, 이 또한 서양식 기준이다)과 1인당 GDP의 관계를 연구했다. (특이한 예외 지역이 있는데, 미국과 쿠웨이트는 부유한 국가임에도 종교성이 놀라울 정도로 높게 나타났으며, 과거 공산국가였던 몇몇 나라들은 가난하면서도 종교성이 낮게 나타났다. 그림 6-2 참조.) 조사 결과 대부분 지역에서 세속화 테제에 부합되는 결과가 나타났다. 즉 근대화가 늦어져서 가난한 나라일수록 종교성이 높게 나타났다. 이스라엘, 캐나다, 일본 등은 모두 부유하면서 종교성이 낮았다. 일본의 가치관은 서유럽의 평균과 정확히 일치했다. 서유럽의 어떤 국가도 일본보다 더 평균값에 근접한 나라는 없었다.[22]

그러나 다른 기준으로 보자면 유럽 바깥의 세계가 꼭 그렇다고 할 수는 없다. 시간이 갈수록 근대적 성향이 더 강해질 것으로 예상되었지만 실제로는 종교성이 극도로 고조된 사례들이 나타났다. 이는 세속화 테제와 모순되는 현상이었다. 이슬람 광신도(특히 정부가 종교 사상의 "자유 시장"을 허용하지 않을 경우 더욱 그렇다), 아프리카와 라틴아메리카의 복음주의, 테러 전쟁의 종교적 기반 등이 바로 그러한 예들이다. 게다가

---

21 Talcott Parsons, *The Evolution of Societies* (Englewood Cliffs, NJ: Prentice Hall, 1977).
22 Pew Global Attitudes Project, accessed 23 August 2013, www.pewglobal.org/2007/10/04/world-publics-welcome-global-trade-but-not-immigration/.

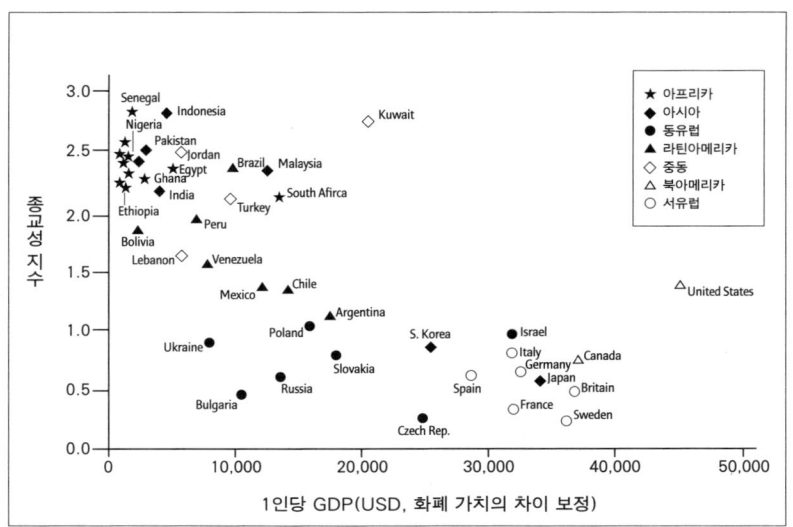

[그림 6-2] 부와 종교성의 상관 그래프

근대화는 이슬람주의의 원인으로 간주되기도 한다. 노리스(Norris)와 잉글하트(Inglehart)는 유럽 바깥 세계의 인구를 조사함으로써 세속화 명제를 그들 나름의 방식으로 검증했다. 연구 결과, 근대화 그 자체보다는 세속화가 더 많이 진행될수록 더 안정적인 사회가 되었다. 종교성이 강한 사회에서는 세속적 기준으로 산아 제한을 하기가 어려우므로 인구가 더욱 급증했다. 따라서 세계 전체적으로 볼 때 현실은 종교성이 강화되는 방향으로 나아가고 있다.[23] 결과적으로 유럽 바깥의 세계가 세속화 테제

---

23 Pippa Norris and Ronald Inglehart, *Sacred and Secular: Religion and Politics Worldwide* (Cambridge: Cambridge University Press, 2004). 또한 Talal Asad, *Formations of the Secular: Christianity, Islam, Modernity* (Stanford, CA: Stanford University Press, 2003) 참조.

에 꼭 부합한다고 보기는 어렵다. 유럽의 현실은 더더욱 세속화 테제에 맞지 않는다. 한때 유럽에서는 근대화가 종교를 무너뜨릴 것 같았고, 그러한 현실을 반영하여 세속화 테제가 생겨나기도 했다. 이제는 유럽에서 근대화보다 종교가 더 오래 살아남자, 세속화 테제 또한 쇠퇴할 수밖에 없는 운명에 놓였다.

과학 혁명

1930년대에 조지 사튼은 17세기 과학의 격변을 강조했다. 알렉상드르 쿠와레(Alexandre Koyré)는 당시의 변화를 통틀어 "과학혁명(Scientific Revolution)"이라고 명명했다. 니콜라우스 코페르니쿠스(Nicolaus Copernicus)는 1543년 《천구의 회전에 관하여(De Revolutionibus)》에서 태양을 우주의 중심에 놓았고, 이후의 역사학자들은 유럽을 과학의 중심에 놓았다. 코페르니쿠스와 후대의 역사학자들은 모두가 때로는 이성에 따랐고 때로는 자의적 동기를 따랐으며, 때로는 현실적 결론을 내놓았고 때로는 현실을 왜곡한 결론을 내놓았다. 태양을 중심으로 천체가 돌아간다는 아주 단순한 사실이 하나의 상징으로서 근대의 새벽을 알렸다. 그러나 오늘날 과학자들의 입장에서는 코페르니쿠스의 책에서 결론을 제외하면 취할 것이 거의 없다. 고대 그리스 과학과 구별되는 지점은 기껏해야 삼각법(trigonometry)이나 영(zero) 개념을 사용한 정도에 불과했다. 근대적 방법론 없이도 코페르니쿠스의 획기적 발견이 가능했던 것은 어쩌면 행운이었다. 그렇다면 역사상 유럽의 독보적 지위라는 것이 사실은 어떤 천재의 어림짐작에 불과했던 것으로 의미가 축소된다. 실제로 코페르니쿠스의 책은 코페르니쿠스 시스템의 요람인 동시에 무덤이었다.[24] 어쨌거나 이 책은 문제를 제기했고, 선구적 과학자들이 그 해결책을 찾는 과정에서 과학 혁명의 근본적 구성 요소들이 발전하게 되었다. 구체적으로 예를 들자면 다른 무엇보다도 경험주의, 자연의 수학적 이해, 기계론적 우주관, 과학을 위한 제도적 지원 등이었다.

이와 같은 신흥 과학에는 기술, 방법론, 사회 변화 등이 복잡하게 얽혀 있었고 핵심이 무엇인지에 대한 합의는 존재하지 않았다. 그래서 스티븐 샤핀(Steven Shapin)은 그의 책 서문에서 이렇게 썼다. "과학혁명(Scientific Revolution) 같은 것은 존재하지 않았지만, 이 책은 그에 관한 책이다."[25] 논란의 먼지가 가라앉은 뒤에도 여전히 논의되지 않은 채 남아 있는 사실은, 과학이 유럽의 과학이었다는 점이다. 게다가 《케임브리지 과학사(Cambridge History of Science)》의 근세편이 마무리되는 마지막 장에서 유럽의 바깥을 향하는데, 그 제목이 "유럽의 확장과 자기인식(European Expansion and Self-definition)"이었다. 그러나 여기서도 여전히 유럽 중심적이고 내부 지향적인 경향이 그대로 남아 있었다. 매클렐런(McClellan)과 돈(Dorn)의 《과학과 기술의 세계사(Science and Technology in World History)》는 세계사학회 도서상 수상작인데, 제목에 걸맞도록 77페이지를 할애하여 "세계의 사람들"을 서술했다. 울루그 베그(Ulugh Beg)의 천문대, 몬테수마 1세(Montezuma I)의 동물원, 아크바르(Akbar)

---

24 Joseph T. Clark, "'Something old, something new, something borrowed, something blue' in Copernicus, Galileo, and Newton", in Everett Mendelsohn (ed.), *Transformation and Tradition in the Sciences* (Cambridge: Cambridge University Press, 2003), p. 70.
25 Steven Shapin, *The Scientific Revolution* (Chicago: University of Chicago Press, 1996), p. 1.

의 운하 관리 조직, 중국의 1609년 백과사전을 죽 둘러본 뒤에는 서양으로 넘어갔다. 과학은 오직 유럽과 그 식민지에서만 빛을 발했다. 제도적 차원에서도 서양 이외 지역의 과학사를 전공하는 학자는 학계에서 살아남기가 어려웠다.[26]

역사학자들의 초점이 유럽에만 집중되어 있었기 때문에, 유럽 바깥 더 넓은 세계의 과학사 연구자들은 그로부터 벗어날 수가 없었다. 최근 지난 세기가 되어서야 과학사에서 조지프 니덤(Joseph Needham)의 "거대한 질문(grand question)"이 제기되었다. 분명 중국에서 먼저 기술이 발전했음에도 불구하고 왜 근대 과학이 발달하지 않았을까?[27] 여기서 기술이란 단어를 이론으로 바꾸면, 중세 이슬람에도 그대로 적용할 수 있다.

일부 역사학자들은 무슨 스포츠 경기처럼 이 질문에 접근했다. 그래서 비교적 관점이나 종합적 관점에서 이 질문을 연구한 성과가 무수히 많다. 대부분 옛날식 사해동포주의 정신에 입각한 연구였다.[28] 이와 같은 비교 연구에서는 대체로 유럽의 과학 혁명을 받아들이는 경향이 있다. 그러나 유럽의 근본적 우월성보다는 우연적 요인들(타문화 전통의 유

---

26 Sujit Sivasundaram, "Sciences and the global: On methods, questions and theory", *Isis* 101 (2010), 146-58.
27 가장 접근하기 쉬운 글은 다음과 같다. Joseph Needham, *The Great Titration: Science and Society in East and West* (London: George Allen & Unwin, 1969).
28 Geoffrey E. R. Lloyd, *Adversaries and Authorities: Investigations into Ancient Greek and Chinese Science* (New York: Cambridge University Press, 1996); Geoffrey E. R. Lloyd, *Ancient Worlds, Modern Reflections: Philosophical Perspectives on Greek and Chinese Science and Culture* (New York: Oxford University Press, 2004); Toby E. Huff, *The Rise of Early Modern Science: Islam, China and the West* (Cambridge: Cambridge University Press, 1993); and Toby E. Huff, *Intellectual Curiosity and the Scientific Revolution: A Global Perspective* (Cambridge: Cambridge University Press, 2011) 참조.

산, 교육 제도, 상업 및 지리적 확장)로 과학 혁명을 설명하고자 했다. 결과적으로 유럽의 특별한 지위를 설명하는 답변은 엄청나게 방대해졌다. 알파벳의 편리성, 주식회사의 개념, 봉건주의의 종식, 호기심의 증대, 제도적 뒷받침, 중국 과학 기술이 잇달아 유럽에 전해지면서 받은 충격, 이슬람의 우상 배척주의, 아메리카 대륙의 발견, 자유로운 연구가 가능한 가치 중립적 공간, 회의주의의 축소, 강력한 민족-국가 등이 모두 그러한 답변에 속했다. 이는 한편으로 과연 근대 과학이 무엇인가에 대한 공통의 합의가 없었던 탓이기도 하다.

니덤의 거대한 질문에 관한 다른 식의 답변 중에는 그 질문에 답변 가능성 혹은 합리적 추론 가능성 자체를 거부하는 입장, 중국이나 서양이 하나의 단일한 대상이 아니라는 입장, 이들 양자 사이의 거리가 그렇게 멀지 않았다는 입장 등이 있다.[29] 이보다 더 명쾌하지는 않지만 더 혁신적인 학자들도 있다. 즉 전통적 장소, 범주, 대상을 그 자체(형성 과정)로 혹은 그 사이(전파와 순환) 지점들을 보다 면밀하게 들여다보는 것이다.[30] 이들의 연구에서 적지 않은 부분을 차지하는 내용은, 어떻게 "서양

---

29 Nathan Sivin, "Why the Scientific Revolution did not take place in China – or didn't it?", in Nathan Sivin, *Science in Ancient China* (Aldershot: Variorum, 1995), and at: http://ccat.sas.upenn.edu/~nsivin/scirev.pdf. 또한 Roger Hart, "Beyond science and civilization: A post-Needham critique", in *East Asian Science, Technology, and Medicine* 16 (1999), 88-114 참조. 이들 중에서 과학 혁명을 19세기로 늦추어 보는 입장이 있는데, 매우 주목할 만하다. 이들은 세계적 관점에서 혁명의 시점을, 마치 유럽이 세계를 정복했던 것처럼 새로운 물리학이 학문을 점령했을 때로 본다. 커닝햄 이론(Cunningham thesis)에 대한 더 자세한 내용은 Iwan Rhys Morus, *When Physics Became King* (Chicago: University of Chicago Press, 2005) 참조.
30 Fa-ti Fan, *British Naturalists in Qing China: Science, Empire, and Cultural Encounter* (Cambridge, MA: Harvard University Press, 2004); Sujit Sivasundaram,

과학"의 개념이 발달했는가 하는 주제다. 서양 과학의 발달 과정은 종종 "서양"을 벗어나기도 하는데, 이는 제국주의가 세계로 뻗어 나간 결과였다.[31] 유럽-과학의 세계적 뿌리와 곁가지들에 주목하다 보니, 최근의 연구 경향은 "유럽 혁명"에서 "세계적 진화" 이야기로 옮겨 가게 되었다. 유럽 과학의 뿌리가 유럽 바깥의 더 넓은 세계에 있다고 주장하는 사람들은 유럽 중심주의자들이 귀머거리라고 날카롭게 비판하는 경향이 있으며, 서로를 자극하여 한쪽에서 소리를 높일수록 다른 쪽에서는 더욱 귀를 닫아버린다. 그러나 근대 과학의 뿌리는 분명 아랍어 텍스트를 거쳐왔다. 그것이 유럽과 남아시아를 중개한 텍스트였고, 아랍 세계의 성과도 전해주었다. 코페르니쿠스가 고대 그리스 과학을 넘어서는 무언가를 할 수 있었던 것은 영(zero) 개념과 삼각법 덕분이었고, 이러한 개념들의 기원은 유럽 바깥에 있었다. 코페르니쿠스가 프톨레마이오스의 동시심(equant) 이론을 싫어했던 것은 아마도 나시르 알-딘 알-투시(Nasir al-Din al-Tusi)의 유산일 것이다. 발라(Bala)는 최근 서양 과학의 비유럽적 근원 연구를 종합했고, 마찬가지로 조지프(Joseph)는 《공작새의 볏

Nature and the Godly Empire: Science and Evangelical Mission in the Pacific, 1795-1850 (Cambridge: Cambridge University Press, 2005); Kapil Raj, *Relocating Modern Science: Circulation and the Construction of Knowledge in South Asia and Europe, 1650-1900* (Basingstoke: Palgrave Macmillan, 2010); Neil Safier, *Measuring the New World: Enlightenment Science and South America* (Chicago: University of Chicago Press, 2008); Carla Nappi, *The Monkey and the Inkpot: Natural History and its Transformations in Early Modern China* (Cambridge, MA: Harvard University Press, 2009); 이 주제에 관한 특집호 "Global histories of science", in *Isis* 101 (2010) 참조.

31 Marwa Elshahkry, "When science became Western: Historiographical reflections", *Isis* 101 (2010), 98-109.

(The Crest of the Peacock)》이라는 책에서 수학 연구를 총괄했다. 영향 관계를 논하는 이 같은 저작들은 결국 혼합론으로 나아가게 된다. 중국에서 별로 주목받지 못하던 어떤 기술이 유럽으로 건너가서 어느 원시-과학자에게 전해진 뒤, 그가 그 기술을 이용하여 글을 쓰거나 어떤 장치를 발명했고, 그것이 과학 혁명에 결정적 역할을 했다는 식의 설명들이다. 조지프의 책에는 수학 이론의 전파 경로로 추정되는 계보가 도표(그림 6-3)로 정리되어 있다. 과학 사상도 이와 비슷한 경로를 거쳤을 것이고, 여기에 숨어 있는 사상은 사튼으로까지 거슬러 올라간다. 그는 이렇게 말했다. "경험과학은 서양의 자식일 뿐만 아니라 동양의 자식이기도 하다. 동양은 그의 어머니였고, 서양은 그의 아버지였다."[32] 최근의 연구들은 비-서양의 지식이 잠재적으로 어떻게 서양의 지식을 예견했는지(13세기 알-투시가 코페르니쿠스를), 어떻게 정보가 전달되었는지(12세기 이븐 투파일Ibn Tufail의 타불라 라사tabula rasa 개념이 로크에게), 어떻게 영감을 주었는지(기원전 4세기 파니니Pānini의 개념이 소쉬르와 촘스키의 구조주의에) 밝혀내고 있다.[33] 그 반대 방향의 이야기도 있다. 예를 들면 근대 과학이 어떻게 유럽에서 유럽 바깥의 더 넓은 세계로 전해졌는지에 관한 이야기다. 고전적 사례는 중국에 전해진 유럽의 천문학이다. 그러

---

32 Sarton, *History of Science and the New Humanism*, pp. 94 and 119.
33 G. A. Russell, "The impact of the Philosophus autodidactus: Pocockes, John Locke and the Society of Friends", in G. A. Russell (ed.), *The 'Arabick' Interest of the Natural Philosophers in Seventeenth-Century England* (Leiden: Brill, 1994), pp. 224-62; Frits Staal, "The science of language", in Gavin D. Flood (ed.), *The Blackwell Companion to Hinduism* (Oxford: Blackwell Publishing, 2003), pp. 357-8.

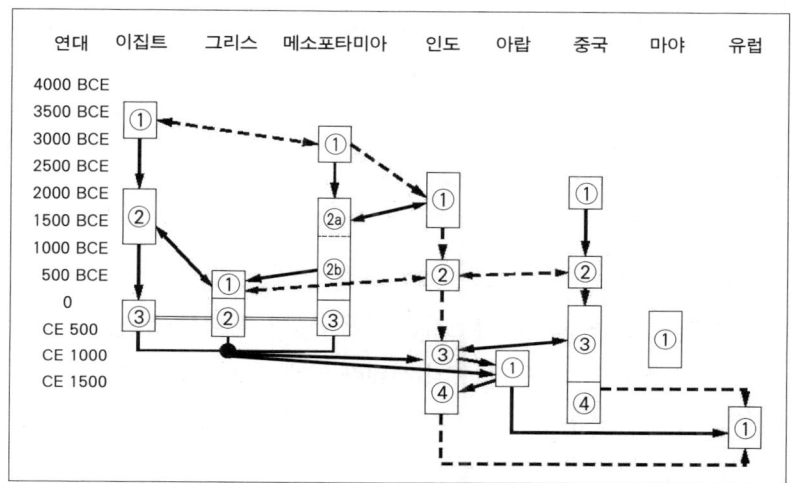

〔그림 6-3〕 수학적 아이디어 전파 도표

나 갈수록 더 큰 관심은 식민주의나 제국주의와 결부되어 불균형한 권력 관계 속에서 과학이 어떻게 전파되었고, 그 결과로 입수된 외부 세계의 자료들을 과학에서 어떻게 사용했는가를 추적하는 데 있다.[34]

축의 시대

"축의 시대(Axial Age)"라는 개념은 1949년 독일의 철학자 카를 야스퍼스(Karl Jaspers)의 저서 《역사의 기원과 목표》를 통해 대중에게 널

---

34 예를 들면 Richard H. Grove, *Green Imperialism: Tropical Island Edens and the Origins of Environmentalism, 1600-1860* (Cambridge: Cambridge University Press, 1996); and Lissa Roberts, "Situating science in global history: Local exchanges and networks of circulation", *Itinerario* 33 (2009), 9-30.

리 알려졌다. 기원전 500년을 전후한 300년 동안 유라시아 전역의 사회와 종교가 혁명적 변화를 겪었다. 이러한 변화는 독립적으로 일어났지만 시기적으로는 거의 동시에 발생한 일이었다.35 어느 정도 홀로코스트에 자극을 받은 야스퍼스는 논의의 초점을 유럽에만 국한하는 데 분명히 반대했다.36 야스퍼스가 말한 축의 시대는 공자와 붓다의 시대, 소크라테스를 비롯한 그리스 철학자들의 시대, 베일에 싸인 도교 창시자 노자의 시대, 수많은 히브리 예언자들의 시대였다. 광대한 범위를 포괄하는 개념이 으레 그러하듯이, 축의 시대라는 개념 또한 날카로운 비판의 대상이 되었다. 특히 특징이 불분명하고 경험적 사례가 부족하다는 비난을 받았고, 구원론을 세속화시켰다는 비판도 있었다.

종교와 축의 시대의 관계는 어떤 면에서 과학과 과학 혁명의 관계와 같다. 그리스인 덕분에 축의 시대에 과학도 하나의 축으로 포함되었다. 그러나 축의 시대가 역사에 기록된 방향은 과학 혁명과 반대 방향이었다. 과학 혁명이 중요했던 이유는 하나의 특권적 전통을 만들었기 때문이다. 이와 달리 축의 시대는 그 시대가 만들어낸 다양성 때문에 빛을 발했다. 사회학적으로 보는 사람들은 다양성이란 표면적일 뿐 본질적으로는 통일성이 중요하다고 생각할 수도 있다. 그러나 체스터턴(G. K. Chesterton)에 의하면, 여러 종교는 근본적으로 달랐으며 오히려 표

---

35 Karl Jaspers, *Vom Ursprung und Ziel der Geschichte* (*The Origin and Goal of History*), Michael Bullock (trans.) (London: Routledge and Keegan Paul, 1953). (《역사의 기원과 목표》, 이화문고 41, 이화여자대학교출판부, 1986.)
36 Karl Jaspers, *The Question of German Guilt*, E. B. Ashton (trans.) (New York: Fordham University Press, 2000), p. 17. (이재승 옮김,《죄의 문제》, 엘피, 2014.)

면적 모습, "겉으로 드러나는 방법들"만이 공통적 면모를 가졌을 뿐이었다.[37] 고도의 인위적 기준을 전제하지 않고 서로 다른 종교를 비교하기란 매우 어렵다. 그 기준이란 종교 자체와는 사실상 거의 관련이 없는 것이다. 카를 바르트(Karl Barth) 같은 신정통주의(neo-orthodox) 신학자들은 이러한 전제에 반대할 수도 있다. 그들에게 "종교는 불신앙(religion is unbelief)"이며, 세속적 진리라고 생각되는 것도 전적으로 "종교"에 속하기 때문이다. 축의 시대에 이문화 간의 연결 지점은 과학 혁명보다 더 적었다. 연결 요소들이 많지 않았기 때문이기도 하고, "유럽-과학"처럼 단일하고 보편적인 "유럽-종교" 같은 것이 출현하지 않았기 때문이기도 하다.[38] 축의 시대에는 다양성이 그대로 남아 있었다. 축의 시대 당시에 일어난 일보다 후대 사람들이 그 시대에 대해서 한 이야기가 더 중요한 경우가 많다. 축의 시대 당시에는 근대적 의미의 종교 전통을 의도하고 만든 경우가 거의 없었다. 그 이후 세대의 사람들이 오늘날 우리에게 이르기까지 축의 시대 사상가들을 돌이켜보면서 그들에게 특별한 의미를 부여해왔다.

"축의 시대"라는 개념은 유럽 바깥에서 더욱 환영을 받았다. 그 개념 자체에 유럽 바깥 세계가 포함되었기 때문이다. 이 같은 지리적 보편성을 근거로 일부 학자들은 축의 시대라는 개념이 근대 과학처럼 구체적으로 확실하다고 믿었다. 예를 들어 카렌 암스트롱(Karen Armstrong)은 그 시대의 인류가 정말로 종교적 진리(대체로 동정심 같은 것)를 발견했다

---

37 G. K. Chesterton, *Orthodoxy* (Rockville, MD: Arc Manor, 2008), p. 111.
38 Karl Barth, "Gottes Offenbarung als Aufhebung der Religion", in Karl Barth, *Die kirchliche Dogmatik* (Zurich: Theologischer Verlag, 1932), vol. i, p. 327.

고 생각한다("우리는 결코 축의 시대에 등장했던 통찰을 넘어선 적이 없다"). 이 같은 종교적 진리가 객관적으로 명백하기 때문에, 이를 근거로 기존 종교 교리에서 충분히 오류를 지적할 수 있다고 자신했다. "축의 시대는 완벽하지 않았다. 가장 큰 오류는 여성 문제에 대한 무관심이었다."[39] 예수는 말하길 "내가 세상에 평화를 주러 왔다고 생각하지 말라. 평화가 아니라 칼을 주러 왔다(〈마태오복음〉 10:34)"라고 했다. 이런 문구를 보고 아마도 예수는 결코 기독교인이 된 적이 없었다고 해석할 수도 있다. 이런 식의 편견에서 유럽 중심주의가 명시적으로 드러나지는 않지만, 적어도 목적론적인 것만은 사실이다. "우리(서양인)"가 믿는 근대 종교는 다른 사람들을 재단하는 척도였고, 그것이 유럽 중심주의를 유산으로 물려주었으며, 그 속에서 모더니즘이 등장했다. 이것이 바로 이 글의 서두에서 언급한 유럽-종교의 문제라고 할 수 있다. 나는 개인적으로 인도의 서점을 조사해본 적이 있는데, 고대 인도 종교 관련 서적보다 암스트롱 전집이 더 많은 책장을 차지하고 있었다.

로드니 스타크(Rodney Stark)는 《신을 찾아서(Discovering God)》라는 책에서, 유럽 중심주의에서 벗어나는 방법론을 탐색했다. 나아가 유럽-중심 종교의 특권적 지위를 반대하고자 했다. 이 책에서 그는 BC(Before Christ)를 BCE(Before Common Era)로 바꾸었다. 그리스도(Christ) 대신 전 세계에 적용되는 시간 지표의 탄생을 "공통(Common)"으로 명명한 것이다. 그리고 일반적으로 사용하는 신(God)이라는 단어를 단수가

---

39 Karen Armstrong, *The Great Transformation: The Beginning of Our Religious Traditions* (Toronto: Random House, 2007), pp. xvii and xxi.

아닌 복수형(Gods)으로 표기했는데, 서양의 일신론을 피하려는 시도였다. 그러나 복수형 단어의 첫 글자는 소문자가 아니라 대문자로 시작했다. 유대교-기독교-이슬람교 같은 일신교의 신(God)들이 모여 있는 만신전(앤디 워홀의 의미에서)을 의미하고자 했기 때문이다. 종교의 눈으로 보자면 불경스럽다고까지 말할 수는 없겠지만 어쨌든 낯선 신전이다.[40] 로드니 스타크는 이따금 신의 계시를 역사적으로 설명하려 했다. 그러나 이 때문에 그의 서술이 전체적으로 특별함을 잃어버렸다. 다만 신의 역할을 수사학적으로 번잡하게 표현했을 뿐이다. 용감했던 그의 유럽 중심주의 탈출 전략은 실패했다.[41]

인간화

언어, 지식, 신앙을 연구하려면 필연적으로 맞닥뜨려야 하는 어려움이 있다. 바로 심각한 자료 부족이다. 기록 자료가 전무한 경우도 있다. 그래서 그 시초의 탄생을 연구하기는 무척이나 어렵다. 선사 시대 인류에 관한 자료의 대부분은 오늘날 관찰 가능한 원시 집단을 조사해서 얻은 것이다. 심리학 연구를 위해서라면 서양의 대학생 자원봉사자를 살펴보겠지만, 그렇지 않은 경우 대부분은 원숭이나 아이들(개인의 인지 발달

---

40 Rodney Stark, *Discovering God: The Origins of the Great Religions and the Evolution of Belief* (New York: HarperOne, 2007).
41 종교 연구의 진화에 관한 더 자세한 논의는 Tomoko Masuza, *The Invention of World Religions: Or, How European Universalism was Preserved in the Language of Pluralism* (Chicago: University of Chicago Press, 2005); Hans Kippenberg, *Discovering Religious History in the Modern Age* (Princeton, NJ: Princeton University Press, 2002); and Asad, *Genealogies of Religion* 참조.

이 생물학적 종으로서의 인간의 인지 발달과 유사하다는 전제 아래) 혹은 수렵채집인(수 세기 동안 변함없이 "역사를 모르는without history" 경우에 한해서 유효하다)을 조사함으로써 초기 인류에 관한 근사치 정보를 얻고자 한다. 이렇게 재구성된 정보는 다양한 철학적 질문들에 대해 그럴듯한 답변을 제공한다. 언어는 본능일까, 교육되는 것일까? "마음"의 위치는 뇌인가? 상징은 어떻게 작동하는가? 생물학적 종의 궁극적 종착점은 어디인가? 등의 질문이다. 결과는 순진한 인과관계의 사슬을 만들어낸다. 즉 직립보행으로 두 손이 자유로워져 도구를 만들거나 동작을 취할 수 있게 되었으며, 이로써 뇌 용량이 커졌고, 그 결과 초강력의 언어와 인지 능력을 갖게 되었다는 것이다.[42] 불행하게도 학자들은 이러한 결론을 필요 이상으로 과대평가하는 것 같다. 만약 지구가 멸망한 뒤 외계인 인류학자가 지구로 찾아와서 "총을 든 여인 2009년도 달력"(야한 옷차림에 총을 든 여성을 사진 모델로 한 달력 - 옮긴이) 같은 유물을 발견한다면, (과장된 크기의 가슴을 근거로) 출산을 장려하고 (거대한 총기를 근거로) 사냥의 성공을 기원하며 (어느 정도 추측은 하겠지만 달력의 정확한 용도는 결코 알지 못한다고 치면) 시간을 측정하는 마법의 유물이라고 해석할 것이다.

최근에는 기존의 학자들이 인류 탄생의 역사를 어떻게 연구했는지, 그 연구 성과를 분석하는 메타-히스토리(meta-history) 연구가 등장했다. 빅토르 스토츠코프스키(Wiktor Stoczkowski)에 의하면, 거의 모든 학자의 "인간 만들기 레시피"는 둘 중 하나로 귀결된다. 결국은 인간의 본

---

42 Michael C. Corballis, *The Lopsided Ape: Evolution of the Generative Mind* (New York: Oxford University Press, 1991).

성을 어떻게 보느냐의 차이다. "어떤 원숭이 한 마리가 있다고 치자. 만약 그 원숭이가 단순한 욕구에만 반응하는 원숭이라면, 원숭이를 보호하는 환경 A를 제거하고 적대적 환경 B에 수백만 년 동안 던져둔다. 만약 그 원숭이가 이익을 극대화하기 위한 행동을 할 줄 아는 원숭이라면, 환경 A에다 맛있는 먹거리를 주변에 쌓아둔다. 그러면 결국 두 종류의 원숭이는 같은 결과에 이를 것이다." 같은 결과란 곧 인간이라는 동물이다. 스토츠코프스키에 의하면, 인류학과 생물학의 발전이 명백함에도 불구하고 인류의 기원을 설명하는 학자들의 이야기는 언제나 고대 그리스 시대의 관념을 재탕하는 것이었다. 기원전 4세기 이전에 이미 그런 관념이 존재했다.[43] 글린 아이작(Glynn Isaac)은 이런 식의 설명이 가지는 역할을 지적한 바 있다("〈창세기〉를 대신하는 유물들 … 우화적인 내용이 있고, 가치와 윤리 및 태도를 함축한다"). 미시아 랜도(Misia Landau)는 이 분야의 고전적 연구 성과들을 검토한 뒤 이렇게 평했다. "특정 서술 구조가 분명하게 확인된다. 이는 단순한 이야기 구조 그 이상이며, 영웅담의 구조와 거의 일치한다."[44] 영웅적인 원숭이가 자신의 운명을 개척하는 투쟁을 펼친 결과가 곧 우리들이다.

개별 학자들끼리는 상충되는 논지로 치열한 논쟁을 벌이지만 총체적 방향에 있어서는 공감대를 형성하고 있다. 단선적 원인-결과의 연쇄

---

43 Wiktor Stoczkowski, *Explaining Human Origins: Myth, Imagination and Conjecture* (Cambridge: Cambridge University Press, 2002), pp. 67 and 125.
44 Glynn L. Isaac, "Aspects of human evolution", in D. S. Bendall (ed.), *Evolution from Molecules to Men* (Cambridge: Cambridge University Press, 1983), pp. 509-43; and M. Landau, "Human evolution as narrative", *American Scientist* 72 (1984), 262-8.

보다는 서로 영향을 주고받을 수 있는 "피드백 방식"이 선호된다.[45] (고인류 연구에서) 요즘은 사회성 연구가 강조되면서 기존의 도구 중심 연구를 보완하고 있다. 그래서 다양한 요인이 다양한 경로로 연결되며 당시의 모습을 그려낸다. 이렇게 그려진 그림에는 여러 가지 가능성과 복합성이 갖추어져 있으므로 어느 누구도 이를 거부하기는 어렵다. 예를 들어 어떤 교재에는 원인-결과의 연결을 도표로 그려두었는데, 지적 능력의 증가는 의사소통과 기술 및 사회적 능력의 강화로 이어졌고, 이는 다시 (식생활 방식의 다양화로부터 직간접적 영향을 받아) 복합 사회의 등장으로, 또다시 지적 능력의 증가로 연결되었다.[46] 그러나 종교적 신앙은 무시되거나 허구로 여겨진다. 자연선택에서 일정한 역할을 했을 수도 있고, 조상들의 신경학적 구성에서 곁다리로 추가된 것일 수도 있다는 정도다.

    이러한 역사 서술은 과연 얼마나 글로벌할까? 주류 학계에서는 아프리카에 초점을 맞춘다. 인류의 탄생지가 아프리카이기 때문이다. 달리 말하면 이 주제와 관련하여 지리적 범위를 전 지구적으로 확대하려 하지 않는다. 물론 유럽 중심주의라고 하면 철학적 문제에 속한다. 어떤 인지과학 연구자는 인간의 "생물학적 목표(ultimate goal)"를 열거하면 불과 몇 가지뿐이며, 서양 문학 고전의 줄거리는 결국 이 몇 가지 목적을 벗어나지 않는다고 했다.[47] 때로 우리의 관심사가 유럽 바깥 혹은 유럽 이

---

45 예를 들면 David Christian, *Maps of Time: An Introduction to Big History* (Berkeley: University of California Press, 2004), p. 166.
46 Roger Lewin, *Human Evolution: An Illustrated Introduction* (Malden, MA: Blackwell, 2005), p. 221.

전으로 확장되기도 했지만, 그럴 때면 유럽-중심(Euro-centric)의 좁은 사고방식이 인간-중심(anthropo-centric)의 좁은 사고방식으로 전환되었다. 일종의 인간 예외주의(exceptionalism)인 셈이다. 인간은 독특한 언어를 가졌고(특히 후두가 낮아서 발음할 수 있는 모음의 범위가 넓고), (조작과 사기를 포함한) 사회적 기술이 좋아서 더 오래 생존하고 더 많은 후손을 낳을 수 있는 기회를 가진다. 이를 통해 인간성의 최악은 멜로드라마나 리얼 예능이 아니라 바로 인간의 영혼임을 알 수 있다.[48] 이처럼 선사 시대 연구자들은 사고가 언어 없이는 생겨날 수 없었다고 주장한다. 그러므로 다른 동물들이 우리 인간과 의사소통을 할 수 없다는 것은 곧 동물들에게 지성(intelligence)이 없다는 가설로 연결된다. 이는 유럽 사람들과 학자들이 원주민들을 처음 만났을 때 내렸던 결론과 매우 유사하다. 나아가 일부 학자들은 초기 인류의 원거리 이주 과정에 매우 중요한 의미를 부여한다. 그 과정이 인간의 인지 발달에서 중요한 지표가 되기 때문이다. 계획을 세우는 능력이나 적응력이 그토록 발달했던 것은 틀림없이 언어 때문이라는 주장이다.[49]

좀 더 엄밀히 보건대 근본적으로 세계사는 자신의 껍질을 깨는 것이고, 호기심이며, 차이를 이해하는 것이다. 인간화 과정을 연구하는 가장

---

47 Steven Pinker, *How the Mind Works* (New York: Norton, 1997), pp. 541-2.
48 Terrence Deacon, *The Symbolic Species: The Co-Evolution of Language and the Human Brain* (London: Penguin, 1998) 참조.
49 Christian, *Maps of Time*, p. 164; William Noble and Iain Davidson, *Human Evolution, Language and Mind: A Psychological and Archaeological Inquiry* (Cambridge: Cambridge University Press, 1996). 또한 Clive Gamble, *Timewalkers: The Prehistory of Global Colonization* (Cambridge, MA: Harvard University Press, 1994) 참조.

최근의 연구에서 우리는 바로 이러한 경향을 목도할 수 있다. (가령 사회적 생산물은 그 물건을 생산한 사회를 반영한다는 식의) 동어반복을 의도하는 것이 아닌 한 새로운 이론은 다양성을 향해, 다양한 데이터의 이해를 향해, 그리고 해석의 다양성을 인정하는 쪽을 향해 나아가야 할 것이다.[50]

학교 수업 현장

앞에서 지식과 신앙에 대한 역사학자들의 접근을 간략하게 살펴보았다. 여기서 우리는 상당한 정도의 유럽 중심주의를 확인할 수 있었으나, 유럽 중심주의라는 개념이 함축하는 의미와 그 결과는 다양했다. 유럽 바깥의 더 넓은 세계에서는 대체로 세속화 이론을 강조하고, 과학혁명에 의문을 제기하며, 축의 시대라는 공평한 경기장을 선호한다. 이 모든 경우에 "유럽"이 개입되며, 유럽 중심주의가 상당한 비중을 차지하고 있다. 이러한 역사학계의 상황이 학교 수업 시간에는 어떻게 전해지고 있을까? 이 분야 전반을 조망해보기 위해서 나는 두 차례에 걸쳐 소규모 실험을 해본 적이 있다. 유럽-과학 기준뿐 아니라 다문화를 강조하는 민속-과학 기준에도 맞지 않는 독특한 방식이었다. 두 번의 실험이 역사학자가 신앙과 지식에 어떻게 접근하는지, 그 기저에 숨은 패턴을 드러내주기를 희망한다.

첫 번째 실험은 케임브리지대학교의 웹페이지 수십 군데를 검색하

---

50 이 분야의 가장 영향력 있는 연구자의 최근 연구는 다음을 참조. Maggie Tallerman and Kathleen R. Gibson (eds.), *The Oxford Handbook of Language Evolution* (Oxford: Oxford University Press, 2012); and David R. Begun (ed.), *A Companion to Paleoanthropology* (Oxford: Wiley-Blackwell, 2013).

는 것이었다. 이를 통해 주요 지식 생산자의 이름을 알아보았다. 케임브리지대학교는 북아메리카의 대학교들과 달리 수업 정보를 모두 제공하지 않으며, 모든 웹페이지가 외부에 노출되지도 않는다. 그래서 학과 소개, 강의 제목, 학부 강의 안내, 교수진의 연구 주제 등을 조사하는 정도로 마무리했다. 교재의 저자가 아니라 연구할 가치가 있다고 생각되는 인물들, 사상들, 학파들에서 인명을 추출해나갔다. 케임브리지대학교에서 신학부는 일단 제외하고 다른 모든 학과를 조사했다(신학부는 나중에 다시 언급될 것이다). 그중 절반에서는 이 같은 이름을 발견하지 못했다. 웹페이지 디자인이 학과마다 달라서 내용에 출입이 있을 수 있고, 게다가 뉴턴 같은 과학자보다 베버 같은 사회학자에 관심이 있는 조사자로서의 한계가 있을 수 있지만, 아래의 조사 결과 목록은 어쨌든 케임브리지라는 지식의 판테온을 만든 사람들이 누구인지에 대해 대략적 느낌은 줄 수 있을 것이다.

지도를 펼쳐두고 거론되는 인물들의 출생지에 점을 찍어보면, 케임브리지 지식의 분포를 시각적으로 확인할 수 있다(지도 6-1 참조). 대부분은 유럽인이며 플라톤, 칸트, 비트겐슈타인이 가장 자주 등장하는 인물로 첫 번째 줄에 들어간다. 곁가지로 미국인도 조금 있는데, 로버트 노직(Robert Nozick)이나 존 롤스(John Rawls), 윌러드 밴 오먼 콰인(Willard Van Orman Quine), 트럼펫 연주자 마일스 데이비스(Miles Davis), 엘리엇(T. S. Eliot, 법적으로는 영국인이었을 뿐 아니라 전형적인 영국식 지식인이었다) 등이다. 나머지 서양을 제외한 세계 전체에서 점 네 개가 찍혔다. 쿠바의 이탈로 칼비노(Italo Calvino), 프랑스령 인도차이나의 마르그리트 뒤라스(Marguerite Duras), 프랑스령 알제리의 자크 데리다(Jacques

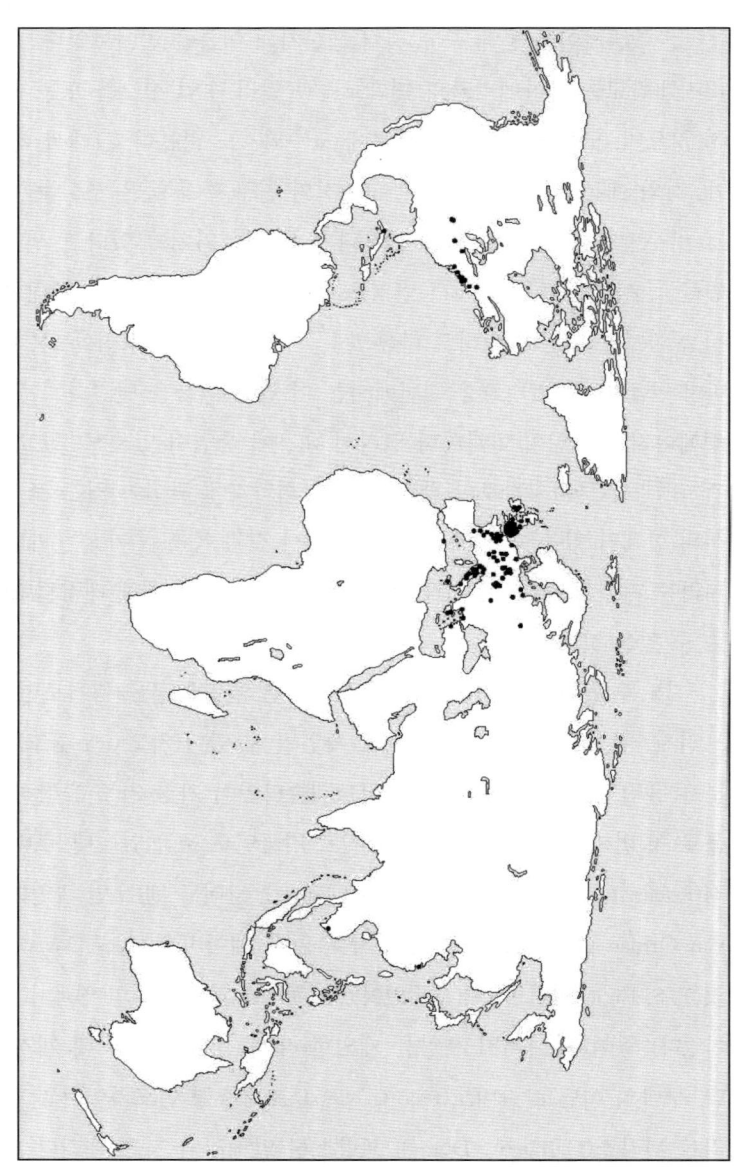

[지도 6-1] 케임브리지대학교 교육에서 거론되는 인물들의 출생지 분포

Derrida), 중국 상해의 외국인 조계(租界)에서 태어난 밸러드(J. G. Ballard)가 그 네 사람이다. 이탈로 칼비노는 어린아이 때, 다른 세 사람은 10대 때 유럽으로 돌아왔다. 거론되는 인물은 모두 합쳐 남자 97명과 여자 4명이었는데, 이들 가운데 88명이 독일의 콘스탄츠(Konstanz) 기준 1000마일 이내에서 태어났다. 콘스탄츠는 과연 일종의 (남극과 북극에 대비되는) "서극(West Pole)"이라 할 수 있다. 이곳을 중심으로 서양의 지성계가 운영되고 있다. 이러한 결과, 즉 지적 중심인물이 있는 지역과 없는 지역을 구분하는 지도는 이미 한 세기 전에 나온 지도, 즉 "역사가 있는 민족"의 땅은 컬러로 그리고 단지 전통만 있는 민족의 땅은 흑백으로 그린 지도와 시각적으로 뚜렷하게 공명한다(그림 6-4 참조).

신학부 웹사이트에 등장하는 이름은 별도로 조사했다. 부분적으로는 종교적 신앙과 학문적 지식을 구분하는 의미가 있었고, 또한 신학부 자체가 전반적 패턴과 반대되는 방향으로 가고 있었기 때문이기도 했다. 여기서 만약 위인으로서 예수와 아우구스티누스를 일단 제외하고 본다면, 유럽인은 단 세 사람만 남는다. 마이모니데스(Maimonides, 1137/8~1204)와 이븐 주자이(Ibn Juzay, 1321~1357)는 스페인 안달루시아 사람이고, 토마스 아퀴나스(Thomas Aquinas, 1225~1274)는 시칠리아 사람이다. 이들 중 한 사람은 유대인이고, 또 한 사람은 무슬림이며, 나머지 한 사람은 기독교인이다. 신학부 인명 목록은 유럽인이 아닌 무슬림과 유대인이 주류를 이루며, 대부분 중세 사람들로서 앞서 보았던 경향과는 반대되는 경향을 보인다. 종교학이 아니었다면 비-유럽 세계의 지적 전통은 완전히 모호함 속에 묻혀 있을 뻔했다. 근대에 종교학이 새로운 세속화 분야로 각광을 받은 데 비해 오늘날은 상대적으로 쇠락하

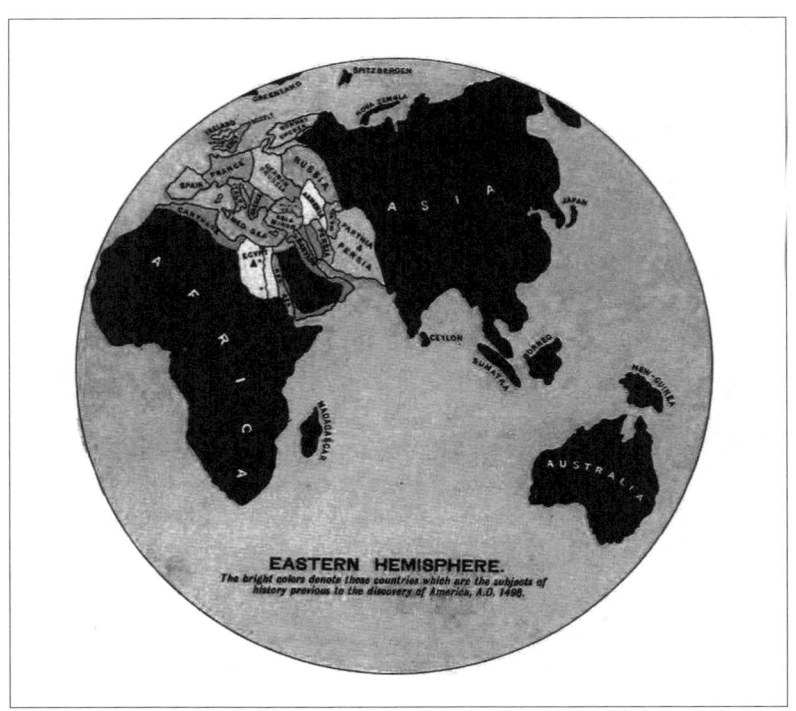

〔그림 6-4〕 역사가 있는 지역과 없는 지역(by Edward Hull, 1890년)

고 있기 때문에,[51] 여기서 등장하는 인명 목록은 전체적 패턴에서 볼 때 약간의 확장 정도에 불과하다.

---

51 Thomas A. Howard, *Religion and the Rise of Historicism: W. M. L. de Wette, Jacob Burckhardt, and the Theological Origins of the Nineteenth-Century Historical Consciousness* (Cambridge: Cambridge University, 2000), pp. 18-19 참조.

나의 논점은 케임브리지대학교를 비난하려는 것이 아니다. 더 자세히 조사하면 더 최근의 더 글로벌한 목록이 나올 것이다. 다만 이 실험 결과가 보여주는 것은, 케임브리지의 우수성은 지역 내에서의 우수성이며 더 넓은 세계로 나아감으로써 편협함에 빠질 위험에서 벗어나야 한다는 사실이다. 혹은 적어도 케임브리지 교육이 매우 좁은 지리적 기반에 근거한다는 사실만이라도 인식해야 한다는 것이다. 다른 곳에서도 상황은 그리 나아지지 않는다. 비-서구 지역의 최고 대학교들도 커리큘럼은 비슷하다. 해당 지역별로 약간의 현지 지식이 추가될 따름이다. 즉 아프리카 대학교에서는 서구와 아프리카의 관계가, 아시아 대학교에서는 서구와 아시아의 관계 혹은 아시아 일부 지역에 관한 지식이 추가될 뿐이다. 전 세계의 저자들을 모두 포괄하는 지식은 존재하지 않는다. 우리들의 대학교에서 지식이란 유럽인에 의해 만들어진 것이다.

두 번째 실험은 초점을 공간에서 시간으로 옮겼다. 나는 가장 유명하고도 신뢰할 만한 세계사 교재 세 권을 선택했다. 벤틀리(Bentley)와 지글러(Ziegler)의 《전통과 만남(Traditions and Encounters)》, 페르난데스 아르메스토(Fernández-Armesto)의 《세계: 지구사(The World: A Global History)》, 프린스턴 역사가들의 《어우러진 세계 분리된 세계(Worlds Together Worlds Apart)》이다. 모두 합쳐서 3000페이지에 1500개 소절로 나뉘어 있었다. 서술 속에 지식이나 신앙이 등장하는 대목에 주목해보았다. 물론 이 두 가지 주제는 전체 텍스트에 잘 녹아들어 있었기에, 이들을 명확히 구분해내기란 불가능한 일이었다. 대신 해당 소절의 서술 내용 대부분이 학문이나 종교 문제를 다루는 곳을 선별해보았다. 약 200개 정도의 소절이 추출되었다. 이를 다시 서양과 비서양, 종교와 과

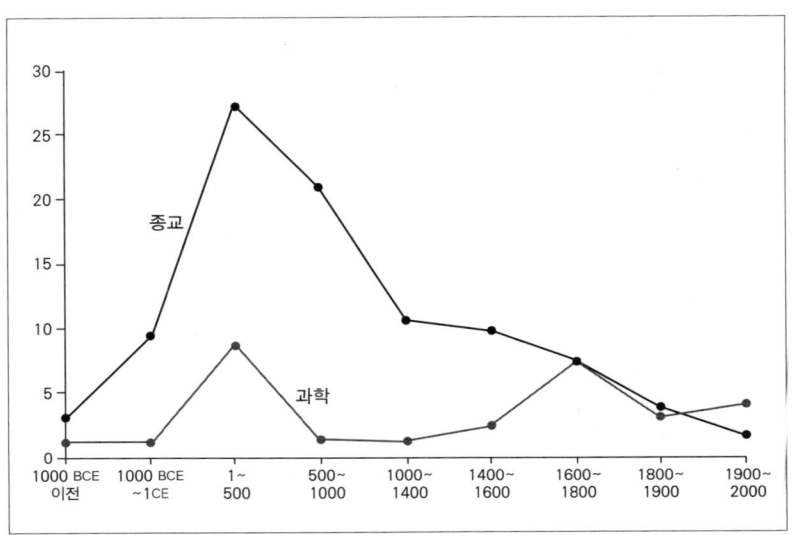

[그림 6-5] 세계사 교재에 수록된 과학과 종교 내용의 비중(시대별)

학으로 나누었다. 구분은 거칠고 퉁명스러웠다. 학문은 곧 과학사 책에 등장하는 것 같은 내용들로 분류되었다. 그리고 나머지 모든 것은 종교로 분류되었다. 이른바 "엉터리 과학(bad science)"도 종교 범주에 속했다. 여기서 나오는 예언 같은 내용은 오늘날 우리의 불신 때문이 아니라면 과학에 포함될 수도 있었을 것이다. 오늘날 더 이상 신도가 없는 신앙들도 종교로 분류되었다. 시간이 갈수록 과학으로 분류되는 내용은 점점 더 굳어졌다.

이 이야기를 도식화하면 [그림 6-5]와 같다. 종교는 과학에 비해 압도적이다가, 축의 시대를 전후로 최고점을 찍은 뒤로는 서서히 내려오더니, 과학 혁명이 시작되기 직전부터 약간 가파르게 떨어진다. 과학은

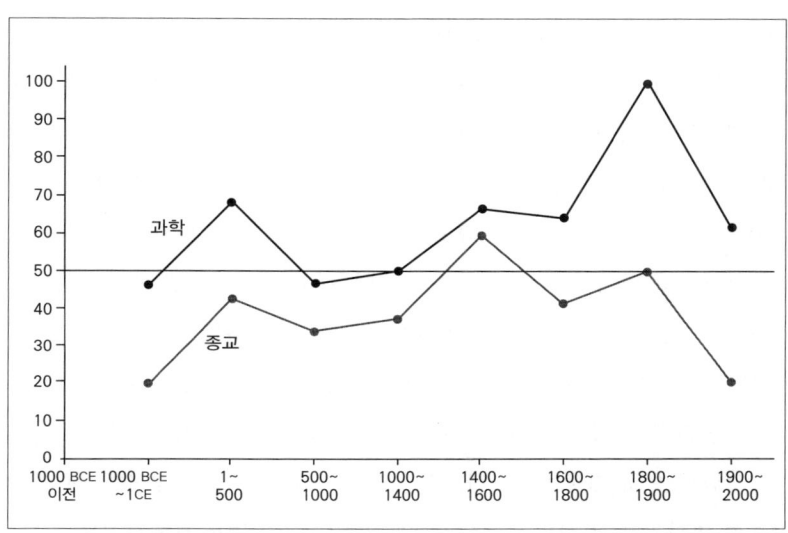

〔그림 6-6〕 세계사 교재에 수록된 과학과 종교 내용 중 "서양" 중심 서술의 비중

종교에 비해 훨씬 완만한 경사를 보인다. 과학의 최고점은 그리 크지는 않지만 두 번 나타나는데, 첫 번째가 축의 시대고 그다음으로 과학혁명 시대다(두 번째가 첫 번째보다 더 높지 않다). 그 뒤 살짝 떨어졌다가 완만하게 다시 올라가기 시작했다. 20세기가 되어서야 종교보다 과학 분야가 조금 더 많은 관심을 얻었을 뿐이다.

지리 정보에 주목하면 서양 대 비서양 문제가 교재에서 어떤 상황인지를 엿볼 수 있다. [그림 6-6]은 과학과 종교 양쪽 모두를 대상으로, 각 시대별로 서양을 우선시하는 비중이 얼마나 되는지를 보여주고 있다. (첫 번째 칸에는 데이터가 비어 있는데, 서양 대 비서양 구도가 후대에 생긴 것이라서 아주 먼 과거에는 그 구분이 사라져버리기 때문이다.) 모든 시대에서 과학 그래프가 종교 그래프보다 위에 그려져 있다. 이는 종교보다 과학 분야에서 서양에 초점을 맞추는 비중이 더 크기 때문이다. 과학 분야는 대부분의 시대에서 50퍼센트 선을 넘어가 있고, 종교는 반대로 대부분 그 선 아래에 있다. 다시 말해 과학을 거론할 때는 거의 언제나 비서양보다 서양에 중점을 두고 있고, 종교를 거론할 때는 반대로 거의 언제나 서양보다 비서양에 중점을 두고 있다. 종교가 50퍼센트 선을 넘은 시대는 딱 한 번뿐인데, 바로 1400년 이후 1600년까지 기독교 종교개혁 때였다. 동시에 이때는 과학 혁명의 초기 단계이기도 했다. 따라서 이 시대에 종교가 유럽으로 치고 들어온 것을 과학이 접수해서 과학은 더욱더 서양 쪽으로 기울어버렸다. 한편 과학 그래프는 두 번에 걸쳐 50퍼센트 선 아래로 내려갔다. 즉 서양보다 동양이 더 많이 거론된 시대가 두 번 있었다. 첫 번째는 기원전 제1천년기였다. 당시는 과학이 거의 거론되지 않는 시대이므로 마야 달력에 대한 논의가 조금만 나와도 그래프가 비서구 쪽으로 기울어버린다. 두 번째는 기원후 500년부터 1000년까지다. 이때는 유럽의 이른바 "암흑기(dark age)"였다. 두 개의 도표(그림 6-5, 그림 6-6)를 종합해보면, 과학이 가장 중요시되었던 시기에 서양 편향 또한 가장 심했다.

    인류 역사 대부분의 시기 동안 과학과 종교가 언제나 분명한 범주로 구획되어 있지는 않았다. 그래서 위의 조사가 시대에 딱 들어맞는다고는 할 수 없겠지만, 그래도 전체적인 역사적 경향을 드러내고 있다. 역사적으로 무신론자의 수는 워낙 적어서, 전 세계 종교 인구의 비중은 기본적으로 거의 변함이 없었다고 볼 수 있다. 그러나 세계사 교재에서는 그 비중이 일관되게 유지되지 않는다. 여기서 우리는 세계사의 시대구분 속에서 신앙과 지식의 비중이 인위적으로 꿰맞춰진다는 사실을 다시 한 번 확인할 수 있다. 이는 (이 글의 참고 문헌만 보더라도 드러나겠지만) 비단 역사학 분야에서만 그런 것이 아니라, (미래의 세계사 연구자가 포함된) 현재 대학생들에게 강의하는 내용이나 그들이 과거 교육 과정에서 들었던 과목에서도 마찬가지였을 것이다.

전망

앞에서 살펴본 유럽 중심주의가 정말 문제일까? 한편으로 우리는 이 문제에 지나치게 주목하느라 다른 문제들을 간과하는 경향이 있다. 이 글에서도 그렇지만 학계 전반에 대해서도 마찬가지다. 간과하는 많은 문제 중 대부분은 서양 대 비서양 문제보다 훨씬 더 흥미로운 주제들이다. 결국은 지식을 어떻게 구성할 것인가 하는 문제다. 다른 주제들도 유럽 중심주의와 관련이 있다. 예를 들어 많은 비판을 받았던 에드워드 사이드(Edward Said)의 오리엔탈리즘도 비서양에 관한 서양의 지식과 비서양을 지배하는 서양의 제국주의를 연결시켰다는 점에서 완전히 잘못된 것은 아니었다. 게다가 타문화를 연구할 때 자신이 속한 문화의 선입견을 배제하기란 쉬운 일이 아니다. 3세기 불교 철학서를 남긴 나가르주나(龍樹)는 비트겐슈타인과 함께 혹은 그 이후에 서양에서 주목을 받았다. 나가르주나는 비트겐슈타인보다 17세기나 앞선 시기의 인물이지만, 서양에서는 나가르주나를 비트겐슈타인주의자로 보려는 경향이 있었다.[52] 문화적 공약불가능성(cultural incommensurability, 같은 척도로 다른

---

52 Andrew P. Tuck, *Comparative Philosophy and the Philosophy of Scholarship:*

문화를 비교할 수 없음)이라는 개념은 비교 연구가 불가능한 이유를 열거할 때 기나긴 목록에 꼭 들어가는 말이다. 목록의 대부분은 고대의 지혜로도 충분히 예상 가능했던 이유들이다. 만약 누군가 장자(莊子)는 힌두 사상을 모른다고 말한다면, 장자는 그에게 "내가 그것을 아는지 모르는지 당신이 어떻게 알겠는가?"라고 질문할 것이다. 문화적 공약불가능성은 곧 개인 간의 공약불가능성으로 환원될 것이며, 이는 또한 모든 학문적 논의에 종말을 고할 것이다. 우리가 가진 지식의 지리적 구분을 부각한다면 서양과 비서양의 간극(최소한 역사학에서는 분명 이런 간극이 일부 존재한다)을 더욱 강조하는 의도치 않은 결과를 초래할 수도 있다.

가장 큰 장애는 서양 학자들이 상대적으로 비서양의 종교 및 지식에 대해 무관심하다는 데 있다. 이러한 무관심으로부터 무지가 비롯될 뿐만 아니라 비서양의 사람, 신앙, 지식에 대해 별로 알 필요가 없다는 인식까지 생겨난다. 영국, 캐나다, 미국 등지의 최우수 역사학과에서 보여주는 지리적 관심은 인구수가 아니라 1인당 GDP가 기준이다. 역사학의 전문성이란 바로 부의 역사 그 자체다. 서양의 역사학과에서는 서양사 전공자가 주도권을 가지고 있다. 특히 영국에서는 비서양의 역사와 짧고 가볍게 바람이 나는가 싶더니 곧이어 서양사가 더욱더 강화되는 경향을 보였다. 학문 단위가 지역별로 묶이다 보니 일부 비서양 역사 전공자는 통계상 잘 드러나지 않는 경우도 있다. 이런 점을 감안하더라도 전체 역사학과의 절반에서 아프리카가 빠져 있는 현실은 별로 나을 게 없다.[53]

On the Western Interpretation of Nagarjuna (Oxford: Oxford University Press, 1990) 참조.

비서양의 언어에 대해서는 상대적 관심이 더더욱 적다. 미국 대학교들의 외국어학과 입학자 중에서 비서양 언어 전공자는 7분의 1에 불과하다. 지난 50여 년 간 입학생 비중이 꾸준히 늘어나기는 했다. 1990년대 이전에는 일본어가 인기를 얻어 서서히 비중이 늘어나다가, 요즘은 중국어와 아랍어의 비중이 급증하고 있다. 이를 긍정적 현상으로 보기는 어려운데, 미국에서 언어를 전공하는 학생 수는 그대로인 반면 전체 대학생 수는 두 배로 늘어났기 때문이다.[54] 영국에서는 언어학 전공 학부생 가운데 약 10분의 1 정도가 외국어를 전공한다. (특히 영국에서 언어 전공자의 성비는 여학생이 남학생의 두 배인데, 비서양 언어 전공자를 보면 이 같은 성별 불균형이 없다.[55]) 지구상 전체 인류의 4분의 3이 비서양 언어를 모국어로 한다는 사실을 주목해보자. 그나마 영국보다는 형편이 조금 더 나은 미국 자료를 근거로 변화의 추세를 보더라도, 미국의 신입생 전공 등록 구성비가 전 세계 인구 구성비에 근접하려면 23세기는 되어야 할 것으로 예상된다.[56]

여기에는 언어 문제와 자료의 접근성 문제가 복잡하게 얽혀 있다. 유

---

53 Luke Clossey and Nicholas Guyatt, "It's a small world after all: The Wider World in historians' peripheral vision", *Perspectives on History* 51 (2013), 24-7.
54 다음 자료를 근거로 추정한 수치다. Nelly Furman, David Goldberg, and Natalia Lusin, "Enrollments in languages other than English in United States institutions of higher learning, Fall 2006", *Modern Language Association*, tables 4, 5, 6, and 8, accessed 23 August 2013, www.mla.org/2006-flenrollmentsurvey.
55 이 계산은 고등교육통계기관(Higher Education Statistics Agency)의 사이트를 참조한 것이다. Accessed 23 August 2013, www.hesa.ac.uk/index.php/component/option,com-datatables/Itemid,121/task,show-category/catdex,3/#subject.
56 희망적인 징조를 언급하자면, 언어의 세계사 분야에서는 비서양 언어를 연구하는 비중이 예외적으로 세계 인구 비중에 근접해 있다. 예를 들어 다음을 참조. Nicholas Ostler, *Empires of the Word: A Language History of the World* (New York: HarperCollins, 2005).

럽의 과학 혁명 이전에 생산된 무슬림 과학자들의 핵심적 논문들이 아직도 서양 언어로 번역되지 못했다.[57] 때로는 비서양 자료 원본 컬렉션 전체가 위험에 노출되기도 한다. 머지않아 팀북투에 있는 고문서 약 3만 점이 아흐메드 바바 연구소(Ahmed Baba Institute)의 새 건물로 피난을 할 것이다(아이러니하게도 최초의 고문서 피난소는 이슬람 반군들의 손쉬운 목표물이 되기도 했다). 사설 연구소에 보관되어 있는 수십만 점에 달하는 고문서의 운명이 어찌 될지는 알 수 없다. 우리가 그 자료들을 무시한다면 거기에 담긴 역사 또한 사라져버릴 것이다.

물론 우리는 언젠가 언어, 신앙, 지식의 역사학이 탄생하여 전혀 새로운 주제를 제시하고 의미상 핵심 변수들을 바꾸어놓을 수도 있다는 점을 간과해서는 안 된다. 오늘날 같은 디지털 시대에 우리는 개인당 연간 800메가바이트의 정보를 축적하고 있다. 이것이 물리적 저장 장치에 담겨서 우리를 짓누르지는 않지만 지성적으로는 이미 압도적인 양이다.[58] 아마도 정보의 오염으로부터 우리를 구원하기 위한 침묵의 평화 운동이 펼쳐질지도 모르겠다. 혹은 신비주의 승려들의 사원에서 분재(盆栽) 도서관을 만들 수도 있겠다. 데이비드 맥컬레이(David Macaulay)의 걸작 《미스터리 모텔(Motel of the Mysteries)》(1979)에서는 당시로서는 미래인 1985년에 몰려올 가상의 정크-메일 쓰나미 파국을 묘사하고 있다(아마도 이 책은 역사학에서 과거의 지식을 파악하고 신앙을 이해할 가능성을 통찰

---

57 Arun Bala, *The Dialogue of Civilizations in the Birth of Modern Science* (New York: Palgrave Macmillan, 2006).
58 Peter Lyman and Hal R. Varian, "How much information? 2003", accessed 23 August 2013, www2.sims.berkeley.edu/research/projects/how-much-info-2003/.

한 최고의 작품일 것이다). 아마도 미래의 관심은 언어, 믿음, 지식에서 침묵, 의심, 무지로 변화할 것이다.

상상력을 동원해 미래의 일을 추정해보는 것이 도움이 될지도 모르겠다. 다음 세기에 출간될 《북경 세계사》(북경대학교, 2174년 출간 예정)라는 책이 있다고 가정해보자. 미래의 역사학자들은 과거 22세기 초에 있었던 학계의 중심 이동을 기억할 것이다. 오래도록 아시아가 세계 경제를 주도하다가 마침내 22세기 초에 학계의 중심도 서양에서 동양으로 이동했다.[59] 중국과 인도의 과학자들은 힉스 입자 발견(중앙아시아의 우루무치에다 숨겨두기라도 했던 것일까?), 양성자 스핀 위기(proton-spin crisis), P-NP 문제 등을 비롯한 많은 문제를 해결하여 꾸준히 노벨상을 받아왔다. 아마도 누군가가 과학사에서 역사 코너를 펼쳐 본다면, 이전 세기보다 훨씬 더 많은 중국인의 이름을 보게 될 것이다. 물리학을 예로 들자면, 현대(그러니까 22세기) 물리학의 뿌리를 묵자(墨子)의 원자론과 연결시킬 것이다. 특별히 민속과학이라는 섹션이 박스 기사로 실려 있을 테고, 책을 마무리하기 전에 다문화에 특히 관심이 많은 편집자들의 글을 실었을 것이다. 여기에는 笛卡儿(디카러, Descartes)나 波义耳(보이얼, Robert Boyle) 같은 이름이 거론될 것이다. 학계에서 사용되는 1차 언어는 중국어가 될 테고, 영어권 학자들은 번역도 없이 불쑥 튀어나오는

---

[59] 2007년부터 2011년 사이 중국은 오프라인에서 출간된 논문 기준으로 세계 과학 연구 논문의 11퍼센트를 생산했다. 독자들이 이 글을 읽을 때쯤에는 아마도 그 비중이 두 배로 확대되어 있을 것이다. Jonathan Adams, David Pendlebury, and Bob Stembridge, *Building Bricks: Exploring the Global Research and Innovation Impact of Brazil, Russia, India, China and South Korea* (New York: Thomson Reuters, 2013), pp. 10-13.

고전 명구를 감내해야 하며 어떠한 특권도 인정받지 못할 것이다. 人不知而不慍, 不亦君子乎 - 论语(남이 알아주지 않더라도 화내지 않는다면 역시 군자가 아니겠는가 - 《논어》).

《북경 세계사》는 우리가 무엇을 모르고 있는지를 깨닫는 데 도움이 되겠지만, 그 또한 하나의 중심주의를 다른 중심으로 옮겨놓은 것에 불과하다. 우리의 상상력은 미래에도 크게 달라지지 않았을지 모른다. 책장에 꽂힌 책들을 참고해서 《25세기 달나라의 지구사》라는 책 표지를 만들 수도 있다. 지구와 멀리 떨어져서 만든 책이기 때문에 객관성은 보장되어 있을 것이다. 그런데 출판사 이름이 "코페르니쿠스 분화구 대학교 출판부(Copernicus Crater University Press)"라고 한다. 이 대학교의 이름은 상징적이면서도 역설적인 느낌을 준다. 달에 거주하는 사람들의 관점을 어찌 알겠는가? 아마도 그들의 관점은 달나라 식민지를 처음 개척하러 왔던 선조들이 가져온 신앙과 지식이 무엇이었나, 그리고 그들이 "종교"나 "과학"이라는 이름표가 붙은 박스에 어떤 자료를 담아 왔는가에 달려 있을 것이다. 또한 이에 못지않게 과연 그들이 무엇을 타고 달나라에 왔는지, 핵 추진 로켓을 타고 왔는지, 아니면 천사나 사천왕의 등에 업혀 왔는지에 달려 있을 것이다.

더 읽어보기

Asad, Talal, *Formations of the Secular: Christianity, Islam, Modernity*, Stanford, CA: Stanford University Press, 2003.

―――, *Genealogies of Religion: Discipline and Reasons of Power in Christianity and Islam*, Baltimore, MD: The Johns Hopkins University Press, 1993.

Bala, Arun, *The Dialogue of Civilizations in the Birth of Modern Science*, New York: Palgrave Macmillan, 2006.

Begun, David R. (ed.), *A Companion to Paleoanthropology*, Oxford: Wiley-Blackwell, 2013.

Cannon, Garland, *The Life and Mind of Oriental Jones: Sir William Jones, the Father of Modern Linguistics*, Cambridge: Cambridge University Press, 2006.

Chakrabarty, Dipesh, *Provincializing Europe: Postcolonial Thought and Historical Difference*, Princeton, NJ: Princeton University Press, 2000.

Christian, David, *Maps of Time: An Introduction to Big History*, Berkeley: University of California Press, 2004.

Clossey, Luke, "Asia-centred approaches to the history of the early-modern world", in David Porter (ed.), *Comparative Early Modernities: 1100-1800*, Basingstoke: Palgrave Macmillan, 2012.

Clossey, Luke, and Nicholas Guyatt, "It's a small world after all: The Wider World in historians' peripheral vision", *Perspectives on History* 51 (2013), 24-7.

Elshahkry, Marwa, "When science became Western: Historiographical reflections", *Isis* 101 (2010), 98-109.

Fan, Fa-ti, *British Naturalists in Qing China: Science, Empire, and Cultural Encounter*, Cambridge, MA: Harvard University Press, 2004.

Gamble, Clive, *Timewalkers: The Prehistory of Global Colonization*, Cambridge, MA: Harvard University Press, 1994.

Gombrich, Richard, *Theravada Buddhism: A Social History from Ancient Benares to Modern Colombo*, London: Routledge and Kegan Paul, 1988.

Grove, Richard H., *Green Imperialism: Tropical Island Edens and the Origins of Environmentalism, 1600-1860*, Cambridge: Cambridge University Press, 1996.

Hall, D. L., and R. T. Ames, *Thinking Through Confucius*, Albany: State University of New York Press, 1987.

Hart, Roger, "Beyond science and civilization: A post-Needham critique", *East Asian Science, Technology, and Medicine* 16 (1999), 88-114.

Hountondji, Paulin J., *African Philosophy: Myth and Reality*, Henri Evans (trans.),

London: Hutchinson University Library for Africa, 1983.
Howard, Thomas A., *Religion and the Rise of Historicism: W. M. L. de Wette, Jacob Burckhardt, and the Theological Origins of the Nineteenth-Century Historical Consciousness*, Cambridge: Cambridge University Press, 2000.
Huff, Toby, *Intellectual Curiosity and the Scientific Revolution: A Global Perspective*, Cambridge: Cambridge University Press, 2011.
_____, *The Rise of Early Modern Science: Islam, China and the West*, New York: Cambridge University Press, 1993.
Isaac, Glynn Lloyd, "Aspects of Human Evolution", in D. S. Bendall (ed.), *Evolution from Molecules to Men*, Cambridge: Cambridge University Press, 1983, pp. 509-43.
Joseph, George Gheverghese, *The Crest of the Peacock: Non-European Roots of Mathematics*, 2nd edn., London: Penguin Books, 2000.
Kippenberg, Hans, *Discovering Religious History in the Modern Age*, Princeton, NJ: Princeton University Press, 2002.
Landau, M., "Human evolution as narrative", *American Scientist* 72 (1984), 262-8.
Lloyd, Geoffrey E. R., *Adversaries and Authorities: Investigations into Ancient Greek and Chinese Science*, New York: Cambridge University Press, 1996.
_____, *Ancient Worlds, Modern Reflections: Philosophical Perspectives on Greek and Chinese Science and Culture*, New York: Oxford University Press, 2004.
Macaulay, David, *Motel of the Mysteries*, Boston: Houghton Mifflin, 1979.
Masuza, Tomoko, *The Invention of World Religions: Or, How European Universalism was Preserved in the Language of Pluralism*, Chicago: University of Chicago Press, 2005.
Morus, Iwan Rhys, *When Physics Became King*, Chicago: University of Chicago Press, 2005.
Nappi, Carla, *The Monkey and the Inkpot: Natural History and its Transformations in Early Modern China*, Cambridge, MA: Harvard University Press, 2009.
Needham, Joseph, *The Grand Titration: Science and Society East and West*, London: Allen & Unwin, 1969.
Noble, William, and Iain Davidson, *Human Evolution, Language and Mind: A Psychological and Archaeological Inquiry*, Cambridge: Cambridge University Press, 1996.
Norris, Pipa, and Ronald Inglehart, *Sacred and Secular: Religion and Politics Worldwide*, Cambridge: Cambridge University Press, 2004.
Odera Oruka, H. (ed.), *Sage Philosophy: Indigenous Thinkers and the Modern*

Debate on African Philosophy, Leiden: Brill, 1990.

Ostler, Nicholas, *Empires of the Word: A Language History of the World*, New York: HarperCollins, 2005.

Raj, Kapil, *Relocating Modern Science: Circulation and the Construction of Knowledge in South Asia and Europe, 1650-1900*, Basingstoke: Palgrave Macmillan, 2010.

Roberts, Lissa, "Situating science in global history: Local exchanges and networks of circulation", *Itinerario* 33 (2009), 9-30.

Safier, Neil, *Measuring the New World: Enlightenment Science and South America*, Chicago: University of Chicago Press, 2008.

Scharfstein, Ben-Ami, *A Comparative History of World Philosophy: From the Upanishads to Kant*, Albany: State University of New York Press, 1998.

Shapin, Steven, *The Scientific Revolution*, Chicago: University of Chicago Press, 1996.

Sivasundaram, Sujit, *Nature and the Godly Empire: Science and Evangelical Mission in the Pacific, 1795-1850*, Cambridge: Cambridge University Press, 2005.

Sivin, Nathan, "Why the Scientific Revolution did not take place in China - or didn't it?", in Nathan Sivin, *Science in Ancient China*, Aldershot: Variorum, 1995.

_____, "Sciences and the global: On methods, questions and theory", *Isis* 101 (2010), 146-58.

Stoczkowski, Wiktor, *Explaining Human Origins: Myth, Imagination, and Conjecture*, Cambridge: Cambridge University Press, 2002.

Tallerman, Maggie, and Kathleen R. Gibson (eds.), *The Oxford Handbook of Language Evolution*, Oxford: Oxford University Press, 2012.

Tuck, Andrew P., *Comparative Philosophy and the Philosophy of Scholarship: On the Western Interpretation of Nagarjuna*, Oxford: Oxford University Press, 1990.

van der Veer, Peter, *Imperial Encounters: Religion and Modernity in India and Britain*, Princeton, NJ: Princeton University Press, 2001.

Wolf, Eric R., *Europe and the People without History*, Berkeley: University of California Press, 1982.

CHAPTER 7

기술과 혁신의 역사

대니얼 헤드릭
Daniel R. Headrick

기술을 가진 동물은 인간뿐이다(기술이란 실용적 목적을 염두에 두고 재료나 에너지, 생물 등을 이용하는 것을 말한다). 따라서 기술은 곧 인류 역사와 함께 존재해왔다. 그럼에도 기술은 오래도록 역사학의 대상으로 인식되지 못했다. 최근에야 비로소 기술의 역사가 학자들의 관심 주제로 떠올랐으며, 주류 학문의 영역에 포섭되었다.

일상생활 도구 및 기술 관련 기사와 그림을 본격적으로 수록한 서양 최초의 저서는 드니 디드로(Denis Diderot)와 장 달랑베르(Jean d'Alembert)의 《백과전서(Encyclopédie)》(1751~1772)였다. 매우 공들여 만든 백과전서였지만, 이 책에 수록된 내용은 출간 후 얼마 지나지 않아서 곧바로 구식이 되고 말았다. 책이 발간될 당시, 즉 18세기 말은 과학과 기술 분야에서 많은 변화가 일어난 시기였기 때문이다. 출판사 측에서는 새로운 내용을 보충해 책을 다시 만들자고 제안했다. 새 책의 제목은 《질서 정연한 혹은 주제별로 정리한 백과전서(Encyclopédie Méthodique, ou par Ordre de Matières)》였다. 1782년에 착수한 이 작업은 애초 6권으로 기획되었지만, 예정을 훌쩍 넘겨 무려 200권으로 출간되었고 거의 팔리지도 않았다. 기술에 국한되지 않은 종합적 백과전서였지만 많은 지면에 걸쳐 당시의 기술들이 수록되었고, 이후 역사학자들에게는 매우 중요한 자료가 되어주었다. 한편 1794년 프랑스 혁명주의자들은 국립공예원(Conservatoire National des Arts et Métiers)을 설립했다. 이는 기술 관련 유물을 수집하고 연구하는 최초의 기관이었다.

기술에 대해 학문적 관심을 갖기 시작한 시기는 18세기까지로 거슬러 올라가지만, 기술과 기술 혁신의 역사가 본격적으로 서술된 것은 어디까지나 19세기적 현상이었다. 학문적으로 기술의 역사를 서술한 최초의 책은 폰 포페(von Poppe)의 《고대부터 현대까지 무역과 예술과 과학 분야의 모든 발명과 발견의 역사》였다.[1] 카를 마르크스(Karl Marx)는 기술 변화에 초점을 둔 역사적 유물론(historical materialism)을 본인 이론의 기초로 삼고, 이를 사회 진화의 원인으로 규정했다. 특유의 간결하고 힘찬 문장으로 그는 이렇게 말했다. "풍차는 봉건 영주의 세상을, 방직기는 산업 자본가의 세상을 만들었다."[2] 그들을 비롯하여 그 후계자들은 기술의 역사가 제기한 주요 질문들을 붙잡고 거듭 씨름했다. 기술 혁신은 어떻게 일어나는가? 왜 어떤 사회는 혁신을 허용하고, 또 어떤 사회는 거부하는가? 사회 속에서 왜 어떤 혁신은 성공하고, 어떤 혁신은 실패하는가? 개인, 조직, 사회의 어떤 역할이 혁신을 권장하거나 혹은 방해하는가? 과학과 기술의 관계는 무엇인가? 기술 혁신은 사회에 어떤 영향을 미치는가?

---

[1] Johann Heinrich Moritz von Poppe, *Geschichte aller Erfindungen und Entdeckungen im Bereiche der Gewerbe, Künste und Wissenschaften von der frühesten Zeit bis auf unsere Tage* (Stuttgart: Hoffman'sche Verlags-Buchhandlung, 1837).
[2] Karl Marx, *The Poverty of Philosophy* (Chicago: Charles H. Kerr, 1920), p. 119.

기술 분야의 대중 역사서

역사학자들과 철학자들이 기술의 문제를 논의하는 동안, 대중문화도 기술에 관심을 보였다. 19세기 중엽 엘리트 지식인들 사이에서 처음으로 기술사에 대한 관심이 싹틀 무렵, 일반 대중에게 훨씬 더 큰 영향을 미치는 현상이 나타났다. 바로 박람회 붐이었다. 1844년 〈프랑스 산업박람회(French Industrial Exposition)〉를 시작으로 국가별 산업 및 공예 박람회가 붐을 이루었다. 그러나 〈프랑스 산업박람회〉의 규모는 1851년 런던에서 개최된 〈만국산업제품박람회(Great Exhibition of the Works of Industry of All Nations)〉에 비할 바가 못 되었다. 런던 박람회는 거대한 온실에서 개최되었기 때문에 "수정궁 박람회(Crystal Palace Exhibition)"라는 별명을 얻었다(그림 7-1 참조). 〈만국산업제품박람회〉라는 명칭에 걸맞게 (대영제국이 세계에서 가장 앞서 나가는 분야인) 산업 생산품과 기계류가 전시되었을 뿐만 아니라, 세계의 농산물과 수공업 제품도 전시되었다. 수정궁 박람회는 이후 수많은 전시회 및 박람회의 모델이 되었다. 1889년과 1900년 파리, 1893년 시카고, 1939~1940년 뉴욕에서 개최된 박람회와 가장 최근에는 2010년 상해에서 개최된 박람회도 수정궁 박람회를 모델로 했다.

박람회를 비롯한 기술 전시회에서는 전통 기술보다 가장 최근의 혁신 기술을 우선시했다. 그러나 당시 전시회와 밀접하게 연관된 또 하나의 현상이 바로 과학 기술 박물관이었다. 이런 박물관이 처음 출현한 것은 2세기 전이지만, 그 이후로 꾸준히 번성해왔다. 국립공예원에는 일반 대중이 기계류를 관람할 수 있는 몇몇 전시실이 있었는데, 그것이 공예박물관(Musée National des Arts et Métiers)의 기원이 되었다. 이후 1986

[그림 7-1] 〈1851년 5월 1일 빅토리아 여왕의 박람회 개막 선언〉
헨리 코트니 셀루스(Henry Courtney Selous) 작, 1851~1852년, 캔버스에 유채,
빅토리아 앨버트 뮤지엄 소장.

년 파리 북동쪽 라빌레트(La Villette) 공원에 설립된 과학산업박물관(Cité des Sciences et de l'Industrie)은 훨씬 거대한 규모로 발전해서 유럽 최대의 과학 박물관이 되었다. 경쟁 박물관으로는 런던의 과학박물관(Science Museum), 시카고의 과학산업박물관(Museum of Science and Industry), 보스턴의 과학박물관(Science Museum), 뮌헨의 독일박물관(Deutsches Museum), 워싱턴의 스미소니언 미국역사박물관(Smithsonian Institution's Museum of American History) 등을 들 수 있다. "과학"이라는 명칭이 붙어 있지만 이 중 몇몇 박물관의 전시 내용과 유물은 대부분 일반인이 쉽게 관심을 가질 만한 응용과학 및 상업 제품들이다.

기술 전반을 주제로 하는 박물관 이외에 특수 분야의 기술을 전문으로 하는 박물관도 많이 생겼다. 옛날 기관차나 화물차를 가지고 있는 곳이면 어디라도 철도 박물관이 생겼다. 세계적으로 철도 박물관은 수백 곳이다. 미국에 52개, 독일에 34개, 영국에 26개의 철도 박물관이 있다. 민간 혹은 지방자치단체가 주로 철도 박물관을 설립했는데, 통계 수치뿐만 아니라 실제로 증기기관차가 끄는 기차도 전시되어 있어서 철도 마니아나 어린이들이 좋아하는 곳이다. 같은 맥락에서 (체험을 못 한다는 점에서 다르기는 하지만) 비행기 박물관이나 로켓 박물관도 생겨났다. 그 중에서 가장 우수한 박물관은 스미소니언 항공우주박물관(Smithsonian Institution's Museum of Air and Space)이다. 항공기나 우주선 관련 기기를 생산하는 거의 모든 나라에서 자국의 성과를 전시하는 박물관을 보유하고 있다. 이와 유사한 박물관으로 자동차 박물관, 선박 박물관, 시계 박물관, 컴퓨터 박물관 등등이 있다.

옛날 건물을 모아둔 "민속촌"도 빠트릴 수 없다(물론 대부분은 깨끗이 청소하고 잘 꾸며놓은 건물이다). 과거 장인들은 어떻게 실을 잣고, 편자를 박고, 배를 만드는 등의 일을 했는지를 연출해서 보여준다. 매사추세츠의 스터브리지 빌리지(Sturbridge Village), 버지니아의 콜로니얼 윌리엄스버그(Colonial Williamsburg)가 대표적인 민속촌이다. 물론 후기 산업화 시대의 정보화 세대에는 훨씬 더 앞선 기술적 진보가 이루어졌지만, 관광객은 이상화된 과거를 다시 체험하고자 하며 부모는 자식에게 "옛날이 좋았지"라는 식의 이야기를 들려주고자 한다.

대중 판매를 겨냥한 잡지의 출현 또한 기술에 관한 대중적 관심의 지표다. 미국에서 가장 먼저 출간된 이 분야의 잡지는 〈사이언티픽 아메리칸(Scientific American)〉으로, 1845년에 창간되었다. 제목은 과학이지만 대부분 발명에 관한, 즉 철도, 증기기관, 전등을 비롯한 기술적 내용이 수록되었다. 그 뒤를 이어 1872년 〈월간 대중과학(Popular Science Monthly)〉, 1902년 〈대중기계공학(Popular Mechanics)〉이 창간되었고, 다른 나라에서도 비슷한 부류의 잡지들이 뒤를 이었다.

휘그주의와 기술의 애국주의

기술의 역사를 논하면서 박람회나 박물관이나 잡지를 거론하는 것이 이상하게 여겨질 수도 있겠다. 그러나 특정 기술에 대한 대중의 관심과 열기가 있기 때문에 과학사 연구자들이 그 주제를 연구하게 된다. 철학사에서는 기술 및 기술사에 관한 대중적 관심을 휘그주의(Whiggism)의 영향이라고 본다.

휘그주의 역사 해석에는 두 가지 측면이 내포되어 있다. 첫째는 진보에 대한 믿음이다. 박람회, 박물관의 전시, 대중 잡지의 내용은 기술에 의한 도구의 발달에 초점을 맞춘다. 즉 최근의 발명을 통해서 더 빠른 속도, 더 강한 힘, 편리함, 안전함 등이 어떻게 구현되는지를 보여주고자 하는 것이다. 진보에 대한 믿음과 관련하여, 기술에 관한 대중 담론에는 또한 두 가지 관념이 내포되어 있다. 하나는 진보란 그 자체로 힘이 있어서 일반인의 통제를 넘어서는 것이고, 따라서 불가피하다는 관념이다. 다른 하나는 진보의 궁극적 원동력은 과학에서 나오는 것으로, 과학은 평범한 시민들이 이해할 수 있는 수준을 넘어선다는 관념이다. 그래서 예컨대 〈사이언티픽 아메리칸〉이나 〈대중과학〉 같은 잡지 제목이나, 시카고 과학산업박물관 같은 시설의 명칭에 "과학(science)"이라는 단어를 사용하는 것이다. 1933년과 1934년에 시카고에서 개최된 전람회 〈진보의 세기(the Century of Progress)〉 과학 전시실(Hall of Science)에는 과학만능주의와 기술 결정론 혹은 불가피론을 한마디로 보여주는 모토가 붙어 있었다. "과학은 발견하고, 산업은 적용하며, 인간은 그를 따른다(Science Finds, Industry Applies, Man Conforms)."

박물관에서 과거를 전시하고 잡지에서 관련 기사를 수록한 것은, 관광객이 증기기관차를 좋아하는 것처럼 부분적으로는 과거에 대한 향수에서 비롯된 일이었다. 그러나 과거 원시 시대부터 오늘날을 거쳐 미래에 이르는 기술의 진화를 보여주고자 하는 의도도 있었다. 대중이 좋아하는 이야기는 기술의 복음이었다. 독일 박물관에는 추체 Z3(Zuse Z3, 1941) 복제품이, 스미소니언 미국역사박물관에는 에니악(ENIAC, 1946) 부품이 전시되어 있다. 이를 본 관람객이 기계가 매우 복잡하다거나 굉장히 크다고 감탄하지는 않을 것이다. 관람객의 주머니에 들어 있는 스마트폰이 방 하나를 가득 채우는 거대한 기계 덩어리보다 훨씬 강력하고 속도도 빠르다고 해서 놀랄 일은 더더욱 아니다. 라이트(Wright) 형제의 플라이어(Flyer)나 찰스 린드버그(Charles Lindbergh)의 스피릿 오브 세인트 루이스(Spirit of Saint Louis)를 보는 관람객이, 워싱턴의 항공우주박물관에 전시를 보러 올 때 자신이 타고 온 제트 여객기와 전시 유물을 비교하지는 않을 것이다. 만약 이런 전시관에서 기술의 어두운 면을 보여주고자 한다면, 예컨대 1945년 히로시마에 최초의 원자폭탄을 투하했던 B-29 폭격기 에놀라 게이(Enola Gay)를 설명한다면, 애국심이 충만한 정치가의 항의가 즉각 튀어나올 것이다(그림 7-2 참조).

여기서 우리는 기술사에 관한 대중적 관심의 두 번째 측면을 엿볼

[그림 7-2] 에놀라 게이
제2차 세계대전 당시 일본에 최초의 원자폭탄을 투하한 보잉 B-29 폭격기.

수 있다. 바로 애국심이다. 대규모 과학 기술 박물관 전시의 대부분은 그 나라의 국가적 발명품과 공예품이다. 미국에서는 새뮤얼 모스, 토머스 에디슨, 헨리 포드, 라이트 형제 등 자랑스러운 미국인의 업적을 내세운다. 영국에서는 제임스 와트, 윌리엄 헨리 폭스 탤벗(사진 발명가들 중 한 사람), 찰스 휘트스톤과 윌리엄 포더길 쿡(전신 발명가들)의 업적을, 프랑스에서는 루이 다게르(사진 발명가들 중 한 사람), 몽골피에 형제(공기보다 가벼운 풍선 발명가들), 루이 파스퇴르, 클레망 아데르(열기구 비행체 발명가)의 업적을, 독일에서는 루돌프 디젤, 페르디난트 폰 체펠린의 업적을 내세울 것이다. 물론 하나의 발명에 여러 사람이 거론되는 경우도 있다. 전신의 경우 휘트스톤, 쿡, 모스, 사진의 경우 탤벗과 다게르, 비행체

[그림 7-3] 제임스 와트(1736-1819)의 증기기관 원형 올드 베스(Old Bess, c. 1778)

의 경우 아데르와 라이트 형제가 함께 거론된다. 그래서 몇몇 나라들은 최초라는 명성을 차지하기 위해 경쟁한다. 때로는 한 사람의 발명가가 여러 나라에 걸치는 경우도 있다. 예컨대 굴리엘모 마르코니(Guglielmo Marconi)는 아일랜드인 어머니와 이탈리아인 아버지 사이에서 태어났으며, 그가 개발한 무선통신 업적의 대부분은 영국에서 성취되었다. 전문기술사 연구자라면 여러 발명가와 복잡한 사회적 연관 관계에 주목하겠지만, 대중적으로 설명할 때는 국가적 측면이 강조된다. 박물관 전시나 대중 잡지 혹은 어린이 책의 경우, 기술의 역사는 정치나 군사 혹은 문학의 역사와 같은 방식으로 서술된다. 즉 아이들에게는 국가의 자부심을 가르치며, 시민들에게는 애국심을 강화한다. 이렇게 해서 애국심과 진보에 대한 믿음이 서로 결합된다(그림 7-3 참조).

잡지나 박물관 전시 이외에 기술의 역사와 관련해 우리가 주목해야 할 (마찬가지로 대개는 휘그주의와 내셔널리즘을 담고 있는) 또 한 가지 대중적 매체는 바로 화려한 도판을 수록한 커피 테이블 북이다. 비행기, 기차, 총기, 선박 등 기술 관련 사진집이 서점의 기술사 코너를 가득 채우고 있다. 단지 하드웨어에만 지나치게 편중된 한계가 있기는 하지만, 기술의 역사를 더욱 가치 있게 평가해주는 정보가 들어 있게 마련이다.

제2차 세계대전 이전의 학계 동향

학자들이 선입견에 치우치지 않는 학술적 방식으로 기술의 진화 과정을 이해하고자 할 때 마주치는 두 가지 큰 문제는 민족주의와 진보에 대한 신념이었다. 이 두 마리 코끼리가 방 안에 들어와 있었다(방 안 코끼리란 미국 속담으로, 사회적으로 확연히 드러나는 문제지만 너무 거대해서 사람들이 섣불리 거론하지 않고 애써 외면하는 문제를 일컫는 표현이다. – 옮긴이).

역사학자들은 일단 대학교 내에 교두보를 만든 다음, 이를 발판으로 기술의 역사 관련 학회를 설립했다. 이것이 바로 조지 사튼(George Sarton)의 업적이다. 그는 벨기에 출신의 화학자이자 수학자로, 미국으로 이민을 갔다. 그 뒤 과학의 세계사 관련 저술을 시작했는데, 중세 이슬람 과학에 대한 내용도 포함되어 있었다. 총 세 권으로 기획된 시리즈였지만, 1956년 그가 사망하기 전까지 제1권만 출간된 상태였다. 그는 일찍이 1912년 〈이시스(Isis)〉라는 저널을 창간했고, 1924년 과학사학회 (History of Science Society)를 설립하는 데 참여했으며, 1936년 〈오시리스(Osiris)〉라는 저널을 창간하기도 했다. 이 모든 활동이 과학사 연구에 기여했음은 물론이다. 그러나 그가 창간한 저널이나 참여한 학회에서는 기술 분야에 대해 부수적 관심을 두는 정도였다.

1929년 마르크 블로크(Marc Bloch)와 뤼시앵 페브르(Lucien Fèbvre)가 창간한 프랑스의 저널 〈아날(Annales d'Histoire Économique et Sociale)〉 또한 기술의 역사에 관심을 두었다. 비록 기술사를 중점적으로 다루지는 않았지만, 사회와 경제 문제에 초점을 맞추는 가운데 〈아날〉의 편집자들은 일상생활, 특히 시골 생활과 농업의 물질적 측면에 대단히 높은 관심을 기울였다.

기술의 역사 분야는 사회사나 경제사 혹은 과학사 분야에 비해 뒤처져 있었다. 초기에 설립된 학회나 저널에 참여한 사람들은 엔지니어들이었다. 이들은 자연스럽게 자신이 일하는 분야의 역사에 관심을 가졌던 사람들이다. 혹은 경력상 엔지니어 일을 하다가 나중에 전문 역사학자가 된 사람들도 있었다. 이들이 참여한 대표적 학회가 뉴커먼 소사이어티(Newcomen Society)였다. 엔지니어링과 기술의 역사 연구를 목표로 1920년에 설립된 이 학회는 런던의 과학박물관에 근거지를 두었으며, 증기기관을 처음 발명한 토머스 뉴커먼(Thomas Newcomen, 1664~1729)의 이름을 따서 명칭을 지었다. 뉴커먼 소사이어티에서 발간하는 〈트랜잭션스(Transactions, 회보)〉는 영국, 유럽, 북아메리카의 엔지니어링 역사에 초점을 맞춘 저널이었다. 1923년부터는 북아메리카에 지부를 설립해 미국 뉴커먼 소사이어티(Newcomen Society of the United

States)라고 했다. 미국 지부를 주도한 인물들은 사업가였는데, 미국 기업의 역사에 중점을 두었다. 학술적이라기보다 정치적 성격이 강했던 미국 뉴커먼 소사이어티는 활동을 이어가다가 2007년 문을 닫았다.

독일에서도 상당한 학술적 관심이 대두되었다. 루트비히 다름슈태터(Ludwig Darmstaedter), 에드문트 폰 리프만(Edmund O. von Lippman), 게오르그 노이데크(Georg Neudeck)의 저서에서 이러한 관심사를 확인할 수 있다. 벨기에에서도 아서 비렌딜(Arthur Vierendeel)이 관련 저서를 발간했다.[3] 독일과 벨기에에서 출간된 저서들도 앞서 언급한 폰 포페의 1837년 저술과 마찬가지로 백과사전식 구성으로 내부적 관점, 즉 기술 자체의 내용에 집중되어 있다. 다시 말해 중요한 발명가들의 성공적 발명품(역사상 "위인들")에 초점이 맞춰졌던 것이다. 기술과 관련된 사회 및 경제 환경에 관한 내용은 거의 없었다. 독일에서도 두 가지 학술 저널이 발간되었다. 1909년부터 라이프치히에서 발간된 〈자연학과 기술학 아카이브(Archiv für die Geschichte der Naturwissenschaften und der Technik)〉는 주로 과학에 중점을 두었고, 베를린에서 1909년부터 발간된 〈기술과 산업 학술 보고: 독일 엔지니어 조합 연감(Beiträge zur Geschichte der Technik und Industrie: Jahrbuch des Vereins deutscher Ingenieure)〉은 산업 기술 관련 내용을 주로 다루었다. 후자는 1933년부터 제목을 〈기술학

---

3 Ludwig Darmstaedter, *Handbuch zur Geschichte der Naturwissenschaften und der Technik* (Berlin: Julius Springer, 1908); Edmund O. von Lippman, *Beiträge zur Geschichte der Naturwissenschaften und der Technik* (Berlin: Julius Springer, 1923); Georg Neudeck, *Geschichte der Technik* (Stuttgart: W. Seifert, 1923); and Arthur Vierendeel, *Esquisse d'une histoire de la technique* (Brussels: Vromant, 1921).

(Technikgeschichte)》으로 변경했다.

이와 같은 경향에서 두 편의 예외가 있었다. 전쟁 이전 시기 미국에서 비주류의 시간을 견뎌낸 저작들이었다. 먼저 애벗 페이슨 어셔(Abbott Payson Usher)의 《기계 발명의 역사》다. 제목에서부터 짐작할 수 있듯이 이 책 또한 내부적 관점, 즉 기술 자체의 역사에 집중된 내용을 담았다. 그러나 처음 4개 장에서는 발명을 사회·문화적 맥락에서 이해하려는 일반 이론을 소개하고 있다.[4] 이보다 더 의미심장한 저술은 루이스 멈퍼드(Lewis Mumford)의 《기술과 문명》이다.[5] 1934년에 출간된 이 책은 거의 한 세기가 지난 오늘날에도 여전히 상당한 영향력을 미치고 있다. 멈퍼드는 20세기 중엽 미국 지성계의 주도적 인물이었다. 사회 비평과 미국 문명에 대한 그의 주장이 세상의 이목을 끌었다. 《기술과 문명》은 기본적으로 철학 서적인데, 기술(technology)을 더 폭넓은 "테크닉(technics)"의 맥락에 위치시켰다. 멈퍼드가 말하는 "테크닉"이란, 단지 기술적 장비나 프로세스에 국한되는 것이 아니라 그와 관련된 문화까지 포괄하는 의미였다. 그는 기술의 역사를 매우 넓은 범위로 포괄하면서 기원후 1000년부터 오늘날까지를 3단계로 나누었다. 1000년부터 1800년까지는 원시기술시대(Eotechnic)로, 당시에는 시계가 가장 중요한 발명품이었는데, 왜냐하면 시계를 통해 시간을 잘게 쪼갬으로써 자본주의 기업의 토대를 마련할 수 있었기 때문이다. 1800년부터 1900년까지는 고대기술시대(Paleotechnic)로, 이때는 산업과 거대도시, 비인간적 노동의

---

4 Abbott Payson Usher, *History of Mechanical Inventions* (New York: McGraw Hill, 1929).
5 Lewis Mumford, *Technics and Civilization* (New York: Harcourt Brace, 1934).

시대였다. 1900년 이후는 신기술시대(Neotechnic)로, 전기와 정보 처리 기계 및 통신 네트워크를 통해 고대기술시대의 위기로부터 인간을 해방시키는 시대다. 그러나 신기술시대 또한 대중교통과 광고라는 문제를 낳았다. 이로써 제2차 세계대전 이전까지 멈퍼드의 저서는 지나치게 기술 중심적이었던 기술사 분야의 연구 경향에 강력한 해독제로 기능했다.

제2차 세계대전 이후 기술사 분야의 인기와 관련 학회

제2차 세계대전 이전까지는 기술의 역사 분야가 학술적으로 온전히 정립되지 못했었다. 그러나 지속적인 대중적 관심에 힘입어 기술 관련 학술적 성과도 폭발적으로 늘어났다. 앞에서 언급했듯 세계적 박람회, 박물관 전시회, 대중 잡지 등이 제2차 세계대전 이후에는 더욱 많아졌다. 여러 가지 기계에 대한 관심에 더하여 제2차 세계대전 이후 신기술에 대한 열광이 파도처럼 밀려왔다. 대중매체는 연일 컴퓨터와 통신 기술을 극찬했고, 많은 사람들이 개인용 컴퓨터, 노트북, 휴대전화, PDA, 스마트폰, 내비게이션 등 신기술을 체험했다. 문서 작성 프로그램, 계산 프로그램, 전자우편, 인터넷, 페이스북, 트위터 등의 소프트웨어도 마찬가지였다. 신기술이 등장할 때마다 미디어는 열광적 찬사를 보냈고 과장된 광고가 넘쳐났다. 새로운 기술이 등장하면 과거의 기술과 비교하는 내용은 그 자체로 매일매일 기술의 역사를 갱신했다. 이 같은 개인적 차원의 신기술 이외에도, 냉전이 낳은 국가적 혹은 세계적 차원의 신기술들도 있었다. 특히 로켓이나 위성이 대표적 사례다. 인류가 달에 착륙한 1969년에 대중적 관심은 최고조에 달했다. 로켓과 우주 관련 전시회와 출판물이 셀 수 없이 넘쳐났다.

이처럼 신기술에 열광하는 분위기 속에서 기술의 역사 분야가 학문적으로 출현했다. 새로운 학문 분과의 출현을 분명하게 알려주는 지표는 학회 활동이었다. 1957년 기술 분야에 관심을 가진 네 명의 미국 학자들, 케이스웨스턴리저브대학교의 멜빈 크란츠버그(Melvin Kranzberg), 펜실베이니아대학교의 토머스 휴즈(Thomas P. Hughes), 노스웨스턴대학교의 칼 콘딧(Carl Condit), MIT의 존 래(John B. Rae)는 과학사학회에서 논의의 범위를 기술 분야까지 넓혀보려 했다. 그러나 학회에서 거부를 당한 이들은 1958년 새로운 학회를 설립했다. 기술사학회(Society for the History of Technology, SHOT)가 그것이었다. 이 학회는 설립 이듬해부터 〈기술과 문화(Technology and Culture)〉라는 학술지를 출간했다. 1981년까지 멜빈 크란츠버그가 편집을 맡았고, 1982~1995년 로버트 포스트(Robert Post), 1995~2010년 존 스타우덴마이어(John Staudenmaier), 2010년 이후로는 수잔 문(Suzanne Moon)이 편집을 책임졌다. 기술사학회(SHOT)는 또한 미국역사협회와 공동으로 〈역사적 관점에서 본 기술, 사회, 문화(Historical Perspectives on Technology, Society, and Culture)〉라는 소책자 시리즈를 출간했다. 처음부터 학회를 주도한 인물은 멜빈 크란츠버그였다. 그는 원래 유럽 정치·사회사를 전공했는데, 공학계 학교인 케이스웨스턴리저브대학교에서 강의를 맡은 뒤로 기술사에 관심을 가지기 시작했다. SHOT를 설립하고 〈기술과 문화〉를 창간했을 뿐만 아니라, 이 분야의 중요한 단행본을 공저로 출간하거나 편집하거나 때로는 필명으로 기사를 수록하기도 했다.[6]

6 예를 들면 *Technology in Western Civilization* (Oxford: Oxford University Press,

SHOT와 〈기술과 문화〉는 처음부터 폭넓은 논점을 다루었다. 기술을 사회·문화적 맥락에서 이해하고자 했기 때문이다. 학회 홈페이지에 이러한 의도를 분명하게 밝혀두었다.

> SHOT는 학제 간 조직으로서, 기계 장치와 프로세스의 역사뿐만 아니라 역사 속 기술에 대해서도 관심을 둔다. 이는 기술과 정치·경제·학문·예술의 관계, 생산 조직, 그리고 사회 속에서 인간의 차별에 미치는 영향 등을 포함한다. 특히 하나의 기술이 다양하게 쓰이는 기술의 재해석에 주목하는데, 이는 기술을 사용하는 사람들의 기대와 수요 및 이데올로기를 전제로 해야 비로소 기술이 "작동"한다고 믿기 때문이다.[7]

SHOT가 표방한 목표를 수행하기 위해 〈기술과 문화〉에는 세 방향의 글이 수록된다. (1) 기술의 맥락: 기술의 출현과 다양한 성공을 가져온 사회 및 문화적 배경, (2) 사회 및 문화에 미치는 기술의 영향, (3) 기술과 사회의 관계다. 〈기술과 문화〉는 기술의 성공뿐만 아니라 실패에 관한 기사도 수록한다. 이는 기술이 무조건 미래를 향한 진보의 역사를 써 나간다는 대중적 믿음, 즉 기술사에 대한 휘그주의적 해석을 뒤흔들었다.[8] 기술에 관심이 있는 역사학자와 사회학자뿐만 아니라 역사에 관

1967) 그리고 *Energy and the Way We Live* (Boston: Heinle and Heinle, 1980) 참조.
7 The Society for the History of Technology, accessed October 3, 2013, www.historyoftechnology.org.
8 〈기술과 문화〉 창간부터 1985년까지의 이야기는 John M. Staudenmaier, *Technology's Storytellers: Reweaving the Human Fabric* (Cambridge, MA: The MIT Press, 1985)의 핵심 주제다.

심이 있는 기술자도 글을 싣는다. 초창기의 글들은 주로 기술의 경제사적 측면, 사회와 기술의 상호 관계, 엔지니어링 기술에 관한 내용이었다. 최근에는 기술에 있어서의 젠더 이슈와 여성의 역할, 기술 변화가 기업과 노동에 미치는 영향까지 관심 범위를 넓혔다. 〈기술과 문화〉의 편집 방침은 휘그주의로부터 기술사 분야를 떼어놓고자 하지만, 수록되는 글들은 가장 유명한, 따라서 가장 성공적인 기술에 관한 내용이 여전히 많다. 말하자면 저널의 목표는 부분적으로만 달성된 셈이다.

이보다는 기술을 맹목적 애국주의자들로부터 떼어놓는 일에서 좀 더 성공을 거둔 것 같다. SHOT는 한정된 미국의 범위에서 벗어나보려는 노력의 일환으로 멜빈 크란츠버그는 유럽 기술사학자들과의 협력을 도모했다. 프랑스의 모리스 도마(Maurice Daumas), 폴란드의 에우제니우스 올제브스키(Eugeniusz Olszewski), 소비에트연방의 슈차르딘(S. J. Schuchardine)과 함께 1968년 국제기술사협회(International Committee for the History of Technology, ICOHTEC)를 설립한 것이다. 이 조직은 유럽 학자들이 서로 가깝게 만나는 기회를 제공하고 자신의 언어로 글을 실을 수 있는 기회를 부여했다(물론 주도적 언어는 영어였다). 뿐만 아니라 철의 장막(Iron Curtain)을 관통하여 기술이 자본주의 혹은 공산주의가 아닌 인류의 유산임을 보여주었다. ICOHTEC는 연례 학술대회에서 발표된 많은 논문들을 수록하여 〈아이콘(ICON)〉이라는 저널을 발간했다.

ICOHTEC와 별도로 SHOT에서 연례 학술대회에 참가하는 학자들의 여비를 후원했다. 최근에는 4년에 한 번씩 런던, 뮌헨, 웁살라, 암스테르담, 리스본 등지에서 학술대회가 개최되었다.

SHOT를 넘어서

기술사학회(SHOT)가 여러 방면으로 시야를 넓히는 데 성공하기는 했지만, SHOT 주최 학술행사에서 발표되는 논문이나 저널에 실리는 글의 내용은 여전히 근대 서양 기술, 즉 산업 혁명 이후 유럽과 북아메리카의 신기술 중심이었다. 〈기술과 문화〉 이외에도 기술의 역사 관련 저널이 곳곳에서 등장했다. 예를 들면 앞에서 언급한 독일의 〈기술학〉, 프랑스의 사회과학 연구 기관인 인간학 연구소(Maison des Sciences de l'Homme)에서 발행하는 〈기술과 문화(Techniques et Cultures)〉, 그리고 1976년부터 발행되는 〈영국 기술의 역사(British History of Technology)〉 등이다.

제2차 세계대전 이후 기술의 역사 관련 서적들도 워낙 많이 출간되었다. 우리가 언급할 수 있는 범위는 극히 일부에 지나지 않는다. 가장 주목할 만한 서적은 서양 기술사 전반을 포괄하는 백과사전식 저서들이다. 대표작으로는 찰스 싱어(Charles Singer), 홈야드(E. J. Holmyard), 홀(A. R. Hall)이 공동 편집한 《기술의 역사(A History of Technology)》를 들 수 있다. 이 시리즈는 옥스퍼드대학교 출판부에서 1954년부터 1978년까지 총 7권으로 출간되었다. 백과사전식 구성임에도 불구하고 내용은 내부적 시선, 즉 "어떻게 일이 일어났는가" 그리고 "무엇이 만들어졌는가"에 집중되어 있을 뿐, 왜 그 기술이 만들어졌고 사회적으로는 어떤 영향을 미쳤는가에 대한 내용은 빠져 있다.

프랑스에서도 비슷한 책이 출간되었다. 모리스 도마의 편집 아래 파리에서 1962년부터 1979년까지 5권으로 출간된 《기술의 일반 역사》라는 이 책의 영문판 제목은 《기술과 발명의 역사: 시대별 발전 과정》이었다. 영문판 제목이 오히려 이 책의 내부적 관점, 즉 기술에 국한된 내용과 휘그주의적 관점을 잘 표현하고 있다.[9] 아나톨리 알렉세예비치 즈보리킨(Anatolii Alekseevich Zvorykin)의 저작은 좀 더 넓은 시야를 갖지만 마르크스주의의 교조적 관점을 고수하고 있다. 1967년 라이프치히에서 출간된 독일어 번역본의 제목은 《기술의 역사》였다.[10] 멜빈 크란츠버그와 캐롤 퍼셀(Carroll Pursell)이 편집하여 1967년 미국에서 2권본으로 출간된 《서양 문명 속에서의 기술》은 앞의 책들과 같은 세대에 속하는 저작이지만, 학술 저널 〈기술과 문화〉의 편집자답게 훨씬 폭넓은 시야를 갖추었다.[11]

방법론

기술의 역사 연구자들은 일반 역사 연구자들과 거의 같은 연구 방법론을 채택하고 있다. 책을 읽고, 문서 보관소를 방문하고, 연구 논문을 찾아 읽는다. 그러나 때로 박물관이나 "민속 마을"을 방문하고, 과거의 산업을 연구하는 사람들은 버려진 방앗간, 채석장, 기계 등이 있는 현장을 직접 찾아가기도 한다. 심지어 공성전에 사용되었던 투석기나 고대 문헌에서 주로 모호하게 기록되어 있는 삼단노선(triremes) 같은 배를 다시 만들어서 작동시켜보기도 한다. 이 같은 "실습"을 통한 연구라는 측

---

9 Maurice Daumas, *Histoire générale des techniques* (Paris: Presses Universitaires de France, 1979); and Maurice Daumas, *History of Technology and Invention: Progress Through the Ages* (New York: Crown Publishers, 1970).
10 Anatolii Alekseevich Zvorykin, *Geschichte der Technik* (Leipzig: Fachbuchverlag, 1967).
11 Melvin Kranzberg and Carroll W. Purcell, Jr. (eds.), *Technology in Western Civilization* (New York: Oxford University Press, 1967).

면에서 보자면, 박물관이나 전시회에서 대중이 물질문화의 진보를 쉽게 체험하도록 흥밋거리를 제공하는 재료들이 심도 있는 학술 연구에 도움이 되기도 한다.

과학, 기술, 대학교

대학교는 그 성격상 보수적 기관이다. 새로운 분야에 문호를 (그리고 마음을) 여는 데 언제나 늦장을 부리기 마련이다. 기술의 역사 분야 또한 정확히 그러한 사례였다. 기술사학회(SHOT)가 설립되고 반세기가 지난 뒤에야 미국의 대학교에서 기술사 분야가 틈새를 발견하기 시작했다. MIT, 케이스웨스턴리저브대학교, 조지아공과대학교 등에서 자리가 났다. 주로는 기술 전공 학생들에게 교양 인문학 선택과목으로 제공되었는데, 학생들을 단순한 손재주의 기술자 이상으로 교육하고자 하는 의도였다. 그러나 종합대학교의 고급 과정에서는 여전히 기술사 분야가 받아들여지지 않았다. 여러 이유가 있겠지만 "육체노동"을 낮잡아 보는 선입견도 일부 작용했을 것이다. 이러한 선입견은 적어도 고대 그리스까지 그 역사가 거슬러 올라간다. 또 다른 일부 이유를 찾자면, 제1차 세계대전 이후 고등 교육 과정에서 과학사가 주요 과목으로 자리 잡은 탓도 있었다. 과학사의 내용은 철학과 자연과학이 밀접하게 협력함으로써 순수 학문의 영역에서 귀한 대접을 받았고, 나아가 인류의 진보를 그려 보이는 데도 기술 분야보다 과학사가 더 낫다고 볼 여지가 있었다.

엄밀한 의미로 규정하자면, 기술의 역사는 제한된 교육기관에서만 교과과정으로 채택되었던 것이 사실이다. 그러나 폭넓은 의미에서 보자면, 여러 학과에서 기술사 교육이 행해지고 있었다. 군사사(軍事史)에는 무기나 전술 관련 내용이 가득했다. 의학사(醫學史)는 의과대학교의 교과과정에 포함된 경우가 많았는데, 이 또한 기술의 역사 분야와 맞닿은 면이 있었다. 건축사(建築史) 역시 예술 및 건축 전문학교뿐만 아니라 많은 대학교의 미술사학과 교과과정에 포함되어 있었다. 또한 기술의 역사와 매우 밀접한, 그러나 문화와 시대를 달리하는 분야가 바로 고고인류학이다. 고고인류학과에서는 문헌 자료에 의존하는 대신 고대 무문자 시대 사람들이 남긴 유물과 물질문화에 주목을 하지 않을 수 없다. 대표적 사례로 인류학자 레슬리 화이트(Leslie White, 1900~1975)를 들 수 있는데, 그가 생각했던 내용은 기술의 역사와 겹치는 측면이 많다. 레슬리 화이트는《문화과학》과《문화의 진화》에서,[12] 인간 사회의 사회문화적 진보와 기술의 수준을 동일시했다. "사회 시스템은 기술 시스템에 의해 결정된다."[13] 문화의 진화 단계는 그 사회 구성원 1인당 에너지 사용량에 의해 결정되는데, 인간의 근육을 에너지원으로 사용하는 수렵채집 단계에서 동물을 이용하는 유목 및 농업의 단계로, 화석 연료에 의존하는 산업사회의 단계로, 그리고 핵을 이용하는 단계로 진화한다는 주장이다. 요컨대 레슬리 화이트는 입추의 여지가 없을 만큼 전적인 기술결정론자였다.

---

12 Leslie White, *The Science of Culture: A Study of Man and Civilization* (New York: Farrar, Straus and Company, 1949); and Leslie White, *The Evolution of Culture: The Development of Civilization to the Fall of Rome* (New York: McGraw-Hill, 1959).
13 Leslie White, "Energy and the evolution of culture," in Henrietta L. Moore and Todd Sanders (eds.), *Anthropology in Theory: Issues in Epistemology* (Oxford: Blackwell, 2006), p. 108.

사회적 맥락에서의 기술

제2차 세계대전 이후 백과사전식 시리즈가 많이 출간되었고, 그럼에도 그 내용은 기술 분야의 내부적 시선에 머물러 있는 경우가 많았지만, 이와 달리 사회적 맥락에서 기술을 파악하고자 하는 시도들 또한 나타났다. 기술을 사회적 맥락에서 바라보는 신세대 역사가 최초의 업적은 루이스 헌터(Louis C. Hunter)의 《웨스턴 리버의 증기선: 경제 및 기술의 역사》였다.[14] 부제목이 말해주듯이, 증기선 교통의 역사와 선박 및 항해 기술의 역사를 결합시킨 책이다.

린 화이트 주니어(Lynn White Jr., 1907~1987)의 1962년 저서 《중세의 기술과 사회 변화》도 새로운 접근법으로 자주 거론된다.[15] 린 화이트는 중세사 전문가로 프린스턴, 스탠퍼드, UCLA 등지에서 강의했고, 캘리포니아 오클랜드에 있는 밀스대학교(Mills College) 학장을 역임하기도 했다. 문화사에서는 유럽 중세를 주로 "암흑기(Dark Ages)"로 설명하지만, 그는 저서에서 중세 초기가 기술적으로 전혀 암흑기가 아니었음을 보여주었다. 오히려 기술 혁신이 이루어졌고, 풍차나 수차 같은 신기술이 등장했으며, 말 목사리(horse collar)와 등자가 출현했고, 특히 농업에서 삼포식(三圃式, three-field system, 유럽식 윤작 – 옮긴이)이 개발되었다고 한다. 린 화이트는 1967년 〈환경 위기의 역사적 근원〉이라는 논문을 〈사이언스〉에 발표했다. 이 유명한 논문에서 그는 서양 기술의 기원

---

14 Louis C. Hunter, *Steamboats on the Western Rivers: An Economic and Technological History* (Cambridge, MA: Harvard University Press, 1949).
15 Lynn White, Jr., *Medieval Technology and Social Change* (Oxford: Clarendon Press, 1962).

이 중세까지 거슬러 올라가며, 중세 유럽인이 성경에서 발견한 종교적 믿음, 특히 신이 인간이 쓰도록 자원을 비축해둔 저장 창고가 바로 자연이라는, 인간의 오만한 생각이 영향을 미쳤다고 주장했다.[16]

루이스 헌터와 린 화이트의 뒤를 이어 기술과 사회의 관계를 추적하는 역사학자들이 출현했다. 헌터나 화이트만큼 과감하지는 않았지만 양자의 관계, 특히 근대 미국과 유럽을 배경으로 기술과 사회의 관계를 상당히 섬세하게 추적했다. 린 화이트의 뒤를 이은 세대로 대표적인 인물은 토머스 휴즈였다. 그는 기술사학회(SHOT)의 공동 설립자 가운데 한 사람으로, 펜실베이니아대학교 교수로 오래도록 재직했다. 대표작 《권력의 네트워크: 서구 사회의 전기 보급, 1880-1930》에서 토머스 휴즈는 미국, 영국, 독일의 전기 네트워크 성장 과정을 비교했다.[17] 이 과정을 거치면서 혁신적 아이디어, 디자인, 기계가 복잡한 네트워크와 시스템으로 이동했다. 시스템 이론가로서 그는 기술적 계기(technological momentum)와 기술의 사회적 구성(social construction of technology)이라는 개념을 도입했다(이 점에 대해서는 아래에서 좀 더 논의한다). 토머스 휴즈는 또한 거시적 관점으로 유명했는데, 《미국 창세기》라든가 《인간이 건설한 세계》가 그러한 사례였다.[18]

---

16 Lynn White, "The historical roots of our ecologic crisis," *Science* 155 (10 March 1967), 1,203-7.
17 Thomas P. Hughes, *Networks of Power: Electrification in Western Society, 1880-1930* (Baltimore, MD: The Johns Hopkins University Press, 1983).
18 Thomas P. Hughes, *American Genesis: A Century of Innovation and Technological Enthusiasm, 1870-1970* (New York: Viking, 1989); and Thomas P. Hughes, *The Human-Built World: How to Think about Technology and Culture* (Chicago: University of Chicago Press, 2004).

기술 혁신의 사회적 맥락을 밝히는 데 기여한 또 한 사람의 역사학자로 메릿 로 스미스(Merritt Roe Smith)를 들 수 있다. 그는 MIT에서 역사를 강의하는 교수이며, 과거 SHOT 회장을 역임했다. 1977년 그의 저서 《하퍼스페리 무기고와 신기술: 변화의 도전》이 출간되었을 때, 이 책은 기술사 분야의 새로운 시대를 알리는 신호탄으로 평가되었다. 이 책은 하퍼스페리 무기고(1794~1861)의 진화 과정을 미국의 사회·정치적 맥락에서 설명하면서, 무기 제조 기술이 실행되는 문화적 조건을 강조했다.[19] 《하퍼스페리 무기고와 신기술》은 SHOT로부터 레오나르도 다빈치상(Leonardo da Vinci Prize)을 수상했다. 또한 미국역사가협회(Organization of American Historians, OAH)로부터 잭슨터너상(Jackson Turner Prize)을 받기도 했는데, 이는 일반 역사학자들로부터 기술사 분야의 학술성을 인정받는 계기가 되었다.

최근 들어 SHOT와 기술의 역사 분야는 여러 방향으로 시야를 확장하고 있다. 새로운 경향 가운데 가장 뚜렷한 하나의 흐름은 기술 속에서 여성에 관심을 두는 연구다. 이들은 여성의 창조적 측면뿐만 아니라 소비 측면에도 관심을 기울인다. 루스 슈워츠 코완(Ruth Schwartz Cowan)은 이러한 경향을 대표하는 연구자로, 뉴욕주립대학교 스토니브룩캠퍼스에서 오랫동안 강의하다가 2002년 펜실베이니아대학교로 자리를 옮겼다. 메릿 로 스미스처럼 루스 코완 역시 SHOT 회장을 역임했으며, 레오나르도다빈치상을 수상한 바 있다. 루스 코완의 가장 유명한 업적은

---

19 Merritt Roe Smith, *Harper's Ferry Armory and the New Technology: The Challenge of Change* (Ithaca, NY: Cornell University Press, 1977).

《일을 더 해야 하는 어머니: 벽난로에서 전자레인지까지 가전제품 기술 발달의 역설》이다. 이 책에서는 가전제품을 비롯한 가정 내 도구가 기술적으로 발전할수록 가정주부의 가사 노동이 증가하는 예상치 못한 결과를 추적한다.[20]

때로는 기술 혁신이 워낙 중요해서 일반적으로 사회경제사적 측면에서 그 시대를 연구하더라도 기술 문제를 피해 갈 수 없는 경우가 있는데, 이는 비록 전문 기술 분야에 국한된 주제가 아니지만 기술사에서 도외시할 수 없다. 가장 고전적인 사례가 영국 및 유럽의 산업혁명이다. 너무나 중요한 이 주제를 다룬 업적으로 두 편의 저서를 언급하자면, 1948년에 출간된 이후 수차례 개정판을 거듭했던 애슈턴(T. S. Ashton)의 《산업혁명, 1760-1830》과[21] 데이비드 랜디스(David Landes)의 대표작 《속박에서 풀려난 프로메테우스: 1750년에서 현대까지 서유럽의 기술 변화와 경제 발전》이 있다.[22] 이 두 편의 저서는 모두 저명한 경제학자의 저술로, 산업 혁명이 서양사에서 워낙 극적인 터닝포인트였기 때문에 기술의 변화를 심도 있게 다루며 상당한 지면을 할애했다.

---

20 Ruth Schwartz Cowan, *More Work for Mother: The Ironies of Household Technology from the Open Hearth to the Microwave* (New York: Basic Books, 1983).
21 T. S. Ashton, *The Industrial Revolution, 1760-1830* (London: Oxford University Press, 1948).
22 David Landes, *Unbound Prometheus: Technological Change and Economic Development in Western Europe from 1750 to the Present* (Cambridge: Cambridge University Press, 1969).

서양을 넘어서

지금까지 언급한 기술사 분야의 저서와 저널은 점점 다채롭고 새로워지기는 했지만 주로 유럽과 북아메리카에 관련된 내용이었다. 그러나 기술사 이외 분야에서도 훌륭한 연구들이 많이 등장했다. 일찍이 기술사에 관심을 두거나 다른 문명을 연구한 성과들이 해당 분야의 학술지에 논문을 발표했었다. 예를 들면 〈근대 아시아 연구(Modern Asian Studies)〉, 〈아프리카 연구 리뷰(African Studies Review)〉, 〈라틴계 미국인의 역사 리뷰(Hispanic American Historical Review)〉, 〈아프리카 연구 저널(Journal of African Studies)〉 등이다. 이외에도 영어가 아닌 다른 언어로 수많은 저널에 기술의 역사 관련 논문이 수록되어 있다. 앞에서도 언급한 바와 같이 물질문화를 폭넓게 다루는 고고인류학에서도 특정 시기와 장소를 대상으로 기술사 연구가 종종 이루어진다.

최근에는 역사학자들이 세계사에 많은 관심을 두고 있다. 기술의 세계사도 그 일환인데, 모든 문화 및 문명을 포괄하고자 한다. 바츨라프 스밀(Vaclav Smil)의 《세계사에서의 에너지》는 한 세대 이전에 레슬리 화이트가 시도했던 것과 같은 접근을 통해 기술의 진보를 문명 진화의 핵심으로 이해했다. 너무 간략하기는 하지만 아널드 파시(Arnold Pacey)의 《세계 문명에서의 기술》이나 대니얼 헤드릭(Daniel Headrick)의 《기술: 세계사》는 보다 더 균형 잡힌 시각을 보여준다.[23]

---

23 Vaclav Smil, *Energy in World History* (Boulder, CO: Westview Press, 1994); Arnold Pacey, *Technology in World Civilization: A Thousand-Year History* (Oxford: Basil Blackwell, 1990); and Daniel R. Headrick, *Technology: A World History* (New York: Oxford University Press, 2009).

서양 바깥에서 기술사 연구는 아직 상당히 뒤처져 있다. 예외적으로 주목할 만한 독특한 업적이 하나 있는데, 바로 조지프 니덤(Joseph Needham, 1900~1995)의《중국의 과학과 문명》시리즈다.[24] 조지프 니덤은 발생학(embryology)을 전공했으며, 그의 저서《화학적 발생학(Chemical Embryology)》(1931)은 그 분야의 고전으로 일컬어진다. 케임브리지대학교에서 강의를 할 때 그는 세 명의 중국인, 즉 노규진(魯桂珍), 왕응래(王應睞), 심시장(沈詩章)으로부터 영향을 받았다. 이들을 통해 조지프 니덤은 중국어를 배우고, 중국의 과학과 기술에 관심을 가지게 되었다. 제2차 세계대전 당시 국민당 정부 치하 중국에서 영국의 연락장교로 근무한 그는 중국 각지를 여행하면서 관심 분야의 고서와 고문서를 모았다. 그는 케임브리지로 돌아온 뒤 역사학자 왕령(王鈴)과 협력하여 여러 권으로 구성된 연구 기획을 시작했고, 1954년에 그 첫 권이 출간되었다. 니덤은 공동 연구자 몇몇의 도움을 받아 15권을 저술했으며, 그가 사망한 뒤에도 시리즈는 계속되어 현재 제24권까지 출간되었다. 아마도 이는 20세기 기술사 연구 중 최고의 업적이라 해도 손색이 없을 것이다.

"기술(technology)"이라는 단어가 조지프 니덤의 대표작 제목에 직접적으로 포함되지는 않았지만 그가 저술한 책들 가운데 상당수는 기계 엔지니어링, 선박 건조, 항해, 종이와 인쇄, 화약과 미사일, 제철, 도자기 제조, 농업 등의 기술 관련 주제를 다룬다. 방대한 저술을 통해 조지

---

24 Joseph Needham (ed.), *Science and Civilisation in China* (Cambridge: Cambridge University Press, 1954).

프 니덤과 그 동료들은 중국이 15세기까지 기술로는 세계 최고였으며, 몇 가지 핵심 발명품들, 예컨대 나침반, 화약, 종이, 인쇄술 등을 서양에 전해준 사실을 보여주었다. 그 과정에서 이른바 "니덤의 질문(Needham Question)", 즉 "왜 유럽이 혁신을 거듭할 때 중국은 혁신을 중단했는가?"라는 질문은 단지 중국 전문가뿐만 아니라 학계 전반에 중요한 과제를 던져주었다. 이 질문은 최근 중국이 최첨단 기술에 접근하며 세계 경제의 선두로 올라서려 하는 시점에서 대중적 관심을 끌고 있다.

서양이나 중국의 기술사를 제외하고 다른 문명의 기술사에 대한 연구는 아직 뒤처져 있다. 그럼에도 불구하고 몇 가지 중요한 예외를 언급하지 않을 수 없다. 그중 리처드 불리엣(Richard Bulliet)의 《낙타와 바퀴》는, 메소포타미아에서 기원해 중동과 유럽 및 아시아로 확산되었던 바퀴 달린 차량이 왜 로마제국 시기와 그 이후 낙타에게 운송 수단의 우선순위를 내주게 되었는지를 설명한다.[25]

비서구 문화의 기술사와 더불어, 몇몇 역사학자들은 기술사가 문명 교류를 이해하는 유용한 창구임을 발견했다. 대표적으로 《군사 혁명: 무기 신기술과 서양의 부상, 1500-1800》의 저자 제프리 파커(Geoffrey Parker)를 들 수 있다. 이 책에서 그는 무기, 전술, 전략이 어떻게 전쟁을 바꾸었는지 살펴보면서, 비단 유럽뿐만 아니라 유럽과 중동, 유럽과 아시아, 유럽과 아메리카의 전쟁도 함께 검토했다.[26] 비교사적 군사사 연

---

25 Richard Bulliet, *The Camel and the Wheel* (Cambridge, MA: Harvard University Press, 1975).
26 Geoffrey Parker, *Military Revolution: Military Innovation and the Rise of the West, 1500-1800* (Cambridge: Cambridge University Press, 1988).

구로 또 하나 언급해야 할 주요 저작은 케네스 체이스(Kenneth Chase)의 《화약 무기: 1700년 이전까지의 세계사》다. 이 책은 폭약과 화약 무기가 중국에서 발명되었음에도 불구하고 유럽과 중동에서 훨씬 큰 영향을 미쳤고, 발명 이후 몇 세기 동안 일본에서는 도입이 금지되었다는 사실을 추적했다.[27]

비슷한 맥락에서 카를로 치폴라(Carlo Cipolla)는 기술적 관점에서 서양과 타자의 만남을 고찰한 두 권의 저서를 발표했다. 《유럽 확장 초기 단계에서의 대포, 범선, 제국, 1400-1700》에서는 근대 초기 유럽 제국주의를 설명하는 데 있어 신기술의 중요성을 보여주었으며, 《시계와 문명, 1300-1700》에서는 시계를 통해 유럽과 중국에서 시간과 시간 계측의 이해가 어떻게 달랐는지를 보여주었다.[28]

카를로 치폴라의 뒤를 이어 제프리 파커와 대니얼 헤드릭도 서양 제국주의의 중요한 기술적 요인을 밝혀냈는데, 《제국의 도구: 19세기의 기술과 제국주의》, 《진보의 촉수: 제국주의 시대의 기술 전파, 1850-1940》, 《사람들을 다스리는 권력: 기술, 환경, 서양 제국주의, 1400년부터 현대까지》 이상 세 권이다.[29]

---

27 Kenneth Chase, *Firearms: A Global History to 1700* (New York: Cambridge University Press, 2003).
28 Carlo Cipolla, *Guns, Sails and Empires in the Early Phases of European Expansion, 1400-1700* (New York: Minerva Press, 1965); and Carlo Cipolla, *Clocks and Culture, 1300-1700* (London: Collins, 1967).
29 Daniel R. Headrick, *The Tools of Empire: Technology and Imperialism in the Nineteenth Century* (New York: Oxford University Press, 1981); Daniel R. Headrick, *The Tentacles of Progress: Technology Transfer in the Age of Imperialism, 1850-1940* (New York: Oxford University Press, 1988); and Daniel R. Headrick, *Power Over Peoples: Technology, Environments, and Western*

미래의 동향

역사학자들은 기본적으로 미래에 대해 논의하기를 꺼려한다. 특히 자신의 전공 분야에 대해서는 더더욱 그러하다. 그러나 기술사 분야의 미래를 예측할 수 있는 몇 가지 전조가 이미 드러나 보이고 있다. 먼저 기술의 사회적 구조를 살펴보는 과학사회학과 거시적 기술 시스템을 연구하는 하나의 경향이 있는데, 토머스 휴즈 등이 이러한 경향의 선구자였다. 사회 구조에 초점을 맞추는 연구자들은, 기술이란 발명가의 머릿속에서 완성되는 것이 아니라 혁신을 추구하는 사람들, 기업가, 시장 상인, 제조업자, 소비자, 미디어, 정부, 기타 사회단체의 협력과 갈등 속에서 탄생하는 결과물이라고 본다. 결과적으로 사회 구조론자들은 오래도록 기술사 분야를 주름잡아온 휘그주의의 기술 결정론에 반기를 들고 있다. 심지어 기술이 물리 법칙과는 상관없이 전적으로 사회적 관심의 산물이라는 극단적 주장도 있다. 이러한 관점에 따른 접근이 가장 확연한 책이 바로 《기술 시스템의 사회적 구성: 사회학과 기술사 연구의 새로운 방향》이다.[30]

마지막으로 기술 혁신의 역사가 방향이 잘못되었다고 지적하는 한 권의 책을 언급해야겠다. 데이비드 에저튼(David Edgerton)이 저술한 《오래된 것들의 충격: 1900년 이후 기술과 지구사》가 바로 그 책이다.[31]

Imperialism, 1400 to the Present (Princeton, NJ: Princeton University Press, 2010).
30 Wiebe E. Bijker, Thomas P. Hughes, and Trevor Pinch (eds.), *The Social Construction of Technological Systems: New Directions in the Sociology and History of Technology* (Cambridge, MA: The MIT Press, 1987).
31 David Edgerton, *The Shock of the Old: Technology and Global History Since 1900* (New York: Oxford University Press, 2007).

옛날 기술을 이해하는 것이 기술사 연구의 새로운 규범이 될 수 있을까? 주은래(周恩來)가 프랑스혁명의 영향을 두고 했던 유명한 말이 떠오른다. "그걸 말하기에는 너무 이른 감이 있군요."

더 읽어보기

Arthur, W. Brian, *The Nature of Technology: What It Is and How It Evolves*, New York: Free Press, 2009.
Ashton, T. S., *The Industrial Revolution, 1760-1830*, London: Oxford University Press, 1948.
Bulliet, Richard, *The Camel and the Wheel*, Cambridge: Cambridge University Press, 1975.
Chase, Kenneth, *Firearms: A Global History to 1700*, New York: Cambridge University Press, 2003.
Cipolla, Carlo, *Clocks and Culture, 1300-1700*, London: Collins, 1967.
Cowan, Ruth Schwartz, *More Work for Mother: The Ironies of Household Technologies from the Open Hearth to the Microwave*, New York: Basic Books, 1983.
Derry, T. K., and Trevor I. Williams, *A Short History of Technology from Earliest Times to A.D. 1900*, Oxford: Clarendon Press, 1960.
Edgerton, David, *The Shock of the Old: Technology and Global History Since 1900*, Oxford: Oxford University Press, 2007.
Ferguson, Eugene S., *Bibliography of the History of Technology*, Cambridge, MA: Society for the History of Technology, 1968.
Headrick, Daniel, *Power Over Peoples: Technology, Environments, and Western Imperialism, 1400 to the Present*, Princeton, NJ: Princeton University Press, 2010.
_____, *Technology: A World History*, New York: Oxford University Press, 2009.
Hughes, Thomas P., *Networks of Power: Electrification in Western Society, 1880-1930*, Baltimore, MD: The Johns Hopkins University Press, 1983.
Mokyr, Joel, *The Lever of Riches: Technological Creativity and Economic Progress*, New York: Oxford University Press, 2009.
Mumford, Lewis, *Technics and Civilization*, New York: Harcourt Brace, 1934.
Needham, Joseph (ed.), *Science and Civilisation in China*, 7 vols., Cambridge: Cambridge University Press, 1954-2004.
Pacey, Arnold, *Technology in World Civilization: A Thousand-Year History*, Oxford: Basil Blackwell, 1990.
Parker, Geoffrey, *The Military Revolution: Military Innovation and the Rise of the West, 1500-1800*, Cambridge: Cambridge University Press, 1988.
Singer, Charles, A. R. Hall, E. J. Holmyard, and Trevor I. Williams (eds.), *The History of Technology*, 5 vols., Oxford: Clarendon Press, 1958.

Smith, Merritt Roe, *Harper's Ferry Armory and the New Technology*, Ithaca, NY: Cornell University Press, 1977.
Usher, Abbott Payson, *A History of Mechanical Inventions*, New York: McGraw Hill, 1929.
White, Lynn, Jr., *Medieval Technology and Social Change*, London: Oxford University Press, 1962.

CHAPTER 8

인류 역사 속 불과 연료

요한 하우드스블롬
Johan Goudsblom

이번 장에서는 인간과 불의 각별한 관계에 대한 이야기를 해보려 한다. 역사의 과정에서 인간이 불을 가지고 무엇을 했는지, 그리고 불이 우리 인간에게 무엇을 해주었는지 살펴보는 것이다.[1]

단 한 종의 동물을 제외하고 지구상의 모든 동물이 육체 에너지를 공급받는 원천은 한 가지, 바로 음식이다. 유일한 예외는 우리 인간이다. 인간은 대부분의 육체 에너지를 두 가지 원천에서 공급받는다. 바로 음식과 연료다.

연료에 대한 의존은 불과 인간의 내밀하고도 강고한 인연을 반영하고 있다. 불과 인간의 인연은 매우 독특하다. 다른 어떤 동물도 불을 통제하거나 불에서 나오는 에너지를 활용하는 능력을 획득하지 못했다. 불을 통제하는 것은 "인간의 독점적 능력"이다.

불과 인간의 인연은 독특할 뿐만 아니라 보편적인 특성도 있다. 기록상 남아 있는 인류 공동체 가운데 불을 다루는 능력을 갖추지 못한 경우

---

[1] 이 글의 이전 버전을 읽고 조언을 해주신 다음의 분들에게 감사를 표하고자 한다. Frances Burton, Frans Saris, Abram de Swaan, Peter Westbroek, Esther Wils, Nico Wilterdink, Cas Wouters, Richard Wrangham(이상 알파벳순). Richard Buckminster Fuller(1982)에 등장하는 세계 전력망(global electricity grid)에 관심을 갖게 해준 Frans Saris에게 특히 감사의 말씀을 드리고 싶다.

는 없었다. 불을 다루는 법을 배우지 못한 민족이 가끔 인류학 보고서에 등장한 적은 있지만, 하나같이 가짜로 판명되었다.

모든 인간이 보편적으로 지닌 능력들, 동시에 다른 동물에게는 없고 오직 인간에게만 있는 능력들은 대개 인간이 타고난 생물학적 특성과 직접 관련되어 있다. 그러나 불을 다루는 능력은 자연적으로 타고난 능력이 아니다. 이는 획득된 능력이고, 문화적 자산이며, 집단 교육의 결과물이다.

그래서 인간과 불의 인연에는 대개 세 가지 성격, 즉 유일성과 보편성과 문화라는 세 가지 요소가 절묘하게 어우러져 있다.

이야기, 단계, 콘셉트

기원: 옛날이야기에서 시나리오까지

불과의 인연이 유독 인간에게만 존재한다는 사실을 깨달은 사람들은 당연히 이 문제에 대해 관심을 가졌다. 그리하여 다양한 문화권에서 다양한 신화가 만들어졌다. 제임스 조지 프레이저 경(Sir James George Frazer)은 1930년에 전 세계의 신화를 모아 《불의 기원 신화(Myths of the Origins of Fire)》를 출간했다. 이 책은 여전히 가치 있는 저술이지만, 사실 제목은 조금 잘못되었다. 왜냐하면 "불의 기원"에 관한 내용이 아니라 인간이 배타적으로 불을 독점하게 된 사연들에 대한 이야기이기 때문이다.

대부분의 신화는 불을 길들이게 된 계기를 한 사람의 주인공(신의 화신 혹은 동물의 화신)에 의한 일회성의 모험적 사건으로 기술한다. 그 주인공이 이 귀한 선물을 인간에게 가져다주었다는 이야기다. 이런 식의 이야기들은 세계 3대 일신론 종교(기독교, 이슬람교, 가톨릭교)의 경전에 등장하지 않는다. 그 이유는 아마도 이들 종교 경전이 출현할 무렵은 이미 농경 혹은 목축 사회가 한참 발달한 시기여서, 불이 인류 역사상 그 이전 단계에서 차지했던 만큼의 강렬한 지위를 잃은 후였기 때문일지 모른다. 그 이전 단계, 그러니까 수렵과 채집이 주요 생계 수단이었을 때, 그리고 불이 공동체 삶의 중심에 위치했을 때는 불의 비중이 훨씬 더 컸을 것이다.

그러나 선진적 농경 사회라 해도 경우에 따라서는 불을 소중히 다루는 전통이 강력히 유지되었고, 이를 신화로 표현하고자 했다. 잘 알려진 사례로 이란 지역의 조로아스터교 문화와 관련된 신화들이 있다. 또한 유럽 지역에는 프로메테우스 신화가 있는데, 고대 그리스와 로마 텍스트에 몇 가지 버전이 기록되어 있다.

그리스와 로마의 고전 중에는 "신화를 넘어서서" 인간과 불의 인연을 설명해보려 한 경우도 있다. 불을 통제하는 기술의 기원을 프로메테우스 같은 반인반신의 영웅을 개입시키지 않고 보다 철학적인 방식으로 탐구해보고자 했던 것이다. 특히 루크레티우스(Lucretius)의 저작은 이론적으로 상당히 현학적인 접근을 시도했다. 인간이 어떻게 불을 통제하게 되었는지를 오로지 "자연적으로(물리적으로)" 설명하려 했다. 그러나 실증적 근거가 부족했다.

18~19세기가 되어서야 비로소 보다 확고한 증거들이 발견되었다. 고생물학, 고고학, 인류학 분야에서 인간과 불의 인연을 보다 큰 범위의 진화 이론에 맞추어 설명할 수 있을 것 같은 전망이 대두되었다.[2] 같은 시기 자연과학 분야에서는 좀 더 현실적인 관점에서 불과 연료의 본성

에 관한 연구를 진행했다.

이 장에서는 이러한 전통들을 함께 살펴보고자 한다. 사회학자로서 필자가 목적하는 바는 실증적 지식과 이론적 추론의 종합이다. 특히 최초의 단계와 관련해서라면 가능한 시나리오 혹은 가설에 의존하지 않을 수 없겠지만, 그럼에도 되도록 현실적 관점을 놓치지 않도록 노력할 것이다. 필자는 불을 길들이는 과정을 영웅 한 사람의 업적으로 보기보다 "집단 지성의 학습" 과정으로 보고자 한다.[3] 이러한 접근을 위해서는 여러 분야의 연구 성과를 포괄하고 종합해야 할 것이다. 이 주제는 그야말로 세계사적으로 살펴보지 않을 수 없다.

단계: 개괄

먼 옛날 지구상의 어떤 인간 혹은 인간 집단도 불을 통제할 줄 모르던 시기가 분명 있었다. 그러다가 일부 인간 혹은 인간 집단에서 최소한 어느 정도 불을 다룰 줄 알게 되었을 것이다. 이때는 불을 다룰 줄 아는 인간과 모르는 인간이 공존하던 시기였다. 그 뒤 마침내 모든 인간 집단이 불을 다루는 능력을 갖게 된 시기로 넘어갔을 것이다.

이런 식으로 단계를 나누는 것은 너무 시시하고 뻔한 일처럼 보인다. 그러나 그렇게 보이는 이유는 이 같은 단계 구분이 너무나 명확하기 때문이다. 이런 식의 단계로 설명할 수 있는 대상은 훨씬 더 많다. "불을 통

---

2 Marvin Harris, *The Rise of Anthropological Theory: A History of Theories of Culture* (New York: Harper & Row, 1968).
3 David Christian, *Maps of Time: An Introduction to Big History* (Berkeley: University of California Press, 2004).

제하는 능력"을 X라고 했을 때, 우리는 X 자리에 다른 어떤 주제를 대입할 수 있다. 예를 들면 "농업 생산 능력"이나 "산업 생산 능력" 같은 주제들이다. 같은 방식으로 적용을 해보면, 어떠한 인간 집단도 농업 생산을 하지 못하던 시기가 있었고, 그 후 일부 인간 집단이 농업 생산 능력을 획득했으며, 오늘날에는 모든 인간 집단이 적어도 농업 생산물을 분배하는 데 참여하고 있다. 이러한 단계별 과정을 거쳐서 농업화의 영향이 전 세계 인구에게 도달하게 된 것이다. 최근의 산업화는 농업보다 신속한 과정을 거쳤지만, 이 또한 "전혀 존재하지 않는 단계", "일부 존재하는 단계", "모든 인간 사회에 영향을 미치는 단계"를 거쳐왔다.

새로운 단계의 시작은 인류 역사의 전환점을 나타낸다. 새로운 사회 생태학적 환경에서 인간 집단의 생산성은 더욱 높아졌고, 적과 마주할 때의 대응력도 더욱 강해졌다. 이 같은 환경이 만들어짐으로써 인간과 다른 모든 대형 동물의 차이, 즉 행동과 능력의 격차가 지속적으로 심화되었다.

인간이 최초로 불을 길들이는 데 성공한 결과, 지속적으로 불을 통제할 수 있는 불 체제가 성립했다. 이후의 세상은 이전과 결코 같지 않았다. 불로 무장한 인간 혹은 인간 집단과 다른 동물들의 힘의 균형은 완전히 바뀌었다. 인간들 사이의 균형 관계도 마찬가지 변화를 겪었다. 불을 가진 인간이 불을 가지지 못한 인간을 끝내 압도했다. 훨씬 나중의 일이지만, 농업화나 산업화 또한 장기적 패턴의 측면에서 동일한 과정을 거쳤다. 최초의 기원지에서 멀리 떨어져 있는 사람들도 수많은 세대를 거듭한 뒤에는 자신보다 강한 농업 세력의 팽창을 목격할 수밖에 없었다. 최근 산업 사회의 물결 또한 아무도 피해 갈 수 없었다.

인간 집단은 생산력과 힘이 커질수록 더욱 파괴적인 동시에 더욱 연약해졌다. 불은 언제나 파괴력을 지녔으므로, 불과 연료에 대한 통제 능력이 증대될수록 잠재적으로 파괴력도 커졌다. 적들에게 의도적으로 파괴력을 행사하는 경우는 물론, 지나친 개발로 연료가 고갈되는 경우에도 파괴력이 드러났다.

장자크 아노(Jean-Jacques Annaud) 감독은 〈불을 찾아서(Quest for Fire)〉(1982)라는(원제는 '불의 전쟁La Guerre du feu'이다. - 옮긴이) 영화에서, 원시 포레이저 그룹이 불을 빼앗기고 다시 새로운 불을 일으키지 못했을 때 죽음과 멸종의 위협에 얼마나 가까이 다가서는지를 드라마틱하게 보여주었다. 자원을 통제할 능력을 가질수록 사람들은 자원에 더욱 의존하게 된다. 그러다가 자원이 고갈되면 꼼짝 못하게 된다. 농업화나 산업화의 과정을 보면, 각종 에너지 자원의 규모가 커지고 복잡해질수록 에너지 네트워크가 손상되거나 무너질 위험 또한 커졌다.

이 같은 일반론을 염두에 두고 인간과 불 및 연료의 인연에 초점을 맞추어 보면, 우리는 인류 역사상 4단계를 식별해낼 수 있다(오늘날 트렌드를 포함하면 5단계일 수도 있겠다).

1. 불을 길들이기 이전 단계. 기간은 수백만 년. 이 기간 동안 불과의 인연이 좀 더 가까워지는 방향으로 나아간 숱한 작은 발걸음이 존재했고, 인간은 어떤 물질이 불타오르는 현장에 조금씩 익숙해졌으며, 이에 따라 연료의 가치 또한 인식하게 되었다.[4]

---

4 Frances D. Burton, *Fire: The Spark that Ignited Human Evolution* (Tucson:

2. 불을 길들이는 단계. 시작은 180만 년 전으로 추정. 불에 의존하는 정도나 연료에 대한 이해가 가파르게 증가했던 시기.[5] 집단 지성에 의해 불과 연료를 통제할 수 있게 되자, 특정 집단만이 아니라 모든 인류 공동체가 보편적으로 이를 습득했다.
3. 농업화 단계.[6] 이 시기는 1만 5000년 전에서 1만 년 전 사이에 시작되었는데, 불과 연료에 대한 의존이 여전히 강했을뿐더러 더욱 심화되기도 했지만, 이미 인류 사회 변화의 주요인은 불과 연료 문제가 아니라 식량 생산 및 분배 문제와 관련되어 있었다.[7]
4. 산업화 단계. 19세기 중엽에 주도적 흐름으로 자리 잡았다. 석유, 석탄, 천연가스 같은 화석 연료를 발굴하는 신기술이 대거 등장하여 결과적으로 전 세계 모든 사회에서, 사실상 거의 모든 측면에서 급격한 변화가 이루어졌다.[8]
5. 오늘날의 우리는 아마도 새로운 단계의 여명을 목격하고 있는지도 모른다. 새로운 단계에서 불과 연료는 산업화 단계와는 전혀 다른 방식으로 작동하게 된다. 그러나 아직은 새로운 전환점의 특성을 분명히 지적

University of Arizona Press, 2009).
5 Richard Wrangham, *Catching Fire: How Cooking Made Us Human* (New York: Basic Books, 2009).
6 Johan Goudsblom, *Fire and Civilization* (London: Allen Lane, 1992).
7 Valcav Smil, *Harvesting the Biosphere: What We Have Taken from Nature* (Cambridge: The MIT Press, 2012).
8 Rolf Peter Sieferle, *The Subterranean Forest: Energy Systems and the Industrial Revolution* (Cambridge: The White Horse Press, 2001); Manfred Weissenbacher, *Sources of Power: How Energy Forges Human History*, 2 vols. (Santa Barbara, CA: Praeger, 2009); and Daniel Yergin, *The Quest: Energy, Security, and the Remaking of the Modern World* (New York: Penguin Press, 2011).

하고 충분히 설명할 만한 정도에 이르지 못했다. 이 문제는 글의 마지막에 가서 다시 논하기로 한다.

주요 콘셉트: 물질, 에너지, 정보

인간과 불 및 연료의 인연을 역사적으로 살펴보면 실제로 인문과학, 사회과학, 자연과학을 망라하는 모든 학문 분과와 관련된다. 필자는 논지의 일관성과 타당성을 갖추기 위하여 물질(Matter), 에너지(Energy), 정보(Information)라는 세 가지 요소가 결합된 개념의 삼각틀(MEI)을 이용하려 한다. 각각의 요소를 규정하려면 모호하지만 세 요소가 결합된 개념의 삼각틀은 우리의 논지를 보다 쉽고 깊이 이해하는 데 도움을 줄 것으로 기대한다.

"물질(Matter)"이란 물질세계에서 크고 작은 모든 물건을 지칭하는 일반 범주다. 물질은 만질 수 있거나, 혹은 그렇지 않더라도 시각적으로 확인할 수 있다. 모래나 바위에서부터 동물과 공예품에 이르기까지 모두가 물질에 해당한다. 많은 물건이 처음에는 고정된 채 움직이지 않고 변화도 없는 것처럼 보인다. 그러나 자세히 살펴보면 고정된 것 같은 인상은 오해라는 것을 알 수 있다. 헤라클레이토스(Heracleitos)가 이미 언급했듯이 "존재하는" 모든 것은 움직인다. 불변이란 없으며 모든 것은 변화한다. 같은 모습으로, 같은 지점에서 유지되는 물건은 전 세계를 통틀어 단 하나도 존재하지 않는다.

에너지(Energy)란, 물리학자 프랭크 니얼(Frank Niele)이 말했듯이 변화를 일으키는 힘을 가리키는 일반 용어다.[9] 물론 불은 에너지고, 연료는 에너지의 원천이다. 우리에게 친숙한 에너지를 하나 예로 들자면 바람이 있다. 바람 때문에 나뭇가지가 움직이는데, 이처럼 움직이지 않는 물체를 움직이게 만드는 것이 바로 에너지다.

바람이 불지 않는 날에도 나무에는 변화가 존재한다. 나무 이외의 다른 생명체들이 나무껍질에서 바쁘게 살아가고, 나무 자체도 끊임없이 성장 과정을 지속한다. 세포가 죽어가며 잎이 떨어지고 새 잎이 자라기도 한다. 바람이 없다고 해서 이 모든 과정이 "침묵"하지는 않는다. 이 모두는 생명의 "발현"이다.

오늘날 과학 상식에 따르면, 생명이든 바람이든 모든 에너지의 원동력은 하나다. 즉 태양빛이 바로 그것이다. 생명과 바람 모두 태양 에너지를 변형하여 운동 에너지나 물질의 변화를 일으킨다.

"정보(Information)"는 개념의 삼각틀에서 세 번째에 해당하는 요소다. 정보란 물질과 에너지가 결합하여 다양한 변화의 과정이 발생할 때, 그 과정의 방향성과 형태를 결정하는 것이 무엇인가 하는 문제와 관련되는 용어다. 바람이든 생명이든 무턱대고 발생하지는 않는다. 일반적으로 "정보"라고 하면 바람이 부는 특정 방향, 그리고 겉보기에 끝도 없이 변하는 것 같은 생명의 발현에 관심을 기울이는 것을 의미한다.

정보 개념을 불에 적용한다면 다소 이상해 보일 수도 있다. 5억 년 전에서 4억 년 전 사이, 불이 처음으로 숲을 마구 불태우기 시작했을 당시 그 불의 방향을 이끈 것이 바로 "정보"라고 한다면, 그것은 말도 안 되는 이야기다. 당시 불은 가장 전형적인 야생이었다. 맹목적이고 방향도 없었다. 그러나 아무리 이상해 보일지언정 생명에 패턴이 있듯이 불

9　Frank Niele, *Energy: Engine of Evolution* (Amsterdam: Elsevier, 2005).

도 처음 발생할 때는 패턴이 있을 것이라는 합리적 추론이 가능했을 것이다. 지난 100만 년 동안 불의 발생 빈도와 다양성은 인간의 영향을 점차 더 많이 받게 되었다. 결과적으로 불은 예전과 다르게 상당히 높은 수준의 통제 아래 놓이게 되었는데, 이것은 집단 학습을 통한 정보 없이는 일어날 수 없는 일이었다. 그렇다면 지난 100만 년 동안 불이 정보에 의해 조직화되었다고 말할 수 있을 것이다.

다시 말해 불꽃이 발생하는 특정 패턴을 이해하지 못하는 한 우리는 "야생적" 혹은 "맹목적"인 자연의 힘을 얘기하게 될 것이다. 그러나 대체로 발화가 통제되고 예측 가능성 아래 놓여 있다면, 그것이 "정보"에 종속된다고 해서 이상할 것은 전혀 없다.

불을 길들이다

불을 길들이기 이전 불과 인간의 관계
불이란 유기물의 연소 과정을 일컫는 말이다. 불이 발생하려면 세 가지 조건이 동시에 발생해야 한다. 즉 충분한 연료, 충분한 산소, 불꽃을 일으킬 만큼 충분히 높은 온도의 열이다. 통상 처음의 두 가지 조건은 우리 행성의 지표면에 존재하므로, 불을 일으킬 수 있는 잠재력은 도처에 존재하는 셈이다. 그러나 발화(ignition)가 없으면 불은 일어나지 않는다.

발화는 이 세 가지 조건의 순간적 결합이며, 아주 오랜 옛날부터 일어났었다. 발화의 원인 중 가장 흔한 경우는 번개였다. 지구가 탄생한 이래 번개가 땅 혹은 물의 표면을 강타했다. 화산 폭발이나 굴러 떨어지는 바위도 발화의 원인이 되어서 순간적으로 대단히 높은 열을 발산했을 것이다. 그러나 발화가 있더라도 다른 두 가지 조건이 없으면 불은 일어나지 못한다.

산소가 지구의 대기 중에서 상당한 비중을 차지하게 된 시기는 25억 년 전이다. 생명체가 광합성 과정에서 생성된 산소를 대기 중으로 내뿜었기 때문이다.[10] 5억 년 전에서 4억 년 전 사이, 육지의 상당 부분이 풀과 나무로 뒤덮인 이후 지구 대기 중 산소 농도는 안정적으로 21퍼센트 정도를 유지했다. 동시에 풍부한 식물은 곧 잠재적 연료이기도 했다. 이제 세상에는 불이 일어날 준비가 되었다.[11]

최초로 인류의 조상이 출현한 시기는 800만 년 내지 1000만 년 전이었다. 당시 불은 이미 정기적으로 발생하고 있었다. 따라서 흔히 말하는 것처럼 인간이 불을 "발견했다"고 하는 표현은 어폐가 있다. 인간이 불을 "발명했다"고 하는 것은 더더욱 말이 안 된다. 성년이 되기까지 살아남은 모든 종의 인류는 적어도 한 번 이상 불을 마주쳤을 것이다.

영장류 동물학자 프란시스 버튼(Frances Burton)은 폭넓은 현대 과학을 바탕으로 불과 인간의 관계가 어떻게 발생했는지를 추적한 논문을 최근 발표했다.[12] 이 연구에서는 인간이 불과 "결부되는" 길고도 오랜 과정을 설정했다. 오랜 기간 동안 인류는 조금씩 점차적으로 불에 친숙해졌다. 불 주변에 모여 함께 밤을 지내기도 하고, 불이 있는 곳으로 찾아

---

10 Peter Westbroek, *Life as a Geological Force* (Berkeley: University of California Press, 1991).
11 Stephen J. Pyne, *Fire: A Brief History* (Seattle: University of Washington Press, 2001).
12 Burton, *Fire*.

가 불에서 뿜어져 나오는 빛과 열을 즐겼으며, 불 가까이 있으면 포식자들로부터 스스로를 보호할 수 있다는 사실도 깨달았다. 마침내 불에 연료를 "공급"하는 방법을 터득한 인류는 불을 동굴 입구로 가져와서 비 맞지 않도록 관리하게 되었다.

이런 시나리오는 그럴듯한 이야기다. 다양하고 많은 증거들이 이 시나리오를 뒷받침한다. 불을 길들이기까지 오랜 기간 동안에도 생물학적 진화(발전)는 사회발생학적 혹은 문화적 측면과 결합되었다. 불과 연료를 다루는 지식을 획득하는 데는 분명 집단적 학습 과정이 있었을 것이다. 용량이 늘고 복잡해진 뇌의 진화도 학습과 관련이 있었을 것이며, 이족 보행으로 진화한 덕분에 두 손이 자유로워진 것도 관련이 없지 않았다. 연료로 사용할 나뭇가지를 가져오거나 불붙은 막대기를 다른 곳으로 옮길 때, 혹은 곰이나 사자가 다가오지 못하도록 무기를 들고 불을 지킬 때도 자유로워진 손은 더 유리한 조건이 되었다. 불을 다루기 위해 필요했던 신체적 선행 조건은 불을 다루게 된 뒤로 인류라는 생물학적 종이 생존을 위해 필수적으로 지녀야 할 자연선택(natural selection) 사항으로 자리 잡았다.

이상하게 들릴지 모르겠지만, 불을 길들이기 이전 단계에서 어떤 일이 일어났었는지를 생각해보려면 옛날 우리 조상의 입장에서 그 상황을 볼 필요가 있다. 그것은 인간과 불의 관계에서 힘의 우위를 역전시키기 위한 투쟁이었다. 그 투쟁에서 인간은 주로 패배했겠지만, 인간이 설계한 조건 아래 불을 피우는 상황에서 마침내 인간이 점차 우위를 차지하는 방향으로 기울었을 것이다.

불을 길들인다는 것은 곧 힘의 관계를 역전시키는 것을 의미한다. 불이 타는 과정은 더 이상 "자연"의 힘만으로 결정되지 않고, 최소한 부분적으로나마 인간이 원하는 방향이 개입된다. 옛날 인류의 조상은 자신이 하는 일의 의미를 완전히 이해하지 못했겠지만, 그래도 불이 어떻게 번진다고 예측할 수는 있었을 테고, 더욱 중요한 것은 불이 어떻게 되었으면 좋겠다는 의지를 가졌다는 점이다. 물질을 태우기 위해 인간은 자신이 알고 있는 정보를 불에 적용했을 것이다.

물론 여기에는 반대 측면도 존재했다. 즉 인간은 불을 자신의 의지대로 다루기 위해 스스로의 행동도 불에 알맞도록 바꿔나가야 했다.

단순한 연결에서 통제의 초기 단계로

인간과 불의 인연의 역사는 곧 인간이 불이라고 하는 인간 외적인 힘을 통제하는 데 관한 것이다. 여기에는 불을 통제하기 위한 조건으로서 연료에 대한 통제도 일부 포함된다. 사회학자 노르베르트 엘리아스(Norbert Elias)가 지적했듯, 인간 외적인 힘을 통제하려면 인간과 인간 사이의 사회적 관계를 통제하는 수단과 인간 내적인 개인의 욕망을 통제하는 수단을 동시에 갖춰야 한다.[13] 이 세 가지 통제 가운데 어느 하나도 완벽하게 달성될 수는 없다. 결국은 통제를 하고자 하는 행위자와 통제를 받는 힘 사이의 균형 혹은 비율의 문제가 된다.

불에 대한 인간의 태도는, 생물학적 발생의 측면과 사회학적 발생의 측면 모두에서 이 같은 균형이 애초부터 존재했을 것이다. 생물학적 정

---

13 Norbert Elias, *What Is Sociology?* (Dublin: University College Dublin Press, 2006), vol. v.

보는 인간에게(오늘날의 인류뿐만 아니라 인류의 조상에게도) 불과 거리를 두고 접촉하지 말도록 경고를 준다. 사회학적 정보는 집단 학습을 통해 획득되는데, 불과 직접 접촉하지 않고도 불을 다룰 수 있는(즉 연료를 이용할 줄 아는) 능력이 전수된다.

 이 같은 정보를 얻는 능력과 이를 다음 세대에 전해주는 능력은 틀림없이 크고 복잡해진 뇌의 진화와 함께 발달했을 것이다. 고신경학(archaeoneurology)에서는 이를 "비싼 조직 가설"이라 일컫는다. 뇌라는 기관이 다른 신체 기관에 비해 지나치게 많은 양의 에너지를 사용하는 불균형을 암시하는 용어다. 또 한 가지 전제 조건은, 못지않게 분명한 증거로 직립보행을 들 수 있다. 직립보행 덕분에 두 다리로 걷거나 뛰는 것이 가능해졌고, 손이 자유로워진 덕분에 물건을 운반하기가 용이해졌다. 무언가를 태울 때도 자유로워진 손은 매우 중요한 요소다. 그래야 피부에 화상을 입지 않으면서도 땔감을 공급할 수가 있기 때문이다. 이 두 가지 "전제 조건(precondition)"은 아마도 불을 대하는 행동의 변화와 함께 공진화 과정을 거쳤을 것이다.

 뇌가 "비싼 조직"인 것과 마찬가지로, 인간에 의해 통제되는 불(캠프파이어)은 "비싼 사회 제도"였다. 캠프파이어를 하려면 예측이 가능해야 하고 불을 보살필 인력도 필요했다. 장소 선정부터 예측이 개입되었다. 선호한 위치는 동굴 입구였다. 거기라면 빗물 때문에 불이 꺼지는 일은 거의 없을 것이다. 게다가 그곳은 불을 피우는 데 필요한 산소도 외부 공기로부터 충분히 유입되는 곳이다. 우기에도 불을 지속적으로 이용하려면 불을 꺼트리지 않고 계속 유지하는 편이 유리했다. 잘 말린 연료도 손에 닿는 곳에 비축해두어야 한다. 또한 불을 가까이할 때는 주의를 기울여야 했는데, 불을 피우는 당사자뿐만 아니라 다른 사회 구성원들도 다치지 않도록 조심해야 했다. 불을 돌보거나 혹시 모를 침략자를 대비하기 위해 불을 지키려면 사회적 질서가 있어야 했다.

불의 가장 직접적인 효과는, 물리학적으로 표현하자면 물질의 배열이 바뀌는 것이다. 연소된 연료는 급격한 재배열로 완전히 파괴될 뿐만 아니라 회복이 불가능하다. 이러한 파괴적 속성이 인간의 관점에서 매우 긍정적인 의미로 바뀌는데, 바로 생산이었다. 이러한 변화는 요리와 함께 시작되었다. 리처드 랭엄(Richard Wrangham)이 "우리를 인간으로 만들어준" 행동이라고 일컬었던 바로 그 요리다. 원소(element)의 차원에서 규정하자면, 요리는 유기 물질을 높은 온도에 노출시키는 것이다. 그렇게 함으로써 소화가 어렵거나 불가능한 날것의 재료가 영양소 배열이 바뀌며 소화 가능한 상태로 변한다.

이와 전혀 다른 방향으로 불을 사용한 것이 무기인데, 불이 생명체의 피부에 접촉하면 고통을 유발하는 특성을 활용했다. 이로써 인류 및 인간은 다른 동물들과의 종간 경쟁에서 가공할 위력을 지닌 위협적 존재가 되었다. 인간은 불에 친숙한 덕분에 포식자를 두려워하지 않고 땅바닥에서 밤 시간을 보낼 수 있었다. 이 같은 불과 관련된 행동 양식은 인류 및 인간과 다른 모든 동물 사이의 힘의 균형을 바꾸어놓았다. 그에 따른 행동 양식과 힘의 격차가 커질수록 인간은 불과 연료에 더욱 강하게 집착하게 되었다. 불의 독점은 처음부터 인류에게 매우 귀한 특권이었다.

단계론과 연대기

앞에서는 연대기적 관점보다는 단계론적 관점에서 살펴보았다. 연대기는 연도와 세기로 표시되는 일정한 시간 간격의 틀 속에서 살펴볼 수 있다는 장점이 있다. 그래서 연대기는 사건을 시간 속에 위치시키는 매우 훌륭한 도구가 된다. 그러나 엄밀히 말하자면, 사건을 무엇이 먼저 오고 무엇이 나중에 왔는지 시간 순서 속에 배열하는 것, "하나가 가면 또 하나가 오는" 방식이다. 단계론에 입각해서 보려면 일정한 논리, 시퀀스의 논리에 기반을 두어야 한다는 장점이 있다. 앞에서 단계론적으로 설명했듯이, 모든 인간 집단이 불을 소유하는 제3단계에 앞서 일부 집단이 불을 소유하는 제2단계가 있고, 그 앞에는 아무도 불을 소유하지 않은 제1단계가 위치한다.

프란시스 버튼의 단계론 시나리오는, 버튼에 의하면 약 800만 년에서 300만 년의 시간을 포괄한다. 리처드 랭엄은 고고-해부학적 발굴에 근거하여 요리의 기원을 190만 년 전에서 180만 년 전 사이로 추정한다. 고고학자들은 일반적으로 발굴 자료에 근거해 인간의 활동을 추적하고자 하기 때문에 좀 더 온건하게 추정한다. 25만 년 전 유물이 인류가 불을 사용한 것으로 추정할 수 있는 가장 오래된 흔적이라는 이론을 고고학계에서 받아들인 것도 최근의 일이다. 그보다 더 오래된 것으로 추정하는 주장들은 고고학적으로 증명되지 않았다는 이유로 모두 배척된다.

그러나 흐름이 바뀌는 중이다. 이스라엘(게셰르 베놋 야콥Gesher Benot Yaáqov)에서, 그리고 남아프리카공화국(원더워크 동굴Wonderwerk Cave)에서 최소한 80만 년 전에 불을 사용한 흔적이 발굴되었다.[14] 연대가 그 정도까지 올라간다면, 애매하고 흐릿한 단계로서의 이행기는 아마 훨씬 더 길었을 것이다. 즉 어떤 유인원 집단이 잠시 불과 함께 생활하다가 불이 꺼져버려서 다시 불 없이 살던 때로 되돌아가야 하는 상황에 놓였던 시기를 이행기라고 한다면, 우리는 그 기간이 얼마나 길었을지 짐작해볼 따름이다. 한편 이 같은 이행기가 지속되는 동안 인류는 "땅을 쓸어버리는" 재주도 익혔을 것이다. 종종 숲 덤불에 불을 붙여서 안전하게 사냥을 하거나 먹이를 채취할 수 있는 활동 영역을 넓혔을 것이다. 인류가 불을 통제하기 시작한 초기의 불 체제에서 인간의 활동 영역은 불에 의해 더욱 확대되었다. 결국 생물권(biosphere)의 거의 전부가 "인류권(anthroposphere, 인류의 생활권)"이 되었다.

농업화: 농업 체제의 형성과 확산

농경 체제에서의 불: 지속성

지난 수천 년에 걸친 인류의 역사는 농업화에 수반되는 일련의 사건과 흐름의 연속으로 이해할 수 있다. 농업화가 주도적인 사회생태학적 과정이었고, 그 속에서 작물 재배와 가축 사육의 영역이 전 세계 모든 사람에게까지 확장되었다. 그동안 인간은 지속적인 에너지의 원천으로 재배 또는 사육한 동식물에 점점 더 강하게 의존하게 되었다.

"불 체제(fire regime)"라는 용어를 단수와 복수로 동시에 사용할 수 있는 것처럼, "농경 체제(agrarian regime)"라는 용어도 단수와 복수로 동시에 사용할 수 있다. 농경 체제가 지구상 다양한 지역에서 다양한 시기에 출현했기 때문이다. 임의로 선택한 두 개의 농경 체제는 결코 서

---

14 Chris Stringer, *The Origin of Our Species* (London: Allen Lane, 2011).

로 동일한 체제가 아니며, 그들 각자는 끊임없이 변화해왔다. 그럼에도 불구하고 다양한 "농경 체제들"이 전형적 요소를 공통적으로 가지기 때문에, 모두를 관통하는 일반적 개념으로서 "농경 체제"를 단수로 표현할 수도 있다.

모든 농경 체제의 핵심은 식량을 기르는 것이다. 이 목적을 달성하는 데 불은 매우 중요한 수단이었으며, 식량 생산을 위한 여러 가지 활동의 복잡한 연관을 이어주는 매개체가 되기도 했다. 일정한 토지를 "청소(clearing)"해서 곡물을 기르거나 목초지로 만드는 방식이 널리 이용되었다. 기존의 식물은 풀이든 덤불이든 숲이든 상관없이 모두 태워버리고, 그 재로 인해 비옥해진 토지에서 선택적으로 특정 식물을 기를 수가 있고, 앞에서 언급했듯 태양 에너지를 먹을 수 있는 식재료로 변환시킬 수 있다.

특히 원시림을 "청소"할 때 다 자란 나무를 제거하기란 매우 힘든 노동이었다. 일단은 먼저 돌도끼로 나뭇가지를 잘라서 말려야 했다. 그런 다음 마른 가지에 불을 붙이면 굵은 원줄기도 불에 태워 제거할 수 있었다.

"자르고 태우기(slash and burn)" 기법은 여러 가지 다른 이름으로 불리는데, 예를 들면 "이동 경작(shifting cultivation)"도 같은 의미다. 이런 기법은 수렵채집인이 사냥을 위해 시야를 확보하려고 숲을 불태우던 관습에서 비롯되었다. 이는 불 체제에서 농경 체제로 이어진 명확한 사례로, 이외에도 여러 가지 사례가 있다.

농경 체제는 인류 공동체에 잠재해 있던 몇 가지 기본적 습관과 기술을 흡수하고 개선한 결과였다. 그중 일부는 농경 체제 이전에 불과 함께 생활하기 위해 노력하는 과정에서 습득한 습관과 기술이었다. 불을 이용하는 능력이 전제되지 않은 상태에서 식물을 재배하거나 동물을 길들이는 일을 시작했다고는 상상하기 어렵다. 인간 외적인 어떤 존재를 의도적으로 보살피는 능력이 이미 준비되어 있었던 것이다. 어느 정도 규모를 갖춘 경작이 처음 시작될 때 선택된 식물은 곡물과 덩이줄기 식물이었다. 영양소 가치가 높고 오래 보관하기가 좋았기 때문에 인류 공동체에 주식으로 공급하기에 적절했다. 그러나 그렇게 되려면 요리가 필수적이었다. 이 자체만 보더라도 농경 사회에서는 불과 연료가 필수 불가결한 요소였다.

인간이 다른 모든 육지 포유류를 능가하게 된 것도 이유는 같다. 애초 불의 도움으로 안전을 확보했기 때문이다. 농업화가 처음 시작되던 시점에 이미 인간의 독점적 불 소유는 확립되어 있는 상태였다. 오늘날 우리는 이를 너무 당연한 사실로 여겨서 불만 따로 떼어놓고 별도로 주목하는 경우는 거의 없다. 그렇지만 불은 필수 불가결한 조건이었다. 동물의 왕국에서 인간의 핵심적 지위 덕분에 인간은 특정 동물 종을 사육할 수 있었다. 예를 들면 염소나 양을 직접 통제 아래 두게 되었다. 동시에 길들여지지 않는 "야생의" 동물은 재배 또는 사육하는 동식물에 접근하지 못하도록 불을 이용하여 떼어놓을 수 있었다.

그러나 농업 경제에서 가장 확실히 불을 이용한 관행은 뭐니 뭐니 해도 "자르고 태우기"였다. 방치된 토지 한 구역에 불을 놓으면 그동안 자란 관목과 풀이 불타 사라지고 새롭게 경작할 수 있는 땅이 마련되었다. 농부는 그 땅에 씨를 뿌려 한 계절 혹은 그 이상의 기간 동안 농사를 짓다가, 땅의 영양분이 다해 소출이 좋지 않으면 그 땅을 버려두고 근처의 다른 땅으로 이동했다. 그러면 다시 기존의 농지에는 처음처럼 덤불과 나무가 자라고, 이렇게 새로운 순환이 이루어진다.

"자르고 태우기(화전)" 관행은 오늘날에도 산업화의 여파가 미치지 않은 많은 지역에서 널리 행해지고 있다. 도시 출신의 방문객들이 보면 "원시적"이라며 눈살을 찌푸리겠지만, 그것은 집단 학습에 의해 토지를 이용하는 중요한 단계로서의 "자르고 태우기"를 몰라서 하는 소리다. 이는 불의 파괴적 속성을 장기적 생태 환경 전략에 활용하기 시작한 획기적 계기였다. 물론 이러한 전략이 때로 심각한 대기 오염뿐만 아니라 연료 낭비를 필수적으로 동반한다는 사실을 부정할 수는 없다.

자르고 태우기를 넘어서

농업화는 세계의 다양한 지역에서 다양한 방식으로 진행되었다. 그러나 세계 전체적으로 볼 때, 그러니까 기나긴 역사적 관점에서 볼 때 분명히 드러나는 주도적 흐름이 있다. 농업화가 진행되는 단계에서 불을 가진 집단은 살아남았고, 불을 갖지 못한 집단은 살아남지 못했다. 최근 1만 년 동안에도 이와 비슷한 흐름이 있었다. 농업화에 성공한 집단이 그렇지 못한 집단을 지배했으며, 나중에는 집약적 농경을 하는 집단이 느슨한 농경 상태에 머물러 있는 집단을 압도했다.

이 같은 전반적 경향이 의미하는 바는 더욱 세분화된 현실이었다. 이전 단계에서는 인간 집단과 다른 동물 사이에 행동 양식이나 힘의 비중에서 격차가 발생한 데 비해, 농경 시대에도 마찬가지로 격차가 더욱 커졌지만 이는 다른 동물과의 관계에서뿐만 아니라 특히 인간 사회 내부에서의 차별로 이어졌다.

세계 일부 지역, 즉 농경에 유리한 조건이 형성된 곳에서 사람들은 더욱 집약적인 농경을 실시했다. 관개 기술이나 경운 기술처럼 새롭게 개발된 기법이 도입되었고, 경제와 인구 변화에 긍정적 순환 관계가 만들어졌다. 수확량은 점차 풍성해졌고, 그만큼 인구도 더욱 늘어났다. 그 여파로 몇 가지 사회적 변화가 일어났다. 갈수록 사람들은 이동 생활을 포기하고 마을이나 도시에 정착을 하게 되었다. 정착지의 규모가 커지면서 일부 사람들은 농경이나 목축 이외의 전문적 직업도 갖게 되었다. 직업군 사이의 행동 양식 차이는 권력의 차별을 낳았고, 그것이 사회 계층화 과정이었다. 이는 결국 계급적 혹은 신분적 위계질서가 엄격한 사회로 나아가는 경우가 많았다.[15]

불은 농경 사회에서 워낙 중요한 부분이었기 때문에, 사회가 흘러가는 방향에 따라 불을 사용하고 평가하는 방식도 영향을 받았다. 이제 인간이 에너지를 얻는 원천이 불 하나뿐인 시대는 지나갔다. 불은 또한 수천 세대를 거듭하는 동안 공동체 생활의 중심에 위치했지만, 이제 그러한 위치에서도 밀려났다. 그 대신 벽난로, 화로, 오븐(화덕), 램프 등 각각의 기능과 도구에 따라 다양하게 나뉘었다. 한편 이전 단계에서는 공동체의 불을 어떻게 지킬 것인지가 문제였지만, 새로운 시대에는 다양한 목적으로 여러 곳에 흩어져 있는 불이 통제를 벗어나 일어나는 화재를 걱정해야 했다.

선진 농경 사회에서 대다수의 사람들은 계속 농부로 머물렀다. 그들

---

15 Johan Goudsblom, Eric Jones, and Stephen Mennell, *The Course of Human History: Economic Growth, Social Process, and Civilization* (Armonk, NY: M. E. Sharpe, 1996).

의 역할은 명확했다. 즉 식량을 기르는 일이었다. 모순적이게도 이 같은 명백한 역할 때문에 농부와 그 가족은 빈곤을 벗어나지 못했고 최저 생계 수준을 약간 넘는 정도에 머물렀다. 그들은 땅을 갈아야 했고, 땅에 묶여 있었다. 땅과 노동의 결합으로 생산물을 수확할 때면 그들은 또한 그 수확물에 매여 있었다.

    이러한 의존적 상황 때문에 그들은 언제나 위태로운 처지에 놓여 있었다. 흉년이 들거나, 혹은 도둑이나 강도를 만나면, 혹은 심지어 화재를 당하더라도 생존이 위태로웠다. 인간이 행사하는 폭력에 취약했던 그들의 상황은 갈수록 더욱 어려워졌다. 도둑 떼가 청동이나 나중에는 철기로 만든 무기를 획득하고, 더불어 약탈을 전문적으로 훈련받은 도둑들도 나타났기 때문이다. 부정기적으로 출몰하는 도둑 떼에 대응하기 위해 농부들은 어떤 권위자와 관계를 맺거나 다른 전사의 농노로 편입되는 수밖에 없었다.

    이 같은 상황이 군사-농경 사회의 핵심이었다. 모든 대륙에서 시기는 다르지만 이러한 형태의 조직화가 나타났다. 조직의 중심은 농부였다. 조직원의 대다수는 "농부"였고, 소수의 "전사" 집단이 포함되어 있었다. 물론 이외의 다른 구성원도 사회조직에 포함되었으며, 그 중심에 불을 다루는 일을 전문으로 하는 대장장이가 있었다.

    전사 엘리트 집단이 다스리는 농경 사회에서 대다수 농부와, 이들에 비해 훨씬 소수에 불과한 대장장이는 모두 곤궁한 처지에 놓여 있었다. 사회 구성원으로서 부여받은 생산 활동을 지속하려면 농부든 대장장이든 모두가 전사 집단을 필요로 했다. 다른 전투 세력으로부터 자신들을 보호해줄 사람이 필요했기 때문이다. 농부가 지배자에게 식량을 제공한 것과 마찬가지로, 대장장이는 농기구를 비롯해 식량 생산에 필요한 도구를 만들었을 뿐만 아니라 지배자에게 무기를 공급해야 했다. 이 단순한 명제로부터 대장장이가 사회적으로 얼마나 중요한 역할을 했는지 알 수 있지만, 동시에 그들의 지위가 얼마나 취약했는지도 알 수 있다. 대장장이가 불과 금속을 다루는 기술은 사회적으로 인정을 받았고 꼭 필요한 일이기도 했다. 그러나 대장장이가 다른 사람을 지배할 수는 없었다. 대장장이 덕분에 유지되는 사회의 계급 질서에서 대장장이 또한 벗어날 수는 없었다.

도시에서의 불

농경 사회에서 도시의 수가 늘어나고 그 규모가 커지면서 성벽 안에는 불이 유지되는 곳도 다양해졌다. 그 때문에 갈수록 복잡한 일들이 생겨났는데, 공기 오염이나 화재 방지 및 진화, 연료 공급 등의 문제였다.

공기 오염은 불평불만의 흔한 소재였다. 특히 그러한 환경에서 벗어날 기회가 있는 특권층에서 그런 불평을 소리 높여 표현했다. 일찍이 1257년 런던 교외에 있던 잉글랜드의 왕비 엘레아노르(Eleanor)는, 어디를 가든 석탄 태우는 연기의 고약한 냄새가 스며들어 시커먼 검댕이 두껍게 묻어난다는 불평을 남겼다.

도시 주민들로서는 대형 화재 예방이 큰 관심사였다. 도시가 처음 출현한 때부터 특히 도시의 관리를 맡은 정부에서는 화재에 더욱 관심을 기울였다. 이와 관련된 가장 오래된 법령이 히타이트의 수도 하투샤(Hattusa)에서 발견되었는데, 기원전 1650년에서 기원전 1200년 사이의 기록으로 추정된다. 사원의 노예들은 불을 특히 조심하라는 교육을 받았다. 불조심을 게을리한 자는 범죄자로 간주되었으며, 본인뿐 아니라 후손과 동료까지 사형에 처해졌다. 법령은 음산한 내용으로 마무리된다. "그러니 너 자신이 무사하려면 불을 매우 신중하게 대할지어다."[16] 불을 신중하게 대하는 일은 이처럼 대부분의 사회에서 강제적 의무였다. 처벌 규정도 워낙 가혹했기 때문에 "무사히 살아남으려면" 규정을 잘 지켜야 했다.

고대와 중세를 통틀어 로마나 콘스탄티노폴리스 같은 대형 도시는 대화재로 악명이 높았다. 도시 전체를 잿더미로 만들어버린 큰불이 워낙 자주 발생했기 때문이다. 일단 화재가 일어나면 주민들로서는 불을 끌 방법이 거의 없었다. 물과 모래와 기도가 고만고만한 효과를 보이거나 보이지 못했다. 대개 물과 모래는 양이 많지 않았다. 양동이에 물을 담아 화재 현장에 가서 한번 끼얹으면 그만이었다. 이웃집으로 번지는 불을 막는 방법이라곤 젖은 천으로 지붕을 덮는 정도가 전부였다. 불꽃이 너무 큰 경우에는 불길이 번지는 쪽 건물을 허물어서 억지로 "방화선"을 만드는 수밖에 없었다.

크든 작든 모든 도시에는 사람들과 불에 타기 쉬운 가연성 물질과 불이 밀집해 있었다. 화재가 일단 발생한 뒤에는 진화할 수 있는 수단이 워낙 제한적이었기 때문에 예방을 특히 강조했다. 중세 유럽 도시의 정부에서는 정기적으로 모든 시민과, 특히 불을 다루는 일과 관련 있는 기술자(도시민 대부분이 그런 기술자이기도 했다)에게 명령을 내렸다. 도시 환경에서 불을 사용하는 규칙은 해당 지역에 국한된 것이었다. 그러

---

16 Goudsblom, *Fire and Civilization*. 이하 특별히 출처가 명기되지 않은 인용은 이 출처를 참조할 것.

나 서로 다른 도시의 시민들끼리 서로 정보를 교환했기 때문에 사실상 각 도시의 규칙은 놀라울 정도로 비슷했다. 가장 큰 취지는 도시 전체를 "화재 예방 지역"으로 만드는 것이었다. 불은 명확하게 한정된 범위에서만 사용할 수 있었고, 해가 진 다음, 그러니까 통행금지가 시행되는 시각 이후로는 불의 사용이 엄격히 제한되었다. 밤에는 사고에 의한 화재나 방화를 경계하는 요원들이 도시를 감시했다. 16세기 이후로는 여러 도시에서 앞다투어 목재와 짚을 외벽이나 지붕재로 사용하지 못하도록 하는 금지령을 내렸다.

예방 수단이 워낙 많다 보니, 특히 건축 자재를 벽돌이나 석재로 제한하는 등의 규제 덕분에 아마도 도시 주민들은 시골 사람들보다 화재에 더 안전했던 것 같다. 일부 시골 지역에서는 불을 지르겠다는 위협이 "약자들의 무기"로 사용되었고, 실제로 부잣집을 상대로 혹은 농부들 사이의 반목으로 불을 지르는 일도 있었다.

도시에서 발생할 수 있는 가장 불행한 일은 전쟁 시기에 도시가 요새화되어 저항 수단으로 사용될 때 일어난다. 그러다가 항복하고 성을 빼앗기는 경우, 도시는 "약탈과 방화"의 위험에 놓인다. 모든 집은 약탈당했으며, 정복자의 입장에서 최종 승리를 확정하는 이벤트는 도시 전체를 불태우는 것이었다.[17]

도시에서는 대체로 불을 신중히 취급했는데, 집안 생활이나 상업적 목적에서 불가피하게 불을 사용할 때 사람들은 불을 값비싼 존재로 느

---

17 Cathy A. Frierson, *All Russia is Burning! A Cultural History of Fire and Arson in Late Imperial Russia* (Seattle: University of Washington Press, 2002).

낄 수밖에 없었다. 비용을 가장 직접적으로 느끼는 것은 연료를 거래하는 사람들이었다. 도시는 연료를 자급자족하는 것이 불가능했다. 도시에서는 건축재로 사용하든 연료로 사용하든 어쨌거나 지속적으로 목재를 수입해야 했다. 도시가 강가에 건설되어야 했던 이유도 바로 여기에 있다. 강가에서라면 상류로부터 목재를 가져오기가 그만큼 더 쉬웠다. 도시 규모가 커지면서 목재의 수요가 증가해서 결국 주변 삼림을 파괴하는 경우가 있었다. 숲 파괴에 대한 불만의 목소리는 이미 고대 그리스와 로마 시절부터 기록이 남아 있고, 중국의 경우 이보다 더 오래전으로 거슬러 올라간다. 서로마 제국이 멸망한 뒤, 과거 서로마 제국의 영역이었던 곳에서 이러한 경향이 일시적으로 뒤집어진 적이 있었다. 인구수는 줄어들고 숲 영역이 다시 증가했던 것이다. 그러나 기원후 제2천년기가 시작되자 사람들은 금세 다시 회복된 숲을 침식해 들어갔다. 17세기 중엽에 이르러 서유럽에서 가장 인구 밀도가 높은 지역들, 특히 브리튼이나 네덜란드 지역은 숲이 거의 파괴되어 대부분의 목재를 스칸디나비아와 발트해 연안으로부터 수입해 와야 했다.

불과 산업화

땅속의 숲

최근 1만 년 동안 인간의 역사는 곧 세계적으로 농업화가 확산된 역사였다. 마찬가지로 최근 250년 동안은 산업화의 역사였다. 이 과정에서 인류권(anthroposphere, 인류의 생활권)은 지구 전체를 포괄하는 글로벌 권역으로 성장했으며, 생태계에 미치는 그 영향은 갈수록 강력해졌다.

"산업화(industrialization)"라는 용어는 새로운 사회생태적 환경의 등장과 확산을 일컫는 말이다. 말하자면 "산업 체제"라고 할 수 있는데, "불 체제"와 "농경 체제"의 뒤를 잇는 체제다. 과거 체제가 완전히 종식된 것은 아니었다. 오히려 새로운 불의 활용법이 산업화의 핵심에 자리 잡고 있었다. 화석 연료는 증기 기관을 돌리고, 철을 녹이고 제련하는 데 사용되었다. 석탄과 철강 산업의 굴뚝, 용광로의 붉은 쇳물은 초기 산업화의 상징적 아이콘이었다.

또한 산업화는 농경과도 밀접한 연관이 있었다. 농업 생산물이 광산과 공장 노동자들의 주식을 해결해주었기 때문이다. 게다가 머지않아 산업화의 과정에 면직물 및 식품 생산이 포함되자 그 원재료는 농업으로부터 공급받아야 했다. 반대로 공장은 농업 생산의 도구를 생산하기 시작했다. 처음에는 단순한 철제 도구였지만 갈수록 복잡한 기계가 만들어졌고, 20세기 들어서는 연소 기관을 갖춘 다양한 농기계뿐 아니라 비료와 농약도 공장에서 생산되었다. 20세기 말에 이르러 세계의 여러 지역에서 농업과 산업은 서로 떼려야 뗄 수 없는 관계에 놓였고, 양자의 개념적 분리가 거의 불가능한 "농업-산업 복합 기업"이 출현하여 막대한 양의 화석 연료를 소모했다.

산업화의 가장 주요한 효과는 방대한 양의 화석 연료를 사용하게 된 데 있다. 화석 연료는 다른 생물종에서 전혀 사용되지 않던 것이었다. 18세기에 이르러 일련의 혁신(다시 말해 지식 정보 분야의 혁신)이 이 같은 화석 연료 사용 가능성의 문을 열었다. 그 뒤로 화석 연료는 열을 생성하고 기계를 움직이는 데 사용되었다. 고대 인류가 목재나 다른 물질을 태워서 불을 통제하는 법을 익힌 뒤 생태계에서 자신의 위치를 강화한 것과 마찬가지로 그 후손들은 석탄, 석유, 가스 등에 잠재된 에너지를 활용하는 법을 터득했던 것이다.

세계사적 관점에서 볼 때 이러한 발전은 인간이라는 동물의 특성과 관련이 있다. 그러나 세부적으로 들여다보면, 발전을 주도하고 1차적 이익을 취하는 인간은 극소수에 불과했다. 영국에 있는 소수 기업가 계층이 산업화의 승리자로서 혜택을 독차지했다.

산업화는 증기의 힘을 이용한 한 공장("방앗간mill"이라고도 했는데, 선조들은 풍력이나 수력을 이용했다)에서 시작되었다. 이 공장은 농촌의 풍경과 이질적이었기 때문에 환경사학자 롤프 페터 지페를레(Rolf Peter Sieferle)는 이를 "산업화의 세계에 떠 있는 섬들(industrial archipelagos)"이라 일컬었다.[18] 그러나 애초부터 이러한 "섬들"은 훨씬 더 큰 맥락에 놓여 있었다. 산업화에 앞서 유럽의 해외 팽창이 이루어졌는데, 이는 산업화의 강력한 동기가 되었다. 18세기 영국 사회는 여러 측면에서 더 넓은 세계와 연결되어 있었다. 그 연결선은 유럽 대륙에 국한되지 않고 다른 대륙에까지 뻗어 있었다. 영국은 강력한 해군과 대규모 상단을 보유하고 있었다. 다른 대륙과의 무역(노예 무역 포함)은 영국에 상당한 규모의 부를 안겨주었다. 동시에 대서양을 건너 이민하는 사람들이 늘어나면서 인구 압력도 줄어들었다. 이 같은 군사적·정치적·경제적 관계들이 급성장하는 산업화를 떠받치는 강력한 기반이 되어주었으며, 전 세계적 범위에서 원료 수입과 상품 수출을 보장했다.

산업화의 기초는 말 그대로 석탄이었다. 연료로서 석탄은 이전에도, 그러니까 고대 중국이나 중세 영국에서도 이미 사용된 적이 있었다. 그

---

18 Sieferle, *Subterranean Forest*.

러나 옛날에 사용된 석탄은 지표면에 노출되거나 얕은 층에 묻혀 있는 것이었다. 화력도 대체로 나무보다 좋지 않았다. 더 좋은 석탄은 캐기가 사실상 불가능했다. 워낙 땅속 깊이 묻혀 있었기 때문이다. 거기까지 파고 들어가면 언제나 지하수가 갱도를 막아버릴 위험이 있었다. 18세기 영국에서 증기 기관의 효율성이 급속도로 향상된 이유는 펌프를 이용해서 물을 뽑아낼 수 있었기 때문이다. 증기 기관 덕분에 석탄 광산을 파 내려갈 수 있었고, 거기서 캐낸 석탄은 다시 증기 기관을 돌리는 데 사용되었다. 석탄과 증기 기관은 서로 도움이 되는 순환 고리 효과를 보였다. 그리고 머지않아 철도가 발전했다. 증기 기관차가 이끄는 기차는 같은 방식의 순환 고리 속으로 들어왔다. 철도를 통해 석탄이 갱도 밖으로 운반되었으며, 각지로 배포된 석탄은 철제 도구부터 면직물이나 통조림까지 다양한 공장 상품을 생산하는 데 이용되었다. 증기 기관을 통해 분출된 에너지가 따로 떨어져서 홀로 변화의 원인이 되었던 것이 아니다. 과거 신석기 시대 초기에 불이 인간과 다른 동물 사이의 세력 균형 변화에서 핵심 원인이 된 것처럼, 증기 기관 또한 그러한 핵심 원인이 되었다.

    인간은 석탄 속 방대한 태양 에너지를 추출해내는 기술을 획득했다. 롤프 페터 지페를레는 석탄의 이미지를 "땅속의 숲(subterranean forest)"으로 표현하기도 했다. 수 세대가 지난 지금에 와서 보면 매장량도 애초 예상한 것보다 훨씬 많았다. 인간이나 다른 가축의 육체 에너지와 석탄에서 추출하는 에너지의 양을 비교해보자면, 마력(馬力)으로 측정하든 킬로와트나 칼로리나 메가줄로 측정하든 비교할 바가 못 된다(표 8-1 참조).[19]

연도	인구(100만)	에너지 사용(GJ/1인당)
5000 BP	20	<3
0	200	<5
1000	300	<10
1800	900	23
1900	1,600	27
2000	6,100	75
2010	6,900	75

[표 8-1] 세계 인구(단위:100만) 및 에너지 사용(GJ/1인당)

그야말로 "에너지의 노다지"가 쏟아진 결과로 전례 없는 기술 발전과 경제 성장이 이루어졌다. 이 과정이 전 세계 인구에게 영향을 미친 것은 사실이지만 그 이득은 공평하게 분배되지 않았다. 바이센바허(Weissenbacher)가 언급했듯이, 아직도 약 25억 명의 인구가 요리를 할 때 주로 전통적인 유기물 연료를 사용한다.[20] 불은 여전히 야누스의 얼굴을 하고 있다. 불의 파괴력은 매우 다양한 상품 생산에 활용되지만, 또한 여전히 전쟁에서는 불의 파괴력이 그대로 사용되고 있다.

인류 역사상 최악의 대량 살육이 20세기 국가 간 전쟁에서 일어났다. 제2차 세계대전 당시 도시에 대한 공중 폭격은 끔찍한 결과를 가져왔다. 한꺼번에 수만 명의 사람들이 목숨을 잃었다. 1945년 히로시마와 나가사키에 원자폭탄이 떨어졌을 때 엄청난 수의 희생자가 나오고 대다

---

19 Ian Morris, *The Measure of Civilization: How Social Development Decides the Fate of Nations* (Princeton, NJ: Princeton University Press, 2013).
20 Morris, *Measure of Civilization*, and Weissenbacher, *Sources of Power*.

수의 건물이 파괴되었는데, 그 직접적 원인은 핵이 아니라 불이었다.[21] 20세기 후반기에도 새로운 공중 폭격 기술이 계속해서 개발되었고, 베트남이나 이라크 등 여러 지역의 전쟁에서 신기술이 실행되었다. 끔찍했던 전쟁의 참화는 사진과 영상으로 촬영되어 전 세계 사람들에게 알려졌다.

아마도 텔레비전 화면 속 불의 선정적 효과 때문인지 사람들은 대중적으로 불만을 표출할 때 불을 사용하는 경우가 많아지고 있다. 국기를 태우는 행위는 정치 불안을 나타내는 첫 번째 지표다. 그다음으로는 타이어를 쌓아놓고 태운다든지, 자동차나 건물 같은 귀중한 재산을 불태우기도 한다. 집단 방화는 정부의 권위에 대항하는 "약자의 권리"로 이용되기도 한다. 이 같은 행위가 대형 참사로 이어지기도 한다. 2001년 9월 11일 뉴욕의 세계무역센터 빌딩 공격으로 2600명이 넘는 희생자가 발생했는데, 대부분은 공격에 의한 화재 때문에 사망했다.

이 같은 대형 화재가 발생하면 소방서에서도 별로 방법이 없다. 다만 화재 진화 또한 기술 발전의 영향을 크게 받는 것이 사실이다. 산업화와 함께 대형 화재가 발생할 수 있는 조건이 마련되었기 때문에 부유한 국가에서는 건물 규제를 강화했고, 그 결과로 도시 화재는 상당히 줄어들었다. 주거 지역에서는 산업화 초기 시대에 비해 불에 노출되는 환경이 훨씬 줄어들었다. 도시민들은 화재 예방이 강화된 지역에서 대체로 안심하고 생활할 수 있게 되었다.

---

21 Lynn Eden, *Whole World on Fire: Organizations, Knowledge, and Nuclear Weapons Devastation* (Ithaca, NY: Cornell University Press, 2004).

전기와 불의 쇠락

역사학자들은 때로 산업화의 시기를 둘로 나누어보기도 한다. 첫 번째는 석탄 개발 시대, 두 번째는 석유 및 간접적 에너지 원천으로서의 전기에 대한 의존도가 증대되는 시대다.

석탄이나 석유와 달리 전기는 오늘날 (배터리만 사용할 수 있는 지역도 많기는 하지만) 거의 어디에서나 사용되고 있다. 전기 자체가 독립적 에너지원은 아니다. 어딘가 다른 곳에 있는 발전소에서 생산된 전기가 전달 체계를 거쳐 사용된다. 풍력이나 수력으로 전기를 일으키는 경우도 있지만 대부분은 석탄, 석유, 가스, 바이오매스 같은 연료를 태워서 만든다. 그러나 결과적으로 에너지를 사용할 때는 불의 흔적이 완전히 사라지고 없다. 사용처에서 전기는 겉보기에 "청정"하고 "멋진" 가면을 쓰고 있다. 소리도 없고 냄새도 없으며, 인간이 만들어낸 창조적 도구들에 편리하게 사용된다. 주로 열과 빛을 공급하고, 냉장고나 컴퓨터 같은 첨단 기기에도 쓰인다. 에너지를 사용하는 느낌이 전혀 없어 사용자로 하여금 에너지를 사용하고 있다는 사실을 잊어버리게 하는 제품도 있다. 인터넷 서핑을 하는 사람들은 자신의 컴퓨터에 전기가 공급되는 것을 알지만 정보의 월드와이드웹을 유지하는 서버가 전기를 쓰고 있다는 사실은 인식하지 못한다.

뿐만 아니라 사람들은 오늘날 일상생활을 둘러싼 물건들이 대부분 불의 도움으로 생산되었다는 사실을 진지하게 생각할 필요도 못 느낀다. 대개는 생산 당시에 사용된 불의 흔적이 물건들에 전혀 남아 있지 않은 데다 공장에서 창고로, 그리고 최종 소비자에게로 운반되는 과정에서도 마찬가지고, 마침내 "불이 없는" 소비자의 사무실이나 가정집에서 사용이 된다. 불은 거의 보이지 않는다. 소비자의 입장에서 불은 전기로 대체되었기 때문이다. 이는 신데렐라 효과와 비슷한 상황이다. 전기는 아무도 오지 않는 외딴곳에서 생산되었지만, 바깥에서는 모두가 전기를 고맙게 생각하고 환영한다.

사람들의 생활에서도 학계에서도 불의 이미지는 쇠락해가고 있다.

불과 연료의 이미지 변화

잠시 과거를 돌이켜보자면, 아마도 옛날 조상들은 불을 살아 있는 존재로 생각했기 때문에 선과 악이라는 속성을 부여했을 것으로 추정해볼 수 있다. 훨씬 나중에 누군가가 기록을 남기게 되었을 때, 불의 형상은 "선한(길들여진)" 불과 "악한(야생의)" 불로 분명하게 나뉘었다.

그보다 더 후대에 철학자들은 세상을 구성하는 원소가 무엇인지를 생각하기 시작했다. 일부 철학자들은 "원래부터 존재하던" 원소에는 선과 악이 따로 없다는 생각을 받아들였다. 그래서 헤라클레이토스는 불이 근본적 존재로서 모든 것이 불에서 나왔다고 확신했다. 나중에는 하나가 아니라 네 가지 원소, 즉 땅, 물, 공기, 불이 결합되어 이 세상이 구성되었다는 4원소설이 주류가 되었다. 고대 중국과 인도에서도 비슷한 정도로 발달된 고도의 사상 체계가 존재했다. 심지어 근대까지도 자연철학과 의학에서는 불이 세상을 구성하는 주요 원소 중 하나라는 세계관이 약간의 변형이 있기는 했지만 거의 그대로 유지되었다.

18세기 유럽 지식인들은 이러한 사상이 실험을 기반으로 한 과학적 사상과 양립할 수 없으며, 원소론은 헛된 사상을 낳을 뿐이라고 생각했다. 화학자들은 수십 가지 원소들을 발견했지만 더 이상 불을 원소로 생각하지는 않았다. 증기 기관 발명이 일시적으로 불에 대한 관심을 환기시켜 열역학 분야가 과학적으로 부상한 적도 있었다. 그러나 곧 관심은 사그라들었고 열역학은 자연과학에서 중심적 위치를 잃어버렸다.

화재 예방 및 진화와 관련된 좁은 범위의 기술적 연구를 제외하면 불은 과학 담론에서 사라졌다. 훨씬 추상적인 개념인 "에너지"가 그 자리를 대신하게 되었다. 에너지는 잠재력을 가지고 있지만 어떤 대상을 통해 발현이 되어야만 보고 듣고 느낄 수 있다.

과학에서 불이라는 주제가 쇠락하는 과정은, 공과 사를 막론하고 일상생활에서 불의 비중이 약해지는 과정과 궤를 같이한다. 앞에서 언급했던 것처럼 불은 여전이 전례 없이 거대한 규모로 사용되고 있지만, 갈수록 환영받지 못하고 있다. 인간이 흡수하는 외부 에너지에서 불의 흔적이 드러나는 것을 사람들은 더 이상 원하지 않는다(예컨대 장작 난로보다는 전기 히터를 선호한다. – 옮긴이).

그러나 과학적 담론이나 일상생활에서 불이 거의 눈에 띄지 않는 것이 사실이지만 불은 여전히 인간의 세계, 즉 인류권에서 근본적 양분을 제공하고 있다. 불꽃이나 연기가 숨겨져 눈에 보이지 않고 냄새도 나지 않지만 산업 사회에서 불은 어디에서나 존재한다. 우리가 먹는 거의 모든 음식과 우리가 사용하는 거의 모든 물품의 생산과 유통에서 불과 연료는 필수 불가결한 존재다. 그러나 우리는 갈수록 이러한 사실을 간과하는 경향이 있다. 우리가 난방이나 냉방 도구를 이용할 때, 물건을 생산하거나 파괴할 때, 운반을 하거나 의사소통을 할 때에도 전기는 에너지 원천으로서의 불과 우리 인간을 어디서든 연결해주는 매개체 역할을 하고 있다.

불에 관해서 생각하면 인간과 불이 엮이는 것이 왠지 부정적으로 느껴진다. 불은 위험하고 연료는 더럽다는 생각이다. 이 같은 일반적 감성은, 우리가 그렇게도 높이 평가하는 전기의 절대다수가 연료를 태우는 발전소에서 얻어진다는 사실과는 정서적으로 잘 조화되지 않는다. 남아 있는 화석 연료는, 잔여량에 대한 의견은 다양하지만 그것이 유한하다는 사실만큼은 일반적으로 동의하는 바다. 더불어 지금처럼 막대한 양의 화석 연료를 태우다가는 전체 생태계에 돌이킬 수 없는 해를 가할지도 모른다는 주장도 있다. 우리가 살고 있는 지구에는 드물지 않게 번개가 치고 화산이 폭발하기 때문에 우리가 불을 완전히 없앨 수는 없다. 그러나 오늘날과 같이 불을 사용하는 관행만은 이제 끝을 내야 할 때가 왔다.

세계적으로 전기화가 지속되기를 원한다면, 우리는 불과 연료에 매여 있는 우리의 인연을 감내해야 할 것이다. 오늘날 전기 세대는 다른 어느 산업보다 온실가스를 많이 배출하고 있다.[22] 에너지 사용의 현실은 효율적이지 못하다. 실제로 우리가 먹는 것보다 훨씬 많은 양의 에너지가 식재료를 생산하고 운반하고 요리하는 데 사용되고 있다고 한다.[23] 만약 이런 연구가 옳다면(내가 보기에는 옳은 것 같다) 현재의 사회-생태 체제는 다른 체제로 전환될 것이다. 그 체제는 부분적으로 불 체제, 농경 체제, 산업 체제와 공존하겠지만 근본적으로는 이전과 전혀 다른 체제가 될 것이다.

22 Weissenbacher, *Sources of Power*, p. 717.
23 Smil, *Harvesting the Biosphere* 참조.

맺음말

우리 인간은 미래를 내다볼 수 없다. 앞으로도 그럴 것이다. 이 말 자체는 패러독스처럼 보일 것이다. 그렇지만 나는 짧은 예측으로 이 글을 끝맺고자 한다. 오늘날 우리는 정보의 월드와이드웹이 급성장하는 시대를 살고 있다. 이는 애초에 전혀 계획된 일이 아니었다. 그러나 다양한 인간의 활동과 상호 작용에 전례 없는 영향을 미치고 있다. 인간이 불과 연료를 사용하는 다음 단계로 가능한 시나리오를 예측해보자면, 엄청난 변화가 일어나지 않는 한 인간은 계속해서 신체 외적인 에너지의 공급을 필요로 할 테고 아마도 오늘날보다 더 많이 사용하게 될 것이다. 하지만 우리는 지금보다 태양 에너지를 더 직접적으로, 또 효율적으로 활용하고자 노력할 것이다. 만약 기술적으로 이러한 도전에 성공한다면 에너지의 월드와이드웹을 구축할 수 있을 것이다. 동반구와 서반구뿐만 아니라 북반구와 남반구를 연결할 이 네트워크는 언제나 여름이 지속되는, 해가 지지 않는 지구의 네트워크가 될 것이다.

더 읽어보기

Bankoff, Greg, Uwe Lübken, and Jordan Sand (eds.), *Flammable Cities: Urban Conflagration and the Making of the Modern World*, Madison: University of Wisconsin Press, 2012.
Buckminster Fuller, R., *Critical Path*, New York: St. Martin's Press, 1982.
Burton, Frances D., *Fire: The Spark that Ignited Human Evolution*, Tucson: University of Arizona Press, 2009.
Christian, David, *Maps of Time: An Introduction to Big History*, Berkeley: University of California Press, 2004.
Davis, Mike, *Planet of Slums*, London: Verso, 2004.
Eden, Lynn, *Whole World on Fire: Organizations, Knowledge, and Nuclear Weapons Devastation*, Ithaca, NY: Cornell University Press, 2004.
Elias, Norbert, *The Process of Civilization: Sociogenetic and Psychogenetic Investigations*, Dublin: University College Dublin Press, 2012, vol. iii.
_____, *What Is Sociology?*, Dublin: University College Dublin Press, 2006, vol. v.
Frazer, James George, *Myths of the Origin of Fire*, London: Macmillan, 1930.
Frierson, Cathy A., *All Russia is Burning! A Cultural History of Fire and Arson in Late Imperial Russia*, Seattle: University of Washington Press, 2002.
Goudsblom, Johan, *Fire and Civilization*, London: Allen Lane, 1992.
Goudsblom, Johan, and Bert de Vries (eds.), *Mappae Mundi: Humans and their Habitats in a Long-Term Socio-ecological Perspective*, Amsterdam: Amsterdam University Press, 2002.
Goudsblom, Johan, Eric L. Jones, and Stephen Mennell, *The Course of Human History: Economic Growth, Social Process, and Civilization*, Armonk, NY: M. E. Sharpe, 1996.
Harris, Marvin, *The Rise of Anthropological Theory: A History of Theories of Culture*, New York: Harper & Row, 1968.
Morris, Ian, *The Measure of Civilization: How Social Development Decides the Fate of Nations*, Princeton, NJ: Princeton University Press, 2013.
Niele, Frank, *Energy: Engine of Evolution*, Amsterdam: Elsevier, 2005.
Pyne, Stephen J., *Fire: A Brief History*, Seattle: University of Washington Press, 2001.
Sieferle, Rolf Peter, *The Subterranean Forest: Energy Systems and the Industrial Revolution*, Cambridge: The White Horse Press, 2001.
Smil, Vaclav, *Harvesting the Biosphere: What We Have Taken From Nature*,

Cambridge: The MIT Press, 2012.
Stringer, Chris, *The Origin of Our Species*, London: Allen Lane, 2011.
Weissenbacher, Manfred, *Sources of Power: How Energy Forges Human History*, 2 vols., Santa Barbara, CA: Praeger, 2009.
Westbroek, Pieter, *Life as a Geological Force*, Berkeley: University of California Press, 1991.
Wrangham, Richard, *Catching Fire: How Cooking Made us Human*, New York: Basic Books, 2009.
Yergin, Daniel, *The Quest: Energy, Security, and the Remaking of the Modern World*, New York: Penguin Press, 2011.

CHAPTER 9

가족사와 세계사: 가정화에서 생물정치까지

메리 조 메인스 Mary Jo Maynes
앤 월트너 Ann Waltner

가족사와 세계사의 관계를 이해하는 데는 두 가지 콘셉트가 도움이 된다. "가정화(domestication)"와 "생물정치(biopolitics)"가 그것이다(domestication은 하나의 개념이지만 한국어에서는 식물의 경우 '재배', 동물의 경우 '사육' 등 두 가지로 번역되었다. 이를 하나로 통합하기 위해 동식물을 막론하고 '순화'라는 번역어도 사용되었다. 그러나 이번 장의 논지는 식물 혹은 동물을 인간의 가정 안으로 끌고 들어왔다는 측면을 강조하고 있다. 그래서 기존의 한국어 번역어로는 생소하지만, 이후 domestication을 '가정화'로 번역하기로 한다. 더 자세한 이유는 이어지는 저자의 설명 참조 – 옮긴이). 가정화(사육 혹은 재배) 개념은 세계사에서 신석기 혁명을 거론할 때 자주 등장했다. 빙하기 이후 기원전 1만 년경에 시작된 신석기 혁명은 자연에 대한 인간의 통제가 점차 강화되기 시작한 때였다. 이때부터 인간은, 비록 이전보다 더 잘 먹었는지는 확신할 수 없지만, 어쨌든 안정적으로 먹거리를 확보하게 되었다. 목축을 통한 동물의 사육(가정화)과 농경을 통한 식물의 재배(가정화)가 이때 시작되었기 때문이다. 그 뒤 정착 생활과 문명이 이어졌다. 페미니스트 고고학자들은 최근 가정화(domestication)의 어원인 "도무스(domus, 가정)"에 주목하여 가정화 개념을 확장하고자 했다. 이들은 도무스(가정)를 일종의 문화 현상으로 간주했으며, 인류 사회 변화의 핵심 요인이 여기에 있다고 보았다.

이안 호더(Ian Hodder)에 따르면 "인간이 자연을 통제하려 한 것은 신석기 시대에 나타난 새로운 현상이 아니었다. 핵심은 그러한 관심이 '도무스' 안으로 들어왔다는 데 있었다."[1] 이러한 변화를 통해 도무스, 즉 가정생활은 당시 인류의 역사를 변화시키는 원동력이 되었다. 또한 이안 호더는 "도무스란 단지 변화의 메타포에 그치지 않는다. 변화의 메커니즘이 바로 도무스였다. 오늘날 우리가 흔히 말하는, 중동 지역에서 발생한 사육과 농경이라는 두 가지 변화가 바로 이러한 메커니즘을 통해 가능했던 것"이라고 말했다.[2] 클라이브 갬블(Clive Gamble)은 "가정화"가 가장 큰 영향을 미친 영역이 바로 인간의 사유와 문화라고 주장한다. 가정화가 시작된 이래로 아이들이 자라는 방식이 달라졌다. 아이를 양육하는 방식이 가정생활이라는 새로운 맥락에서 이루어졌기 때문이다. 심지어 "최초의 마을들이 형성되면서 비로소 현생인류의 사고와 상징 문화가 원숙한 단계로 발전할 수 있었다"는 것이 클라이브 갬블의 주장이다.[3]

가정화 개념이 확장되면서 신석기 시대 정착 생활을 연구할 때 동물 사육이나 식물 재배보다는 오히려 인간의 사고와 사회 및 문화적 과정이 더욱 중요한 요소로 대두되었다. 그러자 가족의 역사와 사회의 관계에 주목하는 흥미로운 연구들이 촉발되었다. 가정의 범위는 시대에 따

---

1 Ian Hodder, *The Domestication of Europe: Structure and Contingency in Neolithic Societies* (Cambridge, MA: Blackwell, 1990), p. 41.
2 Hodder, *Domestication of Europe*, p. 41.
3 Trevor Watkins as cited in Clive Gamble, *Origins and Revolutions: Human Identity in Earliest Prehistory* (Cambridge: Cambridge University Press, 2007), pp. 30-1.

라 달라졌지만, "가정"이 역사의 중요한 현장이었다는 사실만큼은 신석기 시대 이래 변함이 없었다. 이러한 관점에서 세계사를 재검토한 결과 한편으로는 가정과 가족사의 관계, 또 한편으로는 가정과 세계사의 관계에서 중요했던 계기들이 다각도로 재조명되었다. 왕조의 상속 과정에서 정치 권력의 이동, 상인 "가문"의 사적 신뢰 관계를 기반으로 한 글로벌 상업 네트워크의 출현, 제국을 통치할 때면 언제나 결정적 역할을 담당한 다양한 형태의 혼인 및 가족 관계, 농업 경제와 산업 경제를 막론하고 중요한 비중을 차지한 노동 현장으로서의 가정, 국가나 혹은 어떤 명분을 내세우며 다양한 측면에서 가족을 통제하려 한 법과 규범, 이 모두는 가족사와 세계사의 밀접한 연관을 보여주는 사례들이다.

생물정치(biopolitics, 국가 권력이 백성의 신체를 통제하는 것)의 본성 또한 시대에 따라 변해왔다. 생체권력(biopouvoir, biopower)이 무엇을 의미하는지를 얘기할 때 미셸 푸코(Michel Foucault)는 서양의 근대 국가를 염두에 두고 있었다.

> [내가 사용하는 생체권력이라는 용어는] 상당히 의미심장해 보이는 일련의 현상들, 말하자면 인간의 기본적인 생물학적 특성이 정치의 대상, 어떤 권력의 전략적 대상이 되는 일련의 메커니즘을 일컫는다. 다시 말하면 18세기 이후 근대 서구 사회에서 인간도 하나의 생물학적 종(種)이라는 기본적인 사실을 받아들였다는 의미다.[4]

---

4 Michel Foucault, *Security, Territory, Population: Lectures at the Collège de France 1977-1978*, Graham Burchell (trans.) (New York: Picador, 2009), p. 1.

당시 서구 사회에서는 정기적 인구 조사와, 예컨대 출산율 통계나 사고율 또는 성병 감염률 같은 국민 건강 관련 통계 등이 국가의 행정 행위로 편입되어 있었다.

미셸 푸코에 의하면 이러한 생물정치는 근대의 산물이면서 동시에 선례를 따른 것이기도 했다. 근대 이전에는 국가의 전략적 중점이 가족과 재생산 등에 맞춰져 있었다. 이는 "인구"보다 개인을 통제하는 통치 기법이었다. 이처럼 생물정치의 근원을 되돌아봄으로써 우리는 다시 한 번 가족사와 세계사의 중요한 연관 관계를 엿볼 수 있다. 가장 이른 시기의 성문법에서도 내용의 대부분은 가족 문제와 관련이 있었다. 누가 누구와 결혼해야 하는지, 결혼에 따른 예물 교환은 어떠해야 하는지, 누가 상속권을 주장할 수 있는지 등의 주제였다. 시대를 막론하고 제국의 구조에서 통치자들은 특정 혈통이나 "인구 성장" 등 성적 관계와 출산 문제에 깊은 관심을 가졌다. 물론 생물정치 전성시대로 들어서면서 이러한 관심은 몇 배로 확대되었다. 현대 세계에서 생물정치 프로그램은 통치의 기본 사항에 포함되어 있다.

가족, 가정화, 인간의 기원

인간의 기원을 설명할 때 가족 관계는 오래도록 중요한 역할을 맡아왔다. 그러나 수십 년 전부터 이러한 설명 방식이 바뀌기 시작했다. 1970년대까지만 해도 대부분의 학자들과 대중의 인식에서 원시 인류 사회는 "남성 사냥꾼"을 중심으로 이해되었다. 이러한 관점에 의하면 남성들의 관계(경쟁과 협력)가 인류의 발전을 이끌어왔다. 남성들은 사냥을 준비하고 사냥에 필요한 석기 무기를 생산했다. 사냥을 하거나 도구를 제작할 때 필요한 인간관계가 발달하여 인간의 사회 조직과 문화가 발달하게 된다고 보았다. 또한 남성들은 영토나 짝을 차지하기 위해 서로 경쟁하기도 했다. 이성 관계는 암묵적으로 거래를 기반으로 했다. 남성이 대부분 식량을 조달했고, 이를 바탕으로 여성은 출산과 육아에 집중할 수 있었다. 이 같은 이론에 따르면 여성의 역할은 대개 재생산에 국한되어 있고, 재생산은 생물학적 문제라기보다 일차적으로 문화적 차원에서 이해되었다. 가정생활은 별로 학자들의 관심을 끌지 못했다. 변화와 발전의 중요한 요인들은 주로 가정의 바깥에서 일어났기 때문이다.

1970년대부터 페미니스트들이 "남성 사냥꾼" 가설을 수정하기 시작했다. 이들은 가족, 젠더 관계, 인류 진화에서 가정의 역할을 다르게 생각해볼 수 있는 가능성을 열었다. 오늘날 고고학적 증거를 통해 인간의 기원은 전혀 다른 방식이었다는 사실이 명확하게 밝혀졌다. 새로운 관점에 따르면, 물론 과거 인류 사회에서 성별에 따른 노동 분담이 존재하기는 했지만, 여성은 재생산(출산)뿐만 아니라 생산(특히 식량 채집)에도 참여했다. 수렵채집 단계에서 정착 농경 사회로 넘어가는 과정에서 가족 혹은 가정의 역할이 일정한 기여를 한 것으로 나타났다. 그 근거가 명확하지는 않지만, 일부 지역에서는 서로 다른 생태 환경에 거주하는 집단 사이에 통혼이 이루어짐으로써 농업 사회로 넘어가는 계기가 만들어지기도 했다. 예컨대 신석기 시대 동부 아프리카에서는 가끔 유목민 남성과 수렵채집인 여성 사이의 통혼이 있었다는 증거가 발견되었다. 물론 당시에는 다른 방식의 젠더 상보성(gender complementary) 또한 존재했었다.[5] 이와 유사한 의견을 내놓은 학자로 루스 화이트하우스(Ruth

Whitehouse)를 들 수 있다. 그는 이탈리아 청동기 시대 유적지의 유골을 분석하여 젠더에 따른 이주 패턴을 확인했다. 이는 "정복민 남성 농부와 원주민 수렵채집 여성" 사이의 통혼과 관련된 증거였다.[6] 게다가 일부 주거지 유적에서 식사와 관련하여 명백한 노동 분업의 흔적도 나왔다. 주로 젠더에 따라 일이 나뉘었는데, 함께 거주하던 소규모 집단 내부의 분업이었다. 예를 들면 나일강 유역의 기원전 9000년경 유적지에서, 농사나 토기 제작에 관련된 특정 노동이 여성과 연관된 흔적이 발견되었다(당시 토기는 영구 정착지에서 저장 용기로 쓸모가 있었다).[7] 그곳은 특정 가족 혹은 친족 집단이 함께 거주했던 유적으로 추정되는데, 오늘날 DNA 분석을 통해 그러한 추정이 더욱 명확히 밝혀졌다.

가정이나 친족 집단이 인류 발전의 중요한 현장이었으며, 가정 내에서 여성의 역할(어린이의 사회화에 미치는 영향 등)이 인류 진화에 결정적이었다는 사실이 최근의 연구들을 통해 점점 더 친숙한 사실로 받아들여지는 추세다. 복합 인지 능력(complex cognitive abilities)의 발현은 인류 진화의 핵심 요소였다. 대니얼 스메일(Daniel Smail)의 주장에 의하면, "인간의 뇌는 도구 같은 비교적 간단한 문제를 해결하기 위해 발달한 것이 아니었다. 사냥을 하기 위해서는 더더욱 아니었다. 인간의 뇌 용량이 지난 170만 년 동안 계속해서 커진 이유는, 인간의 사회생활과 관련하

---

5 Diane Lyons, "A critical appraisal of gender research in African archaeology," in Sarah Milledge Nelson (ed.), *Worlds of Gender: The Archaeology of Women's Lives around the Globe* (Lanham, MD: AltaMira, 2007), pp. 12-13.
6 Ruth Whitehouse, "Gender archaeology in Europe," in Nelson (ed.), *Worlds of Gender*, p. 150.
7 Lyons, "Gender in African archaeology," pp. 12-13.

여 점점 더 복잡해지는 문제에 대응하기 위해서였다."[8] 그러나 고고학적 근거로는 이처럼 머나먼 과거의 일을 밝혀내기가 쉽지 않다. 남아 있는 유적을 해석하는 새로운 접근법이 필요했다. 다이앤 볼거(Diane Bolger)는 "예술과 상징의 사용을 통해 고대 인류 사회의 특성을 파악하는 혁신적 연구 방법"을 주창했다. 다이앤 볼거는 상징적 표현이 급속도로 발달했던 전혀 다른, 시간적으로 굉장히 멀리 떨어진 두 시기를 발견했다. 첫 번째는 8만 년 전 혹은 그 이전으로 추정되는 시기로, 후기 구석기 시대에 초기 사피엔스 그룹에서 이른바 "창의성 폭발"이 나타났다. 두 번째 시기는 약 1만 2000년 전 빙하기 이후 가정화와 관련이 있었다.[9]

최근 사회 고고학자들은 어린이 양육에 주목한다. 이를 통해 가족의 역사와 사회 발전의 관계를 밝히고자 하는 것이다. 고고학 발굴 자료는 물질적·사회적·문화적 환경을 알려주기도 하지만, 동시에 인간의 인지 능력을 알려주기도 한다. 이런 관점에서 자료를 해석해보면, 인간의 인지 능력 획득과 사회 관계 형성에 결정적인 요인은 유아기 시절의 경험이었다. 클라이브 갬블은 저서 《기원과 혁명: 휴머니티 형성의 고고학》에서, 인류의 사회적·인지적 잠재력이 서서히 발현되어가는 길고 점진적인 과정을 추적했다. 이야기는 언어가 등장하기 훨씬 전인 먼 옛날 호미니드(hominid) 시기부터 시작된다. 그의 이야기는 대체로 "차일드스케이프(childscape)"라는 개념을 둘러싼 추론에 의존하고 있다. "어린이를 양

---

8 Daniel Lord Smail, *On Deep History and the Brain* (Berkeley: University of California Press, 2008), pp. 112-13.
9 Diane Bolger, "Gender and human evolution," in Sarah Milledge Nelson (ed.), *Handbook of Gender in Archaeology* (Lanham, MD: AltaMira, 2006), pp. 487-8.

육하는 데 필요한 물질적 조건은 서로 맞물리는 두 가지 척도로 연구할 필요가 있다. 장소(locale)와 풍경(landscape)이다. 둘을 합쳐 나는 차일드스케이프(childscape)라고 부르기로 한다. 이는 곧 성장 환경이다."[10] 그의 논점은 어린이들이 사회성과 인지 능력을 배우는 문제다. 고고학에서 젠더 분석이 여성을 "드러나 보이게" 했듯, 클라이브 갬블의 작업은 어린이를 "드러나 보이게" 만들었다.

갬블의 주장에 따르면, 어린이의 성장 환경을 말하는 차일드스케이프는 호미니드의 세계에서 서서히 일련의 변화를 거치며 발전해왔다. 아주 먼 옛날, 그러니까 기원전 10만 년경에 호모 사피엔스 사회에서 뚜렷한 인지 발달의 흔적이 나타났는데, 이러한 변화는 어린이 양육과 문화적 전승에 뿌리를 두고 있었다.[11] 어린이 양육은 가정화(domestication) 시기에 뚜렷한 변화를 거친다(갬블에 의하면 약 2만 년 전에서 6000년 전). 가정화가 세상에 가져온 가장 뚜렷한 변화는 흔히들 생각하는 마을이나 곡식이나 신과 여신이 아니라, 가정 내 어린이 양육을 강조한 점이었다.[12]

이안 호더는 터키의 차탈회위크(Çatalhöyük) 유적을 차일드스케이프 관점에서 해석했다. 이 유적은 기원전 7000년경 3000~8000명의 사람들이 거주했던 초기 농업 공동체 마을이다. 차탈회위크에서 친족과 가정은 정착 농경민으로 넘어가는 과정에서의 중요한 원칙들을 보여주고 있다. 일상생활은 가정에 중심을 두고 있다. 주거지 건물에 사는 사람들은 주기적으로 바뀌었고 건물 또한 다시 지어졌는데, 한번에 5~10명이

---

10 Gamble, *Origins and Revolutions*, p. 228.
11 Gamble, *Origins and Revolutions*, p. 240.
12 Gamble, *Origins and Revolutions*, p. 206.

집단적으로 거주했다. 이안 호더는 이렇게 설명한다.

> 이런 가정에서 자라는 아이는 공간이 어떤 식으로 구성되는지 금방 배운다. 어디에다 죽은 사람을 매장하고 어디에서 잠을 자는지, 흑요석 매장지는 어디 가면 있는지, 제물을 바칠 때는 어디에 가져다 두어야 하는지 등등. 그리고 그 아이는 결국 집 자체를 어떻게 짓는지 배우게 된다. 그래서 중앙 집권적 통제 없이도 복잡한 이 마을 사회는 다음 세대로 전해진다. 이 모든 관습은 죽은 조상들이 보는 앞에서, 풍부한 예술 작품을 통해 전해지는, 바로 눈앞에 존재하는 상징의 세계 안에서 이루어진다.[13]

이와 같은 연구를 통해 가정화(domestication) 개념은 (재배와 사육뿐만 아니라) 사회 및 문화적 과정까지 포괄하게 되었다. 그리하여 초기 인류 사회에 대한 새로운 질문과 발견이 이어졌다. "돌에 새겨진 것"을 넘어서서 페미니스트 고고학자들과 사회 고고학자들은 인류의 기술, 특히 사냥 정도의 수준을 넘어서는 인지 기술의 진화 문제를 검토하기 시작했다. 초기 인류 정착지 유적 차탈회위크는 초기 농경 사회 가정의 역동성과 활동을 엿볼 수 있다는 점에서 특히 중요했다. 차탈회위크에서 가정은 "유일한" 사회 조직이었다. 그곳에서 중앙 정부나 상위 정치 기관의 흔적은 전혀 나타나지 않는다.

초기 "가정화" 단계에서 가정을 넘어서는 정치 구조는 존재하지 않

---

13 Ian Hodder, "This old house," *Natural History* (2006), accessed March 6, 2013, www.naturalhistorymag.com/htmlsite/0606/0606-feature.html.

〔그림 9-1〕 차탈회위크 가정집의 재구성

았다. 이를 알려주는 두 번째 사례로 앙소 문화(仰韶文化, 5000~3000 BCE)를 들 수 있다. 앙소 문화는 북중국의 강가를 따라 형성된 일련의 농경 마을들로 이루어져 있었다. 앙소의 농부들은 곡식을 재배하고 돼지 같은 가축도 길렀다. 마을은 중앙 광장을 중심으로 구성되어 있었다. 주거지 건물은 광장 주변을 둘러 건설되었고, 작업장이나 무덤은 중심지로부터 더 먼 거리에 위치해 있었다. 고고학자들은 매장지 발굴을 통해 그 마을에서도 친족 및 사회 조직 개념이 존재했을 것으로 추정하고 있다. 괭이나 쟁기 날 같은 농기구가 발견되는 무덤이 있는가 하면 맷돌이나 실 잣는 방추 같은 물건이 나오는 무덤도 있는데, 두 가지 유형의 유물이 한꺼번에 발굴되는 무덤은 없다. 무덤 주인의 성별이 언제나 확인되는 것은 아니지만, 발굴 유물로 볼 때 젠더에 따른 일정한 노동 구분이 존재했던 것 같다. 농사일은 주로 남성이 맡았고, 요리와 직물 생산은 여성이 맡았다.[14] 무덤에 남아 있는 유골로 미루어 보건대 여성들은 다른 마을로 시집을 갔던 것 같다. 이런 식의 결혼을 통해 아마도 마을들끼리 연대를 맺었을 것이다.[15] 차탈회위크에서와 마찬가지로 사회 조직의 중요한 요소들, 즉 분업 노동을 통한 공동 생산, 주거지 건물, 친족 규칙 등은 국가 같은 상부 조직이 없는 상태에서 출현했다. 사회 조직의 핵심은 마을 및 가정에 있었다.

가족과 우주론

가정생활과 가족 관계를 통해 개인은 스스로를 공간뿐만 아니라 시간 속에 위치시키는 법도 배우게 된다. 예컨대 장례식 같은 가족의 일생 의례를 거행하는 과정에서 유물이 만들어지고, 그것이 조상과 후손을 연결하는 매개체가 된다. 그리하여 과거-현재-미래가 연결되고, 가족의 생활과 우주론과 마침내는 종교적 사상 체계가 연결된다.

상징적 유물로 가장 오래된 것은 오커(ochre, 갈철석 혹은 자철석) 조각이다. 편편한 조각에 기하학적 문양이 새겨져 있는데, 약 7만 5000년 전 유물로 남아프리카의 한 동굴(블롬보스 동굴Blombos Cave)에서 발굴되었다.[16] 훨씬 나중의 무덤을 발굴해보면, 가족과 종교적 관습이 연결되

---

14 Gideon Shelach, "Marxist and post-Marxist paradigms for the Neolithic," in Kathryn Linduff (ed.), *Gender and Chinese Archaeology* (Lanham, MD: AltaMira, 1999), p. 20.
15 Qiang Gao and Yun Kuen Lee, "A biological perspective on Yangshao kinship," *Journal of Anthropological Archaeology* 12 (1993), 293.

어 있었다는 사실이 더욱 분명하게 나타난다. 터키의 차탈회위크에서도 물론 이에 부합하는 유물들이 발굴되었다. 차탈회위크에서 특히 흥미로운 점은 의례 용품과 매장지가 주거지 내부의 특정 영역에서 발견되었다는 사실이다. 집 안 무덤에서 남성의 두개골이 발굴되었는데, 유골은 매장지를 옮겨 다시 매장한 것으로 보인다. 고고학자들은 이를 존경하는 조상 혹은 가족 구성원과 관계되는 사람의 두개골로 추정했다. 그 두개골은 그보다 조금 후에 사망한 여인의 시신 옆에 함께 매장되어 있었다. 유사한 사례가 더 있다. 앙소 문화 매장지를 공동 연구한 고강(高强)과 이윤권(李潤權) 또한 조상 숭배 의례를 통하여 사망한 이후의 가족 관계를 지속하는 사례를 발견했다. 여기서도 매장된 유골을 옮겨 다시 매장한 흔적이 나왔는데, 이는 모종의 의례를 통해 망자를 대했음을 알려준다. 아마도 망자가 조상들의 세계로 들어가는 의미였을 것이다.[17]

가정생활은 세계 여러 지역에서 우주론을 형성하는 데 중요한 역할을 했다. 기원 신화뿐만 아니라 신들의 생활에 대한 설명에도 가정생활이 영향을 미쳤다. 이집트의 우주론에서 이시스(Isis)와 오시리스(Osiris)라는 부부 신격이 등장하는데, 이들은 특히 농경의 시작을 알리는 이야기와 관련이 있다. 몇 가지 창조 신화 이야기에서 이시스는 씨앗을 발견하고 오시리스는 사람들에게 씨앗 심는 법을 가르쳐준다. 유대교, 기독교, 이슬람교의 기원 신화는 이집트의 기원 신화와 상당히 다른 내용이

---

16 Ian Tattersall, *The World from Beginnings to 4000 bce* (New York: Oxford University Press, 2008), p. 100.
17 Gao and Lee, "A biological perspective," p. 293.

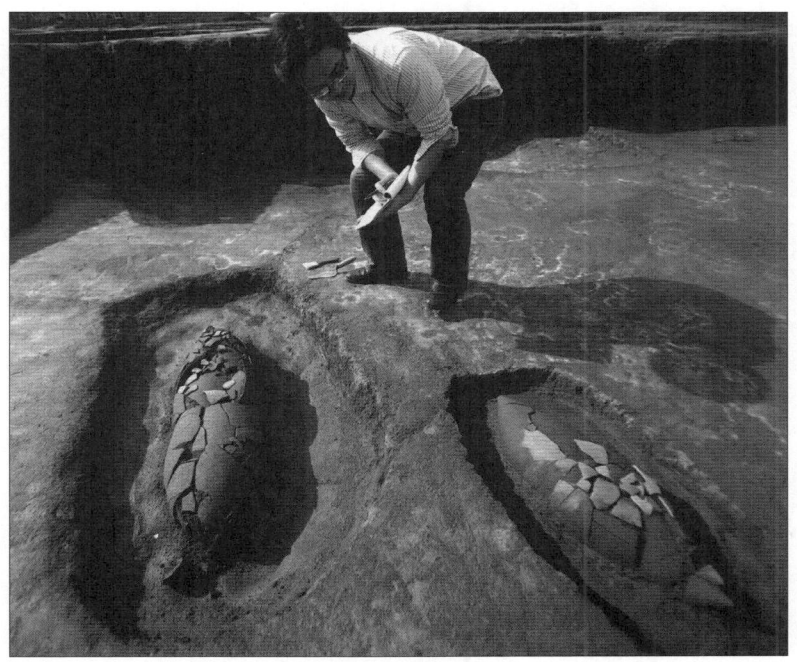

[그림 9-2] 어린이의 관(앙소 문화 매장지)
중국 하남성 중부 낙양(洛陽) 유지에서 발굴.

다. 《성경》〈창세기〉에는 남성 유일신이 등장한다. 그는 자신의 형상을 따라 아담(Adam)만을 만들었고, 다시 남성으로부터 여성 이브(Eve)를 만들어 아내로 삼게 했다. 이런 이야기와 달리 이집트의 이야기에서는 여러 남성 신격들과 여성 신격들이 함께 등장하며, 복잡한 가족 구조에서 활발한 활동이 펼쳐진다. 페미니스트 역사학자들은 주요 유일신 종교 전통을 고대 메소포타미아 지역 가부장제의 기원과 연결시키기도 한다.[18]

    종교 전통은 또한 가족과 가정생활의 번잡함 혹은 긴장 관계를 반영하고 있다. 예를 들어 신격의 탄생은 평범한 가족 관계를 벗어나는 경우가 많다. 유대-기독교에서 신의 아들인 그리스도(Christ)는 인간을 아버지로 두지 않았다. 붓다(Buddha)는 어머니의 옆구리에서 태어났다. 특이한 탄생 때문에 붓다의 어머니는 출산 후 얼마 안 돼 사망했지만, 붓다는 탄생의 과정에서 피할 수 없는 불결함을 접촉하지 않을 수 있었다. 이 같은 특이한 탄생을 통해 신격은 평범한 인간의 가정생활과 가족의 삶 속에 머물지 않는다. 그리하여 "탄생"은 개념적으로 어쩔 수 없다 하더라도 누구나 피할 수 없는 죽음은 넘어서는 존재로 자리매김하는 것이다.[19]

종교와 가정생활 사이에는 또 다른 종류의 긴장 관계도 존재했다. 초기 기독교 신학자들은 가족과 성관계에 대해 죄까지는 아니지만 영적인 삶에 혼란을 가져온다고 생각했다. 그래서 기독교도로서 최고의 삶은 독신이었다. 인도 북부 지역 어느 나라의 왕자로 태어난 붓다는 어린 아들과 아내를 두고 고통의 본질을 탐구하기 위하여 집을 떠났다. 불교가 전파된 다른 많은 지역에서도 가족과 떨어져 사원에서 명상을 하는 것이 불교도로서의 헌신적 삶이라고 믿었다. 불교는 승단이라고 하는 성

---

18 Barbara Watterson, *Women in Ancient Egypt* (Stroud: Sutton Publishing, Ltd., 1991), pp. 19-21. 또한 Gerda Lerner, *The Creation of Patriarchy* (New York: Oxford University Press, 1987).
19 *The Life of Buddha by Asvaghosa*, Patrick Olivelle (trans.) (New York: New York University Press, 2008); Gary Seaman, "The sexual politics of karmic retribution," in Emily Martin Ahern and Hill Gates (eds.), *The Anthropology of Taiwanese Society* (Stanford, CA: Stanford University Press, 1981), pp. 381-96; and Rita Gross, *Buddhism after Patriarchy: A Feminist History, Analysis and Reconstruction of Buddhism* (Albany: State University of New York Press, 1993) 참조.

직자 공동체 전통을 발달시켰는데, 이 공동체에서는 대체로 독신을 요구했다. 그래서 불교가 처음 중국에 소개되었을 때 독신 승려는 대를 잇지 않으므로 후손이 끊어진다는 비판에 직면했다. 중국에서는 조상 제사가 사후 세계의 핵심이었기 때문이다. 불교를 옹호하는 사람들은 이러한 비판에 대하여 불교 신앙을 통해 조상을 구원한다는 반대 논리를 개발했다. 회의론자들을 설득하는 과정을 통해 중국 불교에서는 효심 같은 사상이 중요한 요소로 자리 잡았다. 중국 불교 설화 중 목건련(目犍連)의 이야기가 있는데, 이 사람은 무수한 지옥을 돌아다니며 어머니를 찾아 구원했다. 이러한 이야기는 불교와 중국식 사고의 갈등, 종교적 삶과 부모에 대한 개인 의무의 갈등을 해소한 사례다.[20]

가족과 국가

초기 국가에서는 정치 권력의 집행과 승계가 가족생활 혹은 친족 모델에 따라 이루어져야 한다고 생각했다. 왕조 체제는 초기 국가의 공통적 통치 구조였는데, 전형적으로 친족 계통을 통한 권력 승계가 이루어졌다. 주로 아버지에서 아들로 이어지는 방식이었다. 기원전 제2천년기 초에 있었던 수메르 왕조 역대 왕들의 계보에서는 모두가 신화적인 조상 알룰림(Alulim)의 후손을 자처했으며, 1000여 년에 걸쳐 족보를 근거로 정치 권력의 정당성을 주장했다. 또 하나의 사례를 들자면, 중국 왕조의 역사는 현자이며 동시에 왕이었던 몇몇 전설적 인물들로부터 시작되

---

20 이 이야기에 관한 훌륭한 소개글은 다음을 참조. Stephen Teiser, *The Ghost Festival in Medieval China* (Princeton, NJ: Princeton University Press, 1988).

는데, 이들에게는 상속을 할 아들이 없었다. 그러나 이 전설적인 이야기의 말미에 이르면 왕조 승계 문제가 등장한다. 바로 우(禹) 임금이 아들에게 왕위를 물려주면서 하(夏) 왕조가 시작되는 이야기다(하 왕조는 전통적으로는 기원전 2070년에 시작되었다고 믿었다). 이후로 중국에서 왕조 체제가 막을 내린 1911년까지 권력 승계는 아버지로부터 아들(혹은 남성 친족)에게로 이어지는 것이 표준이었다. 예외적 경우에는 이집트의 파라오처럼 여성이 권력 승계에서 중요한 역할을 담당하기도 했다. 라나 트로이(Lana Troy)에 의하면, "고대 이집트 왕조에서는 젠더에 따른 영역 구분이 없지 않았지만, 정치 권력과 우주적 힘은 남성과 여성의 상호 작용을 필요로 했다. 그래서 남성뿐만 아니라 여성도 우주라는 유기체의 자기 증식 과정에 참여하고 이를 반영하는 존재가 될 수 있었다."[21] 고대 마야에서도 왕비는 정치 권력의 승계에서 중요한 역할을 했다. 마야의 어머니 작쿡(Zac Kuk)은 아들의 왕좌를 승인해주었는데, 그 아들이 바로 강력한 대왕 파칼(Pakal)이었다.[22] 이러한 사례들은 정치 권력 승계가 부계 혈통을 벗어난 일부 사례에서도 여전히 가족 관계가 얼마나 중요했는지를 여실히 보여주고 있다.

국가에서 왕의 권력은 가정에서 아버지의 권위와 비슷했는데, 이 둘은 서로를 강화시켰다. 왕의 권력을 아버지의 권위에 비유함으로써 남성 정치 권력과 가정 내 남성의 권위가 모두 당연시되도록 했다. 이처럼

---

21 Lana Troy, "She for whom all is said and done: The ancient Egyptian queen," in Sarah Milledge Nelson (ed.), *Ancient Queens: Archaeological Explorations* (Lanham, MD: Alta-Mira, 2003), p. 113.
22 Rosemary Joyce, *Gender and Power in Prehispanic Mesoamerica* (Austin: University of Texas Press, 2001), p. 85.

〔그림 9-3〕 성직자에게 재규어 마스크를 주는 여인
마야 약스칠란(Yaxchilan) 유적, 멕시코 국립인류학박물관 소장.

친족에 대한 이해는 정치적 신념의 뿌리를 형성했다. 중국의 정치 사상은 정치 권력과 친족 관습이 서로 어떻게 얽혀 있었는지를 아주 잘 보여 주는 사례였다. 중국의 통치자들과 사상가들은 질서가 제대로 잡힌 국가의 통치는 질서가 제대로 잡힌 가정에서 시작된다고 주장했다. 친족 관련 용어가 이를 설명하는 데 동원되었다. 황제는 하늘의 "아들"이며, 지방 관리는 백성의 "부모"라고 했다. 관리들의 권위를 당연시하는 사고의 틀을 만드는 데 가족 관계는 핵심적 역할을 담당했다.[23]

가족사와 국가의 기원을 연결해주는 또 한 가지 영역은 바로 법이었다. 초기 법률 시스템으로 함무라비 법전(Code of Hammurabi, c. 1750 BCE)이 있는데, 이 법전의 핵심은 전체 내용의 약 3분의 1을 차지하는 가족 문제다. 거다 러너(Gerda Lerner)가 말했듯이, "놀라운 점은 갈수록 국가(왕)에게 성적 문제에 관여할 권한을 더 많이 부여했다는 데 있다."[24] 고대 중국의 의례서에서도 예컨대 결혼 문제처럼 가족 관계를 규정하는 내용들이 보인다. 결혼에 적합한 의례를 상세히 적어두었을 뿐만 아니라 적절한 결혼 상대도 정해두고 있다. 성씨가 같은 상대자라면, 실제로 공통의 조상을 두었든 아니든 상관없이 결혼을 하기에 적당하지 않다고 했다. 이처럼 국가 체제가 처음 시작된 이래로 가정이 단순히 가정으로 머문 적은 단 한 순간도 없었다. 국가 권력이 성적 관계나 가족 문제에 개입했던 이유는, 적어도 부분적으로나마 출산 문제와 관련이 있다. 국가 통치의 일부분으로서 미래 세대의 생산에 관심을 가졌던 것이다. 여기서 우리는 근대 생물정치(biopolitics)의 전조를 엿볼 수 있다. 함무라비 법전에서 확인되는 법조문은 재산 상속과 관련된 내용이지만, 이는 적절한 후손을 낳고 가족을 형성하는 데 필요한 성적 관계에 대해서도 관여하는 셈이다.

초기 정치 체제는 전형적으로 친족 관계를 통해 형성되었다. 예컨대 고대 그리스와 로마의 시민법은, 언제나 같은 방식은 아니었지만 어쨌

---

23 《대학(大學)》 서문 참조. 《대학》은 유교의 "4경" 중 하나로, 전통적으로는 공자가 썼다고 알려져 있었다. James Legge's translation is available in the Chinese Text Project, accessed February 27, 2013, http://ctext.org/liji/ da-xue.
24 Lerner, *Creation of Patriarchy*, pp. 114-15.

거나 항상 가족 관계에 바탕을 두고 있었다. 시민권을 결정하는 데 부모는 매우 중요한 요소였다. 페리클레스(Pericles)의 법령(451~450 BCE)에서, 아이가 아테네 시민권을 얻으려면 양쪽 부모 모두가 아테네 시민이어야 했다.[25] 다른 시기에는, 예컨대 시민의 수가 줄어드는 문제 때문에 아테네 시민 아버지와 이방인 어머니 사이에서 난 아이에게도 시민권을 부여했다.[26] 이 같은 법령은 오늘날의 생물정치와 너무나 동떨어진 일처럼 보이지만, 역사상 많은 경우에 결혼과 출산 문제가 법과 정치 체제의 핵심을 이루었다는 사실만은 분명하게 보여주고 있다.

근대 초기 문화 교류와 가족 관계

근대 초기 결혼과 친족 체계는 세계 곳곳에서 매우 다양한 양상으로 나타났다. 일부 지역에서는 오직 일부일처제만 정당한 혼인 관계로 인정된 반면, 일부다처제가 허용되는 지역도 있었다. 유럽이나 중국 등지에서 결혼은 영원한 것으로 인식되었으며, 이혼은 매우 어렵고 드문 경우에 속했다. 동남아시아 같은 다른 지역에서는 결혼 종료가 비교적 수월했다. 때로는 공적 기관에 결혼을 등록해야 했지만, 그렇지 않은 경우도 있었다. 예를 들어 16세기 초 유럽 가톨릭에서는 결혼하면 교구에 등록을 하도록 했다. 한편 중국에서 결혼은 의례가 매우 강조되는 대신 철

---

25 Sarah B. Pomeroy, *Goddesses, Whores, Wives, and Slaves* (New York: Schocken Books, 1995), p. 66.
26 로마의 가족법에 관해서는 다음을 참조. Suzanne Dixon, *The Roman Family* (Baltimore, MD: The Johns Hopkins University Press, 1992); Judith Evans Grubbs, *Women and the Law in the Roman Empire: A Sourcebook on Marriage, Divorce and Widowhood* (New York: Routledge, 2002).

저하게 가정 내에서 이루어졌다. 종교 기관이든 국가 기관이든 굳이 결혼을 등록할 필요가 없었다. 그렇다고 국가에서 결혼 문제에 관심을 두지 않았다는 의미는 아니다.

친족을 구성하고 승계가 이루어질 때 항상 따라다니는 개념이 바로 누가 누구와 결혼할 수 있는가 하는, 주로 법령에 등장하는 문제다.[27] 예를 들어 중국에서 친족이라 하면, 부계 혈통의 친척을 모계 혈통의 친척보다 더 가깝게 여기는 경향이 있다. 그래서 모계 혈통으로 사촌 간 결혼이 허용되는 반면, 부계 혈통으로는 성만 같아도(성은 부계 혈통을 따르기 때문에) 결혼이 금지된다. 유럽의 혼인 관습은 부계와 모계를 구분하지 않고 다만 사촌 간의 결혼만 금지했다.[28]

세계적으로 다양했던 가족 관계 인식과 관습은 근대 초기 지구 전역에 걸친 여행 범위의 확대와 세계 제국의 건설을 통해 더욱 다양해졌다. 여행자들이 낯선 세계로 들어갔을 때 가장 먼저 눈에 띈 것은 결혼 방식 및 젠더 관계의 다양성이었다. 친족 관계와 가정생활은 누구에게나 "자연스러운 것"으로 여겨졌다. 그러나 이러한 자연스러움은 타문화와 접

---

27 세계사에서 지역별·시기별로 달랐던 친족 인식 비교 연구는 Mary Jo Maynes, Ann Waltner, Birgitte Soland, and Ulrike Strasser (eds.), *Gender, Kinship and Power* (New York: Routledge, 1996) 참조.

28 종교개혁 시기 유럽에서 혼인을 둘러싼 다양한 측면에 관한 연구들은 다음과 같다. Thomas Safley, *Let No Man Put Asunder: The Control of Marriage in the German Southwest, 1550-1620* (Kirksville: Northeast Missouri State University, 1984); Lucia Ferrante, "Marriage and women's subjectivity in a patrilineal system: The case of early modern Bologna," in Maynes, et al. (eds.), *Gender*, pp. 115-29; Merry E. Wiesner-Hanks, *Christianity and Sexuality in the Early Modern World: Regulating Desire, Reforming Practice* (London: Routledge, 2000); and John Witte, Jr., *From Sacrament to Contract: Marriage, Religion, and Law in the Western Tradition*, 2nd edn. (Louisville, KY: John Knox Press, 2012).

촉했을 때 이상한 것으로 여겨진다. 심지어 고대의 여행자들도 마찬가지였다. 기원전 5세기 헤로도토스가 이집트를 방문했을 때, 그는 이집트인이 "모든 인류의 관습을 거꾸로 뒤집어놓았다. 예컨대 여자가 시장을 보러 가고 상점에서 직원으로 일하며, 남자는 집에 있으면서 옷감을 짠다"라고 기록했다.29 이런 글이 바로 가정생활이 어느 정도 문명과 관련된다는 사실을 보여주는 분명한 사례에 속한다.

15세기 대서양 횡단 탐험이 성공하면서 타문화와의 만남이 확대되었다. 이러한 만남을 통해 스스로의 문화를 되돌아보는 계기가 마련되기도 했지만, 그보다는 타문화의 가족 체계를 자연스럽지 않다거나 야만적이라고 하면서 비난하고 공격하는 경우가 훨씬 빈번했다.

예를 들면 15세기 중엽 오만의 여행가 이븐 마지드(Ibn Majid, b. 1421)가 말레이반도 믈라카를 방문했을 때, 그는 현지 주민에 대해 이런 글을 남겼다. "그들에게 문화라고는 전혀 없다. 이교도가 무슬림 여인과 결혼하고 무슬림 남자도 이교도 여성을 아내로 취한다. … 그들은 시장에서 술을 마시며 이혼을 종교와 상관없는 행동으로 취급한다."30 이븐 마지드가 마주친 세계는 그래도 어느 정도 알려진 곳이었다(믈라카는 12세기부터 무슬림이 뿌리내린 세계였다). 같은 세기 더 나중에 유럽인은 당시 전혀 알려지지 않은 세계의 사람들과 마주쳤다. 1493년에 쓴

---

29 Herodotus, *The Histories: Second Book: An Account of Egypt*, G. C. Macaulay (trans.), accessed on Feb. 27, 2013, www.gutenberg.org/files/2131/2131-h/2131-h.htm.
30 Luis Filipe Ferrera Reiz Thomasz, "The Malay Sultinate of Melaka," in Anthony Reid (ed.), *Southeast Asia in the Early Modern Era* (Ithaca, NY: Cornell University Press, 1993), p. 79.

크리스토퍼 콜럼버스(Christopher Columbus)의 편지에는 그가 히스파냐(Hispana)라고 부른 지역 사람들의 옷차림에 대한 내용이 등장한다(남녀가 모두 최소한만 가렸다고 한다). 그곳에서는 대부분의 사람들이 일부일처제를 따랐지만 왕은 예외였고, "여자들이 남자들보다 일을 더 많이 하는 것 같다"고 했다.[31]

근대 초기 유럽인의 식민지 전략은 군사·정치·종교적 영역뿐만 아니라 가정생활의 사적인 공간에도 개입했다. 누에바에스파냐(Nueva España)에서 우리는 이와 관련하여 분명한 사례를 확인할 수 있다. 누에바에스파냐의 정치 및 군사 엘리트는 에스파냐 출신의 남성들이었다. 대개는 아내도 없고 토지도 없는 사람들이었다. 그들은 주로 땅을 가진 현지 엘리트 가문의 여성과 결혼을 했다. 메소아메리카에서는 16세기 유럽인과 처음 접촉할 당시 대체로 일부일처제를 요구하지 않았다. 게다가 이혼이 가능했고, 사촌 간 결혼도 흔한 일이었다. 뿐만 아니라 그곳에는 결혼을 등록하거나 공식화할 국가나 교회도 없었다.[32]

에스파냐 출신 남자와 현지인 여자의 결혼 의례는 에스파냐의 풍습과 현지의 풍습을 섞은 방식이었다. 메소아메리카의 식민지 누에바에스파냐에 파견된 가톨릭 선교사들은 현지의 친족 체계와 결혼 풍습 개혁을 선교 업무의 일환으로 간주했다. 적절한 가족생활이 신앙생활의 근

---

31 "The first letter of Christopher Columbus to the Noble Lord Raphael Sanchez, 13," *Open Library*, accessed on Feb. 27, 2013, www.archive.org/stream/firstletterofchr00colu#page/n7/mode/2up.
32 Susan Kellog, *Law and Transformation of the Aztec Culture* (Norman: University of Oklahoma Press, 2005), pp. 202-3.

본이 되기 때문이었다. 가톨릭 신앙과 관습이 누에바에스파냐에 소개되는 과정을 보면, 종교개혁 시대에 있었던 결혼 관련 논란이 그대로 반영되고 있다. 패트리샤 시드(Patricia Seed)의 연구에 따르면 종교개혁 당시에 가톨릭 결혼관의 개혁이 있었는데, 그것이 그대로 누에바에스파냐에 도입되었다고 한다. 가톨릭 방식의 결혼 풍습이 전파되면서, 시골이나 일반 대중 사이에서는 전통적 결혼 풍습이 그대로 유지되었지만 도시 엘리트 계층의 결혼 풍습은 상당히 허물어지게 되었다.[33]

타지인과 현지인의 결혼 및 기타 결합 관계는 식민지 통치 구조를 수립하거나 상업 네트워크를 형성하는 데 매우 중요한 역할을 했고, 동시에 인종 차별 관념도 여기에서 비롯되었다. 이 점과 관련해서도 누에바에스파냐가 좋은 사례를 보여준다. 18세기에 이르러 멕시코에서는 카스타 페인팅(casta painting)으로 알려진 회화 작품들이 출현했다. 이는 인종 간 결혼을 다양한 경우의 수를 고려하여 상세히 표현한 그림이다. 이 그림에서는 혼혈로 태어난 아이들을 각각의 특징에 따라 외모와 옷과 특성까지 묘사하고 있다. 따라서 카스타 페인팅은 식민지에서 혼혈에 관한 새로운 관념이 만들어질 때 결혼이 어떤 영향을 미쳤는지를 구체적으로 보여주는 자료라 할 수 있다. 또한 카스타 페인팅은 에스파냐 조상들을 다른 족보에 비해 특권적 지위로 인식하는 이데올로기가 어떻게 작동했는지도 잘 보여주고 있다.[34] 이처럼 식민지 가정생활이라는 맥락

---

33 Patricia Seed, *To Love, Honor and Obey in Colonial Mexico: Conflicts over Marriage Choice, 1574-1821* (Stanford, CA: Stanford University Press, 1992).
34 Ilona Katzew, *Casta Paintings: Images of Race in Eighteenth-century Mexico* (New Haven, CT: Yale University Press, 2005) 참조.

에서 역사상 최초로 인종의 범주가 문화적으로 표현되었던 것이다. 이 같은 차별적 이데올로기는 근대 과학에서 인종 개념이 출현하기 이전부터 이미 중요한 위치를 차지하고 있었다.

다양한 종류의 식민지 개척자들이 동남아시아에서 서로 마주쳤다. 유럽이나 중국에서 온 상인들은 하나같이 동남아시아의 결혼 풍습을 보고 적잖이 충격을 받았다. 바바라 안다야(Barbara Andaya)의 연구가 보여주었듯이, 과거 동남아시아에서 결혼은 언제든 종료할 수 있는 관계였다. 여성들은 가정생활에 국한되지 않고 공공장소나 상거래 현장에 자유롭게 드나들었고, 상당한 규모의 기업을 운영하기도 했다.[35] 근대 초기 서로 다른 문화권의 사람들이 결혼한 결과로 태어난 혼혈아들은 두 문화권을 매개하는 중개인으로서 중요한 역할을 수행했다. 그러나 시간이 지날수록 가족, 친족, 성적 금기의 관념이 강해지면서 이들은 점차 아웃사이더로 취급되었고, 식민지 당국이나 원주민 양측에서 모두 "혼혈계층(half-castes)" 취급을 받아야 했다.[36] 신대륙과 동남아시아에서는 모두 식민지 개척의 과정에서 태어난 혼혈아들을 대하면서 인종과 차별의 관념이 싹트기 시작해 점차 강화되었다. 이는 근대 시기 인종 개념의 탄생을 예고하는 전조였다. 인종 개념은 근대 생물정치적 사고(biopolitical thinking)에서 핵심 범주가 되었다.[37]

---

35 Barbara Andaya, "From temporary wife to prostitute: Sexuality and economic change in early modern Southeast Asia," *Journal of Women's History* 9 (1998), 11-34.
36 Andaya, "Temporary wife," p. 27.
37 이후 제국주의의 맥락에서 가정생활과 인종 문제 관련 연구로는 다음을 참조. Ann Laura Stoler, *Carnal Knowledge and Imperial Power: Race and the Intimate in Colonial*

[그림 9-4] 〈흑인과 인디언이 결혼하면 늑대를 낳는다〉
후안 로드리게스 후아레스(Juan Rodriguez Juarez, 1675~1728) 작, 1715년경, 캔버스에 유채. 카스타 페인팅 제목에서 "늑대"라는 표현은 인종 범주로 유행했던 이름이다.

Rule (Berkeley: University of California Press, 2002); Ann Laura Stoler, *Race and the Education of Desire: Foucault's History of Sexuality and the Colonial Order of Things* (Durham, NC: Duke University Press, 1995); Philippa Levine, *Prostitution, Race, and Politics: Policing Venereal Disease in the British Empire* (New York: Routledge, 2003); Julia Clancy-Smith and Frances Gouda (eds.), *Domesticating the Empire: Race, Gender, and Family Life in French and Dutch Colonialism* (Charlottesville: University Press of Virginia, 1998).

근대 초기 사람들의 이동으로 친족 관계가 재규정되고, 기존 관념이 흐트러지고 재정립되었지만, 그 과정이 언제나 자발적으로 이루어졌던 것은 아니다. 아프리카 노예 무역은 아프리카와 신대륙에서 가족 구조와 관습에 심각한 영향을 미쳤다. 노예 제도는 인종 차별 개념을 더욱 발전시켰고, 인종과 가족 관념도 노예 제도 때문에 더욱 깊게 얽혔다. 젊은이들이 노예로 잡혀가는 바람에 서아프리카에서 인구 불균형이 초래되었고, 이는 서아프리카 지역 가족사에도 파괴적 영향을 미쳤다. 신대륙의 플랜테이션 농장주들은 대개 노동력 확보의 관점에서 출산에 관심을 가졌다. 그러나 실제 대응 양상은 지역마다 달랐다. 다미안 파르가스(Damian Pargas) 등이 연구한 바 있듯이, 북아메리카 남부의 농장주들은 노예들에게 가족을 꾸리는 것을 허용하는 경우가 많았다. 이들이 법적으로 보장되는 가족은 아니었다. 농장주들은 노예가 아이를 낳으면 재산이 늘어난다고 생각했고, 아이들을 노예 시장에 내다 팔았다. 게다가 가족이 있는 노예는 독신 노예보다 다루기가 쉬웠다. 노예가 가족을 꾸리는 것을 허용한다고 해서 노예 가족의 안정성을 보장한다는 의미는 아니었다. 가족 구성원이 따로따로 팔려 가는 경우가 많았다.[38] 카리브해 연안과 라틴아메리카의 사탕수수 플랜테이션 농장에서 아프리카 노예 인구의 사망률은 북아메리카보다 훨씬 더 높았다. 여기서 노예 소유주들의 셈법은 북아메리카의 농장주들과 달랐다. 노예 가족에게서 새로 태어난 아이를 노예로 기르는 비용보다 성장한 노예를 돈 주고 사 오는

---

38 Damian Alan Pargas, "Boundaries and opportunities: Comparing slave family formation in the Antebellum South," *Journal of Family History* 35 (2008), 316-45.

비용이 더 저렴하다고 생각했던 것이다.[39] 노예 소유주들이 노예 인구를 관리하는 방식은 상당히 계산적이었다. 신대륙 어디에서나 노예는 가족을 형성하거나 친족 관계를 유지하는 데 엄청난 어려움을 겪어야 했다.

가정생활이나 가족 구조는 근대 초기 상업 네트워크가 형성되고 제국이 수립되는 과정에서 영향을 받기도 했고, 반대로 영향을 주기도 했다. 이방인 상인 혹은 식민지 개척자와 현지인의 성적 결합처럼 자발적인 경우도 있고 노예의 가족 형성(혹은 금지)처럼 강제적인 경우도 있었지만, 어느 경우든 근대 초기의 만남을 통해 세계적으로 가족 구조의 변화를 가져온 것만큼은 사실이다. 전 세계적으로 가족은 보다 더 강력하게 정치에 결부되었으며, 차별과 불평등 이데올로기의 출현에도 깊이 연관되었다.

근대 세계 형성 과정에서의 가정생활과 생물정치

고대 왕조 체제에 내재되었던 가족 관계는 왕조 체제의 막을 내린 근대 혁명 체제에서도 여전히 중요한 역할을 맡았다. 세계화가 시작되면서 정보의 유통이 강화되었고, 가정 내의 권력 관계와 국가의 권력 관계에 대한 도전이 전 세계 여러 지역으로 전파되었다.

단적인 예로 프랑스 혁명을 들 수 있다. 계몽주의 시대 프랑스에서 절대 군주정을 비판한 비평가들은 정치를 가족에 비유하며 가정 내의

---

39 Elizabeth Anne Kuznezof, "Slavery and childhood in Brazil (1550-1888)," in Ondina E. Gonzalez and Bianca Premo (eds.), *Raising an Empire: Children in Early Modern Iberia and Colonial Latin America* (Albuquerque: University of New Mexico Press, 2007).

새로운 관계를 이야기했다. 몽테스키외가 저술한 《페르시아인의 편지(Persian Letters)》(1721)는 소설 형식을 가장한 정치 논문이었다. 이 책에서 그는 프랑스 군주정을 페르시아의 하렘과 비교했다. 하렘에서 억압받는 여성은 부르봉 왕조 치하에서 정치적 압제에 놓여 있는 프랑스를 의미했다. 프랑스의 철학자 장-자크 루소 또한 "자연적인" 가정 내의 질서가 곧 새로운 사회 및 정치 질서의 바탕이 되어야 한다고 생각했다. 루소를 비롯한 여러 사상가들의 저서에서 선한 여주인공은, 귀족 및 왕의 궁정에서 활동하는 타락한 여성들과 달리, 가정생활을 통해 도덕적 우위를 보여주었다.

혁명의 시대에 반란이 일어나고 왕이 처형되면서 새로운 정치 질서 가운데 시민권에 관한 긴급한 의문이 제기되었다. 린 헌트(Lynn Hunt)의 연구가 보여주었듯이, 여기서도 가족의 비유가 사용되었다. 일시적이나마 아버지의 권위가 형제애로 바뀐 것이 변화의 핵심이었다.[40] 새롭게 제정된 법령은 오래도록 지배해온 아버지의 법을 무너뜨렸다(프랑스 혁명이 가져온 많은 개혁 조치들은 나폴레옹의 왕정복고 때문에 막을 내리고 가부장적 체제로 되돌아갔다). 예를 들어 혁명 정부의 법령은 장자 상속을 폐지하고 딸들에게도 평등한 상속권을 인정했으며, 이혼도 남녀가 대등한 입장에서 이루어지도록 규정했다.[41]

또 한 가지 예로 중국의 5·4운동을 들 수 있다. 5·4운동은 1911년

---

40 Lynn Hunt, *The Family Romance of the French Revolution* (Berkeley: University of California Press, 1993).
41 Suzanne Desan, *The Family on Trial in Revolutionary France* (Berkeley: University of California Press, 2004) 참조.

청(淸, 중국의 마지막 왕조 체제)의 몰락에 뒤이어 터진 사회 운동이었다. 이때 중국의 전통적 가족 제도에 대한 비판이 정치적 근대화의 원인이 되었다. 이런 비판이 나올 수 있었던 것은 세계 다른 지역의 정치 및 가족 전통이 알려졌기 때문이다. 심지어 중국인에게 적합한 근대화 모델이 무엇인지를 연구하기도 했다. 5·4운동의 지도자 가운데 한 명인 진독수(陳獨秀)는 유교 전통에서 아버지를 숭상하는 것이 중국이 당면한 문제의 근본이라고 생각했다. "사람들이 유교식 혈연관계와 복종의 의무에 얽매여 있는 한 아들은 아버지의 뜻을 거스르면 안 되고, 아버지가 죽고 난 뒤 3년까지도 이를 어겨서는 안 되며, 여자는 남편과 아버지뿐만 아니라 아들에게까지 복종해야 하는데, 이런 상황에서 어떻게 정당을 결성하고 스스로의 결정을 내릴 수 있겠는가?"[42] 5·4운동은 젊은이의 운동이었고, 주도자도 모두 젊은이였다(남녀가 모두 주로 학생이었다). 이 운동 자체가 가부장적 권위를 무너뜨리는 현상이었다.

근대적 통치 방식에서 가정과 정치는 전례 없이 가까운 관계에 놓였다. 근대 국가에 이르러 정부 당국이 가정생활과 가족 문제에 직접 개입하는 정도가 더욱 강화되었다. 가정 내 거주 인원을 "인구"라는 명칭 아래 점점 더 국가의 책임으로 인정했기 때문이다. 정부의 공식적 인구 조사가 5년 내지 10년 단위로 이루어졌고, 그 결과가 가구 단위로 상세히 기록되는 방식이 곧 근대 국가가 인구를 어떻게 생각하고 관리했는지를 단적으로 보여주는 사례다. 국민 생활 향상을 목적으로 수많은 국가가

---

42 Merry E. Wiesner-Hanks, et al., *Discovering the Global Past*, 4th edn. (Independence, KY: Wadsworth Publishing, 2011), vol. ii, p. 97.

실행한 인구 조사 프로그램에는 건강과 복지 향상 문제도 포함되어 있었다(물론 불만이 누적되어 정치 권력에 위협이 되는 일을 사전에 방지하려는 목적도 있었다). 예를 들어 1880년대 독일은 건강보험 프로그램을 시작했고, 1900년 전후로 유럽과 미국은 어린이 분유 배급 프로그램(infant milk programs)을 실시했다. 생물정치(biopolitics), 즉 인간의 생활을 국가에서 체계적으로 감시하고 측정하고 관리하는 일은 20세기의 전 세계 어느 나라에서든 정부의 핵심 역할로 간주되고 있다.

유럽의 제국들도 생물정치의 현장이었다. 다만 대체로는 훨씬 더 친절하지 못한 방식이었다. 식민지에 백인 정착민을 끌어들이는 동시에 유럽 대도시에서 "초과" 인구 문제를 해결하기 위해 채택된 정책들도 일부 존재했다. 식민지 법령은 누가 누구와 결혼할 수 있는지를 규정했고, 시민권 규정 때문에 유럽 출신 식민지 정착민과 현지인 사이의 인종 집단적 장벽이 더욱 강화되었다. 식민지 인구 관리 방식은 대체로 거칠고 악명이 높았다. 예를 들어 독일령 남서아프리카의 헤레로족(Herero)과 나마족(Nama) 사례는 20세기 최초의 집단 학살로 기록되어 있다.[43]

20세기 초 유럽의 파시스트 정권에서 생물정치는 훨씬 가혹한 방식을 취했다. 파시스트 운동은 국가와 인종의 가치를 다른 무엇보다 상위에 두었으며, 민족과 국가의 이름으로 경제·정치·사회를 재편하는 정치적 프로그램을 옹호했다. 이것이 푸코가 말하는 생물정치 개념에 가장 적합한 사례였다. 파시스트 운동은 1920년대 이탈리아에서 정권을

---

43 Jürgen Zimmerer, "Annihilation in Africa: The 'race war' in German Southwest Africa (1904-1908) and its significance for a global history of genocide," *Bulletin of the German Historical Institute* Issue 37 (2005), 51-7.

〔그림 9-5〕 독일의 대국민 홍보지 〈건강한 부모-건강한 아이〉
1934년, 컬러 석판 인쇄, 독일역사박물관 소장.

잡았고, 1930년대에는 독일에서도 정권을 차지했다. 이들은 가족법을 수정하여 국가가 보기에 바람직한 인구는 증식을 권장하고 그렇지 않은 사람들은 출산을 제한했다.

이러한 정책은 대표적으로 1933년과 1939년 사이 나치 정권에 의해 통과된 인종위생법(Racial Hygiene Laws)에 잘 나타나 있다. 1933년 통과된 혼인장려법은 인종적으로 적합하다고 간주되는 부부에게 정부에서 1000마르크의 융자를 내주게 하고, 아이가 하나씩 태어날 때마다 융자금의 일정액을 탕감해주었다. 이와 반대로 같은 해에 시행된 산아제한 프로그램은 인종적으로 열등하다고 판단되는 사람들의 출산을 제한했다. 이것은 우생학적 정치 프로그램의 시작으로, 이후 포로수용소에서 자행된 인종 청소의 선례가 되었다. 이외에도 "아리아인"의 혈통을 보존하고 있는 독일인과 유대인의 결혼을 금지하는 법도 있었다.

나치 정권은 인종주의 방식의 생물정치를 극단적으로 추구했다. 그러나 이보다는 덜했지만 다양한 인종 차별 정책이 20세기 전반 세계 곳곳에서 자행되었다. 일부 미국 우생학자들의 주도로 심지어 나치보다 미국에서 먼저 "불임수술법"이 통과되었다. 미국의 우생학자 레온 휘트니(Leon Whitney)는 1934년의 저서 《불임수술론(The Case for Sterilization)》에서 나치를 존경한다고 공공연히 표방했다. 그는 "히틀러가 오늘날 강제적으로 실시하는 것과 매우 비슷한 일을, 영국과 미국에서 미래를 내다볼 줄 아는 많은 남성과 여성은 이미 오래전부터 자발적으로 시행해오고 있다"라고 말했다.[44]

---

44 Stefan Kühl, *The Nazi Connection: Eugenics, American Racism, and German*

불임 수술은 경제 공황 시기 미국에서 우생학자들을 넘어 일반인으로부터 폭넓은 지지를 획득했다. 그것이 사회 복지와 빈민 구제 비용을 줄일 수 있는 방안이라고 생각했기 때문이다. 경제 공황 시기 미국의 불임 수술 비율이 증가했다. 같은 시기 핀란드, 노르웨이, 스웨덴에서도 불임 수술에 관한 새로운 법이 통과되었다. 다만 이 경우 불임 시술을 당한 사람의 수는 나치에 비해 훨씬 적었다. 얼마 지나지 않아 제2차 세계대전이 끝나고 나서, 남아프리카공화국에서 극우 민족주의 정당이 인종 혐오의 내용을 담은 법령을 시행했다. 1949년에 시행된 인종간혼인금지법(Prohibition of Mixed Marriages Act)이 그것이다. 이 법으로 백인과 타 인종의 결혼이 금지되었다. 1950년에는 수정 도덕법(Immorality Amendment Act)이 시행되어 인종 간 성관계를 금지했다. 이러한 법령들은 남아프리카공화국에서 1994년 아파르트헤이트가 타도되기까지 그대로 존속되었다.

제2차 세계대전 이후 냉전 시기에는 모범적 가족, 남녀 관계, 가정생활 등이 정치화되어 외교 정책에 이용되곤 했다. 미국 정부는 일상생활을 "표준화"하려는 노력의 일환으로 결혼과 주택 구입을 장려했다. 대공황과 제2차 세계대전을 거치면서 흔들린 "전통적" 가족 질서를 회복하기 위해 "생계를 책임지는 가장(male breadwinner)"으로서의 남성을 모범 사례로 권장했다.

정부는 예컨대 제대군인원호법(GI Bill) 등을 통해 이 같은 가족 모델을 공식화했다. 제대 군인은 절대다수가 남성이었는데, 법령에 의거해

National Socialism (New York: Oxford University Press, 2002), p. 36에서 재인용.

[그림 9-6] **퇴근하는 남성이 등장하는 미국의 광고(1956년)**
교외의 집으로 돌아와 마당에서 가족의 환영을 받는 장면.

고등 교육과 전문 직업 교육을 지원했다. "리벳공 로지(Rosie the Riveter)" (제2차 세계대전 당시 공장에서 일하던 여성)를 지원하던 정책은 사라져버렸다. 이러한 정책은 소련이나 동유럽과 극명히 다른 방향이었다. 그곳에서는 여성이 가사나 육아와 함께 다른 노동에 참여할 수 있도록 제도적 뒷받침을 해야 한다고 강조했다. 두 가지 모델이 서로 경쟁하던 중 마침내 1959년 미국의 부통령 리처드 닉슨과 소련의 총리 니키타 흐루쇼프 사이에 유명한 "부엌 논쟁"이 벌어졌다. 이 논쟁에서 미국의 전업주부와 소련의 직장 여성이 뚜렷하게 대비되었다.[45]

---

45 Elaine May, *Homeward Bound: American Families in the Cold War Era* (New

21세기로 넘어갈 무렵, 국가와 가족/가정 영역의 관계를 새롭게 규정하는 새로운 생물정치가 출현했다. 이는 성관계, 출산 문제, 노인 복지, 국제 입양을 포함한 이주(이민) 등을 통해 나타났다. 예를 들어 대리모와 입양 부모의 계약은 미국 일리노이주에서 합법화되었지만, 미국 대부분의 다른 지역과 세계의 대다수 지역에서는 여전히 불법으로 간주된다. 이런 상황에서 생명 윤리 문제가 대두되는데, 계약에 의해 태어난 아이들은 상품으로 취급받기 때문이다.

모든 생물정치 정책이 인종주의를 기반으로 한다거나 비민주적이라고 매도하기는 어렵다. 에드워드 디킨슨(Edward Dickinson)의 주장처럼 생물정치적 수단들은 현실적으로 거의 모든 현대 국가에서 필수 행정 영역으로 간주되고 있다. 이는 민주 국가나 독재 국가를 막론하고 예외가 없다.[46] 민주 정부에서 실시하는 정책들은 어쨌든 더 민주적이라고 할 수 있다. 가령 정부가 국민 건강 증진을 위하여 병원을 세우거나 학교 급식을 실시하는 경우를 들 수 있다. 혹은 1967년 미국 대법원 판례로, 연방 정부는 개인이 인종을 막론하고 배우자를 선택할 수 있는 권리를 보장해야 한다는 선언도 있었다. 구체적 정책이 무엇이든 생물정치적 계산법은 오늘날 세계 대부분의 지역에서 통치 행정의 기본이 되었고, 가족사와 정치사는 가정적 차원에서든 세계적 차원에서든 전례 없이 밀접한 관계에 놓이게 되었다.

York: Basic Books, 1990) 참조.
46 Edward Ross Dickinson, "Biopolitics, fascism, democracy: Some reflections on our discourse about 'Modernity,'" *Central European History* 37 (2004), 1-48.

더 읽어보기

Primary sources

Da Xue (The Great Learning), James Legge (trans.), *Chinese Text Project*, accessed Feb. 27, 2013, http://ctext.org/liji/da-xue.

"The first letter of Christopher Columbus to the Noble Lord Raphael Sanchez, 13," *Open Library*, accessed on Feb. 27, 2013, www.archive.org/stream/firstletterofchr00colu#-page/n7/mode/2up.

Herodotus, *The Histories: Second Book: An Account of Egypt*, G. C. Macaulay (trans.), accessed on Feb. 27, 2013, www.gutenberg.org/files/2131/2131-h/2131-h.htm.

The Life of Buddha by Asvaghosa, Patrick Olivelle (trans.), New York: New York University Press, 2008.

Secondary sources

Andaya, Barbara, "From temporary wife to prostitute: Sexuality and economic change in early modern Southeast Asia," *Journal of Women's History* 9 (1998), 11-34.

Bolger, Diane, "Gender and human evolution," in Sarah Milledge Nelson (ed.), *Handbook of Gender in Archaeology*, Lanham, MD: AltaMira, 2006.

Clancy-Smith, Julia, and Frances Gouda (eds.), *Domesticating the Empire: Race, Gender, and Family Life in French and Dutch Colonialism*, Charlottesville: University Press of Virginia, 1998.

Cook, Michael, *A Brief History of the Human Race*, New York: W. W. Norton, 2003.

Desan, Suzanne, *The Family on Trial in Revolutionary France*, Berkeley: University of California Press, 2004.

Dickinson, Edward Ross, "Biopolitics, fascism, democracy: Some reflections on our discourse about 'Modernity,'" *Central European History* 37 (2004), 1-48.

Dixon, Suzanne, *The Roman Family*, Baltimore, MD: The Johns Hopkins University Press, 1992.

Ferrante, Lucia, "Marriage and women's subjectivity in a patrilineal system: The case of early modern Bologna," in Mary Jo Maynes, et al. (eds.), *Gender, Kinship and Power*, New York: Routledge, 1996.

Foucault, Michel, *Security, Territory, Population: Lectures at the Collège de France 1977-1978* (Lectures at the Collège de France), Graham Burchell (trans.), New York: Picador, 2009.

Gamble, Clive, *Origins and Revolutions: Human Identity in Earliest Prehistory*, Cambridge: Cambridge University Press, 2007.

Gao, Qiang, and Yun Kuen Lee, "A biological perspective on Yangshao kinship," *Journal of Anthropological Archaeology* 12 (1993), 266-98.

Gross, Rita, *Buddhism after Patriarchy: A Feminist History, Analysis and Reconstruction of Buddhism*, Albany: State University of New York Press, 1993.

Grubbs, Judith Evans, *Women and the Law in the Roman Empire: A Sourcebook on Marriage, Divorce and Widowhood*, New York: Routledge, 2002.

Hodder, Ian, *The Domestication of Europe: Structure and Contingency in Neolithic Societies*, Cambridge, MA: Blackwell, 1990.

_____. "This old house," *Natural History*, June 2006, accessed March 6, 2013, www.naturalhistorymag.com/htmlsite/0606/0606_feature.html.

Hunt, Lynn, *The Family Romance of the French Revolution*, Berkeley: University of California Press, 1993.

Joyce, Rosemary, *Gender and Power in Prehispanic Mesoamerica*, Austin: University of Texas Press, 2001.

Katzew, Ilona, *Casta Paintings: Images of Race in Eighteenth-century Mexico*, New Haven, CT: Yale University Press, 2005.

Kellog, Susan, *Law and Transformation of the Aztec Culture*, Norman: University of Oklahoma Press, 2005.

Kühl, Stefan, *The Nazi Connection: Eugenics, American Racism, and German National Socialism*, New York: Oxford University Press, 2002.

Kuznezof, Elizabeth Anne, "Slavery and childhood in Brazil (1550-1888)," in Ondina E. Gonzalez and Bianca Premo (eds.), *Raising an Empire: Children in Early Modern Iberia and Colonial Latin America*, Albuquerque: University of New Mexico Press, 2007.

Lerner, Gerda, *The Creation of Patriarchy*, New York: Oxford University Press, 1987.

Levine, Philippa, *Prostitution, Race, and Politics: Policing Venereal Disease in the British Empire*, New York: Routledge, 2003.

Lyons, Diane, "A critical appraisal of gender research in African archaeology," in Sarah Milledge Nelson (ed.), *Worlds of Gender: The Archaeology of Women's Lives around the Globe*, Lanham, MD: AltaMira, 2007.

May, Elaine Tyler, *Homeward Bound: American Families in the Cold War Era*, New York: Basic Books, 1990.

Maynes, Mary Jo, and Ann Waltner, *The Family: A World History*, New York: Oxford University Press, 2012.

_____, "Temporalities and periodization in deep history: Technology, gender, and benchmarks of 'human development,'" *Social Science History* 36 (2012), 59-83.

Maynes, Mary Jo, Ann Waltner, Birgitte Soland, and Ulrike Strasser (eds.), *Gender, Kinship and Power*, New York: Routledge, 1996.

Pargas, Damian Alan, "Boundaries and opportunities: Comparing slave family formation in the Antebellum South," *Journal of Family History* 35 (2008), 316-45.

Pomeroy, Sarah B., *Goddesses, Whores, Wives, and Slaves*, New York: Schocken Books, 1995.

Safley, Thomas, *Let No Man Put Asunder: The Control of Marriage in the German Southwest, 1550-1620*, Kirksville: Northeast Missouri State University Press, 1984.

Seaman, Gary, "The sexual politics of karmic retribution," in Emily Martin Ahern and Hill Gates (eds.), *The Anthropology of Taiwanese Society*, Stanford, CA: Stanford University Press, 1981.

Seed, Patricia, *To Love, Honor and Obey in Colonial Mexico: Conflicts over Marriage Choice, 1574-1821*, Stanford, CA: Stanford University Press, 1992.

Shelach, Gideon, "Marxist and post-Marxist paradigms for the Neolithic," in Kathryn Linduff (ed.), *Gender and Chinese Archaeology*, Lanham, MD: AltaMira, 1999.

Smail, Daniel Lord, *On Deep History and the Brain*, Berkeley: University of California Press, 2008.

Stoler, Ann Laura, *Carnal Knowledge and Imperial Power: Race and the Intimate in Colonial Rule*, Berkeley: University of California Press, 2002.

_____, *Race and the Education of Desire: Foucault's History of Sexuality and the Colonial Order of Things*, Durham, NC: Duke University Press, 1995.

Tattersall, Ian, *The World from Beginnings to 4000 BCE*, New York: Oxford University Press, 2008.

Teiser, Stephen, *The Ghost Festival in Medieval China*, Princeton, NJ: Princeton University Press, 1988.

Thomasz, Luis Filipe Ferrera Reiz, "The Malay Sultanate of Melaka," in Anthony Reid (ed.), *Southeast Asia in the Early Modern Era*, Ithaca, NY: Cornell University Press, 1993.

Troy, Lana, "She for whom all is said and done: The ancient Egyptian queen," in Sarah Milledge Nelson (ed.), *Ancient Queens: Archaeological Explorations*, Lanham, MD: AltaMira, 2003.

Watterson, Barbara, *Women in Ancient Egypt*, Stroud: Sutton Publishing, Ltd., 1991.

Whitehouse, Ruth, "Gender archaeology in Europe," in Sarah Milledge Nelson (ed.), *Worlds of Gender: The Archaeology of Women's Lives around the Globe*, Lanham, MD: AltaMira, 2007.

Wiesner-Hanks, Merry E., *Christianity and Sexuality in the Early Modern World: Regulating Desire, Reforming Practice*, London: Routledge, 2000.

_____, et al., *Discovering the Global Past*, 4th edn., Independence, KY: Wadsworth Publishing, 2011, vol. ii.

Witte, John Jr., *From Sacrament to Contract: Marriage, Religion, and Law in the Western Tradition*, 2nd edn., Louisville, KY: John Knox Press, 2012.

Zimmerer, Jürgen, "Annihilation in Africa: The 'race war' in German Southwest Africa (1904-1908) and its significance for a global history of genocide," *Bulletin of the German Historical Institute* Issue 37 (2005), 51-7.

CHAPTER 10

세계사의 젠더화

메리 위스너 행크스
Merry Wiesner-Hanks

인류 역사상 가장 오래된, 또한 가장 끈질기게 유지된 차별은 바로 젠더(gender) 차별이었다. 그래서 젠더 문제는 세계사의 기본적 범주 가운데 하나가 되었다. 젠더의 역사는 마땅히 인류의 역사 전반을 포괄해야 한다. 최근 수십 년 동안 젠더의 중요성은 더 강조되었다. 역사학, 특히 세계사 연구에서 전반적으로 차별과 정체성 문제가 부각되었기 때문이다. 과거 역사학 전통에서 핵심 역사 연구 단위는 대개 국가 개념에 따라 설정되었다. 세계사 연구도 그랬지만, 젠더의 역사 연구는 무엇보다 국가 중심 역사학과 결별하고자 했다. 그러다 보니 국가를 대체할 새로운 역사 연구 범주를 설정해야 하는 어렵고도 복잡한 문제에 부닥쳤다. 기존 역사학의 관행에 맞서는 학술 운동으로서 세계사 연구와 젠더의 역사 연구는 각기 별도의 경로로 발전해왔다. 그렇지만 갈수록 상호 교류가 확대되었고, 갈수록 서로의 성과를 더욱 풍부하게 참조했다.

이 장에서는 먼저 젠더의 개념을 살펴보겠다. 개념 문제에서 우리가 주목하고자 하는 것은 남자와 여자의 구분, 즉 지나치게 단순한 이분법적 구분 그 자체의 모순과 역설이다. 그다음으로는 젠더의 역사 연구가 어떻게 발전해왔는지, 정치 운동이나 역사학의 흐름과 어떤 식으로 연관을 맺어왔는지 살펴보려 한다. 여기서 젠더의 세계사 연구가 주목하는 다섯 가지 핵심 영역이 논의될 것이다. 즉 초기 인류 사회, 이종족혼

(intermarriage), 국가 정체성과 시민권, 이주, 식민지와 제국주의가 그것이다. 그리고 마지막으로 세계사 내지 지구사와 젠더 및 성 표현의 역사가 서로 연결되는 주제, 이론, 방법론 등을 조금 살펴보는 것으로 글을 마치고자 한다.

젠더 개념

인류 공동체의 대부분은 두 가지 주요 젠더 시스템을 가진다. 이 시스템에서 남자와 여자가 의미하는 바는 엄청난 차이가 있다. 이원론적 젠더 시스템은 대개 다른 종류의 이분법과 서로 연결된다. 예를 들면 육체/정신, 공(公)/사(私), 자연/문화, 빛/어둠, 위/아래, 외부/내부, 음/양, 오른쪽/왼쪽, 해/달 등이다. 이 중에서 해/달 혹은 빛/어둠 같은 일부 항목은 자연현상으로 나타나기 때문에, 세계의 많은 지역에서 이를 신성한 힘에 의해 창조된 것으로 여긴다. 그래서 남/녀 이원론 또한 자연 혹은 신에 의해 지정된 것으로 볼 여지가 있었다. 오늘날 학계에서는 대개 젠더가 성별에 따른 물리적·형태적·해부학적 차이, 이른바 "생물학적 차이"에 바탕을 두고 있지만 사실상 문화적으로 만들어진 체계라는 인식을 가지고 있다.

그 이유는 젠더에 관한 문화적 규범이 생물학적 차원보다 훨씬 더 강력하기 때문이다. 지역에 따라 두 가지 주요 젠더 이외에 제3의 젠더, 심지어 제4의 젠더까지 인정하는 곳도 있다. 이들 중 일부는 성적으로나 생식 기관으로 구별이 잘 안 되고 내시가 되기도 한다. 그러나 생김새로는 완전히 남성 혹은 여성이지만 제3 혹은 제4의 젠더로 이해되는 경우가 훨씬 더 많았다. 아메리카 원주민들 중에는 두 개의 영혼을 지닌

제3의 젠더가 존재했다. 이들은 입는 옷이나 하는 일, 의례 때의 역할 등에서 남성과 여성 특유의 속성을 함께 지녔다. 오늘날에도 그런 사람들이 존재한다. 술라웨시슬라탄(남술라웨시)의 비수(bissu)라는 사람들도 같은 경우다. 이들은 통치자의 권력과 풍요를 기원하는 의례를 집전한다. 또 비근한 예로 북인도의 히즈라(hijra)를 들 수 있는데, 이들은 결혼이나 아들 출산을 기원하는 축원 기도를 올리는 일을 한다. 오만의 하니스(xanith)와 폴리네시아의 마후스(mahus)는, 생김새는 남자지만 여성의 의례와 여성의 일을 수행한다. 알래스카나 아마존 지역, 오스트레일리아, 시베리아 등지에도 이런 사람들이 있었다.

제3의 젠더가 존재한다는 사실 자체가 의미하는 바는 젠더 개념이 유동적이라는 점, 그리고 인위적으로 만들어질 수도 있다는 점이다. 그러나 이는 또한 남성/여성 이분법의 힘이 얼마나 막강한지 보여주는 사례이기도 하다. 오늘날 외부로 드러나는 성징이나 해부학적 생식기의 형태가 모호한 아이들은 간성(間性, intersex)이라 한다. 그러나 과거에는 제3의 젠더가 인정되지 않았기 때문에 "남성"과 "여성" 중 겉보기에 더 닮은 쪽으로 편입시켰다. 19세기에는 이 같은 젠더 분류가 더욱 강화되었다. 의술이 발달했기 때문이다. 선택되는 젠더에 적합하지 않은 신체기관은 대개 출생 직후 수술을 통해 변형하거나 제거했다. 아주 최근에 와서야 이러한 수술이 논란의 대상이 되었다. 그럼에도 불구하고 오류가 없는 확고부동한 성 구별 지표를 찾는 일은 지금도 여전히 계속되고 있다. 오늘날에는 염색체와 호르몬이 그러한 지표에 포함되었다. 이처럼 젠더에 관한 이원론 규범 문화(즉 누구든 남성 혹은 여성 둘 중 하나에 속해야 한다는 주장)에서는 다른 우회적 방법을 찾기보다는 "생물학적" 성을 따라 직접 결정되는 경우가 많다(이러한 경향은 앞으로도 지속될 것이다).

젠더 이원론은 그와 결부된 다른 이원론과 함께 위계질서로 인식되는 경우가 많다. 남성은 서열상 더 강하고 긍정적인 편이고(公, 문화, 빛, 오른쪽, 해 등) 여성은 더 약하고 부정적인 편이다(私, 자연, 어둠, 왼쪽, 달 등). 이 같은 젠더 위계의 엄격함과 강고함은 사례에 따라 매우 다양하게 나타난다. 그러나 문헌 자료를 남긴 인류 공동체 중에서 이러한 위계가 없었던 적은 없다. 기록을 남기지 않은 공동체들도 전부라고 할 수는 없겠지만 대부분 마찬가지였다. 제3의 젠더나 제4의 젠더로 인정되는 사람들이 존재한 공동체들도 예외가 아니었다. 모든 환경 조건, 사회 구조, 정치 체제를 통틀어 젠더의 위계질서가 존재했다. 어떠한 사회 변혁(프랑스 혁명, 아이티 혁명, 과학 혁명, 산업 혁명)에도 불구하고, 어떠한 전쟁에도, 어떠한 종교 변화에도, 어떠한 기술 발전에도, 어떠한 문화 교류에도 불구하고 젠더의 위계질서는 존재했다. 20세기 러시아는 이런 면에서 매우 적절한 사례다. 차르 체제든 공산당 체제든 소련 해체 후의 러시아 정부 치하에서든, 여성은 여전히 쇼핑을 하고 집안일과 아이를 돌보는 일의 대부분을 담당하며, 돈을 받고 일하는 첫 번째 출근을 마친 뒤 돈을 받지 않고 일하는 이른바 "두 번째 출근(second shift)"을 한다. 여성들이 담당하는 이러한 일은 사회 기능이 제대로 유지되기 위해 반드시 필요한 임무다. 그러나 여성들은 가치를 인정받거나 대가를 많이 받을 수 있는 일들, 예를 들면 고등 교육을 받거나 정치 활동을 할 시간이 없다. 이 같은 젠더 위계는 나이나 육체적 힘, 건강, 출신 가족에 따른 위계질서와 연관되고, 대부분의 인류 사회에 공통적인 권위 인식, 즉 가부장제와도 밀접하게 연결되어 있다. 가부장제에서 남성은 여성에 비해

〔그림 10-1〕 버터를 사려고 상점 계산대에 줄을 선 여성 노인들(모스코바)

더 많은 권력과 자원에 접근할 권한을 가지며, 그중에서도 일부 남성은 다른 남성보다 더 많은 권력과 자원에 접근할 권한을 가진다.

사람들이 갖는 젠더 개념은 남성과 여성에 대한 생각뿐 아니라 자신이 속한 사회에 대한 생각에 따라서도 달라진다. 역사학자 조안 스콧(Joan Scott)이 1986년 처음 발표한 글은 반향이 매우 컸다. "젠더는 사회관계의 구성 요소다. 이는 성별에 따른 차별적 고정 관념에 바탕을 두고 있다. 젠더는 권력 관계를 만들어가는 가장 중요한 방식이다."[1] 사실

---

[1] Joan Scott, "Gender: A useful category of historical analysis," *American Historical Review* 91 (1986), 1,053-75.

일상생활 가운데 여러 가지 측면에서 나타나는 위계는 젠더의 용어로 표현되는 경우가 많다. 주도적 개인이나 집단은 남성에 비유되고, 의존적 개인이나 집단은 여성에 비유된다. 이러한 관념은 사람들이 살아가는 방식에도 영향을 미친다. 젠더에 따른 배타적이고 상징적인 관념은 남성이나 여성으로서 세상을 살아가면서 자의로 혹은 어쩔 수 없이 맞닥뜨리는 선택과 충돌하는 경우가 많기 때문이다.

젠더의 역사학 발전 과정

젠더 문제는 어디서나 마주칠 수 있음에도 불구하고, 아니면 그렇기 때문일지도 모르겠지만, 인류의 과거를 돌이켜볼 때 젠더 문제가 주제로 등장한 시기는 상대적으로 매우 최근이다. 20세기 중엽까지도 공교육을 받은 사람, 공적 기록을 관리하는 사람, 역사나 전통을 전수하는 사람은 절대다수가 남성이었다. 문화권에 따라서는 엘리트 집단에 속하는 여성들이 읽고 쓰는 법을 배우기도 했지만, 수적으로는 남성에 비할 바가 못 되었다. 예를 들면 고대 로마 시기 남성에 의해 기록된 문헌 자료는 많이 남아 있지만 여성 작가가 쓴 글이 온전한 전편으로 남아 있는 경우가 전혀 없다. 게다가 저자들의 이름에서 여성 이름이 앞에 나오는 경우도 거의 없다. 지식인 남성들도 남성만 모여 있는 가운데 대부분의 시간을 보냈다. 고대 아테네의 심포지아, 중국 송나라의 한림원, 근세 초기 무슬림 세계의 마드라사, 18세기 도시의 과학 및 인문학회 모두가 마찬가지였다. 이러한 환경에서 역사를 서술한 남성이 남성의 시각으로 세상을 보는 것은 지극히 당연했다. 그들이 서술하는 역사 속에 등장하는 여성은 예외적이며 대개는 재앙을 몰고 오는 존재였다. 19세기 대학교에서 학자들은 "전공" 제도를 만들었다. 이 제도는 독일에서 시작되어 다른 지역으로 확산되었다. 전공 제도에서는 학과 편제에 따라 교육이 이루어졌으며, 지식이 범주화되고 인증되는 과정을 거쳤다. 역사학도 그러한 학과 편제 중 하나로 자리 잡았다. 이런 제도를 발달시킨 학자들은 진정한 역사학이라면 모름지기 정치와 군사 문제에 중점을 두어야 한다고 생각했다. 또한 이들은 전문 역사학자가 되려면 대학교의 세미나에서 몇 년에 걸친 논쟁과 토론을 거쳐 집중적 훈련을 받도록 했다. 이러한 환경에서 이른바 진정한 역사 연구를 수행할 수 있는 시간 혹은 정신력을 가진 사람은 결국 남자들이었다.

다른 많은 분야에서 변화를 가져온 여성 운동은 역사학의 이러한 상황에도 변화를 만들어냈다. (훗날 페미니즘에서 "첫 번째 물결"이라 일컬은) 19세기와 20세기 초의 여권 운동이 여성의 역사에 대한 관심을 불러일으켰다. 또한 서양에서 여성들이 고등 교육을 받고 대학교수로 자리 잡을 기회가 확대되면서 역사학, 고전학, 인류학 등 인류의 과거를 연구하는 여러 학과에서 여성사를 연구할 수 있는 제도적 기반이 되어주었다. 여기서 역사를 집필하게 된 여성들 가운데 여성 문제에 초점을 맞추는 사람들이 나타났다. 1960~1970년대의 "두 번째 물결"도 이와 비슷한 과정이었다. 현재 여성의 권리를 옹호하기 위해 과거에 여성의 권리를 어떻게 가르쳤는지에 주목했던 것이다. 학자들과 활동가들은 기존의 역사 연구 및 교육은 드러내놓고 표방하지는 않았지만 사실 "남성들의 역사"였다고 주장했다. 이러한 흐름이 정치가 혹은 지식 엘리트 계층을 넘어 민중의 역사를 연구하는 경향(이른바 New Social History)과 맞물리면서 여성사 연구는 폭발적 성장의 계기를 맞이했다. 역사학자들은 진정한 역사적 변화라면 어떤 식으로든 여성의 삶에 변화를 가져오지 않은 경우가 없었다는 인식을 갖게 되었다. 때로 그것은 여성과 같은 계급 혹은 집단에 속한 남성의 삶에 미친 영향과 다를 수도 있었다. 기존에 역사학자들이 간과하거나 주목하지 않은 많은 자료들이 재조명되었고, 기존에 널리 알려진 자료들도 새로운 관점에서 연구되었다. 어디에서든 여성을 언급한 대목을 찾아보려 했다.

역사학자들이 여성의 역사를 폭넓게 연구하기 시작했지만, 처음에는 기존의 역사학 체계에 여성사를 맞추는 식이었다. 그래서 국가, 시대, 사회 계급, 종교적 신앙 등의 세부 범주로 나뉘었다. 일각에서는 이를 비아냥거리는 의미로 (음료에 향을 섞듯이 기존의 역사 연구에) "여성을 추가해 섞는(add women and stir)" 연구 방식이라 일컬었다. 곧이어 학자들은 이러한 방식으로는 제대로 된 여성사 연구를 할 수 없다는 사실을 깨달았다. 기존의 익숙한 범주와 패러다임을 벗어나려면, 결국 오래도록 역사학의 당연한 중심이었던 남성을 벗어나야 했다. 남성의 경험을 보편적 관점으로 채택한다면, 여성의 역사를 가릴 뿐만 아니라 남성의 경험을 (인류가 아닌) 남성만의 경험으로 제대로 이해할 수도 없게 된다. 여성사 연구자들은 성차별 시스템을 연구하면서 갈수록 남녀 모두에게 미치는 영향을 연구하게 되었다. 1980년대 초부터 "젠더"라는 용어가 사용되었다. 젠더는 문화적으로 만들어진, 역사적으로 변화를 거친, 대개는 완고한 차별 시스템을 일컫는 용어였다. 그러나 제목에 "젠더"라는 표현이 들어간 연구는 대부분 여성에 초점을 맞추고 있었다. 여성의 역사는 여전히 하나의 전문 분야였다. 그러나 남성과 여성 양쪽을 모두 주목하거나, 이른바 "남성사(men's history)" 혹은 "신남성학(new men's studies)"이라고 불리는 남성을 연구하는 경향이 일부 생겨났다.

이 같은 새로운 관점에 입각한 역사학자들은 단지 여성 혹은 가족 연구가 아니라 모든 역사의 발전을 연구하는 데 적합한 범주가 젠더라고 주장했다. 정치, 지식, 종교, 경제, 사회, 심지어 군사 분야까지 모든 변화는 남성과 여성의 역할과 임무에 영향을 미쳤고, 반대로 어떤 문화 체계에서 젠더 구조는 다른 모든 구조 혹은 발전에 영향을 미치기 때문이다. 여성의 역사 혹은 젠더의 역사가 대학교 커리큘럼으로 등록되어 수많은 강좌가 개설되었다. 미국과 캐나다에서 처음 시작되어 세계 곳곳으로 확산되었다. (어느 나라에서건 역사학은 해당 지역과 세계 정치의 영향을 받게 마련이다. 라틴아메리카와 동유럽을 비롯하여 정치·경제적 갈등이 심한 세계의 여러 지역에서는 여성사보다 더 시급한 당면 주제들이 있었다. 또한 개발도상국의 대학교와 연구자로서는 접근할 수 있는 자료가 훨씬 적었기 때문에 새로운 방향의 역사학을 모색하는 일이 제한적일 수밖에 없었다.)

젠더에 관심을 기울인 역사학자들 가운데 일부는 1980년대에 섹슈얼리티(sexuality, 성별을 구분하는 특징)의 역사를 연구하는 쪽으로 방향을 바꿨다. 여성사 연구가 여성 정치 운동에서 영감을 얻은 것과 마찬가지로, 섹슈얼리티의 역사(history of sexuality)에 대한 연구는 성소수자 인권 운동(gay rights movement)에서 영감을 얻었다. 이 운동은 성과 관련된 일반적 주제의 공적 토론은 물론 동성 관계의 과거와 현재에 관한 연구를 촉구했다. 역사학자들과 활동가들은 여러 역사 시기별 동성애 관계를 연구했으며, (세계 어디에서나 여성보다는 남성에 관한 자료가 많았기 때문에) 주로 남성의 동성 관계 연구부터 시작해서 여성의 동성 관계 연구까지 나아갔다. 시대를 거슬러 개인과 집단의 경험에서 지속성과 유사성을 강조하는 일부 연구자들은 뇌나 유전자 코드에서 동성 취향의 물질적 근거를 찾아보려 노력했다. 한편 차이를 강조하는 연구자들도 있었다.

섹슈얼리티의 시대별 차이를 강조하는 측에서는, 또한 대부분의 역사학자들도 공감하는 바와 같이, 가장 뚜렷한 차이가 발생한 시점이 바로 "근대"였다고 한다. 섹슈얼리티 자체가 탄생 혹은 창조 혹은 구성된 시점이 바로 근대였다는 주장이다. 17세기와 19세기 사이 어느 시점에서 사람들은 섹슈얼리티 개념을 발견했다. 그것은 곧 성행위의 대상을 선택하는 성향이라는 의미였다. 성행위의 대상으로 동성을 원하는 사람들은 "동성애자(호모섹슈얼homosexual)"라 했는데, 1869년 헝가리의 법학자 벤케르트(K. M. Benkert)가 만들어낸 용어였다. 한편 성행위의 대상으로 이성을 원하는 사람들을 "이성애자(헤테로섹슈얼heterosexual)"라 했다. 헤테로섹슈얼은 출산을 목적으로 하지 않으면서 즐기기 위해 정기적으로 이성과 성관계를 맺는 사람들을 일컫는 용어였지만, 점차 성적 취향이 "이성"에게 끌리는 모든 사람을 지칭하는 데 사용되었다. 이런 용어가 등장하기 전에도 성적 행위는 존재했으나, 용어가 생겨난 뒤로 사람들은 자신의 성적 정체성과 취향을 영구불변하는 자기만의 특성 중 일부로 이해하게 되었다. 행위와 정체성, 근대와 전근대의 이항 대립은 이원론을 지나치게 극단화한 것이며 역사적으로도 맞지 않는다는 비판이 제기되기도 했지만, 시대의 흐름은 워낙 강력했다. 성적 취향이라는 개념은 물론 갈수록 훨씬 더 강력해졌다. 오늘날에는 역사학이나 정신의학뿐만 아니라 법적 판결이나 인터넷 데이팅 서비스에서도 이 개념이 사용되고 있다.

애초 섹슈얼리티의 역사 연구는 주로 동성 관계에 초점을 맞추었다. 그러나 여성사가 발전함에 따라 학자들은 "남성 경험의 역사"에도 관심을 갖기 시작했다(남성 중심성을 자각하지 못한 기존 남성 중심의 역사와는 다른 의미다). 게이와 레즈비언 연구로부터 영향을 받은 일부 학자들은 역사적으로 이성애가 어떻게 만들어졌는지를 연구하기도 했다. 과거 대부분의 역사학이 사실상 "남성의 역사"였다는 점을 인식하기가 쉽지 않았던 만큼, 이성애가 역사적으로 자연스럽게 받아들여지는 과정이 있었다는 점을 인식시키기란 그 못지않게 어려운 문제였다. 이에 대하여 이브 세즈윅(Eve Sedgwick)은 비꼬는 투로 이렇게 말했다. "이성애를 역사적으로 부각시키기는 쉽지 않다. 왜냐하면 상속, 결혼, 왕조, 가정, 인구 등 제도적 측면에서 이성애는 스스로가 역사(History) 그 자체인 양 가면을 쓰고 있기 때문이다."[2]

문화적 전회

역사학의 한 분야로 젠더의 역사(history of gender)와 섹슈얼리티의 역사(history of sexuality)가 자리를 잡아갈 무렵, 역사학자들은 역사학의 방법론과 역할에 대한 기본 인식을 바꾸는 경우가 많았다. 이미 오래전부터 역사학자들은 자료의 한계를 인식하고 있었다. 문헌 자료를 비롯한 어떤 자료든 그 생산자의 개인적 관심사와 관점이 부지불식간에 반영될 수밖에 없기 때문이다. 그래서 과거의 사건을 재구성하거나 인과

---

[2] Eve Kosofsky Sedgwick, "Gender criticism," in Giles B. Gunn and Stephen Greenblatt (eds.), *Redrawing the Boundaries* (New York: Modern Language Association, 1992), p. 293.

관계를 추론할 때는 그 근거로 삼은 자료의 한계도 같이 염두에 두었는데, 다만 그 한계에 대한 언급이 항상 역사 서술에 포함되는 것은 아니었다. 1980년대 학계 일각에서는, 역사학의 근거 자료가 항상 특정 관점에 입각한 부분적 진실만을 담고 있다면 그 자료로는 과거에 무슨 일이 일어났는지, 혹은 왜 그런 일이 일어났는지를 완벽히 이해할 수 없다는 주장이 제기되었다. 그렇게 하려는 시도는 어리석을 뿐만 아니라 그 자체로 오류일 수밖에 없다는 주장이었다. 그렇다면 역사학이 해야 할 일은 자료(기록 자료와 시각 자료, 이른바 "담론discourse")를 분석하는 일, 그래서 어떤 의미가 그 자료에서 드러나는 방식(representation)을 서술하는 일, 그리하여 의미의 가능성을 타진해보는 일이다. 역사학자들은 "실제(reality)"를 찾으려고 골몰할 필요가 없다. 그것이 바로 순진한 "실증주의(positivism)"다. (실증주의를 비판하거나 옹호하는 양측에서 모두 독일의 역사학자 랑케를 자주 언급한다. 랑케는 과거의 사건을 "실제 일어난 그대로" 다시 서술하는 것이 가장 훌륭한 역사학이라고 생각했다.)

실제보다 담론 그 자체에 더 관심을 기울이는 경향을 "언어적 전회(linguistic turn)" 혹은 "문화적 전회(cultural turn)라" 한다. 이는 원래 문학이나 언어학 이론에서 언어의 힘(권력)을 설명할 때 등장하는 용어였다. 더 포괄적인 의미로 "해체주의(deconstruction)" 혹은 "후기-구조주의(post-structuralism)"라고도 한다. 이들 이론에 의하면 언어(language)는 그 자체로 막강한 힘(권력)을 가지고 있다. 그래서 언어는 단순히 대상을 서술하는 데 그치지 않고 세상을 이해하는 방식도 결정한다. 지식은 곧 권력이지만, 그 지식은 언어를 통해서만 전달될 수 있다. 지식과 권력의 관계, 언어의 힘(권력)에 대한 강조는 페미니스트 학자들에게 매력적으로 다가왔다. 이들은 이미 여성을 배제하는 언어와, 이를 비롯한 여러 가지 지식 구조에 관한 연구를 진행 중이었기 때문이다. 또한 권력은 어디에나 편재한다는 프랑스 철학자 미셸 푸코의 통찰 또한 페미니스트들로부터 공감을 얻었다. 페미니스트들도 이미 여성 혐오를 비롯하여 여성의 삶에 가해지는 다양한 폭력, 이를테면 직업 차별이나 가정 폭력은 물론 패션 잡지, 옛이야기, 일터에서의 농담 등에 나타나는 폭력을 주목하고 있었기 때문이다.

"젠더의 역사"와 "섹슈얼리티의 역사"는 문화적 전회에서 대표 선수가 되었다. 수많은 학자들이 다양한 자료(discourse)에서 여성, 남성, 신체, 성적 행동 및 이와 관련된 주제들이 표현되는 방식(representation)을 연구했다. 젠더와 섹슈얼리티에 관련된 모든 주제가 문화(culture)에 의해 결정된다고 주장하는 학자들도 있었다. 이러한 입장을 "사회적 구성주의(social constructionism)"라 한다. 여기서는 어떤 내재적 이유에 근거해서 누군가를 고정된 성 정체성으로 규정하는 것은 잘못이라고 주장한다. 신체적 이유로 성적 지향을 확인하려는 입장은 "본질주의(essentialism)"라는 이름으로 비판의 대상이 된다. 젠더 또한 사회적으로 만들어진 것일 뿐이다. 여성이라고 다 같은 여성이 아니고 (남성이라고 다 같은 남성이 아니며) 그 안에서 계급, 인종, 국적, 민족, 종교, 기타 여러 요인들에 의해 굉장히 다양한 차별이 존재했다. 이러한 차별은 오늘날도 여전히 유지되고 있다. 따라서 "여성"(혹은 "남성")이라는 범주가 과연 자명한 것인지, 시대에 상관없이 고정불변의 것인지 의심하는 사람들이 많아졌다. 이를 당연시하는 생각 또한 순진한 본질주의일 뿐이다. 젠더와 섹슈얼리티는 의지에 따라서 주어지거나 바뀔 수 있는 하나의 역할

일 뿐이며, 이러한 특성을 수행성(遂行性, performative)이라 하는데, 이것이 사회적 구성주의의 결론이다(수행성은 영국의 철학자 존 랭쇼 오스틴J. L. Austin의 개념이다. 실증주의는 모든 문장을 참과 거짓으로 구별하려 하지만, 오스틴에 의하면 참 혹은 거짓과는 별로 상관이 없으며 그 자체의 행위로서만 의미를 가지는 문장(진술)도 존재한다. 예컨대 감탄사나 "꼼짝 마" 같은 명령문을 오스틴은 수행문performative sentence이라 했다. 여기서는 젠더가 옳고 그름의 문제가 아니라 사회적 행위로서 의미를 가진다는 맥락에서 오스틴의 개념이 인용되었다. – 옮긴이).

역사학뿐만 아니라 여러 분야에서 언어적/문화적 전회가 등장하자 역사학계 내부에서 강력히 반발했다. 특히 기존에 여성과 젠더를 연구해온 역사학자들의 반발이 심했다. 새로운 이론이 과거와 현재를 막론하고 여성이 세상을 만들어가는 능력(그들의 용어로는 "행위자agency")을 부정하고, 그 대신 움직일 수 없는 언어 구조를 내세운다는 비판이었다. 젠더와 심지어 "여성" 문제에서도 과거에 (그리고 오늘날에도) 경험한 현실적 억압을 부정하고, 억압은 현실이 아니라 다만 자료에서 재구성된 결과라고 폄하하는 것이 아닌가 하는 우려가 있었다. 여성뿐만 아니라 다른 사회 집단들, 예컨대 동성애자, 아프리카계 미국인, 장애인, 혹은 어떤 그룹의 차별 철폐 운동을 할 때 각 그룹의 본질이 부정된다면, 즉 누가 동성애자 그룹에 속하고 누가 장애인 그룹에 속하는지 그 기준이 존재하지 않는다면, 도대체 어떻게 그런 사회 운동이 가능하다는 것인지 의문이 제기되었다. 1980년대와 1990년대를 거치는 동안 이러한 논쟁은 갈수록 격화되었으나, 2000년대에 들어서자 다소 누그러지는 경향을 보였다. 문화사 연구자들은 연구 초점을 담론(discourse)이나 표현

방식(representation)을 넘어서 더 넓혀갔고, 비판적 입장이었던 역사학자들도 그들로부터 자료의 의미를 재검토하는 관점을 차용하는 경향이 있었다.

새로운 발전이 이루어지고 새로운 이론적 관점이 도입되면서 복잡한 문제들이 부가되었다. 성적 지향이라는 개념은 애초 동성애와 이성애라는 이원론 구조로 만들어졌으나, 이후 인간의 욕망을 폭넓게 반영하기 위해 다른 개념들이 추가되었다. 성전환 수술 또한 더 많은 사람들에게 시술되었다. 성전환 수술이란 신체 조건을 심리적 인식에 가깝게 조정해주는 수술이다. 심리적으로 인정하는 자기 자신의 섹슈얼리티와 외부 생식기가 다른 경우는 물론, 심리적 인식과 염색체나 호르몬 패턴이 다른 경우에도 성전환 수술이 시술되었다. 성전환 수술에서 젠더 정체성, 성 정체성이란 과연 무엇인가 하는 의문도 생겨났다. 수술 과정에서 "남성"이 "여성"으로 바뀌는 시점은 어느 순간일까? 성 정체성은 애초 성관계의 상대방을 근거로 하는 개념이었다. 그렇다면 성전환 수술을 받은 사람은 동성애자에서 이성애자로 (혹은 이성애자에서 동성애자로) 바뀐 것일까? 1990년대에는 "트랜스젠더"를 자처하는 사람들 때문에 문제가 더욱 복잡해졌다. 트랜스젠더란 스스로를 남성도 아니고 여성도 아닌, 혹은 남성이면서 동시에 여성인 존재라고 주장한다. 성 정체성 혹은 젠더 정체성의 범주 목록은 갈수록 길어졌다. 필자가 미국에서 목격한 목록 중 가장 긴 것은 LGBTTQQI2S(레즈비언, 게이, 바이섹슈얼, 트랜스섹슈얼, 트랜스젠더, 퀴어, 퀘스처닝, 인터섹스드, 투스피릿의 머리글자)다. 성과 젠더의 기존 범주에 도전하는 사람들을 대상으로 하는 연구는 오늘날 트랜스젠더 운동과 발걸음을 같이하고 있다. 이러한 연구가 단지 역사학의 지평을 확장하는 데 그치는 것이 아니라 정치적으로도 유용하게 사용되는 것이다. 예컨대 학술 연구를 통해 과거 원주민들 사이에서도 젠더와 섹슈얼리티에 대한 다양한 이해가 존재했었다는 사실이 밝혀지면, 세계 여러 지역에서 게이 인권 운동이나 트랜스젠더 운동을 하는 사람들은 이러한 학술 연구를 바탕으로 자신들의 주장이 반드시 서양에서 수입된 사상이 아니라는 점을 강조하기도 한다.

젠더 혹은 섹슈얼리티의 목록이 자꾸만 늘어나는 것이 과연 현실을 제대로 반영하는 것인지, 아니면 경계를 모호하게 해서 오히려 현실을 왜곡하는 것은 아닌지 우려하는 사람들도 있었다. 특히 1990년대 초 에이즈가 한창일 때 발달한 퀴어 이론과 관련해서 이런 우려가 있었다. 퀴어 이론은 게이와 레즈비언 연구의 공통 요소를 결합했고, 문학 연구나 페미니스트 연구에 등장하는 여러 개념들도 흡수했다. 퀴어 이론은 모든 문화에서 성 개념이 중심적 양상으로 나타난다고 주장하면서, 정상(normal)의 관점에서 벗어나는 모든 것을 섹슈얼리티의 관점에서 보아야 한다고 했다. 이 이론에 의하면 "정상"과 "비정상"의 경계는 언제나 사회적으로 구성되는(만들어지는) 것이다. 그래서 모든 젠더나 성 범주는 인위적이며 변화하지 않을 수 없다. 어떤 식으로 정체성을 규정하더라도 금세 오류나 억압으로 바뀔 것이다. 따라서 가치를 두어야 할 부분은 (규정이 아니라) 혼성(混性, hybridity)과 수행성(遂行性, performance)이다. 최근 10여 년 동안 많은 분야에서 퀴어 이론을 받아들였다. 학자들은 그야말로 "퀴어화(queered)" 되었다(다시 말해 해석이나 분석에 사용되는 기존 범주에 의문을 제기했다). 젠더와 섹슈얼리티뿐만 아니라 국가, 인종, 종교 등의 여러 주제에 퀴어 이론이 적용되었다. 이렇게 적용 범위가

[그림 10-2] 퀴어 퍼레이드(Pride March)의 히즈라(hijra), 2014년 2월
뭄바이 LGBT 공동체는 동의된 동성애 행위를 범죄시하는 인도 법령에 항의하기 위해 퍼레이드를 주최했다.

확장되다 보니, 만약 모든 것이 퀴어라면 이는 오히려 퀴어 이론의 초심을 잃어버린 것이 아닌가 하는 우려가 (이 이론을 처음 만든 사람들 사이에서도) 생겨났다. 그럼에도 불구하고 이론적 차원에서 퀴어 이론은 여전히 영향력을 확대해가고 있다.

정체성(identity)과 주체성(subjectivity), 그리고 차별(difference)의 문화적 구성 같은 문제는 후기-식민지 이론에서도 등장했다. 후기-식민지 역사학 및 그 이론은 동남아시아 학자들의 서발턴 연구(Subaltern Studies) 시리즈 출판으로 처음 시작되었다. 식민지화 과정과 근대 세계 제국주의 체제에서 인종, 계급, 문화, 언어 등의 이유로 종속적 위치에 놓인 사람들이 중점 연구 대상이었다. 이후 유럽과 미국 학자들이 후기-식민지 이론의 영향을 받아, 인종적·민족적 소수자 등의 서발턴 그룹을 연구했다. 세계사 연구자들은 제국주의 시대를 넘어 모든 역사 시기를 대상으로 권력 관계를 분석하는 데 후기-식민지 이론을 응용했다.

후기-식민지 이론과 이 이론에 입각한 역사서에서는 헤게모니(hegemony)가 주요 개념으로 등장했다. 이탈리아의 정치이론가 안토니오 그람시(Antonio Gramsci)가 처음 사용했던 개념이다. 헤게모니는 지배(domination)와 의미가 조금 다른데, 군사·정치적 수단뿐만 아니라 문화적 수단까지 내포하기 때문이다. 피지배 그룹이 군사·정치적으로 지배 그룹의 욕망과 체제에 순종할 뿐만 아니라 문화적으로도 설득되었을 때 헤게모니라는 개념을 적용할 수 있다. 헤게모니를 관철하기 위해서는 피지배 민중 사이에서 몇몇 개인이나 집단을 선별하여 특권을 부여하거나, 교육 등의 사회화 방식을 통해 체제의 우월성을 주입하기도 한다. 헤게모니 개념은 대다수 민중이 어떻게 반란이나 저항 없이 소수 집단의 지배를 지속적으로 감내할 수 있는지를 설명할 때 매우 유용하다. 하지만 일부 학자들은 헤게모니 이론에 대해, 피지배 민중이 정치 현실을 인지하는 능력과 그들 스스로가 역사를 창조할 능력을 과소평가한다고 비판하기도 했다. 역사학에서는 지위가 높은 여성들의 역할을 검토할 때 헤게모니 이론이 적용되었다. 예컨대 권력을 잡은 여성이 수하의 남성과 여성을 굴복시키기 위해 지배 계급 남성과 어떤 식으로 관계를 맺었는지 설명할 때 헤게모니 이론이 동원되었다. 사회학자 코넬(R. W. Connell)은 남성성을 연구하는 데 헤게모니 이론을 활용했다. 그의 연구에 의하면 모든 문화권에서 특정 남성성이 헤게모니를 장악했는데, 이

로부터 배제된 남성에게도 여전히 남성 특권은 주어졌다.[3]

퀴어 이론과 후기-식민지 이론 모두 결국에는 전통 역사학의 패턴에 흡수되고 말았다는 비판을 받았다. 즉 남성의 경험을 표준으로 이해했고, 젠더 차별에는 충분한 주의를 기울이지 않았다는 비판이다. 이러한 문제점을 지적한 비평가들은 페미니즘 연구에 대해서도 비판했다. 유럽 및 북아메리카 이성애자 백인 여성이 중심이었으며, 인종, 계급, 국적, 민족, 성적 지향에 따른 차별은 지나치게 외면했다는 것이다. 특히 유색인종 여성 문제는 분명하게 인식될 필요가 있었다. 차별 문제를 바라볼 때 어느 한 가지 축(남성/여성, 흑인/백인, 부자/빈자, 게이/스트레이트)만으로는 충분하다고 할 수 없다. 이러한 비판의 영향으로 1990년대에는 이론적 관심이 예컨대 후기-식민지 페미니즘 같은 차별의 다양한 지점에 주목하려는 경향을 보였다. 이러한 경향은 인종이나 민족 문제를 직접적으로 다루지 않는 분야의 젠더 연구를 포함해 젠더 연구 전반에 영향을 미쳤다. 이 같은 이론의 잡종 교배 현상은 앞으로도 지속될 것으로 보인다. 전례 없이 교류가 활발해진 21세기를 살아가는 역사학자들에게 차별과 정체성 문제는 핵심 주제가 되지 않을 수 없다.

젠더의 역사와 세계사

한편에서 젠더 역사학이 발달하고 과거 해석의 수정주의적 관점이 수용되면서 기존 역사학의 내용은 더 폭넓고 복잡해졌다. 다른 한편에

---

3   R. W. Connell, *Gender and Power: Society, the Person and Sexual Politics* (Oxford: Polity, 1987).

서는 세계사 연구도 같은 식으로 발전을 거듭했다. 주디스 진서(Judith Zinsser)가 말했듯이, 젠더의 역사와 세계사는 "독자들의 기억 속에 있는 미국과 유럽 군주들의 세계에서 남성의 이야기를 써야 했다."[4] 왜냐하면 초점을 옮겨버리면 그토록 오랫동안 "자연스러운" 역사의 초점으로 이해되어온 것에 문제를 제기하는 셈이 되고, 이들 두 분야에 적대적이거나 관심이 없는 사람들이 "뭔가 의도가 있다"고 의심하기 때문이다.

이처럼 비슷한 처지에 놓여 있었음에도 불구하고 이들 두 분야는 최근까지도 거의 교류가 없었다. 필자가 보기에 주된 이유는 세 가지였다. 첫째, 각 분야는 각자의 영역에서 개혁을 추구했다. 그래서 다른 분야에서 무슨 논의가 어떻게 벌어지고 있는지 관심을 기울이지 못했다. 둘째, 세계사 및 지구사 연구와 젠더 및 섹슈얼리티의 역사 연구는 개혁 방향이 서로 반대였다. 세계사 연구는 교류와 연결 및 경계를 넘어서는 지점에 방점을 두었다. 이와 달리 젠더의 역사 연구는 초창기에 "세계 자매의 연대"라는 혼란스러운 구호가 잠시 들뜬 뒤로 수십 년 동안 세분화의 방향으로 나아갔고, 차별의 세부 범주는 갈수록 복잡해졌다. 젠더의 역사 연구자들은 (가족과 국가의 관계, 젠더와 섹슈얼리티의 관계 같은) 젠더 관계의 주요 양상들이 모두 역사적·문화적·계급적 현상임을 강조했다. 오늘날 남성성의 역사를 논하는 사람들은 항상 남성성을 단수(masculinity)가 아니라 복수(masculinities)로 표현한다. 이는 섹슈얼리티의 역사 연구 성과에서 다양한 섹슈얼리티가 거론되는 것과 마찬

---

4 Judith P. Zinsser, "Women's history, world history, and the construction of new narratives," *Journal of Women's History* 12 (2000), 197.

가지다. 셋째, 세계사와 지구사 연구에는 강력한 유물론적 전통이 존재했다. 이는 최근 수십 년간 발전해온 젠더의 역사와 섹슈얼리티의 역사가 대체로 문화사에 초점을 두는 것과 뚜렷하게 대비된다. 세계사 연구는 대부분 정부나 상업 엘리트 계층이 주도하는 정치·경제적 과정에 초점을 맞추어왔다. 여성사 연구에도 초기에는 매우 강력한 유물론적 분파가 있었다. 이들은 주로 노동 체계나 정치 운동을 연구했다. 그러나 1980년대 언어적/문화적 전회 이후로는 표현 방식(representation), 의미(meaning), 담론(discourse) 등에 더 많은 관심을 기울였다. 섹슈얼리티의 역사 연구에서도 이러한 흐름은 마찬가지였다.

과거 두 분야의 교류가 부족했음에도 불구하고 최근에는 갈수록 많은 연구 성과에서 서로의 통찰을 받아들이기 시작했다. 이는 〈케임브리지 세계사〉 시리즈에 수록된 글들에서도 명확히 확인될 것이다. 따라서 여기에서는 다만 새롭게 부상하는 주제들 가운데 특히 흥미로운 다섯 가지만 언급하고자 한다. 즉 초기 인류 사회, 이종족혼(intermarriage), 국가 정체성과 시민권, 이주, 식민지와 제국주의가 바로 그것이다.

초기 인류 사회

세계사 연구자들은 갈수록 선사 시대와 역사 시대의 경계를 허무는 경향이 있었다. 인류의 진화도 역사의 일부가 되어야 한다고 생각했기 때문이다. 이러한 맥락에서 초기 인류 사회에서의 젠더의 역할이 연구 대상이 되었다. 주로는 인류학자와 고고학자, 그리고 타 분야에서 진화 이론을 다루는 사람들이 이 연구를 수행했다. 그 성과가 세계사의 일부로 편입되었다. 최근까지도 대부분의 학자들은 가부장제가 원시 시대에 시작되었다고 믿었다. 남성들의 협력으로 조직화된 물리력(폭력)을 바탕으로 가부장제가 성립되면서 인류 사회의 기원이 되었다는 것이다. 이러한 입장에 따르면, 침팬지들 사이에서도 수컷끼리, 그중에서도 주로 같이 생활하는 무리의 근친끼리 힘을 합쳐서 다른 수컷보다 높은 지위에 오르고 암컷도 더 많이 차지한다. 수컷 연대의 공격을 받은 암컷이 저항하기란 쉽지 않은 일이다. 동물의 세계에서 수컷 연대는 지속 기간이 길지 않은데, 집단 내의 지위 다툼이 빈번하게 일어나기 때문이다. 인간의 경우, 구석기 시대 어느 즈음에 수컷끼리의 경쟁을 조절하는 능력을 획득했다. 그래서 집단 사냥이나 다른 인간 집단과의 투쟁에서 유리한 조건이 형성되었다. 이러한 능력은 서로 대화를 하면서 만들어졌다. 인간은 규칙, 규범, 관습, 그리고 마침내 법과 정치 구조를 발전시켰다. 결국 대형 동물 사냥에 성공하면서 막대한 양의 식량이 확보되었고, 이를 분배하면서 권위가 형성되었으며, "수렵-채집" 집단이 막을 내리게 되었다는 것이 이러한 입장의 결론이다. 임신과 수유, 어린이 양육 기간의 증가로 여성은 남성에게 의존하여 식량을 해결하고 보호받아야 했다. 식량을 획득하는 능력이 상대적으로 적었으므로 집단의 입장에서 상대적으로 중요성이 덜한 채집 임무가 여성에게 주어졌다. 여성은 남성의 폭력에 저항하기가 어려웠는데, 원래 속했던 친족 그룹을 떠나서 배우자인 남성의 친족 그룹으로 편입되었기 때문이다. 인류학자 클로드 레비-스트로스(Claude Lévi-Strauss)는 이를 "여성 교환(l'échange de femmes)"이라고 했다. (완화된 다른 표현으로는 시집살이patrilocation 혹은 부처제父處制라 한다.)

그러나 1990년대부터 일부 진화생물학자와 인류학자가 인류 진화에서 젠더와 관련된 기존 이야기에 전면적으로 도전하기 시작했다. 그들은 동물을 사냥하고 소비한 근거 자료(석기와 뼈)가 식물을 소비한 근거 자료에 비해 더 오래도록 보존된다는 사실에 주목했다. 오늘날 정교한 화학적·물리학적 분석을 통해 보건대, 수렵채집인이 섭취한 음식의 대다수는 식물이었다. 그들이 섭취한 동물 단백질은 대부분 직접 사냥한 것이 아니라 줍거나 훔친 것으로, 곤충이나 조개, 덫에 걸린 조그만 동물, 다른 포식자가 사냥한 동물의 사체 등이었다. 발견된 석기 파편은 대개 돌도끼나 창 촉으로 쓰였다고 추정되었지만, 사실 그러한 석기의 쓰임새는 매우 다양했다. 식물을 자르거나, 과일 껍질을 벗기거나, 씨앗을 갈거나, 땅을 파는 막대기에 매달아 보조 도구로 쓰거나, 가죽을 손질할 때도 사용되었다. 그래서 초기 인류 사회는 수렵-채집 사회가 아니라, 더 정확하게 말하면 채집-수렵 사회였다. 만약 채집이 여성의 일이었다면, 그것은 생존에 본질적으로 필요한 일이었다. 남성-수렵/여성-채집이라는 이항 대립은 어떤 식으로든 정확한 구분법이 될 수 없다. 사냥은 대개 그물망을 이용하거나 집단적으로 이루어졌고, 여성과 아이들도 남성 못지않게 중요한 역할을 했을 것이다. 초기 인류가 성공할 수 있었던 가장 핵심적인 요인은 유연성과 적응성이었다. 아마도 채집이든 수렵이든 어느 쪽이 중요한지는 해마다 바뀌는 환경에 따라, 그리고 집단의 판단에 따라 결정되었을 것이다.

　이러한 진화생물학적 입장은 다소 남녀평등 지향적인 관점을 채택하고 있지만, 그렇다고 해서 인류가 영아기에 다른 동물들보다 더 많은 보살핌을 필요로 한다는 사실까지 부정하지는 않는다. 인간은 임신, 수유, 육아에 투입하는 에너지가 특히 많은 편이다. 그래서 여성은 남편의 도움을 받기도 하지만, 세계 어디에서나 시집살이(patrilocation)가 보편적 상황은 아니었기 때문에, 여성 쪽 친척이나 여성 자신의 어머니로부터 도움을 받는 경우가 많았다. 인류학자 크리스틴 호크스(Kristen Hawkes)는 이를 "할머니 가설(grandmother hypothesis)"이라고 했다. 호크스를 비롯한 여러 연구자들의 주장에 따르면, 인간의 경우 공동 육아 사례가 다른 유인원에 비해 월등히 많다.[5] 육아 협력과 이를 위해 더 유리한 조건을 조성하는 사회성 및 적응성 발달은, 아마도 인류 문화 발전에서 집단 물리력(폭력)보다 훨씬 더 중요한 요소였을 것이다. 집단으로 물리력(폭력)을 조직하는 경우는 인간 이외의 다른 동물에게서도 발견할 수 있다. 그러나 지속적으로, 또한 체계적으로 협력하며 아이를 돌보는 경우는 유일하게 인간에게서만 발견된다. 남성도 이러한 협력 관계에 참여하는 경우가 상당히 보편화되어 있었다. 그러므로 다른 유인원 연구가 곧바로 초기 인류 사회에 적용되기는 어려울 것이다. (그리고 다른 유인원들도 그렇겠지만, 침팬지의 일종인 보노보 원숭이의 경우 집단의 생존과 단결을 유지하는 데 폭력보다는 성관계를 포함한 평화로운 관계가 더 중요하다는 연구가 최근 보고되었다.) 결론적으로 인류 최초의 도구는 몽둥이가 아니라, 세계 모든 문화권에서 발견되는 포대기(아이를 운반할 때 쓰는 넓적한 끈 모양)였을 것이다. 이런 식의 사고에서 볼 때 가부장제는 원시 시대 혹은 구석기 시대의 유물이 아니라 재산 소유, 경운 농법, 관

---

5 Kristen Hawkes and Richard R. Paine, *The Evolution of Human Life History* (Sante Fe, NM: School of American Research Press, 2006); and Sarah Bluffer Hrdy, *Mothers and Others: The Evolutionary Origins of Human Understanding* (Cambridge, MA: Harvard University Press, 2009).

료 국가, 글쓰기, 세습 귀족, 조직화된 종교, 철학 등 이른바 "문명"이라고 하는 것들과 함께 시작되었다고 할 수 있다. 많은 인류학자들은 무언가의 "기원(origins)"을 탐구하는 자체에 문제를 제기하고 있다. 다양한 원인과 복잡한 발전 과정을 간과할 우려가 있기 때문이다.

이종족혼

초기 인류 사회를 남성 중심적 관점에서 보는 입장이나 보다 평등한 관점에서 보는 입장이나, 양측 모두 이야기의 중심에는 출산을 위한 짝짓기와 이성애 관계가 놓여 있다. 이종족혼(intermarriage) 문제, 혹은 기타 서로 다른 집단에 속한 개인들 간의 성적 관계 연구도 마찬가지다. 세계사 연구와 젠더의 역사 연구의 교류가 점점 더 강화되는 추세에서 첫 번째로 거론되는 문제가 초기 인류 사회의 성격이라면, 두 번째 문제는 바로 이종족혼이다. 이종족혼 문제는 특히 식민지나 국경 지역에서 발생하는데, 캐슬린 브라운(Kathleen Brown)은 이를 "젠더 프런티어(gender frontiers)"라 일컬었다. 인종적·민족적 차별과 국가의 정체성 개념이 발달하면서 이종족혼 문제로 얽혀 들어갔다.[6] 젠더의 역사를 살펴보면, 많은 주제들이 그러했듯이, 이종족혼이 인종 개념을 만들어내는 데 어떤 역할을 했는지에 관해서는 아메리카 학계에서 많은 연구가 이루어졌다. 원주민과 유럽인 정복자 및 정착민 사이의 이종족혼 문제에 대해 그들은 스페인, 포르투갈, 영국, 프랑스의 정책이 식민 당국의 관심

---

6 Kathleen Brown, *Good Wives, Nasty Wenches and Anxious Patriarchs: Gender, Race, and Power in Colonial Virginia* (Chapel Hill: University of North Carolina Press, 1996).

사에 따라 어떻게 바뀌었는지를 연구했다. 예를 들어 살리하 벨메수스(Saliha Belmessous)와 기욤 오베르(Guillaume Aubert)는 17세기 누벨프랑스(Nouvelle-France)를 연구했는데, 그곳 관리들이 처음에 모피 무역 확대를 위해 그들의 용어로 프랑시카시옹(Fransication, 현대 프랑스어에서는 Francisation)이라는 것을 권장한 사실에 주목했다. 프랑시카시옹, 즉 "프랑스화"란 원주민을 기독교로 개종시키고 원주민 여성과 프랑스인 남성을 결혼시켜서 결국 원주민을 "프랑스인으로 만들자"는 생각이었다.[7] 그러나 대부분의 이종족혼은 기대와는 반대 방향의 결과로 나타났다. 프랑스인 남성이 "야만스런" 관습을 받아들였던 것이다. 그러자 당국에서는 공식 입장을 바꾸어 이종족혼을 금지했다. 물론 그런다고 해서 프랑스인 남성과 원주민 여성 사이의 성적 관계가 중단된 것은 아니었다. 특히 이종족혼으로 원주민이 이득을 보는 지역에서는 그대로 지속되었다. 이와 유사한 이종족혼 정책의 변화, 혹은 매우 다양한 강제성의 정도에 관한 사례들은 식민지 세계 어디에서나 발견되는 문제였다.

결혼은 성적 관계뿐만 아니라 경제 공동체를 형성하게 된다. 역사학자들은 이종족혼이나, 혹은 국경이나 경계 지역에서 서로 다른 그룹에 속하는 남성과 여성의 만남이 어떤 경제적 결과를 가져왔는지 검토하기 시작했다. 예를 들어 조지 브룩스(George Brooks)는 혼인 가능한 배우자 개념을 연구했는데, 서아프리카 식민지에서 유럽식과 현지식이 결

---

[7] Saliha Belmessous, *Assimilation and Empire: Uniformity in French and British Colonies, 1541-1954* (Oxford: Oxford University Press, 2013); Guillaume Aubert, "The blood of France': Race and purity of the blood in the French Atlantic world," *William and Mary Quarterly* 61 (2004), 439-78.

합되어 독특한 경제적·사회적 패턴이 나타났다.[8] 만딩고족(Mandingo) 이나 월로프족(Wolof) 같은 가부장적 사회에서, 포르투갈 남성과 그들이 낳은 혼혈아들은 현지 여성과 자유롭게 결혼할 수 없었다. 그곳에서는 결혼한 남성이 토지 사용권을 주장할 수 있었기 때문이다. 혼혈아들은 상속을 받을 수 없었고, 정치권력의 기반이 되는 친족 집단이나 동년배 사회에 소속될 수도 없었다. 브룩스의 연구에 의하면, 이러한 조건에서 혼혈아들은 주로 무역에 종사하게 되었다. 일부 지역에서는 여성들이 주요 무역상이 되었으며, 거대한 저택에서 방대한 무역 네트워크를 형성하고 집안에 많은 하인과 노예를 거느렸다. 크리오울로어(Crioulo)로 냐라스(nharas), 프랑스어로 시냐르(signare)라 하는 이들 여성 무역상은 아프리카와 유럽 양쪽 세계에 모두 연고가 있었다. 이들은 18세기에 아프리카로 건너온 프랑스인이나 영국인 무역상을 거래 상대방으로서뿐만 아니라 결혼 상대자로도 선호했다. 아프리카 여성과 결혼한 유럽인 남성은 (유럽에서 지참금을 받던 관습을 버리고) 현지 법에 따라 신부값(bridewealth)을 치렀고, 성대한 축제를 열었으며, 성적으로도 아내에게 충실해야 했다. 남편이 유럽으로 돌아가게 되면, 시냐르는 자유의 몸이 되어 다시 결혼할 수 있었다. 여기에서도 확인할 수 있듯이, 이종족혼은 문화 교류의 패턴을 만드는 데 핵심적 역할을 했으며, 결과적으로 이종족혼을 통해 원주민 여성이 유럽의 관습을 받아들이기보다는 유럽인 남성이 현지 관습에 적응하게 되었다. 이는 북아메리카 서부 지역에서 프

---

8 George E. Brooks, *Eurafricans in Western Africa: Commerce, Social Status, Gender, and Religious Observance from the Sixteenth to the Eighteenth Century* (Athens: Ohio University Press, 2003).

랑스인 남성이 겪었던 일과 똑같은 현상이다.

"젠더 프런티어"가 그렇다고 식민지에서만 나타나는 현상은 아니었다. 근대 초기 유럽의 국경 지역이나, 혹은 공식 종교가 서로 다른 이웃 도시에서 비슷한 사례들이 나타났다. 정치 지도자들은 서로 다른 기독교 교파에 속한 사람들끼리 과연 결혼을 해도 좋은지 논쟁을 벌였다. 대다수는 안 된다고 생각했고, 설교 시간에 이교도와의 혼인은 안 된다고 가르치라는 지침을 내렸다. 이를 어겼을 경우 육체적·영적으로 위험에 놓일 수 있다는 경고를 잊지 않았다. 그러나 동시에 미혼 여성들이 자유롭게 빈둥거리며 경박한 짓거리에 돈을 쓰고 돌아다니는 것도 걱정이었다. 그래서 남성이 개종을 하는 경우 이교도와의 혼인을 허락했다. 하지만 이 경우에도 여성에게 개종하라고 하지는 않았다.[9] 그래서 젠더(gender) 프런티어는 젠더화된(gendered) 프런티어가 되었다. 즉 여기서는 남성과 여성 개념이 존중되었으며, 섹슈얼리티(sexuality)가 차별과 이종족혼에 관한 국가 정책에 영향을 미쳤다.

물론 이 주제의 역사가 근대 초기에 끝나는 것은 아니다. 마릴린 레이크(Marilyn Lake)와 헨리 레이놀즈(Henry Reynolds)는 20세기 초 "백인 국가"의 다국적 공동체에서 이주와 이종족혼 제한을 연구했다. 이와 비슷한 맥락에서 다그마르 헤어초크(Dagmar Herzog)는 현대 유럽을 언급했다. "적절한 포용은 무엇이고 적절한 배척은 무엇인지에 관한 모든 전제를 포함해서, 오늘날 유럽인의 정체성과 시민권을 둘러싼 매우 복잡

---

9 Merry Wiesner-Hanks, *Christianity and Sexuality in the Early Modern World: Regulating Desire, Reforming Practice*, 2nd edn. (London: Routledge, 2010).

한 이슈들은 주로 성(性) 관련 문제에 따라 결판나고 있다."[10]

국가 정체성과 시민권

레이크와 레이놀즈의 책, 그리고 헤어초크의 언급은 국가 정체성과 시민권 문제를 거론하는 것이다. 이 주제에 대해서도 세계사 연구와 젠더의 역사 연구의 협력을 통해 그동안 상당한 성과가 축적되었다. 국가의 상징, 의례, 신화가 어떤 식으로 생겨나는지, 그리고 국가 및 체제에 의해 여성이 국가 수립에 어떻게 기여하고 국가로부터 어떻게 배제되는지를 연구한 많은 논문과 책이 출간되었다. 학자들은 여론 조성을 위한 선전 활동에서 시민 의식을 함양하는 데 젠더가 어떤 방식으로 활용되었는지를 연구했다. 그리고 남성의 시민 의식과 여성의 시민 의식이 따로 규정되는 과정에서 전쟁의 역할이 강조되었다. 예컨대 병사를 모집하는 포스터는 도움이 필요한 가여운 여성의 이미지를 내세워 남성의 입대를 호소하는 동시에, 전쟁 수행에 필수적인 노동력을 제공하는 전문 여성 인력도 등장시킨다. 비슷한 방식으로 전우들과 함께 영웅적 전투를 펼치는 남성의 이미지도 등장하며, 전쟁에 참여하지 않는 남성은 어떤 식으로든 남성성의 의심을 받았다.

한 국가 차원에서 젠더와 국가의 관계를 연구하기도 하지만, 이보다

---

10 Marilyn Lake and Henry Reynolds, *Drawing the Global Colour Line: White Men's Countries and the International Challenge of Racial Equality* (Cambridge: Cambridge University Press, 2008); Dagmar Herzog, "Syncopated sex: Transforming European sexual cultures," *American Historical Review* 114 (2009), 1,305.

조금 이른 시기의 식민지 지역 연구는 어느 정도 글로벌한 시각이 엿보인다. 예를 들어 엘리자베스 톰슨(Elizabeth Thompson)은 프랑스령 시리아나 레바논에서 여성들이 대중적으로 반식민지 운동에 참여했음에도 불구하고, 아마도 그래서였는지 모르겠지만, 프랑스 통치자들과 엘리트 민족주의자들이 어떻게 부지불식간에 공적 생활로부터 여성을 배제했는지 연구했다.[11]

젠더뿐만 아니라 섹슈얼리티 또한 특히 20세기의 국가 체제 수립에 이용되었다. 예컨대 마고 캐너데이(Margot Canaday)는 미국에서 동성애자의 시민권 제한이 어떤 식으로 이루어졌는지 검토했는데, 이들은 이민이나 군 입대 혹은 사회 복지 혜택에서 일정한 정도의 제한을 받았다.[12] 자스비르 푸아(Jasbir Puar)는 미국에서 9·11 사태 이후 인종과 종교가 동성애자와 국가의 관계를 어떻게 왜곡했는지 연구했다. 백인 중산층 동성애자들은 점점 더 "미국인"으로 인정되는 분위기였지만, 그들이 무슬림이라면 그렇게 인정받지 못했다.[13] 유럽에서 무슬림의 이민과 시민권 문제를 둘러싼 논란이 일어날 때면, 베일 같은 특정 젠더와 관련된 관습이나 동성애에 관한 무슬림의 태도 문제가 거론되곤 한다.

---

11 Elizabeth Thompson, *Colonial Citizens: Republican Rights, Paternal Privilege, and Gender in French Syria and Lebanon* (New York: Columbia University Press, 2000).
12 Margot Canaday, *The Straight State: Sexuality and Citizenship in Twentieth-century America* (Princeton, NJ: Princeton University Press, 2009).
13 Jasbir Puar, *Terrorist Assemblages: Homonationalism in Queer Times* (Durham, NC: Duke University Press, 2007).

[그림 10-3] 육군 입대 홍보 포스터(미국 육군)
홉스(H. R. Hopps) 작, 1917~1918년.

〔그림 10-4〕 여성 노동자 모집 포스터(제2차 세계대전, 영국)

〔그림 10-5〕 입대 홍보 포스터(제1차 세계대전, 영국)

이주

국가를 건설하는 과정에서는 정책적으로 통합과 배제가 포함되고, 이주해 나가거나 들어오는 사람들도 존재한다. 이주는 세계사에서도 중심 주제였지만, 젠더나 섹슈얼리티 연구와 결합되어 갈수록 많은 연구가 이루어지고 있다. 그래서 우리가 주목하는 네 번째 영역이 된다. 오늘날 원거리 이주의 절반 가까이를 여성이 차지하고 있다. 여성의 이주 패턴은 남성의 이주 패턴과 비슷하기도 하고 전혀 다른 모습을 보이기도 한다. 최근에는 이주자의 생활에서 나타나는 다국적 특성이 연구되었다. 남성과 여성을 막론하고 이주자들은 육체적으로 국경을 넘나들면서, 사회·문화적으로 국경을 넘어서는 연고를 만들고 또한 유지하고 있다. 또한 이들 연구에서는 젠더나 섹슈얼리티와 관련된 이주자들이 사회, 정치, 경제에 미친 (그리고 미치고 있는) 영향 관계를 연구했다. 예컨대 토니 밸런타인(Tony Ballantyne)과 앤토이네트 버튼(Antoinette Burton)은 거리와 이동이 친교에 미치는 영향, 그리고 친밀함, 친밀해질 것이라는 기대, 친밀해지고 싶다는 욕망이 제국주의 권력의 형성에 영향을 미치는 방식을 연구했다. 친밀함은 "물론 권력이 작동하는 영역이며, 뿐만 아니라 식민지 영토, 제국의 상품, 세계화의 의미를 두고 벌이는 식민지 정복민과 피정복민의 투쟁에서 양측 모두가 이용하는 도구였다."[14] 이주와 관련된 젠더나 섹슈얼리티에 대한 연구는 대부분, 일반적 이주에 대한 연구와 마찬가지로 매우 최근 "세계화" 과정에 초점을 맞추고 있다.

14 Tony Ballantyne and Antoinette Burton (eds.), *Moving Subjects: Gender, Mobility, and Intimacy in an Age of Global Empire* (Urbana: University of Illinois Press, 2009), p. 12.

예를 들어 현대 남아시아와 동남아시아 사람들의 이주에 대한 소니타 사커(Sonita Sarker)와 에샤 니요기 데(Esha Niyogi De)의 연구에 따르면, 젠더와 섹슈얼리티의 이데올로기가 식민지 권력에 의해 형성되어서 오늘날 후기-식민지 국가에서도 그대로 지속되고 있었다. 그들은 스스로의 의지와 상관없이 이주하게 되거나 세계화로부터 영향을 받은 사람들을 "트랜스-스테이터스(국가를 넘나드는) 국민(trans-status subjects)"이라고 규정했는데, 여기서 "트랜스(trans)"는 경계를 "가로지르다"라는 뜻과 함께 "넘어서다"라는 의미를 담고 있다.[15]

섹슈얼리티와 이주에 관한 연구에서 보여주고자 한 것은 하나의 국가가 국가 정체성뿐 아니라 성적 정체성과 젠더 정체성도 만들었다는 (그리고 여전히 만들고 있다는) 사실이다. 이러한 사실은 주로 국경에서 특정 유형 개인의 입국을 허용하거나 거부할 때 잘 드러난다. 지리적 국경에서 "동성애자"는 단순히 논란의 대상이 아니라 실제로 위협이 되는 유형의 인간으로 간주된다. 에드니 루브헤이드(Eithne Luibhéid)는 미국의 경우를 연구했지만, 이외에도 많은 나라들이 동성애자를 거부하고 있다(과거에도 그랬고 지금도 마찬가지다). 남성과 여성이라는 "자연" 질서에 도전하고 스스로를 트랜스젠더라고 일컫는 사람들은 말할 것도 없다.[16] 이러한 제한에도 불구하고 성 정체성 혹은 젠더 정체성과 겉모습

---

15 Sonita Sarker and Esha Niyogi De (eds.), *Trans-status Subjects: Gender in the Globalization of South and Southeast Asia* (Durham, NC: Duke University Press, 2002).
16 Eithne Luibhéid, *Entry Denied: Controlling Sexuality at the Border* (Minneapolis: University of Minnesota Press, 2005).

이 어떤 식으로든 "퀴어(queer)"한 사람들의 이주가 굉장히 많이 이루어 졌다. 학계에서 전 세계를 대상으로 이른바 "퀴어 디아스포라"를 연구할 수 있을 정도였다. 마틴 마날란산(Martin Manalansan)의 필리핀 연구와, 가야트리 고피나스(Gayatri Gopinath)의 남아시아 연구도 그 일환이었 다.[17] 그들의 연구에서는 사람들이 다양한 지역에서 기존의 성적 행동이 나 정체성에 도전하고 적응하고 타협하며 바꿔나가는 방식들, 흔히 "현 지화"라고 일컫는 현상을 검토했다.

식민주의와 제국주의

젠더에 따른 이주 패턴은 식민주의와 제국주의에 의해 결정되는 측 면이 매우 많았다. 최근 젠더와 섹슈얼리티 연구의 폭넓은 주제들 가운 데 식민주의와 제국주의 문제가 유독 성과를 보이고 있다. 이것이 바로 세계사 연구와 젠더사 연구의 교류를 통해 결실을 기대할 수 있는 다 섯 번째 핵심 영역이다. 남성과 여성은 모두 제국주의 추진 과정에서 중 요한 행위자(agent)였다. 식민지 당국은 남성성과 여성성을 문화적으로 도 규정했다. 최근 많은 연구에서 확인되는 바와 같이, 제국주의 권력 은 알게 모르게 섹슈얼리티와 관련이 있었다. 식민지 피지배 민중의 이 미지는 젠더나 성과 관련되었다. 지울리아 칼비(Giulia Calvi)는 2011년 유럽과 미국의 젠더의 역사를 비교하면서 이렇게 요약했다. "식민지 지

---

17 Martin F. Manalansan IV, *Global Divas: Filipino Gay Men in the Diaspora* (Durham, NC: Duke University Press, 2003); Gayatri Gopinath, *Impossible Desires: Queer Diasporas and South Asian Public Cultures* (Durham, NC: Duke University Press, 2005).

배자와 피지배자의 젠더화된 육체가 서로 마주치는 곳에서 젠더 관계에 인종 차별 개념이 개입되었고, 식민지 권력의 실행과 그 이미지를 통해 차별이 만들어졌다."[18] 제국주의 맥락에서 젠더와 섹슈얼리티 연구는 식민지 지역과 대도시 사이의 관계를 강조했다. 식민지화 과정에서 젠더 이데올로기와 관습은 어디에서든 만들어졌다. 예컨대 캐슬린 윌슨(Kathleen Wilson)은 영국의 식민지가 확장되는 과정에서 영국인이라는 정체성에 영국 남자와 영국 여자 인식이 어떻게 형성되었는지 연구했다.[19] 진 마구바네(Zine Magubane)는 흑인의 식민지 이미지가 남아프리카에서 잉글랜드로 어떻게 전파되었는지 연구했다. 특히 이러한 이미지가 여성, 빈곤층, 아일랜드인 등 소외 계층의 이미지에 어떤 방식으로 영향을 미쳤는지 주목했다.[20]

식민지 지역들 중에서는 남아시아 연구가 가장 많았다. 타니카 사르카르(Tanika Sarkar), 므리날리니 신하(Mrinalini Sinha), 두르바 고쉬(Durba Ghosh)를 비롯한 인도의 페미니스트 역사학자들은 식민지 시기 인도에서 젠더 정체성과 국가 정체성이 어떻게 형성되었는지 통찰력 있는 연구를 수행했다. 이는 오늘날에도 때로 공포스럽고 폭력적인 양상을 띠며 지속적으로 영향을 미치고 있다.[21] 이 같은 연구는 후기-식민지 이

---

18 Giulia Calvi, "Global trends: Gender studies in Europe and the US," *European History Quarterly* 40 (2010), 645.
19 Kathleen Wilson, *The Island Race: Englishness, Empire and Gender in the Eighteenth Century* (New York: Routledge, 2003).
20 Zine Magubane, *Bringing the Empire Home: Race, Class, and Gender in Britain and Colonial South Africa* (Chicago: University of Chicago Press, 2004).
21 Tanika Sarkar, *Hindu Wife, Hindu Nation: Community, Religion and Cultural Nationalism* (Bloomington: Indiana University Press, 2001); Mrinalini Sinha,

〔그림 10-6〕 인도의 민족주의 정당 인도인민당(BJP) 관리들
2014년 인도 총리에 취임한 나렌드라 모디(Narendra Modi)가 어머니 인도 이미지 앞에 촛불을 밝히고 있다.

론을 이론적 틀로 하지만, 그럼에도 불구하고 다른 후기-식민지 연구 성과에 대해 비판적 시각을 갖는다. 일반적인 후기-식민지론은 여성을 "영원한 여성성"으로, 희생자인 동시에 비천한 처지로 이해하는 본질론적 경향을 보이기 때문이다. 이는 행위 주체로서의 여성을 부정하고, 여성을 역사의 변수가 아니라 고정불변하는 상수로 간주하는 것이다. 인도에 관한 많은 연구 성과들 덕분에 학계에서는 인도의 역사가 서발턴

Specters of Mother India: The Global Restructuring of an Empire (Durham, NC: Duke University Press, 2006); Durba Ghosh, *Sex and the Family in Colonial India: The Making of Empire* (Cambridge: Cambridge University Press, 2006).

연구의 중심으로 간주되고 있으며, 인도의 여성이 "후기-식민지 젠더 문제"의 상징이 되었다. 이러한 상징을 만들어낸 세부 분야별 연구는 계속되는 도전 가운데 건강한 성장을 거듭하고 있다.

결론

현 시점의 연구 동향을 보자면 세계사 내지 지구사와 젠더의 역사 내지 섹슈얼리티의 역사가 주제, 이론, 방법론 면에서 서로를 참조했으며, 지속적으로 상호 참조가 진행되고 있다. 첫째, 이동, 상호 연결, 상호 작용을 강조하는 측면이 있다. 세계사는 상호 작용, 만남, 상호 관계, 밀접한 관련을 연구하는 학문이다. 이러한 상호 관계는 심지어 단 1미터도 움직이지 않는 사람에게도 영향을 미치고 있다. 오늘날 한 군데서 꼼짝도 하지 않는 사람이라도 전적으로 글로벌한 관계망에 놓여 있기 때문이다. 성적 행동 역시 공통적 형태를 보자면 물론 이와 비슷하다. 육체적이고, 감정적이고, 정신적이며, 상호 작용하고 밀접한 관련을 맺는 것이다. 가족, 왕조, 국가를 막론하고 젠더와 관련된 사회·정치적 구조는 성적 관계를 기초로 건설된다.

둘째, 세계사와 젠더 및 섹슈얼리티의 역사가 이항 대립 구도(엘리트/서발턴, 식민지/대도시, 동양/서양, 동성애/이성애, 남성/여성)를 주로 사용하기는 하지만, 동시에 이러한 이항 대립 구도의 불안정성을 지적하기도 한다. 세계사 분야의 초기 저작들과 여성과 게이와 레즈비언의 역사를 연구한 초기 저작들은 모두 억압과 저항이라는 거대 담론을 포함하곤 했다. 하층민은 피해자 아니면 저항가(혹은 피해자인 동시에 저항가)였다. 이 같은 이항 대립적 거대 담론은 오늘날 전면적인 비판의 대상이 되어 있다. 갈수록 모든 범주가 복잡해지고 있으며, 논의의 주안점은 거대 담론이 아니라 교차성(intersectionality), 상호 얽힘(entanglement), 혼합(mixture)으로 이동해왔다. 특히 세계화가 가속화되는 시대에는 개인이 여러 문화권에서 각각의 요소를 취합하여 혼합된 혹은 유동적인 정체성을 만드는 것이 가능하다. 젠더나 섹슈얼리티, 국적, 인종, 기타 모든 정체성이 마찬가지다. 이러한 시대 상황에서는 어떠한 이항 대립이든 제한적일 수밖에 없기 때문에 새로운 관점으로의 이동은 피할 수 없다.

셋째, 세계사와 젠더의 역사 양쪽 분야에서는 모두 다원적 시각의 필요성을 강조하고 있다. 둘 다 복합적 관점의 중요성을 강조하고 있으며, 자료적 측면에서 어느 한쪽이 발굴한 자료가 다른 한쪽에 적용되곤 한다. 또한 양쪽 분야에서 모두 학문 분과의 경계를 넘어서곤 하는데, 다양한 분과 학문에서 개념화 및 분석 기법을 빌려다 쓰고 있다. 언어학, 인류학, 유전학, 고고학, 경제학, 문학 연구, 심리학, 심지어 생물학과 화학까지도 여기에 포함된다. 이 모든 분과 학문은 젠더가 어떻게 세계사를 만들어왔는지 이해하는 데 도움이 되었으며, 앞으로도 더욱 전면적으로 깊은 영향을 줄 것이라는 데 의심의 여지는 없다.

세계사 내지 지구사와 젠더의 역사 내지 섹슈얼리티의 역사의 교류가 강화될수록 과거에 대한 우리의 이야기는 더더욱 복잡해진다. 이는 당연한 결과다. 모든 역사학 연구 기획은, 우리고 알고 있는 역사가 언제나 부족하고 무언가 모자란다는 입장에서 출발하기 때문이다. 최고의 역사학 성과란 비판적 렌즈를 유지하는 것, 그리고 모든 역사학적 전제나 관점이나 한계를 분석 대상에 포함시키는 것이다. 역사학이 연구 대상으로 삼는 범주와 정체성의 범위는 계속해서 확대되어야 한다.

심지어 우리가 미처 인식하지 못하고 있는 정체성까지도 포함시키려 노력해야 한다. 이 모든 영역을 다 포괄하려 한다면 역사학자의 임무는 더욱 무거워질 수밖에 없겠지만, 그러나 그렇게 함으로써 세계의 만남, 상호 연결, 긴밀한 얽힘, 혼합의 복잡한 양상을 온전히 이해할 수 있을 것이다.

더 읽어보기

Aldrich, Robert, *Colonialism and Homosexuality*, London: Routledge, 2002.

"American Historical Review forum: Revisiting 'Gender: A useful category of historical analysis', with articles by Joanne Meyerowitz, Heidi Tinsman, Maria Bucur, Dyan Elliott, Gail Hershatter and Wang Zheng, and a response by Joan Scott," *American Historical Review* 113 (2008), 1, 344-430.

Ballantyne, Tony, and Antoinette Burton (eds.), *Bodies in Contact: Rethinking Colonial Encounters in World History*, Durham, NC: Duke University Press, 2005.

_____, (eds.), *Moving Subjects: Gender, Mobility, and Intimacy in an Age of Global Empire*, Urbana: University of Illinois Press, 2009.

Basu, Amrita (ed.), *The Challenge of Local Feminisms: Women's Movements in Global Perspective*, Boulder, CO: Westview Press, 1995.

Blom, Ida, Karen Hagemann, and Catherine Hall (eds.), *Gendered Nations: Nationalisms and Gender Order in the Long Nineteenth Century*, Oxford: Oxford International Publishers Ltd., 2000.

Canaday, Margot, Marc Epprecht, Dagmar Herzog, Tamara Loos, Joanne Meyerowitz, Leslie Peirce, and Pete Sigal, "American Historical Review forum: Transnational sexualities," *American Historical Review* 114 (2009), 1, 250-353.

Canning, Kathleen, and Sonya O. Rose (eds.), *Gender, Citizenships and Subjectivities*, Malden, MA: Blackwell, 2002.

Clancy-Smith, Julia, and Frances Gouda (eds.), *Domesticating the Empire: Race, Gender and Family Life in French and Dutch Colonialism*, Charlottesville: University of Virginia Press, 1997.

Hagemann, Karen, and María Teresa Fernández-Aceves (eds.), "Gendering trans/national historiographies: Similarities and differences in comparison," *Journal of Women's History* 19 (2007), 151-213.

Hall, Catherine, and Sonya Rose (eds.), *At Home with the Empire: Metropolitan Culture and the Imperial World*, Cambridge: Cambridge University Press, 2006.

Herdt, Gilbert (ed.), *Third Sex, Third Gender: Beyond Sexual Dimorphism in Culture and History*, New York: Zone Books, 1994.

Hodes, Martha (ed.), *Sex, Love, Race: Crossing Boundaries in North American History*, New York: New York University Press, 1999.

Hrdy, Sarah Bluffer, *Mothers and Others: The Evolutionary Origins of Human Understanding*, Cambridge, MA: Harvard University Press, 2009.

Levine, Phillipa (ed.), *Gender and Empire*, Oxford: Oxford University Press, 2007.

Meade, Teresa, and Merry E. Wiesner-Hanks (eds.), *Blackwell Companion to Gender History*, London: Blackwell, 2004.

Patton, Cindy, and Benigno Sánchez-Eppler (eds.), *Queer Diasporas*, Durham, NC: Duke University Press, 2000.

Riley, Denise, *"Am I that name?" Feminism and the Category of "Women" in History*, Minneapolis: University of Minnesota Press, 1988.

Roach Pierson, Ruth, and Nupur Chaudhuri (eds.), *Nation, Empire, Colony: Historicizing Gender and Race*, Indianapolis: Indiana University Press, 1998.

Rupp, Leila, *Worlds of Women: The Making of an International Women's Movement*, Princeton, NJ: Princeton University Press, 1997.

Scott, Joan, *Gender and the Politics of History*, New York: Columbia University Press, 1988.

Sharpe, Pamela (ed.), *Women, Gender, and Labour Migrations: Historical and Global Perspectives*, New York: Routledge, 2001.

Smith, Bonnie, *The Gender of History: Men, Women, and Historical Practice*, New York: Oxford University Press, 1998.

_____, (ed.), *Global Feminisms since 1945: A Survey of Issues and Controversies*, New York: Routledge, 2000.

_____, (ed.), *Women's History in Global Perspective*, 3 vols., Urbana: University of Illinois Press, 2004.

Stoler, Ann Laura, *Carnal Knowledge and Imperial Power: Race and the Intimate in Colonial Rule*, 2nd edn., Berkeley: University of California Press, 2011.

Wiesner-Hanks, Merry E., *Christianity and Sexuality in the Early Modern World: Regulating Desire, Reforming Practice*, 2nd edn., London: Routledge, 2010.

_____, *Gender in History: Global Perspectives*, 2nd edn., London: Blackwell, 2010.

Woollacott, Angela, *Gender and Empire*, New York: Palgrave Macmillan, 2006.

CHAPTER 11

인류학은 세계사에 어떤 기여를 했는가?

잭 구디
Jack Goody

시작에 대하여

인류학(anthropology)은 그 명칭에서 인류(anthropos) 연구를 표방하고 있지만, 실제 연구 대상은 인류의 역사 전체가 아니었다. 근현대로부터 등을 돌린 채 옛날의 단순 문화(simple culture)에만 관심을 두었다. 인류학에서 말하는 옛날과 근현대의 경계선은 어디였을까? 초창기 인류학자들, 예컨대 타일러(E. B. Tylor)나 제임스 프레이저 경(Sir James Frazer)의 저서를 보면 연구 대상은 주로 "원시인(primitive man)"이었다. 더불어 이른바 "잔존 문화(survivals)"도 포함되었다. 유럽의 경우에는 예외적으로 그보다 훨씬 후대에 속하는 킹-킬링(king-killing) 풍습이나, 혹은 피부샘병(King's Evil)을 왕이 치료해주는 풍속이 연구 대상이 되기도 했다.[1]

---

1 Edward B. Tylor, *Primitive Culture: Researches into the Development of Mythology, Philosophy, Religion, Art, and Custom*, 2 vols. (London: John Murray, 1871); and James George Frazer, *The Golden Bough: A Study in Magic and Religion*, 12 vols. (London: Macmillan, 1915). (잔존 문화란 타일러의 저서 《원시 문화》에 등장하는 인류학 개념으로, 처음에는 합리적 이유가 있었지만 이후 주변 조건이 사라진 뒤 풍습만 남아서 비합리적이고 맹목적인 관습으로 비치는 문화 현상을 일컫는다. 킹-킬링이란 프레이저의 저서 《황금가지》에 등장하는 인류학 개념으로, 왕은 우주의 중심이므로 왕이 병들거나 늙으면 재앙이 일어나기 때문에 왕을 살해하고 후계자를 세워서 우주에 건강한 기운을 회복하는 풍습을 말한다. 킹스 에블King's Evil이란 피부샘병의 다른 명칭인데, 특히 영국과 프랑스에서 왕과 접촉하면 피부샘병이 치료된다는 미신이 있었다. 실제로 왕이 군중 행렬을 지나가며 손길을 스치기도 했고, 동전을 발행하여 왕이 만진 동전을 병자들에게 나누어주기도 했다. 이 풍습은 기원후 1000년경 영국과 프랑스에서 시작되어 1800년대까지 지속되었다. – 옮긴이)

이와 같은 인류학의 역할은 세계 어느 곳이든 무문자 사회(non-literate societies)로부터 자료를 수집하는 것, 그리고 이들 사회를 학문적으로 설명해주는 것이었다. 이러한 역할은 세계사 연구에서 부족한 부분을 제대로 채워주는 것이기도 했다.

그러나 이 같은 초기 인류학자의 연구를 뒤따르는 후계자는 많지 않았다. 1920년대 브로니스와프 말리노프스키(Bronisław Malinowski)의 인류학 혁명 이후, 특히 무문자 사회 연구의 기본 방법론은 현지 조사(fieldwork)에 집중되었다. 이는 한 사회를 세밀히 관찰하는 방식인데, 이러한 방법론 변화의 저변에는 초기 인류학자들의 문화 지식에 대한 불신이 깔려 있었다. 기존의 지식을 합치면 합칠수록 현실은 오히려 왜곡되어 보인다는 생각이었다. 이런 관점에서 보자면, 모든 사회는 서로 다르기 때문에 비교가 불가능하다. 혹시 가능하다 하더라도 인접한 사회 정도로 한정된다. 이 같은 전제에 입각한 인류학은 세계사 연구와는 반대 방향으로 나아갈 수밖에 없었다.

결국 학문의 스펙트럼에서 역사학과 인류학은 정반대에 놓였다. 세계사는 선사 시대 이후, 즉 문헌 기록을 남긴 사회를 주로 다루었다. 초기 인류학은 문자 탄생 이전, 즉 선사 시대에 주목했다. 인류학 방법론에서는 세계사 연구 방식이 제외되었다. 인류학은 주로 "원시적" 단순 사회(simple society)를 서로 비교하는 연구에 국한되었다. 그러다가 제1차 세계대전 이후로는 경향이 바뀌었다. 인류학 전공자들이 고전 사회학을 공부하기 시작했던 것이다. 주로 뒤르켐(Durkheim)을 공부하는 학생들과, 베버(Weber)의 저서에 감동을 받은 학생들이었다(마르크스Marx의 영향은 거의 없었다). 뒤르켐은 《종교 생활의 원초적 형태》라는 저서에서 초기 오스트레일리아인 연구를 선보인 바 있었다.[2] 당시 학생들의 관심은 현대 사회를 향해 있었는데, 뒤르켐의 자살 연구나[3] 노동 분화 연구[4] 등이 그러한 관심사에 부응했다. 종합하자면 연구의 초점은 근대화 문제에 놓여 있었다. 근대화 문제를 다루면 필연적으로 "복합" 사회(complex society)를 연구하게 되는데, 이는 기존 인류학의 연구 범위가 아니었다. 기존 인류학의 연구 대상은 주로 "단순" 사회(simple society), 즉 다층적 노동 분화 이전의 사회였다. 인류학이라는 학문이 시작될 때부터 그랬다. 글쓰기가 탄생하기 이전, 그러니까 고고학에서 말하는 석기 시대나 청동기 시대 혹은 그보다 더 이전, 즉 생물학에서 말하는 인류의 출현 등이 인류학의 연구 주제였다. 이와 달리 복합 사회 연구는 주로 식민지나 산업 혁명 같은 주제를 다루었다. 경우에 따라 글쓰기와 관련된 주제도 거론되었으나, 실제 연구에서 글쓰기 문제는 그리 심각하게 고려되지 않았다. 그래서 유럽과 "타문화"를 구분할 때 중국이나 일본 같은 문자 사회(literate society)도 "타문화"에 포함시켰다. 뿐만 아니라 때로는 이들을 "원시적" 사회로 이해하기도 했다(예컨대 뒤르켐과 모스Mauss의 공저 《원시적 분류》[5]). 말리노프스키의 제자들도 중국과 일본을 연구한 적이 있는데, 이들은 당연히 문헌 기록을 연구했어야 했

---

2 Émile Durkheim, *The Elementary Forms of Religious Life*, Karen E. Fields (trans.) (London: Free Press, 1995).
3 Émile Durkheim, *Suicide: A Study in Sociology*, George Simpson and John A. Spaulding (trans.) (London: Routledge, 2002).
4 Émile Durkheim, *The Division of Labour in Society*, W. D. Halls (trans.) (New York: Free Press, 1997).
5 Émile Durkheim and Marcel Mauss, *Primitive Classification*, Rodney Needham (trans.) (Chicago: University of Chicago Press, 1967).

다. 그러나 인류학에서 무언가를 설명할 때 "역사"는 공식적으로 배제되었다. 인류학은 지금(now), 그리고 여기(here)에서 무슨 일이 일어나고 있는지를 관찰한 기록에 근거해야 하며, 문헌 자료 연구가 되어서는 안 된다고 생각했기 때문이다. 그러나 문제는 전통적 문자 사회들뿐만 아니라 무문자 사회들조차 갈수록 더 많은 기록을 보유하게 된다는 사실이었다. 따라서 어느 정도는 (대개 흩어져 있는) 과거의 자료에 주의를 기울일 수밖에 없다. 주로 구술에 의존하는 사회라 할지라도 마찬가지다. 문화 자체는 문자 없이 작동하지만, 그렇다고 반드시 문헌 기록이 없는 것은 아니다. 예컨대 가나 북부의 로다가(LoDagaa) 부족의 경우 갈수록 기록 자료가 많이 축적되었는데, 식민지 당국에 의해 행정 기록이 생산되지 않을 수 없었기 때문이다. 유럽의 팽창으로 이런 조건이 만들어졌던 것이다.

인류학이 세계사와 별로 상관이 없다고 생각하는 사람도 있을 것이다. 특히 기능주의와 구조주의 인류학이 유행하고 나서 역사적 설명이 배제된 이후로는 더더욱 그랬다. 그들은 현실을 살아 있는 생물학적 유기체로 설명하고자 했다. 그러나 이러한 경향은 1920년대 말 리노프스키의 인류학 혁명 이후의 일일 뿐, 그 이전부터 그랬던 것은 아니다.

"근대(modern)"와 "전통(traditional)"을 나눔으로써 근대 유럽은 나머지 다른 세계와는 다른 사회로 설명되곤 했다. 예컨대 근대 유럽은 요리가 발달하고 재배된 화초를 사용하는 등의 이른바 "문화(culture)"가 있는 사회라는 것이다. 그러나 인도와 중국의 요리나 레스토랑 문화를 잠깐만 들여다보면, 의례를 위해 혹은 옷을 장식할 때 당연히 꽃을 사용하는 것을 확인할 수 있다. 그렇다면 복합성(complexity)을 기준으로 볼 때 문화의 수준은 거의 비슷하다는 결론에 도달하게 된다. 굳이 이런 식의 구분이 필요한지도 의문이다. 글쓰기를 포함하는 의사소통 수단의 경우도 마찬가지다. 예전에는 그리스 알파벳이 독특한 성취라는 선입관이 있었다. 그러나 동양의 다양한 문자들에 대한 이해가 높아지고, 동양에서는 의사소통 수단으로 음절문자(syllabic scripts)와 표어문자(logographic scripts)를 모두 사용했다는 사실이 알려지면서, 과연 그리스 문자가 독특한 것인지 의문이 제기되었다. 동양에서는 문자 문화를 기반으로 방대한 문헌 자료가 축적되었고, 정교한 글쓰기 문화가 형성되었다. 중국의 경우 "리얼리즘" 소설과 철학 및 과학 서적이 축적되어왔다.

한때는 그랬지만 사실 세계사와 인류학은 그리 먼 사이가 아니다. 역사학자들은 문헌 자료를 분석하는 훈련을 받는다. 그들의 작업은 현장보다 주로 도서관에서 이루어진다. 즉 1차적 관찰보다는 사건 보고서를 검토하는 것이 그들의 일이다. 물론 "구술사(oral history)"라고 하는 분야에서는 이런 구분이 다소 흐려지기도 한다. 그렇지만 어디까지나 역사학은 주로 문헌 자료를 다루는 것이지 구술에 의존하지 않는다. 구술은 어떤 식으로든 채록되지 않으면 확인이 불가능하다. 따라서 그 자체로는 역사학의 근거 자료로 쓸 수가 없다. 역사학과 인류학 내부에 공통적으로 존재하는 갈등이 있다. 즉 특정한 하나의 사회를 연구할 것인지, 아니면 넓은 범위에서 여러 사회를 비교할 것인지 선택해야 하는 갈등이다. 전자라면 역사학에서는 특정한 하나의 사회와 관련된 방대한 "문헌 자료"를 조사할 것이고, 인류학에서는 특정한 하나의 사회를 "관찰"하는 연구를 수행할 것이다. 후자라면 여러 사회나 심지어 세계 전체를 대상으로 비교할 수도 있다(과거 문헌 기록이 남아 있는 사회로 한정되겠지만).

사회인류학이나 문화인류학 같은 과거의 인류학은 일종의 비교 연구를 수행했다. 초기에 테일러나 프레이저가 수행한 연구가 다 그런 것이었다. 그러나 오늘날에는 철 지난 유행일 뿐이고, 말리노프스키의 집중적 현지 조사나 "비교사회학" 같은 이론적 관심이 그 유행을 대신하고 있다. 뒤르켐 이후 영국에서 비교사회학 추종자들이 있었다. 특히 래드클리프-브라운(A. R. Radcliffe-Brown)과, 나중에는 에반스-프리처드(E. E. Evans-Pritchard) 및 그 세대의 동료들이 그들이었다.

　1940년대와 1950년대 당시에는 서구 사회를 대상으로 하는 인류학 연구가 거의 없었다. 1941년 로이드 워너(Lloyd Warner)가 매사추세츠의 뉴버리포트(Newburyport)를 연구한 것은 예외적인 일이었다(그는 원래 오스트레일리아의 먼긴족Murngin 연구자였다).[6] 유럽은 (마법이나 기타 "잔존 문화" 말고는) 기본적으로 연구 대상이 아니었다. 그렇지만 유럽과 달리 인도나 중국은 연구 대상이었다. 강력한 문헌 전통이 있는 인도와 중국을 심지어 "원시(primitive)"라는 범주에 집어넣기도 했다. 뒤르켐은 분류법과 관련해서,[7] 그리고 레비-스트로스는 결혼과 관련해서[8] 중국을 원시라는 범주에 포함시켰다. 뒤몽(Dumont)은 같은 주제로, 그리고 일반적 발전 단계 측면에서 인도를 원시로 간주했다.[9] 이

6　W. Lloyd Warner, *The Social Life of a Modern Community* (New Haven, CT: Yale University Press, 1941).
7　Durkheim and Mauss, *Primitive Classification*.
8　Claude Lévi-Strauss, *Elementary Structures of Kinship*, James Harle Bell, Rodney Needham, and John Richard von Sturmer (trans.) (Boston: Beacon Press, 1969).
9　Louis Dumont, *Homo Hierarchicus: The Caste System and Its Implications*, Mark Sainsbury (trans.) (London: Weidenfeld & Nicolson, 1970).

처럼 선입관에 입각한 분류법 때문에 그들은 심지어 문자 문화가 있는 사회에서조차 유럽과의 기본적인 유사성을 발견하지 못했다. 니덤(Needham)은 자신의 저서에서 이러한 문제점을 강하게 지적했다. 그의 연구는 과거 중국이 유럽보다 훨씬 더 "근대적"이었음을 보여주는 매우 중요한 업적이었다.[10] 그렇다면 기존의 근대 개념은 전적으로 19세기적 방식으로 근대의 경계선을 그은 셈으로, 잘못된 장소에 잘못 그은 선이었다. 문헌 자료의 중요성을 제대로 인식하지 못했기 때문이다. 유라시아 대륙의 주요 사회를 연구하려면 공통적으로 문헌 자료가 중요했다. 게다가 인류학을 배우는 학생들은 "타문화"를 연구할 때 문헌 자료의 전통을 무시하는 경향을 보였으며, 해당 지역의 문자를 읽을 줄도 몰랐다. 이는 지역 사회의 생활 가운데 문자 생활을 지움으로써 그 지역 문화를 "구술" 문화에 한정하는 결과를 가져왔다. 그러나 요즈음은 상황이 변했다. 사회학과 인류학의 품이 더 넓어졌기 때문이다. 혹은 그 분야의 경계가 새로워졌다고 말할 수도 있겠다. 서로의 개념을 섞어서 사용한다든지, 심지어 각 분야의 경계를 나누지 않기도 한다. 다만 인류학은 미시적 관찰에, 사회학은 거시적 사회 연구에 특화되는 경향을 보이는 정도의 차이는 있다.

그렇지만 현실적으로 "비교사회학"이란 꿈일 뿐이다. 인류학은 그런 부류가 될 수 없다. 프랑스의 뒤르켐 학파는 예외였다고 해두자. 게다가 특정한 하나의 사회 연구와 여러 사회의 비교 연구를 동시에 결합시킬

---

10 Joseph Needham, et al. (eds.), *Science and Civilisation in China* (Cambridge: Cambridge University Press, 1954).

방법은 없다. 심지어 그럴 가능성을 타진해보자는 정도의 시도만으로도 (다른 초기 인류학자들과 마찬가지로 한때 역사학을 전공한) 에반스-프리처드와 다른 사회인류학자들의 논쟁이 촉발되었다. 에반스-프리처드는 "원시 사회" 연구와 "타문화" 연구를 절충하면 넓은 범위에서 비교 연구가 가능할 것이라 생각했다. 그의 제자들이 이런 방향으로 연구 결과를 꾸준히 생산해서 상당한 분량의 성과가 축적되기도 했다.[11] 그럼에도 불구하고 여러 사회의 비교 연구는 특정한 하나의 사회 연구보다 훨씬 더 가치를 인정받지 못했다. 특정한 하나의 사회 연구는, 단지 다른 사회에는 없고 그 사회에만 있다는 이유만으로 잔뜩 모아둔 자료 더미와는 차원이 다른 실질적 데이터로 인정받는 것이다. 비교를 하다 보면 왜곡하기가 쉽다. 예를 들어 누에르족(Nuer)의 언어로 "영혼"을 의미하는 딩카(Dinka) 개념의 해석에 관한 많은 연구가 있다. 모든 문화는 서로 다르다. 물론 옳은 말이다. 그래서(어쨌다는 말인가)……?

구술 자료는 문헌 자료를 어떻게 도울 수 있을까?

"역사학"은 문자 문화, 인류학은 구술 문화에 관심을 둔다면 역사학과 인류학 사이에 오갈 만한 것이 과연 그리 많을까? 물론 그렇다. 첫째, 인류학은 역사학이 민족주의를 벗어나는 데 도움을 주었다. 유럽의 경우 유럽 중심주의를 약화하는 데에도 도움이 되었다. 이런 영향을 미칠

---

11 Ronald Godfrey Lienhardt, *Social Anthropology* (London: Oxford University Press, 1964); John Beattie, *Other Cultures: Aims, Methods and Achievements in Social Anthropology* (London: Cohen & West, 1964); David Francis Pocock, *Social Anthropology* (London: Sheed & Ward, 1961).

수 있었던 이유는 두 가지다. 즉 다른 사회를 생각해볼 여지를 제공한 측면이 있고, 또한 과거에는 어떠했는지를 생각하게끔 하는 역할을 했다. 두 가지 경로가 모두 스스로의 문화를 중심으로 생각하는 편견을 교정해주었다. 둘째, 인류학은 문헌 자료에 더해 직접적 관찰의 중요성을 강조했다. 문헌은 역사 연구의 기본 뼈대와도 같지만, 인류학에서는 그렇지 않다. 인류학의 주요 자료는 현지 조사(fieldwork)이기 때문이다.

민족주의 약화나 현지 조사를 통한 직접 관찰의 강조 이외에 사회인류학은 역사학에 어떤 기여를 했을까? 첫째, 인류학의 연구 대상이 된 사회는 주로 식민지였으며, 역사학에서는 이들에게 미친 서양의 영향을 연구했다. 주요 주제는 유럽이 그들을 어떻게 정복했는가 하는 것이었다. 그러나 그들에게도 그들만의 역사가 있었다. 유럽인의 문자가 전파되기 전, 그러니까 글쓰기 이전이라는 의미에서 그들만의 선사 시대가 있었다. (주로 문헌 자료에 의존하는) 역사학자들은 이 부분에 거의 주목하지 않았다. 역사학에서는 그 이전 시기의 자료를 등한시하거나 오해하는 경향이 있었다. 예를 들면 일부 고전학자들은 그리스에서 "민주주의"가 탄생했다고 생각했는데, 더 이전 더 단순했던 사회에서도 구성원들의 의견을 수렴한 사례가 많았다. 이러한 전통은 역사 시대까지도 이어졌다. 고대 근동 지역의 어느 지방 정부에서는 구성원들의 의견을 묻는 관습이 지속되기도 했다. 카르타고를 비롯해 페니키아의 도시에서도 고도의 의견 수렴 절차가 있었으며, 심지어 문자를 이용하는 투표도 했다. 의견 수렴 절차가 있었던 사회는 그리스나 유럽 혹은 근동 지역에 국한된 것도 아니었다. 다만 이들 사회에서는 문자 체계가 발달했고, 문자가 여러 목적에 사용되던 중 그에 관련되는 기록도 남았을 뿐이다. 최초로 문자 관련 기록을 남긴 인물은 페니키아의 철학자 탈레스(Thales)였던 것 같다. 그러나 세계를 이해하는 방식으로 도덕적이고 지적인 틀을 만들고자 한 사람들은 탈레스 이전에도 분명히 존재했다. 도곤족(Dogon)의 현자 오고템멜리(Ogotemmêli)의 선조들도 그랬을 것이다.[12] 지식인들이 너무 쉽게 빠져드는 함정이 있다. 인류학이 이러한 오류를 지적하는 것도 세계사에 기여하는 일일 수 있다.

어떤 사회에서, 특히 서양에서 자신의 제도를 특별하게 생각하는 경향은 어쩔 수 없는 측면이 있다. 인류학은 이러한 오류를 피하는 데 도움이 된다. 민주주의뿐만 아니라 법, 종교, 일부일처제, 심지어 가족도 마찬가지다. 그래서 과거는 "야만적" 사회로 치부하면서 상상의 나래를 펼쳐 "억측에 가까운 역사(conjectural history)"를 만들어 "진보"라는 도식을 내세운다. 이러한 도식을 거부한다는 것은 곧 "우리(동일자)"와 "그들(타자)" 사이에 존재했던 차별을, 문제가 많은 발전론적 줄거리가 아니라 과연 그러한지 구체적 근거를 가지고 살펴보는 것이다.

대부분의 사회에는 세계를 설명하는 나름의 줄거리가 있다. 그 줄거리를 통해 스스로를 이웃과의 관계 속에 "자리매김"하며, 때로는 이웃 말고 다른 사람들도 등장한다. 이런 측면에서 세계사는 새삼스러울 것이 없다. 모든 사회는 저마다 큰 그림 속에서 스스로를 어떻게 꿰맞출지

---

12 Marcel Griaule, *Conversations with Ogotemmêli: An Introduction to Dogon Religious Ideas* (Oxford: Oxford University Press, 1965). (도곤족은 서아프리카 말리 지역의 인구 10만 명 정도의 부족이다. 말리 지역은 1890년부터 1959년까지 프랑스 식민지였고, 프랑스의 인류학자들이 도곤 부족을 조사했다. 그 부족에 오고템멜리라는 현자가 있었는데, 장님인 그는 선조에게서 구술로 부족의 지식을 전수받아 간직하고 있었다. 조사 결과 도곤족은 복잡한 철학 체계뿐만 아니라 고도의 천문학 지식을 갖추고 있었다고 한다. - 옮긴이)

몇 가지 개념을 가지고 있다. 그러나 과거 세계사는 특정 종교나, 심지어 하나의 나라에 묶여 있었다. 그런데 오늘날 세계사의 내용은 대체로 세속화가 진행되었다. 특히 절대적 신념에 국한되지도 않으며, 어떤 초자연적 존재에 의해 지배되는 사건도 굳이 필요치 않다. 밀비우스 다리(Milvian Bridge) 전투든 됭케르크(Dunkirk) 전투든 더 이상 초자연적 신격의 개입이라고 믿는 사람은 없다. 예전에는 이런 일련의 사건들이 종교적 신앙과 결부되었다. 십자군 병사라면 위급한 상황에서 십자가가 중요할 테고, 살라딘 휘하의 병사라면 초승달이 중요할 것이다. 그러나 세계사 연구자라면 반드시 중립을 지켜야 한다. 세속의 일을 논할 때 일신론은 특히 더 많은 문제를 일으킨다. 오히려 다신론이 좀 더 관대한 편이다. 과거 유럽에서도 사실상 다신론이 폭넓게 묶인되었다. 그러나 세계사 내용에서 세속화가 진행되었다고 해도 장기적으로 발전론적 관점만은 버리지 못했다. 〈남자의 3세대(Tre età dell'uomo)〉(이탈리아의 화가 티치아노의 그림. 유아, 성년, 노년 3세대와 해골이 등장하며 인간이 태어나서 죽음에 이르는 시간의 흐름을 표현하고 있다. - 옮긴이) 줄거리처럼, 역사도 일직선으로 발전한다는 관점이다. 고고학이 유물을 분류할 때도 이런 식의 줄거리가 영향을 미쳤다.

    구술 문화 체계에서도 자신의 지리적 위치에 대한 이야기가 존재하는 것처럼, 어떤 식으로든 자신의 과거에 대한 생각도 존재한다. 물론 그것을 "역사"라고 말하기는 어려울 것이다. 예를 들어 서아프리카에는 이른바 "드럼 역사(drum history)"가 있는데, 드럼을 치면서 들려주는 어떤 왕국의 역사다("토킹 드럼talking drum"이라고 하는 그 드럼은 사람이 말하는 리듬과 비슷한 소리를 낸다). 현 시점에서 과거를 고려하는 것을 인류학에서는 언제나 연구 대상으로 받아들인다. 인류학에서 배제하는 것은 과거를 연구하는 것 자체가 아니라 문자로 기록된 과거다. 그것을 연구하려면 문헌 자료와 도서관이 필요하다. 그래서 문자 사회인 유럽의 문화는 현지 조사 대상에서 제외되었던 것이다. 그러나 사실 유럽에서도 구술 문화(혹은 더 정확하게 말하면 성서 낭독 구술)와, 문자 기록과 대비되는 구술 관계가 존재했다. 인류학에서 이 부분을 조명한 사례도 일부 있었다. 그러나 인류학은 주로 원시 사회, 단순 문화, 혹은 그들의 눈에 띈 "타문화"에 관심을 두었다. "근대"는 인류학의 범위를 벗어난 대상이었으나, 그럼에도 불구하고 학생들에게는 근대 연구가 권장되었다. 더욱이 "단순" 문화라고 하면 원주민 사회의 구술 문화뿐만 아니라 놀랍게도 인도와 중국도 포함되었다. 인도나 중국 사회에는 상당한 양의 기록 문화 유산이 존재했고 그들이 서술한 "역사서"가 있었다. 그들은 문헌 자료를 보유하고 있었지만 "근대적"이라고 여겨지지 않았다. 그들에 대한 연구는 "오리엔탈"이라고 해서 역사학과가 아니라 동양학과에서 진행되었다.

"단순" 사회와 "복합" 사회

"단순" 사회와 "복합" 사회 사이의 경계를 설정하는 일은 상당히 복잡한 문제다. 19세기 유럽에서는 여러 가지 주제를 도식화하는 것이 유행이었다. 남자의 3세대 개념은 시대별 주요 도구(석기, 청동기, 철기)를 구분할 때, 마르크스가 생산 양식의 단계를 구분할 때, 베버가 지적 운동과 "프로테스탄트 윤리"를 설명할 때 적용되었고, 또 어떤 사람들은 가족과 결혼 혹은 정치 체제를 설명할 때 활용하기도 했다. 어떤 주제건 결론은 유럽의 제도가 언제나 가장 선진적인 것이며, 따라서 식민지 개척은 정당하다는 논리로 귀결되었다. 베버나 마르크스는 이론적으로는 유라시아 대륙 전체를 범위로 설정했음에도 불구하고 비교사(comparative history)의 문턱을 넘지 못했다. 그들은 "자본주의" 내지 "진정한 자본주의"가 유럽에서 발전했다고 생각했다. 실제로 문자 문화가 먼저 발달한 곳은 서양이 아니라 동양이었음에도 불구하고, 필자가 보기에 그들은 동양의 상업이나 제조업, 회계학의 발달을 간과했다.

예전에 이안 와트(Ian Watt)와 필자가 함께 집필한 논문에서 그리스 알파벳과 관련하여 유럽 중심주의 문제를 제기한 적이 있었다.[13] 당시 대부분의 역사학자나 사회학자들은 글쓰기를 비롯하여 서양의 우월한 의사소통(communication) 방식이 서양 역사에서 결정적 역할을 수행했고, 결과적으로 서양적 특성이 형성되었다는 의견을 가지고 있었다. 필자는 근대와 전통의 구분, 혹은 문자 사회와 "구술" 사회(무문자 사회)의 구분을 인정하지 않았다. 기존에는 이러한 구분이 명백한 사회적 차별의 근거로 인식되었다. 그러나 의사소통 문제를 검토해보면, 단순 사회/복합 사회의 구분은 별 의미 없는 구분이었다. 따라서 왜 유독 유럽에서만 "자본주의(혹은 근대)가 탄생"했는지, 혹은 "서양의 특성"이 무엇인지를 설명해야 한다는 19세기적 강박 관념에도 굳이 얽매일 필요가 없었다. 문자 문화가 단지 "문화적" 유산으로만 전승되는 것이 아니라 다른 사회로 전파될 수도 있으며, 20세기 후반기에 세계의 많은 지역에서 학교가 대중적으로 확산되고 나중에는 유네스코나 식민 당국이나 신생 독

---

13 Jack Goody and Ian Watt, "The Consequences of Literacy", *Comparative Studies in Society and History* 5 (1963), 304-45. (여기서 필자는 서양=복합 사회=문자 사회=우월함/동양=단순 사회=구술 사회(무문자 사회)=열등함의 이분법을 비판한다. — 옮긴이)

립국 정권에 의해 전 세계적으로 학교 교육이 확산되면서 지식의 전파가 획기적으로 증대되었다는 것이 당시의 일반적 상식이었다. 그러나 사회 구분에 대한 문제 제기가 있은 뒤로 "단순" 사회의 특성을 규정했던 이론들은 대부분 치명적으로 약화되었다. 또한 유라시아 곳곳에서는 나름대로 역사를 편찬한 전통이 있었다. 그러므로 서양 자료만이 아니라 그 전체 자료를 근거로 "세계사"가 쓰여야 한다는 인식이 생겨났다. 또한 유라시아 전역을 대상으로 다양한 역사 문헌에 대한 접근이 더 적극적으로 이루어졌다고 말할 수 있다. 이제는 적어도 문헌 자료의 유산이 남아 있는 모든 주요 사회의 이야기를 포함해야만 "역사"라고 일컬을 수 있게 되었다(역사가 과거를 연구하는 학문이라는 일반적 의미는 여기서는 일단 논외라고 해두자).

지역 간 비교

인류학자들이 지역학에 관심을 가지게 되면서 《아프리카의 정치 시스템》이나[14] 《아프리카의 친족 구조와 결혼》[15] 같은 연구 성과들이 나왔다. 이러한 연구는 여느 역사 연구서들처럼 단순히 개별적 사실들을 집성해놓은 정도가 아니었다. 그보다는 전체를 "이론적으로" 요약하여 지역 사회 전체의 특성이 무엇인지를 소개하는 수준을 보여주었다. 물론 이들 연구 자체에 세계사를 다시 기획하려는 의도가 내포되어 있지는

---

14 M. Fortes and E. E. Evans-Pritchard (eds.), *African Political Systems* (London: Oxford University Press, 1940).
15 A. R. Radcliffe-Brown and Daryll Forde (eds.), *African Systems of Kinship and Marriage* (London: Oxford University Press, 1950).

않았다. 그러나 결과적으로 이런 식의 지역 연구는 세계 전체를 다시 연구할 수 있는 새로운 방향을 제시해주었다. 이러한 시도의 일환으로 일부 학자들은 아프리카 전체의 특성과 관련하여 더욱 폭넓은 질문을 제기했고, 그 해답을 찾기 위해 아프리카 바깥에까지 관심의 영역을 넓혔다. 예를 들면 아프리카의 신부값(bridewealth)과 유라시아의 지참금 관습을 비교한 연구다. 이런 연구가 실제로 행해지면서 케이크를 자르는 방식이 바뀌게 되었다. 세계사는 이제 마르크스나 베버가 그랬던 것처럼 단지 동양을 고려하는 정도에 그칠 수 없게 되었다. 근대적 서양과 전통적(원시적) 동양이라는 구분법 자체가 재검토되고, 양자의 불균형에 기초한 선입관을 바로잡아야 했다. 세계를 단지 고려한다는 것 자체로는 충분하다고 할 수 없다. 불공평한 선입관을 바로잡지 않으면 오늘날 일상적으로 벌어지는 모든 사건을 이해하는 데 모순이 발생할 수밖에 없다.

유라시아와 아프리카의 유사성을 확인하는 일은 매우 중요한 문제였다. 인류학자들은 대개 본인이 연구하는 지역 문화와 사람들의 독특한 특성에 주목하는 경향이 있다. 그래서 그들과 이웃의 유사성을 간과하는 경우가 많다. 아프리카와 유럽의 유사성에 주목한 필자는 양측의 청동기 시대 사회 발전 양상(금속 기술, 도시화, 문자 등의 문화적 측면)을 연구했다. 그리고 가족 구조(인류학적 개념으로는 친족 구조)의 유사성을 발견하게 되었다. 예를 들어 유라시아는 친족 구조의 측면에서 동양과 서양이 매우 비슷한 양상을 보였다. 특히 맬서스(Malthus)와 그를 추종한 많은 역사학자들(그리고 인류학자들)이 그랬던 것처럼, 18세기와 19세기 서유럽의 특출한 성과는 가족 구조의 차이에 그 원인이 있었다고 진단하는 학자들이 많았다. 그러나 새로운 연구에서는 이러한 진단을 거부했다. 신부값과 지참금에 관한 탐비아(S. J. Tambiah)와 필자의 공동 연구뿐만 아니라,[16] 훨씬 더 중요한 연구 성과라 할 수 있는 중국 인구 관련 연구에서도[17] 마찬가지였다. 새로운 연구는 산업 혁명 당시 많은 분야에서 서유럽이 독보적으로 앞서 있었다는 선입관에 대한 거부에서 비롯되었다. 이러한 생각은, 세계사까지는 아니라 할지라도 전혀 다른 역사 해석에 근거를 두고 있었다. 즉 구세계(동양)와 구세계의 문자 문명에 관해서만큼은 균형 잡힌 시각이 필요하다는 인식이었다. 이는 유럽 학자들이 대체로 가지고 있던 시각을 더 넓게 적용하는 정도가 아니라, 동양과 서양의 차이를 찾아내고자 하는 연구 방향 자체를 거부한 것이었다. 즉 현재의 상황은 일시적 상태이며, 현 상황을 설명하기 위해 영원한 "민족적" 특성 같은 "근본적" 요소를 찾기보다는 오히려 양측의 공통된 기원을 추적하는 방향이었다.

19세기 서양 사람들은 "자본주의"를 서양의 현상으로 설명하려 했다. 그들의 좁은 안목은 그들 스스로를 괴롭혔다. 넓은 시각으로 보지 못했을 뿐만 아니라 시간적으로도 충분히 과거로 거슬러 올라가지 않았다. 그래서 그들은 청동기 시대 유라시아의 문자 문화가 공통적으로 기원을 두고 있던 고대 근동 지역의 수많은 연관 관계를 알아보지 못했

---

16 Jack Goody and S. J. Tambiah (eds.), *Bridewealth and Dowry* (Cambridge: Cambridge University Press, 1973).
17 James Z. Lee and Feng Wang, *One Quarter of Humanity: Malthusian Mythology and Chinese Realities, 1700-2000* (Cambridge, MA: Harvard University Press, 1999).

다. 유라시아 문화는 공통의 기원에서 출발한 뒤 엄청나게 다양한 문화로 발전했다. 그러나 문자가 기록될 당시, 금속 문화가 시작될 당시에는 공통점에 주목하지 못했다. 이러한 측면을 정당하게 평가하려면 아마도 세계사를 다시 써야 할 것이다. 유라시아 여러 지역에서 기존에 시도된 세계사들은 자신이 속한 그 시점과 장소에 너무나 강하게 얽매여 있었다. 라시드 앗딘(Rashid al-Din)의 경우 이슬람에, 중국의 경우 더더욱 자신의 문화에 국한되어 있었다. 특히 19세기 서양의 많은 역사학자들도 이를 벗어나지 못했다. 그들은 각자 자신이 속한 문화를 자신이 알고 있는 세계 속에 "위치"시키는 데까지는 나아갔다. 이는 모두가 마찬가지였다. 그러나 각자는 민족주의적 방식을 취했고, 어느 특정 지역의 영향을 과대평가했다. 학자의 임무라면 마땅히 이 같은 왜곡을 바로잡는 일이어야 한다. 오히려 왜곡에 근거하여 거의 영원히 우월적 지위를 공고히 하는 일을 해서는 안 된다. 이는 19세기 유럽의 학자들이 했던 일이다. 일시적인 우월적 위치를 장기 지속적인 "민족" 혹은 "인종" 개념에 입각해 영구화하려 했던 것이다.

더 넓은 관점에서 보자면 선진성이나 우월성은 차이의 문제이며 시계추 같은 역사(un histoire pendulaire)의 일부일 뿐이다. 그러나 이러한 관점은 자기중심적 선입관과 정면으로 충돌하게 된다. 그래서 "세계사"를 연구하고자 할 때 그렇게 많은 저항에 부닥치게 되는 것이다. 자기중심적 혹은 국가주의적 관점조차 학교에서 매일 배우는 것이고, 그런 사람들에게 그것은 "당연히" 그런 것으로 인식되어 있다. 그러나 세계사를 제대로 이해하려면 이런 식의 선입관은 지워버리거나, 적어도 완전히 바꾸어야 한다. 오늘날과 같은 세계화 시대에는 세계사뿐 아니라 자기

나라의 역사를 이해하는 데도 마찬가지다.

청동기 시대, 문자, 타자의 역사

오늘날 일상생활의 많은 부분이 청동기 시대에 시작되었다. 문자 생활, 금속, 도시화, 이른바 "문명", 종교와 개종, 특히 일신교, 그리고 여기에 함축된 많은 것들이 시작된 때가 청동기 시대다. 그러나 인류는 그보다 훨씬 전부터 존재했고 구술 문화가 오래도록 지속되었으며, 문자 문화가 세상에 변화를 가져온 것은 비교적 짧은 시기에 불과한데, 세계사가 주목하는 시기는 후자의 시간이다. 그런데 교환이라든가 기술 혹은 가족생활 같은 것은 문자 기록과 함께 시작된 것이 아니었다. 문자 기록이 시작될 당시에 나머지 문화들은 나름대로 상당한 발전을 거듭한 뒤였다.

역사는 대개 매우 자기중심적 관점을 지닌다. "우리끼리(We the people)"의 역사가 많기 때문이다(We the people은 미국의 헌법 전문에 나오는 문구로서, 헌법의 주권자를 의미한다. 여기서는 공동체의 우리끼리라는 의미로 사용되고 있다. – 옮긴이). "원시적 역사"는 반드시 그들만의 공동체에 중심을 두는 이야기일 수밖에 없었다. 오늘날 학교에서 가르치는 역사도 크게 다르지 않다. 역사 시간에 이웃 나라가 등장하기도 한다. 특히 유럽에서는 르네상스 이후 문자와 의사소통 수단이 발달하면서 세계의 다른 지역에 대한 지식도 늘어났다. 이는 비단 서양에서만 나타나는 현상이 아니었다. 다른 나라에도 외국을 방문한 여행객이 있었다. 중국인은 해로와 육로를 통해 여행을 했다. 인도에도 여행가가 있었고, 청동기 시대의 많은 사회에도 여행가가 있었다. 사람과 상품이 이동하면서 세계 여러 지역에 관한 지식도 늘어났다. 특히 문자가 발달한 이후로는 더욱 그랬다. 그러나 그렇게 만들어진 지식은 다른 사회를 열등한 존재로, 심지어 야만적 존재로 해석하는 경우가 많았다. 일신교가 발달하면서 종교적 신념에 따라 이러한 미신은 더욱 강화되었다.

따라서 세계사의 주요 도전 과제는 단지 시야를 한 나라에서 세계로 확장하는 문제가 아니다. 혹은 "역사"를 문자 문화에 국한한다면, 한 나라에서 유라시아 전체로 확장하는 문제가 아니라고 해야겠다. 콜럼버스 이전의 아메리카 대륙에서도 일부 문자 문화가 존재했으나, 기원전 2000년 이래로 근동 지역에서 사용된 것 같은 전면적 문자 문화는 아니었다. 이처럼 오래도록 지속된 문자 문화는 몇 가지가 있었다. 단순 사회에서도 이웃에 관한 지식이 존재했다. 그러나 문자 문화 덕분에 "비교사(comparative history)"라는 것이 가능해졌다. 유럽의 경우 단적으로 이집트와 로마가 문자 문화를 축적한 비교 대상이 된다.

니덤 같은 중국 과학에 관한 종합적 연구나,[18] 방식은 전혀 다르지만 아프리카 등 무문자 사회를 연구한 서양인의 연구 성과는 비교사에 큰 도움을 준다. 그들의 연구는 대륙 혹은 지역별로 나뉘어 있지만, 이러한 지식을 모으면 보다 넓은 범위의 세계를 이해하는 데 도움이 된다.

유럽 중심주의에 대한 가장 심각한 도전은 문자 문화가 전면적으로 발달했던 중국과 인도에서, 그리고 일부는 근동 지역에서 비롯되었다. 중국의 과학과 문명에 관한 니덤의 위대한 시리즈 덕분에, 영어권 학자라면 어느 누구도 과학 문명의 역사에서 중국의 기여를 무시할 수 없게

---

18 Needham, et al. (eds.), *Science and Civilisation*.

되었다. 인도나 근동에 관한 연구는 이보다 좀 더 단편적이라 찾아보기가 쉽지 않고, 지금도 선의를 가진 유럽인조차 이들이 근대화에 어떤 기여를 했는지 잘 모르는 경우가 많다.

세계사도 인류학과 마찬가지로 우리를 민족 중심주의, 혹은 적어도 유럽 중심주의로부터 벗어날 수 있도록 도와준다. 문학을 전공하는 학생들이 자신의 언어로 쓰인 작품을 연구하는 것은 당연한 일이다. 셰익스피어, 괴테, 몰리에르는 독보적 천재들이다. 영국이나 독일 혹은 프랑스의 역사에 대해서도 같은 식으로 말할 수 있으나, 문학만큼 당연지사라 하기는 어렵다. 비교문학은 대체로 공부하기가 매우 어렵다. 여러 언어를 이해하기가 그만큼 어렵기 때문이다. 그러나 세계사는, 많은 자료가 번역되어 있어야 한다는 전제가 필요하기는 하지만, 어쨌든 모국어로 할 수 있다. 역사 자료를 다루는 데 있어 번역은 문학 작품만큼 민감한 부분이 아니므로, 종합적 요약본을 제공하는 것은 별 문제가 아니다. 그래서 초중등 교육이나 고등 교육 과정에서 배운 "국사" 때문에 형성된 자기중심적 민족주의 편견만 어느 정도 수정할 수 있다면, 더 넓은 관점, 심지어 세계적 관점에 도달하는 것이 그렇게 어렵지는 않다. 특히 신생국일수록 이런 문제가 더 심각하다. 국사든 세계사든, 어떤 식으로든 "과학적" 이해가 되어야지 자화자찬하는 이야기가 되어서는 곤란하다.

세계사는 단지 대상을 더 넓혀서 나열하는 것이 아니라 비교를 통해 균형을 잡아가는 것이다. 그래서 서유럽이 아니면 "자본주의"나 "근대화"를 이룰 수 없었다는 식의 관점에 의문을 제기하는 것이다. 오늘날 중국과 인도가 성장하면서 이처럼 편협한 관점은 즉각적인 논란의 대상이 되곤 하는데, 중국과 인도의 발전은 단지 서양을 베낀 결과가 아니라 그들 사회 나름의 축적에 바탕을 둔 성과이기 때문이다. 그들도 문자 문화가 있었고, 상거래와 고도의 지식 및 기술이 있었다. 중국에는 주철(cast iron)과 고온에서 제작되는 도자기가 있었고, 인도에는 면화와 도가니 제강법(crucible iron)이 있었다. 열대과실 이외에도 중국의 감귤과 인도의 향신료도 있었다. 서양에서의 발전은 대개 한 사회의 성취라기보다 다른 사회의 성과를 변형하는 경우가 많았다. 필자 스스로도 놀라웠던 것은, 니덤의 연구에서 보여주었듯이, 이탈리아 르네상스 시기까지도 과학은 서양보다 동양에서 더욱 발달했다는 사실이다. 중국과 인도, 그리고 근동 지역은 최근까지도 여러 측면에서 서양보다 앞서 있었다. 아라비아 숫자(사실은 인도 숫자)가 번거로운 로마 숫자를 대체한 이후로도 오랜 세월 동안 이러한 경향은 변함이 없었다. 물론 세계사라고 해서 언제나 유럽 중심주의를 벗어나는 것은 아니다. 그러나 세계사는 유럽 중심주의를 벗어나기 위한 필수적 전제 조건이다. 마르크스와 베버는 서로 다른 방식으로 유라시아 전체를 시야에 두려고 했다. 그럼에도 불구하고 역사에 대한 그들의 관점은 유럽 중심주의였다. 그들은 유럽을, 특히 영국을 근대 세계 질서와 "자본주의"를 발명한 나라로 이해했다.

인류학이 세계사 연구에 기여한 점 중 하나는, 문자 이전 사회를 단순히 "원시" 사회로 이해하는 편견, 특히 유럽에서 그들에 대해 문명의 도래를 기다리며 스스로는 아무것도 성취하지 못하는 사회로 이해하는 편견을 깨준 것이다. 구술 문화는 인류학에 의해 고유의 권리를 인정받았을 뿐만 아니라 복합 사회로 가는 하나의 여정으로 이해되었다. 고고학자들이 이러한 방향을 추구하고 연구 성과를 축적한 결과가 예를 들면 에릭 울프(Eric R. Wolf)의 《유럽 그리고 역사 없는 사람들》이다.[19] 이 책은 말하자면 유럽 이외의 모든 세계에 대한 이야기다. 최근에는 울프를 비롯한 많은 학자들이, 다른 모든 사회를 서구 자본주의에 종속된 것으로 이해하는 종속 모델을 폐기했다. 그 대신 서양의 주도권은 기본적으로 맥락에 의해 주어진 것이며 끊임없이 변화하는 것으로 이해되고 있다. 근동을 예로 들어보자. 기원전 제4천년기에서 제3천년기까지 근동 지역에서는 금속기와 문자 문화, 복잡한 상거래 관행과 회계학까지 포함된 이른바 "문명"이 탄생했다. 복식 부기는 베버가 말하는 프로테스탄티즘이나 마르크스가 말하는 자본주의와 함께 시작된 것이 결코 아니었고, 이탈리아 르네상스 때 시작된 것도 아니었다. 물론 근동 지역에서 옛날 도시 문화를 유럽에 수출하기는 했지만, 19세기 근동 지역에 유럽 같은 복합적 산업 경제 모델이 존재하지는 않았다. 금속이나 목재, 석탄, 수력의 공급이 이루어지지 않았고, 성장 가도를 달리는 국제 교역 체계의 중심지도 아니었다. 그곳에도 이데올로기와 욕망은 존재했지만 물질적 기반은 없었다. 그러나 근대의 이러한 차이는 부차적 요소일 뿐이다. 유라시아 문자 문화의 관점에서 중요한 요소는, 차일드(Childe)를 비롯한 고고학자들이 주장해온 바와 같이, 모든 도시 문화에 속하는 문명이 공통적으로 고대 근동의 청동기 문화에 기원을 두고 있다는 사실이다.

    비교사가 이 같은 문자 문화의 역사만 연구하는 것은 아니며, "근대"만 연구하는 것은 더더욱 아니다. 만약 그렇다면 비교사는 산업화 시대에 각 사회의 차이를 밝히는 데 집중하고, 과거 사회, 특히 문헌 자료에

---

19 Eric R. Wolf, *Europe and the People Without History* (Berkeley: University of California Press, 1982).

기록된 공통점을 밝히려는 노력은 하지 않을 것이다. 맬서스를 비롯한 여러 학자들이 차이를 확인하고자 했던 것과 달리, 비교사는 동양과 서양의 공통 요소를 강조하는 경향이 있다. 물론 차이점들이 없지 않았다. 그러나 서양의 역사학에서 주장한 것과는 다른 방식이었다. 세계사로 접근해야만 하나의 뿌리에서 동서양으로 갈라진 차이에 올바른 맥락으로 접근할 수가 있다. 현재 동서양의 격차는 일시적 차이일 뿐이다. 중국과 인도가 거대 제조업 국가로 "부상"하면서 동서양의 격차가 영원하지 않으리라는 것이 증명되었다. 서양에서는 중국과 인도의 부상을 "자본주의"가 이식된 결과로 보는 것이 상식이다. 그러나 그런 관점에서는 매우 제한적인 해석밖에 할 수 없다. 즉 중국이 18세기까지 최대 상품 수출국이었다는 사실도, 로마 시대에 인도가 철 수출 지역이었을 뿐만 아니라 매우 오랜 시기에 걸쳐 염색 면직물 수출 지역이었다는 사실도 간과하는 셈이다. 중국이나 인도를 "주변부"로, 그리고 서양을 "핵심 지역"으로 보는 관점은 유별나게 민족 중심적인 시각이 아닐 수 없다. 그들은 19세기 말에 잠시 우월적 지위에 있었던 서양의 위치를 영원한 것으로, 상황에 따라 일시적으로 조성된 것이 아니라 민족성을 기반으로 한 것으로 오해했다. 그러나 그것은 생산의 측면으로 보나 "지식"의 측면으로 보나 결코 사실이 아니었다. 니덤은 르네상스 이전 중국 과학의 위대한 성취를 보여주었고, 인도의 수학은 편리한 "아라비아 숫자"를 통해 복잡한 문제를 계산하고 학문적으로 답을 도출해낼 수 있도록 도와주었다. 유럽만이 금융 자본주의를 도입하고 세계 체제를 구축했다는 선입관을 가진 사람들이 있지만, 발전 과정은 그들의 생각과 달랐다. 당시의 역사적 상황이나 유럽의 산업 혁명은 독특했을지 몰라도, 시스템의 변화는 유럽만의 힘으로 이루어진 것이 아니었다. 그러한 상식은 모든 문자 사회의 역사에서 일어났던 일들, 변형이나 "나선형의 발전"을 무시하는 것이다. 금속을 사용하는 사회들이 있었고, 금속과 문자 문화가 근대로 나아가는 방향을 제시했던 것이지, "자본주의" 같은 전혀 다른 단계의 "생산 양식"으로 나아갔던 것이 아니다. 다시 한 번 강조하지만, 동양의 성과를 배척했던 서양식 개념은 받아들일 수 없다. "자본주의의 맹아"가 서양 못지않게 동양에도 많이 있었다. 맹아적 자본주의(혹은 소자본주의 petty capitalism)의 어떤 측면이 상거래에서 처음 나타난 것은 근동 지역이었다. 물품 거래에 복식 부기를 사용한 것이 그 일환이었다. 여기에 대해서 막스 베버는 서양인만이 가지고 있는(혹은 "민족적" 특성으로서 잠재적으로 타고났다가 나중에 발전시킨) 합리성의 한 형태를 보여주는 특수한 경우라고 말했다.[20] 서양과 동양을 막론하고 어떤 특성이 영원한 것처럼 이야기하는 경우가 많았다. 심지어 인류학적 맥락에서 말하는 문화 개념도 이런 종류의 개념이다. 루스 베네딕트(Ruth Benedict)가 말하는 의미에서 문화란, 사실은 습득한 것이지만 변화하는 것이 아니라 고정불변하는 것으로 오해를 하게 되는, 그래서 어떤 집단의 영원불변한 특성으로 이해되는 경향이 있다. 그래서 프로테스탄트 윤리를 역사적 의미에서 이해하지 않고 타고나는 성향으로 간주하게 되는 것이다.[21] 그러나 사실은 중국 역시 회계 장부뿐 아니라 철학적 합리성도 있었다.

---

20 Max Weber, *The Protestant Ethic and the Spirit of Capitalism*, Talcott Parsons (trans.) (London: G. Allen & Unwin, 1930).
21 Ruth Benedict, *Patterns of Culture* (Boston: Houghton Mifflin, 1989).

인류학에 대한 역사학의 기여

인류학자에게 역사적 관점이 무슨 소용일까? 현지 조사를 하는 사람에게는 별로 소용이 없을 것이다. 특히 말리노프스키가 사회적 현실을 설명할 때 역사적 차원을 배제한 이후로는 더더욱 그러했다. 그러나 오늘날 이러한 배제의 정신은 래드클리프-브라운이 언급한 "가짜-역사학"에 적용되어야 할 것 같다. 가짜-역사학에서는 근거도 없는 몇 가지 데이터를 가지고 다양한 결과를 만들어낸다. 관찰 자료를 바탕으로 사회 현상을 설명할 때 역사 자료가 부차적으로 간주되는 것은 당연한 일이다. 그러나 관찰되는 사실의 맥락을 알려준다는 점에서 세계사의 역할이 있다. 예를 들어 내가 서아프리카의 어느 장례식장에서 총이 발사되어 한 친구의 팔에 심각한 상처를 입은 사건을 목격했다고 할 때, 서아프리카의 금속 기술로는 일반적 총신을 만들 정도로 금속을 녹일 수 없다는 사실을 알면 도움이 될 것이다. 그렇다면 사람들은 수입상을 조사할 테고, 아마도 유럽에서 수입되는 경로를 추적하게 될 것이다. 상인의 저택 입구 현관을 장식하고 있는 도자기 조각에도 같은 방식을 적용할 수 있다. 오븐 온도가 토기를 구울 정도에 불과했던 것은 18세기까지 유럽이나 아프리카나 마찬가지였다. 그래서 고온으로 구운 도자기는 현지에서 구할 수 없었기에 중국에서 수입할 만한 가치가 있었으며, 그 도자기의 파편까지 귀한 것으로 여겨졌던 것이다. 주철과 마찬가지로 도자기도 외부에서 수입해 들여오는 사치품이었다. 문화에서의 이러한 물건이나 정신의 차이는 세계사의 맥락에서 이해되어야 한다. 아브라함의 종교가 수입되기 전까지 아프리카에는 문자 문화도 없었다. 종교의 전파, 상품과 기술의 전파, 지식의 전파는 모두 아프리카에서 장기적으로 이루어진 과정이었다. 그 이전에 유럽을 포함한 세계의 다른 지역에서도 같은 과정이 있었다.

과거에도 세계사를 위한 시도가 물론 있었다. 대부분의 "세계 제국" 혹은 "세계 종교"는 다른 주민들에 관한 일정한 관점을 가지고 있었다. 이슬람의 역사학자 라시드 앗딘이나 중국 왕조의 역사들이 그러한 사례였다. 그러나 이들은 국가 혹은 종교의 관점에서 쓰인 것이며, "우리끼리"의 관점에서 이야기한다는 점에서는 누에르족(Nuer)의 "원시적" 역사와 다를 바 없었다.

오늘날 현지 조사를 하는 사람들은 세계사에 어떤 의미가 있을까? 필자의 경우 노동 인구에 주목한다. 인도나 유라시아에 비해 아프리카의 마을에는 인구 밀도가 워낙 낮고 분업화된 체계도 존재하지 않는다. 아프리카의 도시는 인도의 마을과 비슷한 수준이다. 이는 필연적으로 생산력과 관련될 수밖에 없다. 말과 수레가 없고(바퀴가 없기 때문에) 쟁기나 견인 동물도 없다. 이는 어떤 개인이나 개별 사회의 문제가 아니라 지역 전체, 나아가 대륙 전체와 관련된 문제다. 왜 그런지 설명이 필요한 일이며, 베버나 마르크스의 이론으로는 설명되지 않는 현상이다.

세계사는 인류의 역사다. 즉 인간의 특성을 역사적으로 살펴보는 것이다. 동물의 한 종으로서 우리 인류의 출현도 세계사에 포함될 것이며, 신체적 진화 단계도 설명되어야 할 것이다. 또한 과거의 기원으로 거슬러 올라갈 뿐만 아니라 더 넓게 인류가 어떻게 발전해왔는지도 살펴보아야 할 것이다.

더 읽어보기

Beattie, John, *Other Cultures: Aims, Methods and Achievements in Social Anthropology*, London: Cohen & West, 1964.
Benedict, Ruth, *Patterns of Culture*, Boston: Houghton Mifflin, 1989.
Dumont, Louis, *Homo Hierarchicus: The Caste System and Its Implications*, Mark Sainsbury (trans.), London: Weidenfeld & Nicolson, 1970.
Durkheim, Émile, *The Division of Labour in Society*, W. D. Halls (trans.), New York: Free Press, 1997.
_____, *The Elementary Forms of Religious Life*, Karen E. Fields (trans.), London: Free Press, 1995.
_____, *Suicide: A Study in Sociology*, George Simpson and John A. Spaulding (trans.), London: Routledge, 2002.
Durkheim, Émile, and Marcel Mauss, *Primitive Classification*, Rodney Needham (trans.), Chicago: University of Chicago Press, 1967.
Fortes, M., and E. E. Evans-Pritchard (eds.), *African Political Systems*, London: Oxford University Press, 1940.
Frazer, James George, *The Golden Bough: A Study in Magic and Religion*, 12 vols., London: Macmillan, 1915.
Goody, Jack, and Ian Watt, 'The consequences of literacy', *Comparative Studies in Society and History* 5 (1963), 304-45.
Goody, Jack, and S. J. Tambiah (eds.), *Bridewealth and Dowry*, Cambridge: Cambridge University Press, 1973.
Griaule, Marcel, *Conversations with Ogotemmêli: An Introduction to Dogon Religious Ideas*, Oxford: Oxford University Press, 1965.
Lee, James Z., and Feng Wang, *One Quarter of Humanity: Malthusian Mythology and Chinese Realities, 1700-2000*, Cambridge, MA: Harvard University Press, 1999.
Lévi-Strauss, Claude, *Elementary Structures of Kinship*, James Harle Bell, Rodney Needham, and John Richard von Sturmer (trans.), Boston: Beacon Press, 1969.
Lienhardt, Ronald Godfrey, *Social Anthropology*, London: Oxford University Press, 1964.
Needham, Joseph, et al. (eds.), *Science and Civilisation in China*, Cambridge: Cambridge University Press, 1954.
Pocock, David Francis, *Social Anthropology*, London: Sheed & Ward, 1961.
Radcliffe-Brown, A. R., and Daryll Forde (eds.), *African Systems of Kinship and*

Marriage, London: Oxford University Press, 1950.

Tylor, Edward B., *Primitive Culture: Researches into the Development of Mythology, Philosophy, Religion, Art, and Custom*, 2 vols., London: John Murray, 1871.

Warner, W. Lloyd, *The Social Life of a Modern Community*, New Haven, CT: Yale University Press, 1941.

Weber, Max, *The Protestant Ethic and the Spirit of Capitalism*, Talcott Parsons (trans.), London: G. Allen & Unwin, 1930.

Wolf, Eric R., *Europe and the People without History*, Berkeley: University of California Press, 1982.

CHAPTER 12

이주와 인류의 역사

패트릭 매닝
Patrick Manning

이주(migration)란 기본적으로 출발 지점에서 도착 지점까지 선으로 연결되는 속성이 있다. 따라서 이주라는 주제는 곧 연결에 주목하는 것이며, 세계사를 이해할 때도 연결선을 중심으로 이해하는 것이다. 이주에 관한 연구는 두 가지 방향이 있었다. 하나는 인간이라는 동물의 이주 패턴이 진화하는 과정을 연구했고, 다른 하나는 그에 수반되는 역사적 현상을 연구했다. 특히 최근에는 이 두 가지 방향이 모두 포함되는 경향성을 보이고 있다. 세계사 연구에는 여러 하위 분야들(예컨대 환경, 건강, 제국, 경제, 유전자, 해양 등)이 있지만, 이주도 그중 하나로 확고히 자리 잡았다.

이주 연구는 무엇보다 공동체를 이해하는 데 도움이 되었다. 언어 공동체든 민족 공동체든 정치 공동체든 종교 공동체든 모두 마찬가지였다. 어떤 공동체든 자신만의 전통에 입각한 분리된 집단은 없으며, 모든 집단은 삼투 작용에 의해 형성되었다. 자발적이든 아니든, 개인과 집단의 이동에 의해 다른 집단과 연결될 수밖에 없기 때문이다. 이주의 관점에서 공동체를 보면, 이질성에 주목하고 다른 공동체와의 상호 관계를 연구하게 된다. 나아가 이주 연구는 다양한 차원을 이해하는 데 도움이 된다. 실제로 이주 이야기를 들여다보면 상인, 전사, 학생, (남녀) 노예 등 개인의 이야기부터 민족 집단의 이동이나 형성, 심지어 대륙 전체의 인구 이동 같은 이야기도 있다. 이주 연구를 통해 인류 역사에 축적된 과거를 이처럼 다양한 차원과 다양한 규모에서 이해할 수 있다. 이주 연구에서는 이를 몇 가지 기준에 따라 분류하고 있다. 즉 공간, 시간, 인구 규모, 이동에 의해 영향을 받는 사건 등의 기준이다.

이주 연구의 방법론은 여러 가지가 있었다. 또한 최근에는 이러한 방법론 자체를 분석하는 데도 상당한 발전이 있었다. 비교적 가까운 근대 시기의 경우 정부나 기업이 생산한 문서에서 연구에 필요한 내용을 많이 찾을 수 있다. 그 이전 시기, 특히 최근 500년을 넘어서는 시기의 경우 기록이나 구술로 전해지는 이야기에 이주와 관련해서 더 깊은 내용이 담겨 있다. 문자 기록이 탄생하기 이전 시기의 경우 고고학이 핵심적 자료를 제공한다. 오늘날에는 역사언어학, 사회학적 비교인류학, 화학적 기법 등이 발달하여 고고학에 큰 도움을 주고 있다. 가장 방대한 결과는, 날로 성장하고 있으며 잠재력도 막강한 유전자 연구에서 생산된다. 유전자 연구 결과를 다른 연구 분야의 결과와 결합하면, 인류의 가장 초기 단계부터 최근에 이르기까지 인류의 이동과 교류에 관한 상세한 정보가 드러날 수 있다. 더불어 인구학에도 출생, 사망, 이주에 대한 기본적인 자료 분석 방법론이 있다. 이를 이용하면 인류 인구 변화에 관한 더 큰 그림을 그릴 수 있다.

이주 연구는 인간의 이동에만 한정된 것이 아니다. 기술(활과 화살에서부터 전화기까지), 사상(불교, 문학), 먹이 사슬 혹은 공생 생물(이, 개, 감자)의 이동도 이주 연구의 대상이 된다. 최근에는 이들의 상호 관계에 대한 연구 비중이 갈수록 커지는 추세다. 여러 측면들을 종합적으로 연구할 때 이주가 인류 사회에 미친 영향을 제대로 살펴볼 수 있기 때문이다. 가장 기본적인 차원에서 말하자면, 이주를 통해 유전적 다양성(genetic diversity)이 발생했고 새로운 정보의 교환이 이루어졌다. 그 덕분에 인류는 새로운 길을 습득하고 더 널리 확산될 수 있었다. 그 길은 인간 이전에 이미 많은 동물이 거쳐 간 길이었다. 개체 수 과잉에 직면한 많은 대형 동물이 그 길을 선택했다. 이주를 통해 습득한 능력으로 인류는 극적인 변화를 만들어 나갔다. 이런 일은 수없이 반복되었다. 즉 이주는 역사상 끊임없이 이어져온 근본적 현상이었다. 인류의 초기 단계부터 큰 변화의 핵심에는 공동체 상호 간의 이주를 기반으로 하는 사회적 과정이 있었다. 아마 먼 미래에도 이런 일은 변함없이 지속될 것이다.

인류 이주의 기본 패턴

물론 인류가 이주하는 기본 패턴은 시기에 따라 달랐다. 그러나 그 근저에 작동하는 원리는 놀랍도록 비슷했다. 즉 언제나 고향을 떠나서 환경, 문화, 언어가 다른 곳으로 이주했다(이주자들은 주로 젊은 층 소수파였다). 사람들이 거의 살지 않는 변경으로 가는 경우도 있고, 사람들이 몰려드는 곳으로 가는 경우도 있었다. 그중 어떤 사람들은 다시 고향으로 되돌아갔고, 또 어떤 사람들은 목적지에 정착했다. 혹은 다시 더 먼 곳으로 떠나는 사람들도 있었다. 물론 이주자가 이주하기로 마음먹어야 이주가 시작되는 것이지만, 자연재해 때문에 공동체 전체가 어쩔 수 없이 이주해야 하는 때도 있었다. 이주의 동기에는 모험, 탈출, 추방, 상거래, 전쟁 등이 포함되며, 공동체에 필요한 무언가를 구하러 떠나는 경우도 있었다. 어쨌든 이주 자체는 역사상 반복적으로 일어나는 일이었다.

그러나 그 경로는 변덕이 심했다. 주로 물길을 따라 이동했지만, 때에 따라서는 육지를 가로질러 가기도 했다.

다른 생물과 인류를 비교하면 인류의 이주에 어떤 특성이 있었는지 더 분명하게 드러난다. 생물학적으로 이주(migration)라 하면 어떤 개체가 한 서식지에서 다른 서식지로 이동하는 것을 의미한다. 이때 다른 서식지는 기존 서식지와 인접해 있으면서 그 개체가 생장할 수 있는 먹이 환경을 갖추고 있어야 한다. 따라서 기존 서식지 내에서의 이동과 서식지 범위를 넘어서는 이동은 차이가 있다. 이주는 동물의 생활 주기에서 일정한 역할을 담당한다. 계절에 따른 이주의 경우에는 대개 무리 전체가 이동하는데, 후손을 생산하거나 먹이를 확보하기 위해서다. 또한 서식 범위가 점차 늘어나거나 줄어드는 과정에서 대다수의 생물은 이주 혹은 확산의 과정을 거쳤다. 호모 에렉투스도 마찬가지로 확산 과정을 거쳤다. 호모 에렉투스는 100만 년 전 동아프리카에서 출발해 구대륙 여러 지역으로 진출했고, 아시아와 유럽 및 아프리카 등지에서도 후손을 생산했다.

현생인류인 호모 사피엔스도 세계 전역으로 확산 및 정착하는 데 성공했다. 확산 과정은 공동체 간 이동이었다. 젊은이들이 어떤 서식지에서 다른 서식지로 이동할 때도 공동체 간 이동의 패턴을 따랐다. 인간의 경우 서식지는 일반적 의미와는 조금 다른 의미로 규정되어야 한다. 인간에게는 자연환경뿐만 아니라 사회적 환경도 중요하기 때문이다. 사회적 환경이란 언어나 문화 환경을 말한다. 호모 사피엔스의 조상이 아프리카에 살 때 그들의 서식지는 열대 사바나였고, 물가에 위치했으며, 산악 지대도 끼고 있었다. 다채로운 서식 환경 때문에 잡식 동물인 인간의 잡식성은 더욱 강화되었다. 사냥도 하고 채집도 했으며, 식물도 먹고 수생 동물도 먹었으며, 헤엄도 치고 배도 만들었다. 이러한 요소들 전체, 그러니까 고대 포유동물의 이동 관행, 인류가 가진 독특한 서식지 간 이동 방식, 물을 건널 수 있는 수단 등을 바탕으로 호모 사피엔스는 지구 전역을 점령할 수 있었다.

인류가 다른 생태 환경으로 진출하면, 가는 곳마다 생태계 전체가 완전히 바뀌었다. 인류가 새로운 대륙으로 진출하면서 대형 동물이 멸종하는 사태가 자주 일어났다. 오스트레일리아(자이언트 캥거루), 유라시아 온대 지역(매머드), 그리고 나중에는 아메리카(나무늘보)에서 비슷한 일들이 일어났다. 이는 한편으로 파괴적인 행동이었지만, 인류의 이주가 가져올 변화의 잠재력을 보여주는 사건이기도 했다. 공동체 간 이주의 사회적 역할은 창조적 혁신과 신기술의 전파에 있었다. 이는 매우 중요한 적응 행동(adaptive behavior)이었다. 물론 게놈의 공유, 기술의 공유, 문화의 공유도 중요했지만, 세대 간 학습 내용이 어떻게 전달되는지를 이해할 때는 창조적 혁신 기능이 가장 중요했다.

인류 역사상 초기 단계에서 이주 패턴에 두 가지 큰 변화가 생겼다. 그 패턴은 이후 지금까지도 지속되고 있다. 첫 번째는 생태 환경과 기후 때문에 일어났고, 두 번째는 생물학적·사회적 진화에서 비롯되었다. 첫 번째 이주 패턴은 현생인류의 고향에서 생겨났다. 호모 사피엔스가 동아프리카 사바나에서 처음 출현한 시기는 약 20만 년 전이었다. 이후 19만 년 전에서 13만 년 전까지 동아프리카는 오래도록 춥고 건조한 기후가 지속되었고, 인류는 적도를 넘어 남쪽으로 내려가서 더 따뜻하고 덜 건조한 곳을 찾았다. 결과적으로 아프리카 동남부에서 비슷한 위도의 서식지를 찾게 되었고, 몬순의 영향이 더해졌다. 몬순 기후의 영향으로 한번은 아프리카 북동부에 비가 많이 오고 남동부가 건조했다가, 그다음에는 반대로 남동부에 비가 많이 오고 북동부가 건조해지는 식으로 기후의 순환 사이클이 만들어졌다. 순환 주기는 1년 단위도 있었고, 더 장기인 경우도 있었다. 인류가 기후의 순환 사이클에 따라 이주를 하다 보니 나름의 패턴이 형성되었다. 결과적으로 인류의 유전자 풀(pool)이 확장되었고, 사회 관습도 이주에 적합하도록 변화되었다. 이는 초기 인류의 유전자 연구에서도 확인된다. 이 모든 요인이 인류의 이주를 촉진했다. 그 과정에서 인류는 이주에 전문화되었고, 인류 공동체 사이에는 폭넓은 공유 방식이 만들어졌다(지도 12-1 참조).

두 번째 이주 패턴은 구문론적 언어(syntactic language) 때문에 생겨났다. 그 시점은 약 7만 년 전이었다. 그 무렵 인류의 조상들은 거의 완벽한 단계의 음성 분절 능력을 획득했고, 덕분에 복잡한 언어를 사용하기 시작했다. 최소한 네 가지 이유가 겹치면서 구문 언어가 발생할 수 있었다. 먼저 의사소통의 욕구가 있었다. 그 욕구에 따라 선택 압력(selective pressure)이 작용했고, 음성 기관이 발달한 개체가 생존에 유리해졌다. 결과적으로 후두 발성 기관이 진화했고, 더욱 분명한 분절음을 발성할 수 있게 되었다. 또한 모종의 돌연변이에 의해 논리력이 생겼고, 덕분에 문장 구조를 만들 수 있었다. 이를 배운 아이들은 문장을 구사했다. 이후 수 세대를 거치면서 문장 언어는 의사소통의 수단이 되었을 뿐만 아니라, 대상의 범주를 나누거나 이야기를 습득하는 도구가 되었다. 이는 혁명적 변화였다. 이러한 변화는 동북부 아프리카 지역에서 일어난 것으로 추정되며, 당시 그곳에서 문장 언어를 구사하는 사람들은 다 합쳐

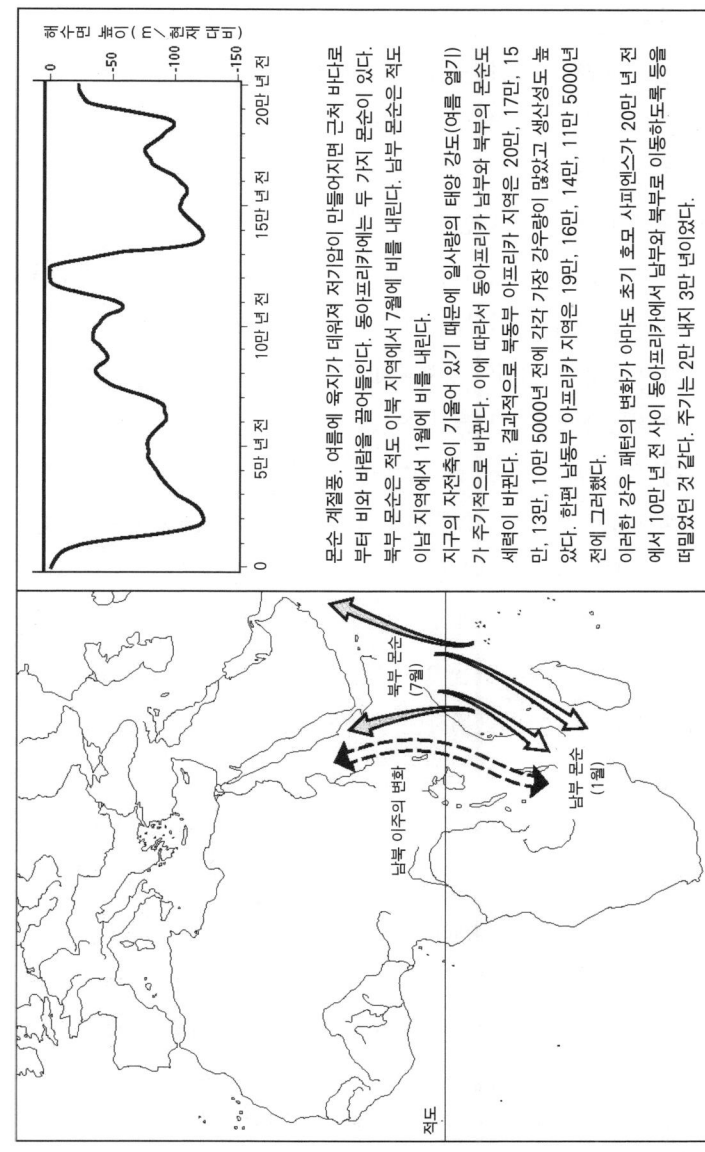

몬순 계절풍. 여름에 육지가 데워져 지구 자기장이 만들어지면 근처 바다로부터 비와 바람을 끌어들인다. 동아프리카에는 두 가지 몬순이 있다. 북부 몬순은 적도 이북 지역에서 7월에 비를 내린다. 남부 몬순은 적도 이남 지역에서 1월에 비를 내린다.

지구의 자전축이 기울어 있기 때문에 일사량이 태양 강도(여름 열기)가 주기적으로 바뀐다. 이에 따라서 동아프리카 남부와 북부의 몬순도 세력이 바뀐다. 결과적으로 북동부 아프리카 지역은 20만, 17만, 15만, 13만, 10만 5000년 전에 각각 가장 강우량이 닿았고 생산성도 높았다. 한편 남동부 아프리카 지역은 19만, 16만, 14만, 11만 5000년 전에 그러했다.

이러한 강우 패턴의 변화가 아마도 초기 호모 사피엔스가 20만 년 전에서 10만 년 전 사이 동아프리카에서 남부와 북부로 이동하도록 등을 떠밀었던 것 같다. 주기는 2만 내지 3만 년이었다.

(지도 12-1) 아프리카의 기후 변화와 이주(20만~10만 년 전)

도 수천 명 정도에 불과했다. 언어가 발달하자 언어 공동체가 생겨났다. 같은 언어를 사용하는 사람들끼리 공동체를 형성했다. 각각의 공동체는 수백 명 정도의 규모였다. 언어가 발달할수록 공동체들은 규모를 점점 더 키워 나갔다. 이제 그들은 단순히 같이 산다는 이유만으로 공동체가 아니었다. 그들은 언어로 연결된 공동체였다. 나아가 여러 공동체들은 저마다의 특성을 갖게 되었다. 각각의 집단에서 사용하는 언어와 관습이 달랐기 때문이다. 한 공동체에서 다른 공동체로 이주하는 사람은 새로운 언어와 관습을 배워야 했다. 이 과정에서 개인은 학습이 중요했고, 집단들끼리는 관습과 기술의 교류가 중요했다. 교류를 통해 새롭게 전수받은 관념과 기존의 관념을 합치면 새로운 기술 혁신을 이룩할 수 있었다. 결과적으로 이주는 사회 진화를 가속화했다. 인류 사회의 역사적 변화는 대부분 이로부터 설명이 가능하다. 이 같은 "공동체 간 이주"는 인류의 이주에서 기본적 패턴으로 자리 잡았다. 공동체의 범위에서 벗어나고 새로운 사회적 혁신을 일으키는 근본 구조는 오늘날까지 지속되고 있다. 다만 변화는 알지 못하는 사이에 슬그머니 일어나고 있을 뿐이다.

오늘날의 이주 패턴도 동일한 사회적 과정을 거친다. 오늘날에는 의사소통 기술이 발달해서 언어 공동체가 수백만 명 규모로 거대해졌고, 포괄하는 지리적 범위도 광대해졌다. 그래서 "공동체"라든가 "공동체 간 이주" 혹은 "서식지" 등의 의미도 엄청나게 바뀌었다. 교양 교육의 영역에서 학습은 굳이 이주가 아닌 다른 방식으로도 가능하다. 그래도 체험해 본 사람은 누구나 알 수 있듯이, 타문화를 학습하는 데 있어 이주의 중요성은 예전과 그리 다르지 않다. 또한 오늘날에는 이주에 따른 위험도 예전보다 훨씬 줄어들었다. 한 세대를 넘지 않는 시간 안에 큰 비용 없이 이주자의 수가 크게 늘어나는 것도 가능해졌다. 역사적으로 디아스포라 공동체(이주자와 그 후손들이 고향의 정체성을 그대로 유지하는 공동체)가 성장해왔고, 때에 따라서는 이들이 뚜렷한 역사적 역할을 감당하기도 했다. 최근에는 이주민, 그들의 공동체, 이주의 젠더 패턴, 이주자를 모집하는 사람, 이주자를 파견하는 사람, 이주를 돕는 네트워크 구성원, 이주자를 통제하는 사람, 가족들끼리 연락을 주고받는 방법, 이주에 따른 정체성의 변화 등이 모두 연구 대상이 되고 있다. 이주의 기본적 속성은 예전이나 지금이나 크게 변화가 없다. 따라서 현대의 이주를 자세히 연구해보면 과거의 이주 또한 같은 방식으로 자세히 이해하는데 도움이 된다.

지구를 정복하다: 10만 년 전부터 1만 5000년 전까지

초기 인류가 이주를 할 때부터 이동 방향은 생태적으로 환경이 비슷한 지역을 향했는데, 동부 아프리카의 초원과 물가가 그들의 생태 환경이었다. 아프리카에서 인류가 들어가 장악하기 가장 쉬운 생태 환경은 바로 남부와 서부 아프리카의 초원과 물가 같은 지역이었다. 중앙아프리카나 서아프리카의 삼림 지역은 장악하기가 더 어려운 지역이었다. 그런데 기후 변화 때문에 식물의 성장과 서식지가 바뀌었다. 11만 년 전에서 9만 년 전 사이 기후가 덥고 습해지자 사하라 사막 지역은 사막이 아니라 인류가 거주할 수 있는 환경으로 바뀌었다. 당시의 인류는 사하라 사막뿐만 아니라 이스라엘의 카프제(Qafzeh) 동굴까지 서식지를 넓혀 나간 것으로 보고되었다. 카프제 동굴은 10만 년 전의 유적이다. 그러나 기후가 다시 춥고 건조해지면서 이곳 정착지는 더 이상 살아남지 못했다.

구문론적 언어는 약 7만 년 전 아프리카 북동부에서 출현했다. 언어 능력을 바탕으로 공동체는 더욱 발전했고, 이들이 결국 지구 전역으로 뻗어 나갔다. 그들은 새로 진출한 지역에서 기존에 거주하던 호미니드(hominid)와 협력하거나 혹은 그들을 몰아내고 그 자리를 차지했으며, 다른 모든 생물종을 압도했다. 크리스토퍼 에렛(Christopher Ehret)은, 이 시리즈의 다른 권에도 글을 수록했듯이, 고고학적 및 언어학적 증거들을 추적하여 기술적으로도 앞서고 개체 수도 많았던 공동체의 확장 과정을 연구했다. 그들 공동체에게 구문론적 언어 능력이 있었다는 것은 거의 확정적인 사실이다. 그들은 7만 년 전부터 2만 년 전 사이 아프리카 대륙에서 하나씩 하나씩 공간을 장악해 나갔으며, 점차 아프리카의 다른 인류 공동체를 흡수했다. 흡수된 사람들은 생김새는 비슷했지만 기술 수준이 더 단순했고, 아마도 언어 능력이 부족했던 것 같다. 이것이 현생인류 초기에 육로를 통해 확장되어 나간 과정이었다.

거의 같은 시기 일부 현생인류는 아프리카를 벗어났다. 주로 배를 이용해서 홍해(Red Sea) 어귀를 건너 아라비아반도 남부로 건너갔고, 거기서 다시 더 멀리 나아갔다. 그들은 초보적인 배와 새롭게 획득한 세련된 언어 능력을 바탕으로 소말리아 지역에서 아라비아 남쪽 지역까지 몇 킬로미터 거리를 건너갈 수 있었다. 그러고는 비교적 안정적인 환경을 찾아 정착했다. (당시의 해수면은 지금보다 훨씬 더 낮았다.) 7만 년 전에서 5만 년 전 사이 어느 즈음, 인류는 인도양 해안을 따라 동쪽으로 이동하기 시작했다. 아마도 육지를 걷기도 하고 배를 이용하기도 했을 것이다(지도 12-2 참조).

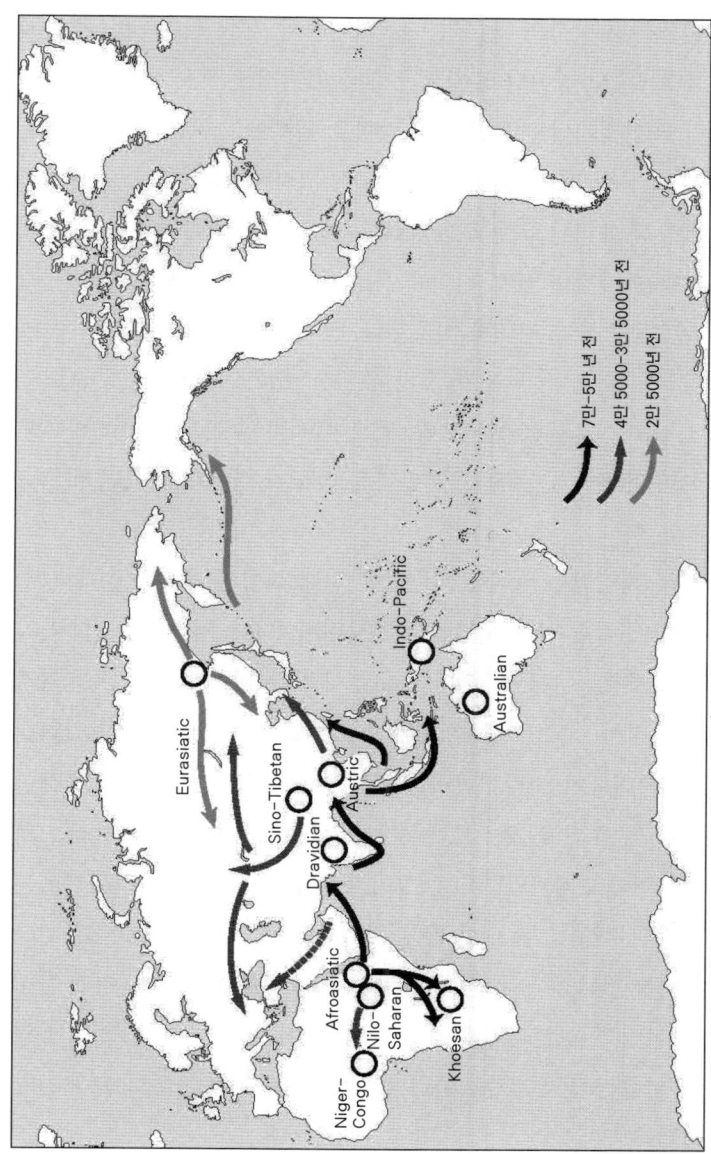

〈지도 12-2〉 세계 전역 인류의 정착(7만~2만 5000년 전)

이주민들은 자신들의 선조가 아프리카에서 그랬던 것처럼, 새롭게 진출한 지역에서도 땅이나 물에서 동식물 먹거리를 찾을 수 있었다. 그들은 해안선을 벗어난 지역으로도 탐험을 감행했고, 강가에 정착지를 마련했다. 큰 강만 예로 들자면 인더스강, 고다바리강, 갠지스강, 이라와디강, 메콩강 유역이 모두 포함되었다. 강 유역을 따라 상류로 거슬러 올라간 인류는 마침내 산악 지역에 도달했다. 열대 및 아열대 고산 지대는 동아프리카 산악 지대와 비슷했다. 산악 지역에는 물이 풍부했고, 고도에 따라 다양한 동식물이 서식한다는 장점도 있었다. 어족(語族, language groups) 분석 결과를 보면, 일부 아시아 고산 지대(이라와디강, 브라마푸트라강, 홍하의 상류 지역)에 많은 인구가 밀집해 있었던 것으로 추정된다.

계속해서 해안선을 따라간 사람들은 열대 지방의 육지와 섬에 정착했다. 그들이 정착한 곳은 오늘날의 인도네시아에 해당하는 여러 섬 지역이었다. 그곳에는 예전에 순다(Sunda) 대륙이라는 상당히 큰 육지가 있었다. 해수면이 낮았기 때문에 많은 섬들이 육지로 연결되어 있었던 것이다. 순다 대륙이 사라지면서 이주민들은 더욱 멀리까지 진출해야 했다. 바로 (5만 년 전의) 오스트레일리아, (당시 사훌Sahul이라는 대륙으로 오스트레일리아와 연결된) 뉴기니, 그리고 필리핀이었다. 어디를 향했든 거대한 대양의 해협을 건널 수밖에 없었다. 당시 그들은 100킬로미터 거리의 바다를 건너갔다. 유전자 분석 결과를 보면, 이런 일은 여러 차례에 걸쳐 일어났다. 또한 계속해서 해안선을 따라 나아간 사람들도 있었다. 그들은 남중국해 해안선을 따라 갔는데, 결국 훨씬 북쪽의 온대 지방까지 진출했다.

열대 지방에 진출하는 데 성공한 인류가 그 뒤에 자동적으로 북쪽으로 올라가 온대 지방까지 나아갔던 것은 아니다. 그들이 정착한 열대 지방보다 더 춥고 동식물 생태 환경도 전혀 다른 온대 지방에 진출하려면 새로운 기술이 필요했다. 인류가 구대륙의 열대 지방에 머문 시기는 무려 2만 년이나 되었다(6만 5000년 전부터 4만 5000년 전까지). 그리고 나서야 비로소 온대 지역으로 진출하기 시작했다. 연대를 확인할 수 있는 호모 사피엔스의 유적 가운데 유럽 지역의 유적(발견 장소의 지명을 따서 크로마뇽인의 유적이라 한다)을 보면, 인류가 유럽에 진출한 시기는 4만 5000년 전이었던 것 같다. 중앙아시아와 몽골 지역에도 거의 같은 시기에 현생인류가 진출했다. 그들이 남쪽에서 북쪽으로 올라갈 때 거친 경로는 분명하게 밝혀지지 않았다. 가능한 경로를 추정해보자면, 나일강-비옥한 초승달 경로였을 수도 있고, 페르시아만-캅카스산맥 경로, 인도 북부 경로, 중국 태평양 연안 경로였을 수도 있다. 지금까지 확보된 증거로 볼 때 특히 유력한 하나의 경로가 있는데, 바로 갠지스강 유역에서 출발하여 히말라야 남서쪽 산록을 거쳐 오늘날 카자흐스탄에 해당하는 초원에 이르는 경로다. 이들 가운데 하나의 경로, 혹은 여러 경로를 통해 인류는 북쪽으로 진출하는 데 성공했다. 온대 지방은 전혀 다른 기후대였으며 강 유속이 매우 빨랐다. 그렇지만 인간은 이러한 환경에서 살아남는 법을 터득했다. 그러자 인류에게 새로운 길이 열렸다. 유라시아 대륙을 동서로 가로지르는 초원길이었다. 역사상 최초로 인류는 이 길을 따라 뻗어 나갔다.

이상의 이야기는 이주나 새로운 지역의 정복에만 초점을 맞추고 있으나, 사실 그 당시 인류에게는 이외에도 많은 일들이 있었다. 각 단계마다 사회 구조, 기술, 심지어 인간의 신체 구조까지 온갖 변화가 일어났다. 각각의 지역을 정복하려면 그곳의 미생물 생태계에 적응하여 살아남는 법을 터득해야 했고, 동식물 환경에도 익숙해져야 했다. 동아시아에서는 대나무를 이용할 줄 알아야 했다. 사냥이나 어로 기술이 변하면 복식도 변했다. 또한 본인들은 전혀 의식하지 못했겠지만, 새로 진출한 지역에서 수천 년을 살다 보면 선택 압력에 의해 신체 구조도 변하게 된다. 키, 체형, 피부, 머리카락, 얼굴 생김새 등이 모두 영향을 받는다. 따라서 흔히 "인종"의 특성이라고 일컬어지는 신체의 표면적 차이는 이주 때문에 생겨난 것이라고 말할 수 있다. 이러한 차이가 발생한 시기는 대개 4만 년 전에서 1만 년 전 사이였다.

더욱이 초기 인류는 "비어 있는" 영역으로만 이주했던 것이 아니고, 주로 그랬다고 할 수도 없다. 오늘날 연구에 의하면, 대부분의 이주는 새로운 공동체의 형성이 아니라 기존 공동체들 간의 왕복 운동이었다. 인류 확장 시기 공동체 간의 이주는 특히 주요 어족(語族)의 확산을 통해 파악할 수 있다. 예를 들면 아프리카아시아어족(Afroasiatic language groups)과 나일사하라어족(Nilo-Saharan language groups)의 조상들은 원래 에티오피아 서부 지역에서 살았던 것 같다. 이후 오랜 시기에 걸쳐 이들 두 어족 집단은 여러 차례 이주를 감행했으며, 상당히 넓은 지역으로 퍼져 나갔다.

빙하극성기와 홀로세 시기 공동체의 변화

2만 5000년 전에서 5000년 전 사이, 인류가 겪어본 중에서는 아마도 가장 극심한 기후 변화가 있었다. 최근 지역별로 기후 변화를 연구해보았더니, 세계 어느 지역도 반복해서 일어난 급작스런 기후 변화에서 벗어나지 못했던 것으로 밝혀졌다. 특히 이 기간 동안은 변화의 폭이 극심했다. 먼저 추위가 찾아왔다. 2만 5000년 전부터 1만 5000년 전 사이가 빙하극성기(Glacial Maximum)였다. 이때는 기후가 계속 춥고 건조했지만, 특히 최악의 시기가 1만 8000년 전이었다. 당시 극지방의 빙하가 늘어났고, 세계적으로 해수면이 낮아졌고, 기온이 내려갔고, 강우량이 줄어들었다. 그 이전 10만 년 동안 볼 수 없었던 최악의 빙하기였다. 그러고 나서 다시 기온이 따뜻해졌다. 온난기 동안 빙하가 녹으면서 엄청난 기후 변동이 이어졌다. 해수면이 높아졌고, 기온이 올라갔고, 강우량이 늘어났다. 4000년 동안 해수면의 높이는 거의 100미터나 상승했다. 세계 어디서나 해안 지역에는 바닷물이 덮쳤다. 그런데 약 6000년 전, 홀로세(Holocene Epoch)에는 갑자기 기후가 안정되었다. 이전의 오랜 격동기에 비하면 놀랄 만한 안정세였다. 지질학에서는 플라이스토세(Pleistocene Epoch)가 끝나고 홀로세가 시작되는 분기점을 대략 1만 2000년 전으로 본다(지도 12-3 참조).

    이 어려운 시기에도 인류는 혁신을 거듭했다. 점차 자연을 극복해 나갔고, 가장 혹독한 자연의 시험조차 견뎌냈다. 공동체 간 이주도 계속되었는데, 새로운 생각을 유발하고 확산하는 데 도움이 되었다. 가장 주목을 끈 기술 혁신은 홀로세 전반기에 등장한 농업이었다. 그러나 이를 제대로 이해하려면 좀 더 긴 기간 동안의 기술 혁신과 사회 개혁을 함께 고려해야 할 것이다. 즉 생산의 시대는 빙하극성기와 홀로세의 합작품이다. 생태 환경의 극심한 변화에 직면한 인류의 기술 혁신은 점차 수집보다 생산 쪽으로 방향을 돌렸다. 사냥, 채집, 어로를 계속하면서도 몇

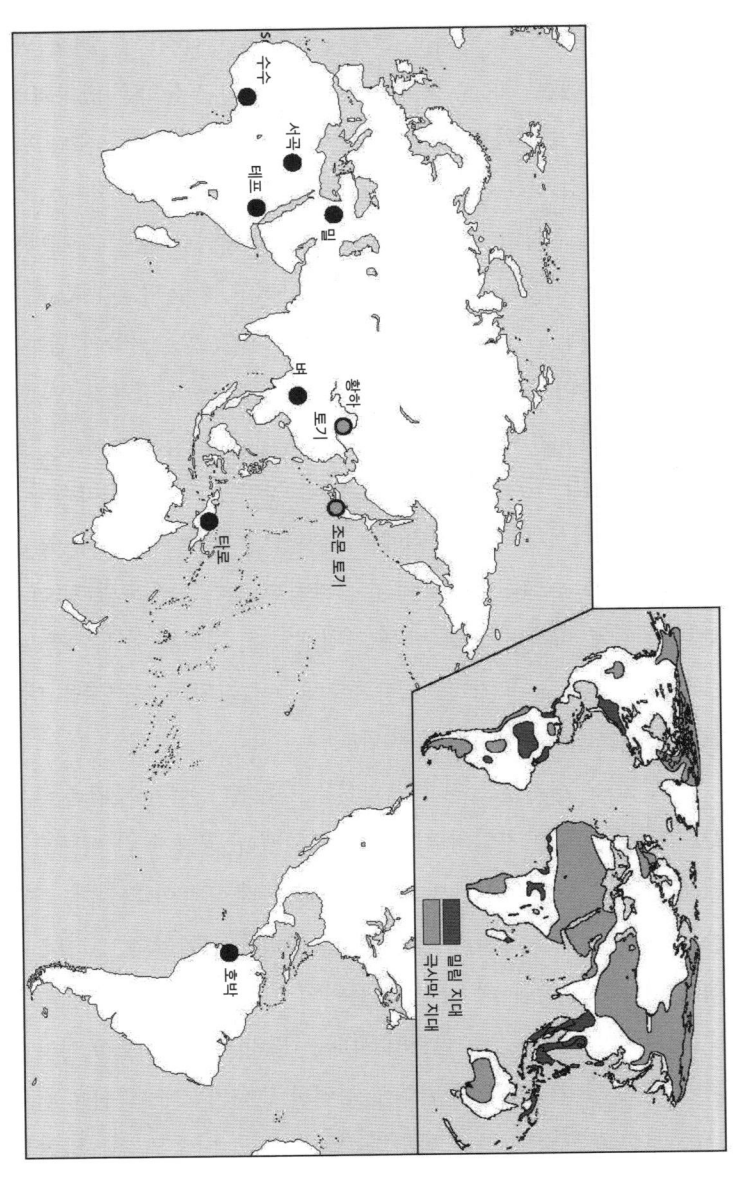

[지도 12-3] 빙하극성기와 홀로세(2만 5000~5000년 전)

가지 유형의 새로운 생산 방식, 즉 영구적 주거 공간, 토기, 점차 날카로워지는 새로운 도구, 새로운 형식의 예술, 동식물 사육 및 재배 실험 등을 강조하는 공동체가 늘어났다. 새로운 기술은 빙하극성기 동안 아프리카와 유라시아에서 등장했다. 손재주를 요하는 작업이라는 측면에서는 오래도록 지속되어온 것과 다를 바가 없었다. 이는 인류가 오래도록 활용해온 기존의 예술 작품, 옷감, 배 등의 제작 기술에서 확인되는 바와 같다. 그러나 이 시기에 이르러 그 범위와 기술이 새롭게 확장되었다. 예를 들면 일본에서는 1만 2000년 전에 조몬 토기가 등장했다. 고고학자들은 오래도록 이러한 변화를 "신석기(Neolithic)" 시대라고 일컬었는데, 아주 조그맣고 섬세한 "새로운(neo)" 돌 도구에 중점을 둔 명칭이었다. 같은 시기 사회적 변화도 일어났다. 예를 들어 아프리카의 나일사하라어족과 아프리카아시아어족에게서 부모 가운데 한쪽 혈통을 따르는 관습이 이때 생겨났다.

대륙을 정복해나가던 인류의 최종 단계에는 아메리카 대륙이 놓여 있었다. 이주민들은 유라시아 대륙의 북동쪽으로 계속 나아가 북아메리카로 들어가는 데 성공했다. 그 시기는 이르면 3만 년 전에서 늦어도 1만 5000년 전 사이였다. 아직 세부적으로는 알 수 없지만, 북아메리카 진출 과정을 보면 초기 인류의 이주에서 공동체 간 이주 패턴이 극명하게 드러난다. 나중에는 북아메리카로 들어가는 데 육로와 해로 양쪽이 모두 이용되었다. 둘 중 어느 경로로 먼저 들어갔는지는 알 수 없다. 당시는 춥고 빙하가 많은 시기였다는 점을 감안하면 바다를 이용했을 가능성이 더 크다. 남중국해에서 남아메리카까지 태평양 연안에는 거대한 아치형으로 다시마(kelp) 서식지가 펼쳐져 있는데, 이것이 인류에게는 좋은 식량 공급원이었을 것이다. 마침내 인류는 북극 툰드라 지대, 온대 산림 지대, 초원 지대, 사막 지대, 열대 우림 지대, 기타 더 많은 생태 환경 지대로 진출하는 데 성공했다. 이주를 통해 새로운 기술도 확산되었다. 1만 3500년 전 클로비스 문화(Clovis culture)의 특징적 유물은 숫돌로 예리하게 갈아 날을 세운 칼과 작살인데, 이는 오래도록 북아메리카의 인류 "진출"을 상징하는 유물로 알려져 있었다. 그러나 최근에는 그것이 북아메리카에 이미 "정착"해 있던 사람들의 유물로 확인되었다. 혁신적 기술이 이주를 통해 공동체 사이에 전파되면서 폭넓게 사용되었던 것이다.

생산성 증대라는 관점에서 농업은 급격한 기후 변화로 촉발된 측면이 있다. (최소한 남아프리카의 한 곳을 포함해) 몇 군데 특별히 유리했던 지역에서는 식물 종과 지형의 다양성이 확보되어 있었고, 따라서 수많은 식물 재배 실험이 가능한 조건이 형성되어 있었다. 1만 8000년 전 빙하기의 기온이 최저점을 지나 다시 상승하기 시작했을 때, 식물이 점차 번성했고 인간도 채집을 통해 더 많은 식량을 구할 수 있었다. 그러나 약 1만 2000년 전 잠시 한랭기(이른바 Younger Dryas)가 1000년 동안 지속되자 식량 공급량이 줄어들었고, 채집 이외에도 식량을 생산할 수 있는 다른 방식들을 모색하기 시작했다. 기후 변화에 따라 산악 지역은 가장 생산적인 곳이 되었다. 몇천 년의 과정을 거친 뒤 비옥한 초승달 지역에서는 밀, 뉴기니 지역에서는 타로, 동남아시아 지역에서는 벼, 에티오피아 지역에서는 서곡(millet, pearl millet), 남아메리카 지역에서는 호박, 사하라 지역에서는 수수가 재배되었다.

홀로세가 본격화되면서 개발 중이던 생산 시스템은 이주의 패턴에도 영향을 미치게 되었다. 한편 생산 시스템 개발은 특정 지역과 결부된 경우가 많았다. 이는 기존의 이동식 생활 패턴과는 맞지 않는 부분이 있었다. 또 다른 한편으로 보자면, 생산 기술이 발달하면서 인간이 자연 상태보다 자신이 개발한 식량에 의지하게 되고 원하는 곳이라면 어디든 갈 수 있게 되었다. 농업의 발달과 함께 인구 밀도가 높아졌고 새로운 질병들이 생겨났다. 병원균은 인류와 함께 이동했다. 농업 공동체의 인구수가 인접한 이웃과 달리 체계적으로 증가하면서 영토를 넓혀간 것인지, 아니면 농업 기술이 공동체 바깥으로 그만큼 빨리 확산된 것인지 아직은 연구 결과로 분명하게 밝혀지지 않았다. 현재 발굴되는 증거들은 한정된 특정 범위를 넘어서지 못하는 경향이 강하다. 동남아시아에서는 벼 재배 기술을 보유한 농업 공동체가 확장되면서 벼 재배 기술도 퍼져나갔던 것 같다. 이와 달리 서아시아에서는 기존의 여러 공동체에서 밀 재배 기술을 흡수하는 방식으로 농업 기술이 확산되었다.

인구가 증가하면서 집중과 확산 현상이 모두 나타났다. 집중하는 방향으로는 마을 공동체가 형성되었다. 주민의 수는 수백 명 정도였다. 혹은 그 이상인 경우도 있었다. 어떤 면에서는 그러한 마을이 도시 생활의 초기 단계였던 것으로 보이기도 한다. 이에 못지않게 중요한 점은 마을에서 새로운 생활 양식이 출현했다는 사실이다. 이는 오늘날까지 이어져 세계 전역에서 그대로 지속되고 있다. 노동력이 엄청나게 집중되면서 마을 공동체는 관개 시설이나 기타 공공 작업을 수행할 능력을 갖추었다. 운하, 댐, 수로, 저수지, 의례 수행 조직이 세계 여러 지역에서 생겨났다.

확산되는 방향으로는, 이 경우는 꼭 농업 공동체에만 해당되는 것이 아니라 유목이나 어로 혹은 사냥에 의존하는 공동체도 마찬가지였지만, 기존의 다른 공동체가 장악하고 있는 지역으로 진출해 경쟁의 과정을 거쳤다. 이주가 간헐적으로 이루어지는 경우도 있었고 지속적으로 이루어지는 경우도 있었지만, 어떤 경우든 언어를 분석해보면 이주 경로를 어느 정도는 파악할 수 있다. 즉 어떤 언어가 오늘날 사용되는 지역이 그 조상어가 사용되는 지역에서 멀리 떨어져 있다면, 이를 통해 이동이 있었음을 알 수 있다. 이런 방법으로 농업이 시작되기 전 홀로세 초기에 일어난 일을 파악할 수 있다. 당시 몇 차례에 걸쳐 중요한 이주가 감행되었는데, 오늘날 어족(語族)의 분포를 보면 그 흔적을 발견할 수 있다 (지도 12-4 참조). 아프리카아시아어족은 강우량이 증가하던 시기 나일강을 따라 북쪽으로 이동했고, 네 개의 주요 언어 공동체가 형성되었다. 즉 나일강 하류에는 고대이집트어파(Ancient Egyptian languages), 비옥한 초승달 지역과 아라비아반도에는 셈어파(Semitic languages), 아프리카 북서부 지역에는 베르베르어파(Berber languages), 차드 호수 주변으로는 차드어파(Chadic languages)가 형성되었다. 거의 같은 시기 인도유럽어족 (Indo-European languages)도 이동을 시작했는데, 서쪽으로 진출해서 흑해 북쪽에 자리를 잡은 뒤 여러 방향으로 뻗어 나갔다. 조금 더 나중에 파마늉아어족(Pama-Nyungan languages)이 중앙 오스트레일리아 북부 지역으로 진출했고, 이후 수천 년 동안 오스트레일리아 중부와 남부 지역의 주요 언어로 자리 잡았다. 이와 같이 중요한 인구 및 언어 이동의 시간대별 상황 연표를 파악하려면 더 많은 연구가 필요할 것이다. 그러나 1000년 단위로 보면 각 어족마다 주기적으로 대규모 이주를 멈추었다가 다시 이어가는 패턴이 분명하게 확인된다.

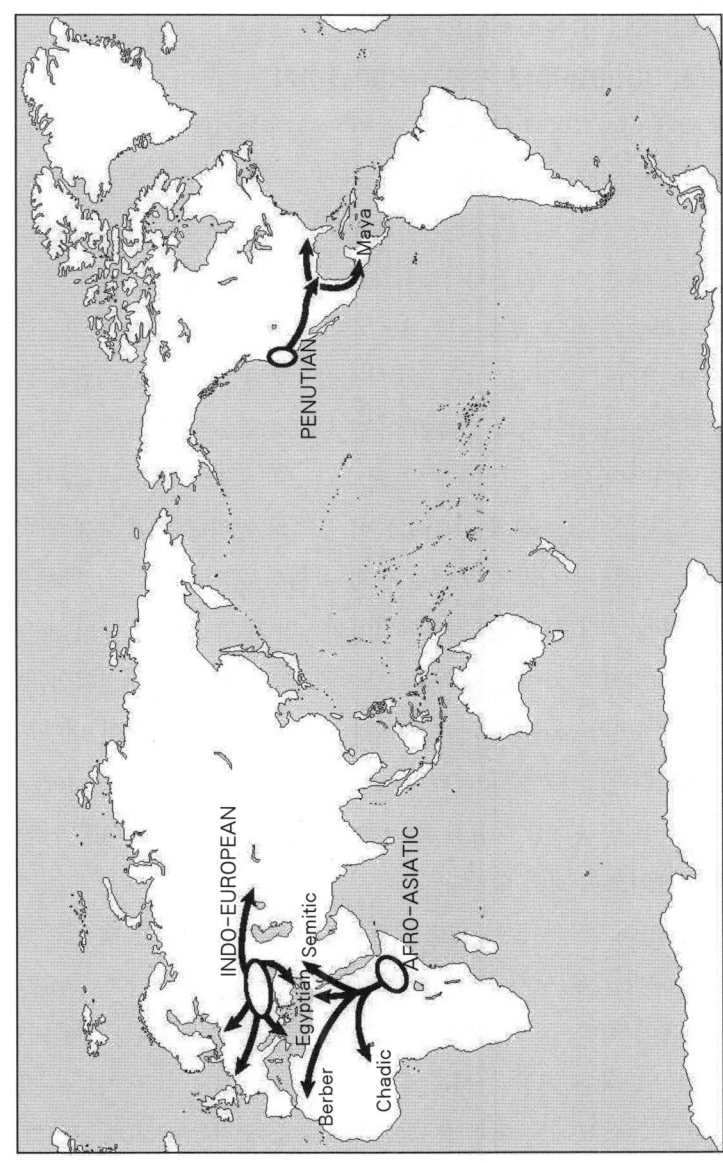

〈지도 12-4〉 언어의 이동과 확산(1만~5000년 전)

CHAPTER 12 - 이주와 인류의 역사

글로벌 패턴과 유라시아의 특수성, 기원전 3000년부터 기원후 800년까지

홀로세가 지속되면서 최근 5000년 동안 기후는 다소 건조했지만 안정세로 접어들었다. 그 덕분에 모든 대륙에 거주하던 인류는 나름대로 생산 활동을 확장해 나갈 수 있었다. 새로운 동식물을 사육 및 재배했고, 마을의 규모가 커져 사람들이 몰려들었고, 새로운 사회 시스템이 발달했고, 혁신적 기술을 보유한 이주자들이 새로운 주거지를 찾아 이동했다. 이러한 시기에 유라시아 대륙은 사회적으로나 기술적으로 무척 큰 변화를 겪었다. 이전까지 건조하여 아무것도 자라지 않던 땅에서 이제는 꽃이 피기 시작했다. 그곳에다 밀, 보리, 벼, 얌 등을 재배하는 (그리고 양, 염소, 소, 물소 등을 사육하는) 사람들이 급격히 늘어났다. 홀로세 초기 이주자들은 바로 이 시기에 뚜렷한 문명의 확장을 이루어냈다. 셈어족은 아프리카에서 기원한 아프리카아시아어족의 후손으로, 이 무렵 비옥한 초승달 지역과 아라비아 지역을 주도하고 있었다. 흑해 지역에서 동서로 뻗어나가던 인도유럽어족은 유럽과 이란, 그리고 남아시아 대부분 지역을 주도하게 되었다. 중국티베트어족(Sino-Tibetan languages)에서 유래한 중국어는 양자강 상류를 장악하고, 북쪽으로 나아가 태평양 연안과 황하 유역으로 뻗어 나갔다.

이 같은 언어 공동체들이 서로 교류하면서 말을 사육하는 데 성공했다. 말은 비교적 늦은 시기에 사육에 성공한 동물로, 중앙아시아 스텝 지역에서 사육이 시작되었다. 말을 사육하는 데 성공하기까지는 수천 년에 걸친 여러 단계를 거쳤다. 처음에는 고기를 얻으려고 말을 기르는 단계가 있었고, 그다음에는 멍에를 씌워 수레를 끌게 하는 단계가 있었다.

굴레 씌운 말이 두 바퀴 전차를 끄는 기술을 개발한 카스피해 연안 사람들은 온 사방을 침략하여 정복할 수 있었다. 주변 지역들은 그들의 정복으로 고통을 겪었지만 이내 새로운 기술을 습득했고, 나중에는 자신들 또한 그 기술을 이용하여 영토를 확장해 나갔다. 그 뒤로 안장이 개발되자 기마 전사가 출현했고, 이들은 전차보다 훨씬 더 뛰어난 전쟁 도구가 되었다. 말을 군사용으로 사용하게 되면서 유라시아 대륙의 사방 끝까지 지역을 막론하고 정치 지형이 새롭게 전환되는 충분조건이 마련되었다. 정복자와 피정복자 모두 저마다의 이유로 이주를 하게 되었다. 말은 위계질서의 체계상 명실상부한 권력의 상징이 되었다. 지중해부터 태평양에 이르기까지, 국가가 수립되고 노예화가 진행되었다. 3000년 전에 이르러 말은 유라시아 대륙 거의 모든 지역과 북아프리카 지역까지 확산되었다. 그와 함께 군사, 경제, 정치, 사회, 문화에 큰 변화가 뒤따랐다. 말을 중심으로 사회가 재편되면서 유라시아 지역에서 상업, 제국, 주요 종교 같은 새로운 사회 구조들이 동시에 발달하게 되었다(지도 12-5 참조). 낙타는 이보다 훨씬 나중에 등장했다. 2000~3000년 전이었다. 그러나 낙타의 여파는 말보다 훨씬 덜했다.

오늘날 흔히 쓰는 표현대로 말하자면, 문명이 제국을 낳았다. 지역별로 구축된 문명은 나일강 및 티그리스-유프라테스강 유역에서 처음 발원했는데, 말(馬)을 군사적으로 사용하기 전까지는 언어와 문화를 공유하는, 인구가 밀집된 공동체였다. 세계 곳곳에서 이처럼 인구 밀도가 높고 문화가 통일된 공동체가 생겨났다. 이와 달리 제국이란 다양성을 포괄하는 것으로, 서로 구별되는 여러 사회가 모여야 제국이 된다. 제국의 군사력과 위세를 통해 언어, 문화, 정치 체제가 서로 다른 수많은 단위들

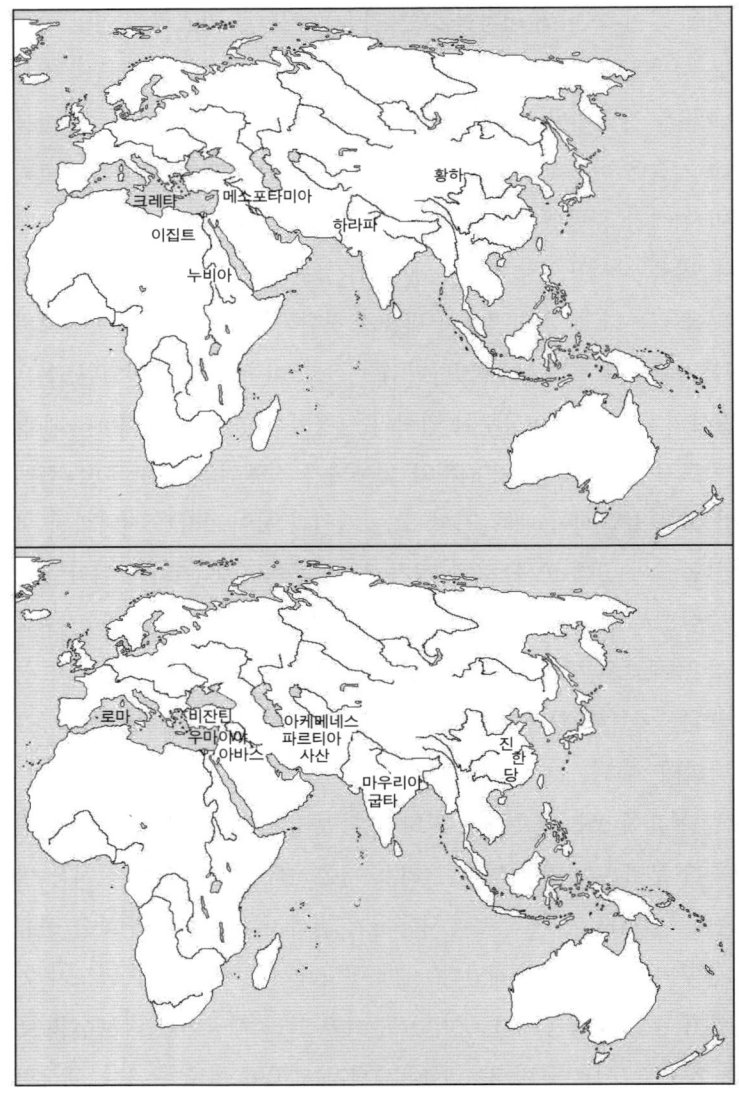

[지도 12-5] 유라시아의 발전(3000 BCE~800 CE)

510　세계사의 탄생: 전통과 주제와 서술 방식

을 하나로 묶어내는 것이다. 최초의 거대 제국은 페르시아였다. 이후 그리스, 마우리아, 로마, 진, 한 등의 제국이 그 뒤를 따랐다. 군주의 권력과 관료제를 기반으로 군대와 선박을 먼 거리까지 파견하여 정복 전쟁을 펼쳤고, 그곳에서 예술가와 기술자를 수도로 데리고 왔으며, 제국의 범위 내에서 여러 가지 이유로 여행을 해야 할 일이 많아졌다. 후대의 제국인 굽타, 우마이야, 아바스, 당, 송 등도 마찬가지로 제국 내에서뿐만 아니라 국경을 넘어서까지 여행을 촉진했다. 이러한 이유로 제국에서는 많은 이주가 이루어졌다. 군인, 피난민, 관료, 포로, 피정복민 등도 모두 이주를 할 수밖에 없었다. 그러나 이주의 원인이 제국만은 아니었다. 당시의 문헌 자료를 보면, 특히 상인이나 선교사의 경우에는 적은 수가 이주하더라도 사회적으로 중요한 변화가 일어날 수 있었다.

　기원전 제1천년기에 공적 무역이 확대되었다. 당시 화폐가 발달했고, 은행이 시작되었으며, 항구와 카라반사라이 같은 시설들이 건축되었다. 이러한 환경 덕분에 상인 조직은 원거리 이동이 가능해졌고, 상품 이동에 필수적 전제 조건인 원거리 연결망을 유지할 수 있었다. 초기 정치가 훗날 제국 형성의 바탕이 되었듯, 고대의 원거리 무역은 나중에 공적 무역이 확장될 수 있는 밑거름이 되었다. 마찬가지로 거의 같은 시기 대규모 종교(조로아스터교, 유대교, 불교, 자이나교)와 이후에 일어난 다른 종교(기독교, 다시 일어난 힌두교, 이슬람교) 때문에 이주 수요가 생겼고, 신도들끼리 네트워크가 형성되었다. 가족, 신앙, 상업적 목적의 네트워크는 이동을 보장하고 방대한 지역 범위에서 이주자들을 연결해주었다. 이슬람의 메카 순례는 지금까지 남아 있는 가장 규모가 크고 가장 오래 유지된 종교적 순례의 사례다. 특히 종교는 군대를 동원한 침략이나 정복보다 선교사 개인의 가르침을 통해 확장되는 경향이 있었다.

제국, 상업, 그리고 아마 종교도 노예화를 불러오는 원인이 되었다. 포로는 전쟁 포로든 납치에 의한 포로든, 어쨌든 이들을 이동시키고 판매하려면 여러 가지 네트워크가 필요했다. 일단 감시인이 있어야 했고, 밥을 먹이고 목적지까지 운송할 수단도 필요했다. 인간에 의한 재난이나 자연재해 때문에 강제로 이주를 해야 하는 경우, 이주자들은 비통한 심정으로 고향을 떠나야 했고 낯선 지역을 거쳐 다른 지역에 정착해야 했다. 강제 이주는 인류 역사를 통틀어 거의 언제나 존재했던 것 같다. 그러나 특히 제국의 시대에 강제 이주가 더욱 늘어났다. 노예화도 마찬가지였다. 노예화는 강제 이주의 대표적 유형인데, 지중해에서 이란에 이르기까지 국가의 변두리 지역으로 확산되었다. 이에 따라 그 북쪽과 남쪽 지역뿐만 아니라 지중해나 서남아시아 핵심 지역에서도 포로들이 끌려왔다. 인도에서는 노예 제도가 이만큼 전면적으로 자리 잡지 않았으며, 중국에서는 노예 제도가 확고한 제도로 확립된 적이 한 번도 없었다.

노예를 확보한 사회에서는 이들을 투입하여 거점을 건설했다. 페니키아 상인들은 레반트로부터 지중해 남쪽 연안을 따라 상업 거점을 건설했다. 그들의 사촌 격인 아람어를 사용하는 상인들도 동쪽으로 뻗어 나가 인도 변경까지 거점을 건설했다. 그리스어 사용자들은 동과 서 양쪽으로 뻗어 나갔는데, 알렉산드로스 대왕 당시에는 박트리아까지 진출했다. 나중에 로마 제국에서는 이주자들이 라틴어를 방대한 영역에 전파했다. 같은 시기 불교는 갠지스강 유역으로부터 인도를 거쳐 중앙아시아와 중국으로 확산되었고, 중국에서는 당나라가 845년 불교 탄압(훼불)을 실시할 때까지 급속한 성장세를 구가했다. 브리튼에서 베트남까지, 레반트에서 일본까지 유라시아 대륙의 내부를 연결하는 이 같은 이야기들은 얼마든지 덧붙일 수 있다.

초기 도시의 성장도 놀라운 이야기지만, 같은 시기 이주자들이 광범위한 지역 사회를 변화시킨 이야기도 못지않게 놀랍다. 언어학과 고고학이 그 놀라운 이야기를 밝혀내고 있다. 특히 언어학 연구는 주요 강 유역에서 번성한 농업뿐만 아니라, 농업 기술을 보유한 이주민들이 얼마나 광대한 영역으로 살길을 찾아 뻗어 나갔는지 밝혀주고 있다(지도 12-6 참조). 벼농사를 짓던 오스트로네시아어족(Austronesian language)은 대만에서 필리핀으로 나아갔고, 바다를 거쳐 동남아시아로도 진출했다. 그들은 아우트리거(outrigger)가 부착된 카누를 타고 동쪽으로 진출했으며, 뉴기니와 그 동쪽 섬들에 거주하는 파푸아인(Papuan peoples)과 혼인 관계를 맺었다. 서로 다른 문화권의 만남을 통해 폴리네시아인(Polynesians)이 출현했는데, 이들은 벼보다 타로를 재배했다. 폴리네시아인은 확보한 기술과 사회 조직을 바탕으로 머나먼 거리를 항해하여 태평양 동부에까지 이르렀고, 기원전 1000년에서 기원후 1300년 사이 나머지 섬들을 장악해 나갔다. 거의 비슷한 시기, 얌을 재배하던 니제르콩고어족(Niger-Congo languages)의 한 분파 반투어군(Bantu languages)은 서아프리카 니제르-베누에강 유역에서 멀리 동남쪽으로 진출했다. 반투어군은 한때 동아프리카 고산 지대에 살았는데, 그곳에서 터득한 서곡(millet, pearl millet) 재배 기술을 남쪽과 서쪽으로 이주할 때 함께 전파했다. 결국 반투어군은 인도유럽어족 못지않은 광대한 영역에 자리 잡았다. 캘리포니아와 오리건 지역에 살던 페누티어족(Penutian languages) 중에는 동쪽으로 이동하여 카리브해 연안으로 진출하는 이주자가 생겨

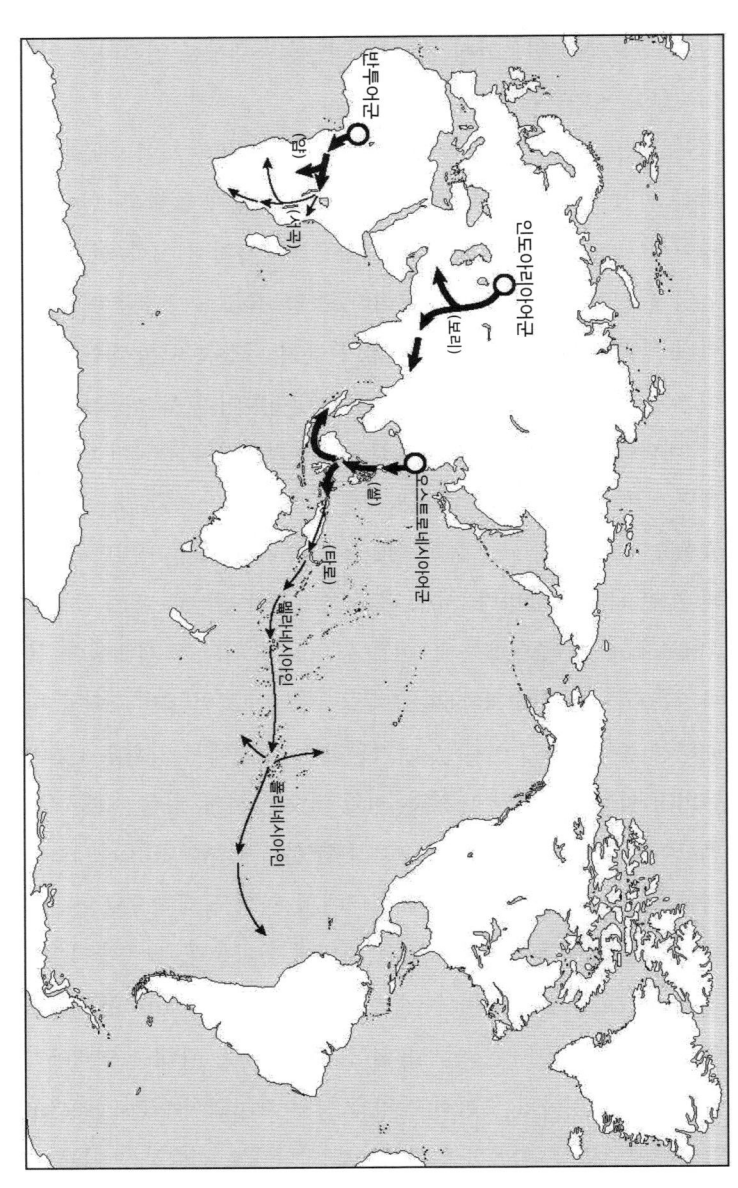

[지도 12-6] 농업의 확산(3000 BCE~800 CE)

났다(지도 12-4 참조). 그들은 원래 농부가 아니었지만, 이주하는 가운데 어느 순간 옥수수 재배 기술을 익혔다. 그들의 후손 일부는 미시시피강 하류 유역에서 옥수수를 재배했다. 다른 일부는 계속해서 유카탄반도로 나아갔는데, 그곳에서 이들의 언어와 민족은 마야(Maya)로 알려지게 되었다. 마야의 고고학 발굴 기록에 의하면, 그들은 3000년 내지 4000년 전에 이 지역으로 이주해 들어왔던 것으로 추정된다. 농업 기술을 보유한 이주민들은 또 있었다. 바로 인도아리아어군(Indo-Aryan)에 속하는 사람들이었다. 그들은 인도유럽어족의 한 분파였는데, 중앙아시아로 이주했다가 다시 이란 및 남아시아로 진출하여 정착했다. 이주 당시의 생활을 전해주는 노래와 시가 일부 남아 오래도록 보존되었다. 그것이 베다(Vedas)인데, 나중에 힌두교로 통합되었다. 한편 인구수는 적지만 역사적 의미가 큰 또 하나의 그룹이 있는데, 바로 나데네어족(Na-Dene languages)이다. 그들은 중앙아시아에서 캐나다의 애서배스카(Athabasca) 지역으로 이동했으며, 그중 일부가 나중에 남쪽으로 내려가서 나바호족(Navajo)이 되었다.

연결, 기원후 800년부터 1800년까지

최근 1000년 동안은 네 가지 유형의 이주가 특히 중요해졌다. 초원 유목민의 이주, 해양을 통한 이주, 강제 이주, 도시화와 관련된 이주가 그 넷이다. 각각의 유형은 물론 인류의 이주에서 공통적으로 나타나는 기본 특성을 가지고 있었다. 즉 이주자는 주로 젊은 층이고, 공동체 간 이주를 통해 서로의 언어와 문화 요소를 습득하며, 언제든 필요하면 이동에 도움이 될 만한 네트워크를 적극 활용하는 등의 특성을 내포했다. 기존의 논의에서는 주로 콜럼버스나 다 가마 혹은 마젤란의 항해 (1519~1522) 등 획기적 사건에만 초점이 맞추어졌다(지도 12-7 참조). 그러나 어떠한 해석이건 항해 전후를 포함하여 1000년 동안의 이동과 상호 교류 전체에 주목할 필요가 있다. 그래야만 마젤란의 세계 일주와 관련된 세계의 변화를 총체적 측면에서 이해할 수 있기 때문이다. 네 가지 유형의 이주는 대체로 상호 연결되어 있었다. 각각의 사건이 전 세계 구석구석에까지 영향을 미친 마당에 서로 간의 영향이 없었을 수는 없다. 이 시대가 끝나갈 무렵, 이주 패턴이 확장되면서 정체성에 세 가지 변화가 찾아왔다. 즉 인종이 범주화되었고, 디아스포라(거점)가 형성되었으며, 공동체의 주요 의미로 민족 개념이 새롭게 부각되었다.

유목민의 이주

유라시아와 아프리카 대륙에서 유목민들이 대륙을 가로질러 이동한 것은 대형 동물의 사냥과 사육이 시작된 이후부터 지속된 현상이었다. 그러나 그들의 이주가 특히 부각된 시기는 8세기부터 16세기 사이였다(지도 12-7 참조). 이 시기에 수많은 유목민 집단이 동물을 데리고 초원을 따라 이동했다. 지리적으로 아프리카의 대서양 연안에서 만주에 이르기까지 거대한 초원의 벨트가 있었다. 그들은 염소, 양, 소, 낙타, 말을 길러 팔았다. 이슬람이 부상하면서 아라비아의 군대가 메소포타미아, 레반트, 이란, 북아프리카를 장악한 뒤 우마이야 왕조를 수립하고 다마스쿠스에 수도를 건설했다. 그들의 점령지에서는 많은 사람들이 점차 아랍어를 사용하고 그 문화를 받아들였다. 아랍의 유목민들은 이집트에서 출발해서 10세기 내지 11세기에 서쪽으로 모로코(알마그리비야)까지,

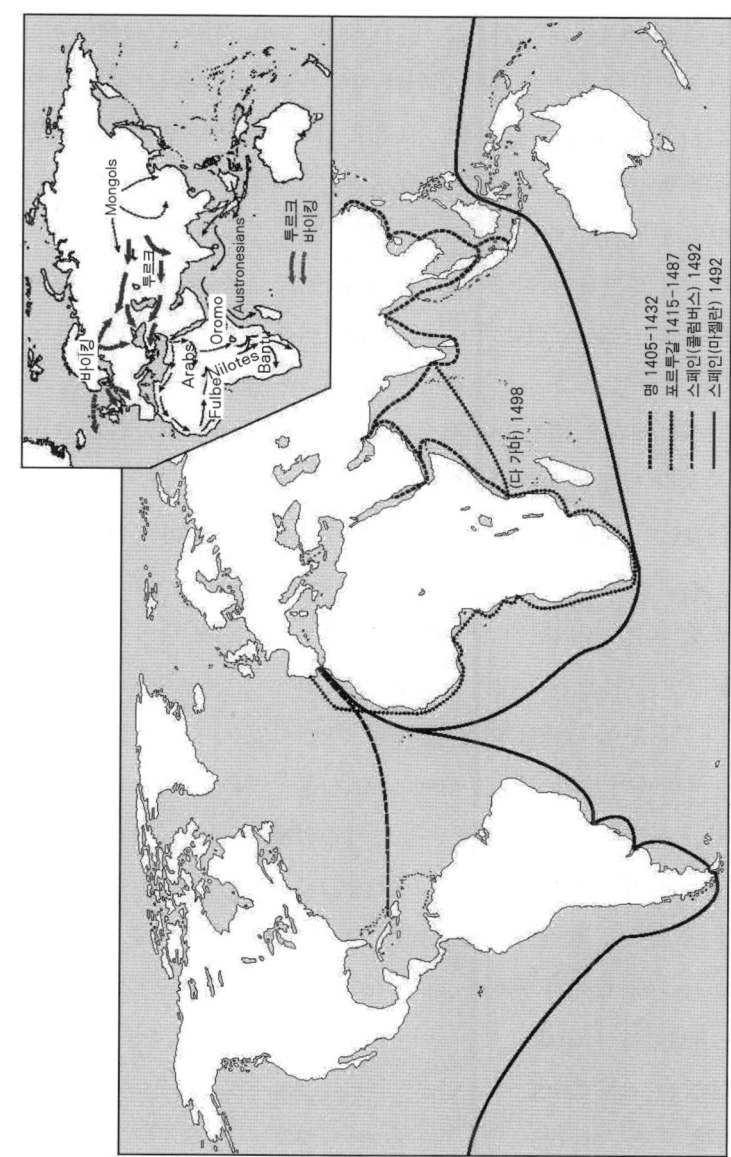

[지도 12-7] 해양 이주와 유목민의 이주(800~1500CE)

CHAPTER 12 - 이주와 인류의 역사

14세기 내지 15세기에 남쪽으로 수단(Nilotic Sudan)까지 진출했다. 8세기 이후 투르크 유목민은 스텝 지역을 따라 서쪽으로 나아가 흑해에 이르렀고, 이후 이란과 아나톨리아, 그리고 남아시아까지 진출했다. 동부 스텝 지역에서는 거란, 요, 여진 등의 유목민들이 남쪽으로 진출했다. 그들은 가족 단위가 그대로 군대로 편제되었는데, 12세기까지 북중국 지역에 파상적 영향을 미쳤다. 다시 서쪽 끝으로 눈을 돌리면, 11세기에 베르베르어파 가운데 산하자(Sanhaja)라는 이름의 민족이 사하라 사막 남쪽으로 진출했다. 그들은 무라비트 왕조를 세우고 마라케시에 수도를 건설했으며, 세력을 확장하여 북아프리카 전역과 이베리아반도를 점령했다. 사하라 남쪽에서는 풀라어(Fula, 혹은 Fulbe) 사용자들 중 소를 키우던 사람들이 세네갈 지역에서 차드호 지역까지 진출했다. 나일-제어(Nilotic speakers) 가운데 소를 키우던 유목민들은 나일강 중류 지역에서부터 빅토리아호 지역까지 진출했고, 그 너머까지 퍼져 나아가 여러 왕국들을 건설했다. 르완다 왕국도 그중 하나였다.

여러 유목민이 세력을 확장했지만, 그중에서도 가장 주목할 만한 유목민은 몽골족이었다. 칭기즈 칸이 이끄는 몽골족은 13세기 초부터 정복 전쟁을 시작해서 물류 및 통신망을 갖추었고, 유라시아 전역을 장악했다. 몽골을 비롯한 유목민 통치자들은 그 나라의 수도로 쳐들어가서 점령한 뒤 그곳을 중심으로 상거래를 장악했으나, 이내 새로운 이주민 세력이 등장해서 세력 균형을 바꾸어놓곤 했다. 결과적으로 유목민의 이주는 8세기에서 16세기 사이 동반구에서 전성기를 이루었다. 이 시대의 제국들은 기본적으로 유목민 군대와 그들의 사회 조직에 의존했다. 우마이야 왕조, 무라비트 왕조, 몽골 제국, 킵차크 칸국, 여진족의 금나라가 모두 마찬가지였다. 유목민이 정주민과의 관계에서 정치적 주도권을 상실한 뒤에도, 유목민 연맹과 그들의 군대는 국제 정치에서 19세기까지도 매우 중요한 비중으로 남아 있었다.

해양을 통한 이주

제1천년기 세계 최고의 항해사는 태평양을 항해한 폴리네시아인과 미크로네시아인이었다. 그들은 여러 가지 기술을 이용해서 특정 지점까지 정확히 항해했으므로 거대한 대양에 떠 있는 조그만 섬에도 갈 수 있었다. 그들의 배는 매우 작고 인구도 많지 않았다. 그러나 그들은 태평양의 섬들과 동남아시아를 연결했다. 수마트라에 있었던 스리위자야 제국을 수립한 이들이 바로 그들이었다. 그들은 7세기부터 13세기까지 중국과 인도의 교역을 중개했다. 스리위자야 사람들은 인도양을 항해하던 다른 선원들(언어권으로 보자면 그리스어, 오스트로네시아어, 아랍어, 구자라트어를 사용하던 사람들)과 함께 몬순 시스템을 이해했고, 이를 이용하여 다양한 항로로 물품을 운송했다. 또 한 군데 중요한 해양 교류가 있었던 곳은 중국과 한국과 일본이었다. 그들은 서로 교역도 하고 전쟁도 했다. 그들이 사용하던 배는 북태평양의 거친 파도를 견딜 만큼 튼튼했으며, 동남아시아나 인도양까지도 항해가 가능했다. 그들은 경쟁자들과 교류를 하는 가운데 배의 키, 나침반, 수밀 구획, 돛 조종법 등 새로운 기술을 습득할 수 있었다. 몽골인은 중국을 정복하는 과정에서 중국의 조선 전통을 배웠고, 송나라(남송)나 일본 혹은 자와를 공격할 때 해군을 동원했다.

발트해와 북해의 항해자들은 기원후 800년경 갑자기 세력을 확장하기 시작했으며, 가볍지만 항해에 적합한 배를 이용해서 이후 300년 동안 바다를 주름잡았다. 바이킹 전사들은 서쪽으로 바다를 건너 브리튼 제도를 공략했고, 유럽의 북부 해안선을 따라 이동했으며, 대서양을 지나 지중해까지 진출했다. 당시 지중해는 선박 운행이 빈번하던 바다였는데, 바이킹이 마주친 갤리선에는 노 젓는 사람들이 타고 있었다. 동쪽으로 나아간 바이킹은 강줄기를 따라 슬라브어권으로 진출해 콘스탄티노폴리스, 페르시아의 카스피해 주변, 볼가강 중류 지역 투르크어권 통치자들 아래에서 강렬한 흔적을 남겼다. 다른 지역들, 예컨대 아메리카나 아프리카에는 노 젓는 사람 50명 이상을 태울 수 있는 배가 없었기 때문에 가까운 해안이나 호수 혹은 큰 강줄기에서나 항해할 수 있었다. 결론적으로 말하자면, 콜럼버스의 항해 이전에도 세계 곳곳에서 사람들은 나름대로 해양을 통해 서로 접촉하고 있었다.

원거리 항해에 필요한 기술과 사회 조직에서 현격한 발전을 이룬 사람들은 유럽인이었다. 그 이전에 중국인도 원거리 항해를 하기는 했지만 그 전통은 유지되지 못하고 단절되었다. 그래서 포르투갈, 스페인, 이탈리아, 네덜란드 선원들이 해안선 지도를 만들고 바람을 파악하고 대양의 조류를 분석하는 특별한 작업을 수행했다. 이후로 대서양, 인도양, 태평양 서부 지역의 해운 물량과 이주자의 수가 점차 늘어났다. 18세기 말에 이르렀을 때는 해상 교역량 및 이주자의 수가 몇 배로 증가했고, 경도를 확실히 파악함으로써 세계 지도도 거의 완벽히 제작할 수 있었다.

강제 이주

최근 1000년 동안 강제 이주도 확대되었다. 특히 거대 제국이 건설되자, 지중해에서 인도까지 역사적으로 노예 사회의 중심지들이 형성되었다. 이 지역의 북쪽, 슬라브, 투르크, 캅카스 사람들을 포로로 잡아서 노예로 팔아먹는 상인들이 있었다. 남쪽으로는 나일강 유역과 서아프리카에서 포로를 잡아 왔다. 남인도나 동남아시아에서 잡혀 오는 사람들도 있었다. 노예 제도는 전쟁과 정치의 중심이 되었다. 슬라브, 투르크, 동아프리카, 캅카스 출신 노예 군인들이 거대 제국 병력의 중심이 되었기 때문이다.

육지의 노예 거래는 점차 해양의 노예 무역으로 대체되었다. 노예 무역은 특히 대서양에서 주로 이루어졌지만 인도양도 그에 못지않았다(지도 12-8 참조). 자본주의 경제가 발전하면서 노예 무역은 설탕을 비롯한 기타 상품 작물 재배와 맞물리게 되었다. 1850년까지 아프리카에서 아메리카로 팔려 간 노예는 1000만 명을 넘었다. (다른 지역, 그러니까 유라시아 스텝, 사하라 사막, 인도양을 건너 팔려 간 노예의 수 또한 적지 않았지만 아직 그 규모가 분명하게 밝혀지지 않았다.) 결국 아프리카와 아시아에서 노예 경제가 계속 확대되다가 19세기 말 절정기에 이르렀고, 그 뒤로는 세계적으로 노예 폐지 운동이 일어나 노예 무역이 급격히 쇠퇴했다. 그러나 수 세기 동안 노예화가 확대되면서 인종의 범주화 또한 강화되었고, 그 유산이 극심한 사회적 차별로 남게 되었다.

도시화와 관련된 이주

도시화는 이주와 관련해서 네 번째 중요한 주제다. 도시화와 관련된 이주도 이 시기에 점차 늘어났다. 제국의 수도 콘스탄티노폴리스나 바그다드, 이후의 북경 같은 도시들, 알렉산드리아나 광주(廣州, 광저우) 같

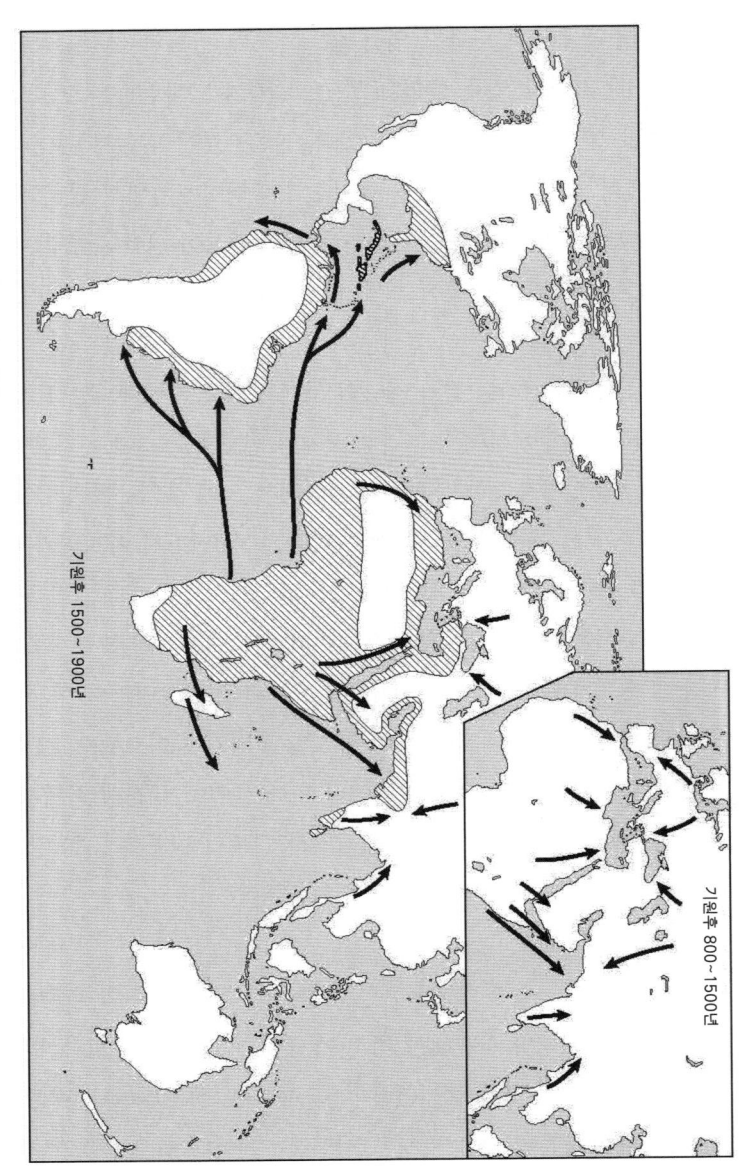

[지도 12-8] 강제 이주(800~1900 CE)
화살표는 주요 강제 이주의 흐름을 나타내고, 음영 표시된 지역은 강제 이주의 영향을 가장 강하게 받은 곳이다.

은 상업 중심 도시들, 볼가강 하류에 있었던 실크로드의 중심지 사라이(Sarai, 전성기는 13~14세기) 같은 도시들로 이주가 집중되었다. 도시의 규모는 이주를 통해서만 유지될 수 있었는데, 도시 내 사망률이 높았기 때문이다. 1500년 이후 런던이나 에도(나중에 도쿄로 이름이 바뀐다) 혹은 콘스탄티노폴리스(당시 오스만 제국 치하) 같은 거대 제국의 수도들이 300년 동안이나 인구의 중심지가 되었다. 세계 경제가 확대되면서 항구 도시의 규모도 날로 커졌다. 중요한 항구 도시로는 리스본, 나가사키, 암스테르담, 바타비아, 제노바, 그리고 하바나 등이 있었다.

디아스포라, 민족, 인종

다양한 이주의 물줄기를 만든 것은 제국이었다. 그 결과 개인과 집단 모두의 정체성이 복잡하게 바뀌었다. 개인은 젠더, 나이, 출신지, 피부색, 결혼 여부, 언어, 종교, 직업, 노예/자유민/지배층 같은 사회적 지위로 명확히 규정될 수 있었다. 나아가 인종 혹은 민족이라고 하는 모호한 집단으로 규정될 수도 있었다. 이주가 지속적으로 확대된 지난 1000년 동안 민족 집단을 지역과 결부시키는 개념 때문에 새로운 유형의 이주가 생겨났다. 즉 디아스포라, 민족, 인종 집단이 그것이다. 디아스포라를 통해 이주자와 그 후손들은 고향에서와 같은 정체성과 문화를 유지했고, 이로써 그들과 고향의 인연이 계속되었다. ("디아스포라"는 비교적 최근에 등장한 용어로, 곳곳에 산재하면서 비공식적으로 연결된 공동체라는 의미로 쓰인다. 오늘날 학계에서는 디아스포라를 근대의 중요한 패턴 중 하나로 간주하고 있다.) 민족이라는 이름 아래 이주자와 현지인을 포함해서 특정 지역의 거주자들이 정치적 목적으로 공통의 정체성을 형성하며, 인종 범주화를 통해 어떤 집단이 다른 집단에 이름표를 붙여서 사회적 위계질서를 나타내기도 한다.

해양을 통한 이주는 15세기부터 대서양과 인도양 연안에 디아스포라를 형성했다. 아프리카에서 건너온 많은 사람들뿐만 아니라 영국인, 아일랜드인, 스코틀랜드인, 포르투갈인, 스페인인, 네덜란드인, 유대인, 독일인, 아랍인, 페르시아인, 구자라트인, 아르메니아인 디아스포라가 있었다. 러시아인 디아스포라는 동쪽 시베리아로 뻗어 나갔고, 중국인 디아스포라는 제국의 범위에서 남쪽과 서쪽으로 확산되었다. 특히 아메리카에서는 디아스포라가 독립 국가를 지향했다. 디아스포라에 근거지를 둔 사람들은 제국의 세계 질서 속에서 자신의 정체성을 다시 규정 짓고자 했다. 그래서 디아스포라는 본국이나 제국의 중앙과 관계를 끊고 새로운 국가를 수립했다. 미국과 아이티가 바로 그런 사례였다. 라틴아메리카에도 스페인과의 전쟁을 통해 독립한 나라들이 있었다. 결국 유럽과 아프리카에서 건너온 사람들로 구성된 디아스포라와 아메리카 인디언의 후손들이 모두 같은 나라의 국민이 되었다. 대륙의 범위에서 디아스포라가 확산된 러시아와 중국의 경우에는 국가의 영토를 넓히는 데 도움이 되었다. 유럽 중 프랑스에서는 민족 국가의 정체성이 일어났는데, 곧이어 폴란드가 그 뒤를 따랐고, 독일에서 더욱 극명한 형태의 민족 국가가 등장했다. 한편 인종의 범주화를 통해 제국 혹은 국가 안에서 항구적 위계질서가 구축되었다. 그 영향으로 아프리카 디아스포라는 인종적 용어로 규정되었고, 사람들의 편견은 점점 더 심해졌다. 제국의 세력은 육지와 바다를 건너 전 세계적으로 미쳤다. 그들의 손안에서 자원은 서로 연결되고 투자되고 강탈되었다. 카를 마르크스의 표현에 따르면 이는 자본의 원시적 축적에 해당하겠지만, 또한 협력적 측면도 있었다. 결과적으로 세계 경제와 인구는 19세기에 들어 극적인 증가세를 보였다.

1700년 이후의 자본주의

18세기를 거치는 동안 일련의 거대한 변화가 서로 얽혀서 일어났다. 자본주의라고 하는 새로운 복합적 경제 시스템이 등장해서 연결망이 전방위적으로 확장되었고, 이익을 좇아 상품이 이동하고 가공되고 판매되었다. 자본주의는 전 세계에 걸쳐 문화를 초월하여 사람들을 하나로 연결시켰다. 사람들은 식품과 의복, 음악, 스포츠를 거래했다. 디아스포라, 인종, 국가의 범주가 갈수록 분명해지면서 공동체마다 단결이 강화되었지만, 동시에 공동체 간 분열이 그만큼 가속화되었다. 자본주의적 투자와 인종 개념의 강화로 전쟁은 더욱 격화되었고, 수많은 생명을 앗아 가고 위계질서를 강화했다. 세계 인구는 서서히 증가했지만 그 증가율이 점점 더 높아졌고, 특히 도시 인구의 증가 속도는 더욱 빨라졌다. 언어는 지역을 이동하며 퍼져 나갔다. 특히 제국과 연결되는 언어는 더욱 그랬다. 이러한 변화들이 서로 연결되는 데 핵심적 역할을 한 것이 바로 이주였다. 동시에 세계적 교류는 이주의 방식도 바꿔놓았다. 이제 우리의 논의에서 남은 이야기는 한때 이주와 관련되었으나 이제는 더 이상 이주와 관련이 없게 된 요인들을 열거해보는 것이다. 이를 통해 이주가 지난 200년 동안의 사회 변화에서 얼마나 중심적인, 그리고 때로는 결정적인 역할을 했는지 보여주고자 한다. 역사상 이주자의 수치가 절대적으로나 상대적으로 최고에 이른 시기가 바로 최근 200년 동안이었다.

자본주의의 출현은 상업이 발달한 곳이면 어디서든 분명하게 나타났다. 공장제 생산과 임금 노동은 서유럽과 북아메리카 일부 지역에서 확장되어 나갔다. 노예를 이용하는 조직화된 플랜테이션 농장이 대서양 연안을 따라 조성되었다. 세계의 모든 거대 항구에서 운송 및 판매 기업이 활동을 펼쳤다. 항구와 항구를 잇는 배를 운항하거나, 항구에서 일을 하거나, 육지에서 상품을 운송하는 사람들 중에는 임금 노동자와 강제 노동자가 함께 섞여 있었다. 네덜란드 동인도회사는 1602년부터 이 같은 결합식 노동력 운용을 확대해 나갔다. 광물 수요에 따라 철, 금, 은, 납, 주석, 다이아몬드 등을 채굴하는 광산도 늘어났다. 은행과 보험업은 주로 부유한 가문에서 하는 사업으로, 투자를 해주고 이익을 얻었다. 경쟁은 곧 분쟁을 초래했다. 유럽 대륙은 1792년부터 무려 20년 동안 전쟁에 휩쓸렸다. 그러나 이는 앞으로 펼쳐질 엄청난 전쟁의 서막에 불과했다.

 19세기에 들어설 무렵, 전쟁과 경쟁의 와중에도 세계의 인구는 늘어났다. 특히 사망률은 세계 여러 지역에서 감소세를 보였으며, 그 결과 인구도 서서히 증가했다. 세계 문화 교류(음식, 의복, 관습, 질병)는 모든 인종, 종교, 사회 계급, 언어를 초월했다. 이 모든 요인이 결합되어서 사망률이 감소했던 것이다. 사실 유럽, 아시아, 아메리카의 인구 성장은 19세기 이전에 이미 시작된 일이었다. 특히 아메리카는 이주자들 때문에 인구가 늘어나고 있었다. 같은 시기 아프리카의 인구는 증가하지 않았다. 전쟁과 노예 문제 때문이었다. 세계 교류의 주변부에 불과하던 환태평양 연안은 이제 제국주의와 자본주의 질서에 더욱 강력하게 편입되었다. 이 지역은 어디에서든 사망률이 높아졌고, 동시에 이주자도 많아졌다.

 1850년부터 원거리 이주가 갑자기 증가했고, 이런 현상은 1940년까지 지속되었다(지도 12-9 참조). 유럽인은 세계 경제에서 우위를 점하고 있었다. 증기 기관, 철도, 섬유와 더불어 광산과 석탄 운송 덕분에 공장의 생산력이 비약적으로 성장했기 때문이다. 원거리 이주의 기본적 특성도 포로로 잡혀가는 강제 이주에서 자발적 이주로 바뀌었다(물론 자발적 이주자 가운데 반강제적 임금 노동자도 많았다). 때로는 위기가 이주의 바람을 몰고 오기도 했다. 1845~1849년 아일랜드의 감자 기근이 바로 그런 사례였다. 그러나 기술력의 발전으로 획기적 변화가 찾아왔다. 특히 증기선 덕분에 더욱 안정적이고 저렴한 여행이 가능해졌다. 게다가 전신을 통해 전 세계적으로 정보를 전달할 수 있게 되었다. 산업 생산의 증대로 광물 및 농산물 수요도 따라서 증가했다.

 1550년부터 1850년까지 아프리카에서 노예로 잡혀 아메리카로 건너간 사람들은 1000만 명 정도였는데, 1840년부터 1940년까지 100년 동안 유럽에서 대서양을 건너 아메리카로 간 사람들은 거의 5000만 명에 달했으며, 이외에도 인도와 중국에서 아메리카로 이주한 사람들이 8000만 명이었다. 기존에 인구가 희박하던 두 지역, 북아메리카와 동남아시아로 각각 3000만 명의 인구가 유입되었다. 게다가 육로를 통해 이주한 사람들도 엄청나게 많았다. 아시아 북부와 중앙아시아로 새로 이주한 사람들은 2000만 명에 달했는데, 이들이 이주한 곳은 중국 혹은 러시아의 통치를 받는 지역이었다. 대규모 이주의 물결이 일어나자 디아스포라가 형성되고 국가도 수립되었다. 이전에 디아스포라는 제국이나 교역을 위해 조성되었지만, 이제는 자본주의와 더욱 밀접한 관련을 맺게 되었다. 디아스포라는 이주자들 사이에서도 전통과 언어를 유지하는 공동체를 형성했다. 그들은 거꾸로 고향에도 영향을 미쳤다. 브라질

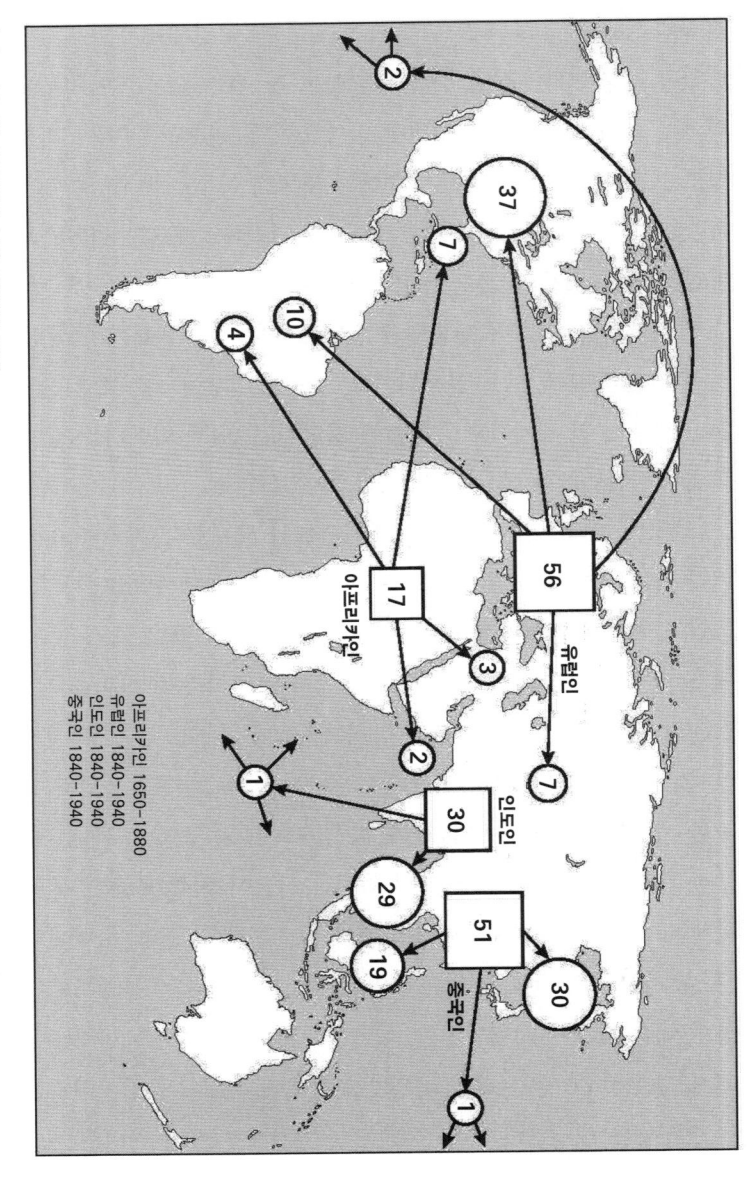

[지도 12-9] 1850년 이후 세계의 이주
사각형 안 수치는 이주해서 "들어온" 인구수, 원 안 수치는 이주해서 "나간" 인구수를 나타낸다(단위는 100만 명).

아프리카인 1650–1880
유럽인 1840–1940
인도인 1840–1940
중국인 1840–1940

세계사의 탄생: 전통과 주제와 서술 방식

과 미국에서는 다양한 디아스포라 공동체가 연합해서 각자 국가를 수립하고 독립을 선포했다. 그들은 서부로 진출하여 새로운 디아스포라를 건설했고, 이는 국가의 확장에 도움이 되었다. 유럽에서 건너와 구축한 디아스포라는 나중에 미국이나 브라질에 소속되었다. 그러나 신생 국가에 누구나 차별 없이 참여할 수 있는 것은 아니었다. 브라질과 미국의 아프리카인 디아스포라는 노예제가 폐지된 이후에야 비로소 온전한 국민으로 인정받을 수 있었다. 많은 디아스포라가 끝까지 아프리카인 디아스포라의 정체성을 유지하기도 했다. 만주를 비롯해 북방으로 이주한 중국인 이주자들은 중국의 국경을 확장시켰다. 그러나 동남아시아로 이주한 중국인 이주자들은 디아스포라를 형성했을 뿐 국경 확장과는 관련이 없었다.

19세기 제국의 확장으로 몇 개 도시가 아니라 세계 인구의 대부분이 제국의 통치 아래 놓였다. 이들 제국의 치하에서 (원인이 무엇이든 간에) 막대한 대륙 간 이주가 일어났다. 이전 세기에 제국의 영향으로 많은 사람들이 서로 뒤섞임으로써 인종 정체성과 적대감이 강해졌다. 인종 구분으로 피부색이나 신체 조건에 따라 공동체가 나뉘었고, 심지어 복식이나 종교적 관습도 공동체를 나누는 기준이 되었다. 그리고 공동체 사이의 위계질서도 갈수록 강화되었다. 이 같은 인종 개념은 특히 18세기에 뚜렷이 부각되었는데, 19세기 제국과 국가가 확장되면서 강제적 성격이 더욱 강화되었다. 인종 차별은 20세기에 최고조에 이르렀다가 다시 완화되기 시작했다. 아프리카 대륙은 글로벌 체제로 들어와 있었지만 제국의 통치에서는 벗어나 있었다. 19세기 말에 이르러 아프리카는 유럽인에게 정복당했고, 그 뒤 거의 한 세기 동안 제국의 통치 아래 놓여 인종 차별을 겪어야 했다. 동북아시아 대부분 지역은 일본 제국의 지배 아래 놓였다. 제국을 통치하는 기술은 언제나 다양했지만, 이 무렵의 제국들은 인종 차별과 동시에 산업 성장에 크게 의존하고 있었다.

산업이 성장하면서 제국들 간 무기 경쟁도 치열해졌고 갈수록 사악해졌다. 제국들 간 전쟁은 심심찮게 터져 나왔다. 1898년 미국은 스페인 제국과의 전쟁에서 승리했고, 1905년 중국 및 러시아 제국과의 전쟁에 도전한 일본 제국도 성공적으로 마무리했다. 1914년부터 1918년까지 세계대전이 일어났다. 전쟁의 결과 독일 제국, 오스트리아 제국, 오스만 제국, 러시아 제국이 붕괴되었다. 나머지 제국들도 엄청난 타격을 입은 뒤였다. 그들은 남아 있는 자산을 지키고자 했는데, 제국을 유지하는 주요 도구로 인종 차별을 활용했다.

제국 간 긴장은 곧바로 다시 격화되었다. 나치 치하의 독일에서 특히 인종 문제가 주요 정치 기술로 활용되었고, 인종 차별도 극에 달했다. 그들은 유대인과 다른 몇몇 인종을 제거 대상으로 지정했다. 제2차 세계대전이 끝난 때는 이미 광범위한 파괴가 진행된 뒤였다. 전쟁과 함께 신생 독일 제국과 일본 제국도 붕괴되었다. 뿐만 아니라 제국이라는 일반적 개념도 무너졌다. 특히 인종 차별적 위계질서를 기반으로 하는 제국 개념은 더 이상 존재할 수 없었다. 이후 30년 동안 독립 운동이 일어났고 제국은 사라졌다. 브리튼, 프랑스, 네덜란드, 벨기에, 미국, 그리고 포르투갈에서 제국 체제가 막을 내렸다. 그들이 사라지면서 식민지도 영원히 사라졌다.

1945년 전쟁이 중단되고 UN(United Nations)이 결성되었다. UN은 세계 질서의 기본 축이 되었다. 그럼에도 불구하고 세계대전의 위협은 냉전(Cold War)이라는 이름으로 거의 50년 동안 지속되었다. 또한 탈식민지화가 가져온 지역 분쟁으로 희생자와 피난민이 끊임없이 양산되었다. 제2차 세계대전 이후에 일어난 경제 붐은 새로운 이주의 물결을 일으켰다. 경제적 생산성이 증대되면서 그 과실은 매우 불공평하게 나뉘었지만, 그럼에도 불구하고 세계 어디에서든 인구 증가가 가속화되었다. 인구 증가로 도시에는 더욱 많은 인구가 몰려들었다. 지난 1000년 동안 직업 인구에서 농부가 최고의 자리에서 밀려나기는 처음이었다(지도 12-10 참조).

언어는 역사상 언제나 바뀌고 이동해왔으나, 언어와 디아스포라의 관계가 이토록 밀접했던 적은 일찍이 없었다. 제국의 언어는 소수 식민지 관리들만 사용하면 그만이었다. 그러나 나중에 이주자들은 제국의 언어가 만들어놓은 루트를 따라 움직였다. 제국의 반대편 끝에서 이주해 온 사람들이 제국의 소속 및 언어를 이용해서 새로운 지역으로 진출할 수 있었다. 이렇게 해서 포르투갈어, 스페인어, 프랑스어, 러시아어가 확대되었고, 특히 영어가 세계의 언어가 되었다.

1950년 이후 이주의 물결 속에서 새로운 디아스포라가 확산되었다. 카리브해의 이주자들이 유럽과 북아메리카에 정착했고, 터키인이 독일로, 멕시코인이 미국으로 이주했다. 통신 기술의 발달 덕분에 디아스포라에 정착한 사람들은 고향과 연락을 주고받기가 더 편리해졌고, 세대를 거듭하면서도 연락은 계속되었다. 중국인, 아일랜드인, 필리핀인, 팔레스타인인 디아스포라는 선조들의 고향과 관련된 활동에 적극 참여했다. 유대인 디아스포라는 심지어 고향을 새로 건설하기도 했다.

도시화는 20세기 말에 새로운 단계로 접어들었다. 이주의 방향은

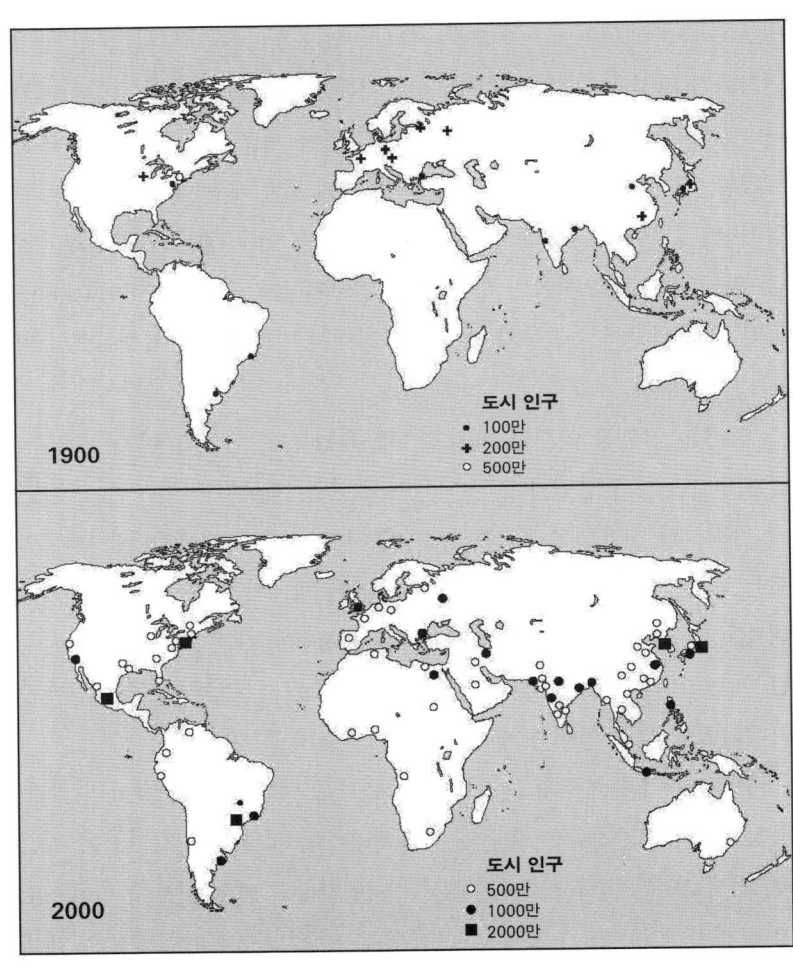

[지도12-10] 20세기의 도시화

1850년 이후 대부분의 시기에 주로 변화한 지역에서 인구 밀도가 낮은 지역을 향했으나, 20세기 후반기에 이르러 주된 흐름의 방향이 반대로 바뀌었다. 사람들의 이동은 시골에서 소도시로 향했고, 도시 규모는 전례 없이 확장되었다. 유럽과 북아메리카 지역에서 도시화는 19세기 동안 진행되어서 1960년대에는 거의 75퍼센트의 인구가 도시에 거주하게 되었다. 세계의 다른 지역에서도 도시화는 빠른 속도로 진행되었다. 지역에 따라서는 도시 인구 비중이 75퍼센트를 넘는 곳도 있다. 세계적으로 인구 2000만 명 이상의 대도시도 수십 개에 이르며, 대륙마다 이런 대도시가 몇 군데씩 존재한다. 도시의 정착민들은 주로 가까운 주변에서 몰려든 사람들이며, 굉장히 먼 거리에서 이주해 온 경우는 많지 않다. 결과적으로 21세기 초에 이르러 인류 사회는 한계점에 다다랐다. 이제 인류 인구의 대부분은 시골이 아니라 도시에 살게 되었다.

세계적으로 대중문화는 굉장히 새로운 방향으로 발전했는데, 복합적 유형의 문화들이 연결된 결과였다. 전자 정보 통신 기술이 가장 중요한 역할을 하는 것은 틀림없는 사실이다. 이주와 다문화적 분위기가 확대되면서 세계 곳곳에서 음악, 요리, 의복, 영화, 그림 등 대중문화의 여러 측면들이 공유되고 있다. 특히 아프리카인 디아스포라 및 아프리카 거주민은 인종 차별로 가장 큰 고통을 받았지만 새로운 대중문화를 창조하고 확산하는 데 가장 비중 있는 역할을 담당하고 있다. 지구상 어디에 살든 21세기에는 이주자를 목격하는 일이 누구든 더 이상 놀라운 일이 아닌 현실이 되었다.

이주의 미래

이주는 오래된 것과 새로운 것의 혼합이다. 고등 교육이 확대되면서 오늘날 유행하는 이주의 패턴 가운데 하나는 유학이다. 학생들은 대학교에 진학하려고 고향, 심지어 나라를 떠나기도 한다. 하이테크 시대의 세계에서 자신이 할 일을 찾기 위해서다. 여기에는 일상생활의 측면도 많이 포함되어 있다. 즉 젊은이들은 집을 떠나 멀리 여행을 하고 사회적 경계선을 넘어가며 (일단은 학교생활과 관련된 범위 안에서) 새로운 언어와 관습을 배운다. 학교를 마치고 일부는 경험을 쌓은 뒤 집으로 돌아오겠지만, 일부는 더 멀리 이주할 것이다. 이는 고대 인류의 공동체 범위를 넘어서는 이주 패턴이 오늘날 세계화의 흐름에서도 그대로 유지되고 있는 셈이다. 더욱 극적인 변화 가운데 인간의 저변에 깔린 습관이 더욱 능력을 발휘하는 것이다.

계속되는 이주는 놀랍고도 인상적이다. 육지와 바다는 인류 이동의 주요 통로였다. 오늘날은 항공편이 갈수록 원거리 여행을 더 많이 담당하는 한편, 근거리 여행에는 승용차나 버스나 기차가 이용된다. 반면 바다를 이용한 인류의 여행은 줄어들고 있지만, 대신 상품의 해상 운송 비중이 최대한도로 늘어나고 있다. 마찬가지로 민족 단위와 민족 정체성도 계속해서 유지될 테고, 이주가 늘어나면서 아마 더 강화될지도 모른다. 또한 비공식적 사회 조직인 디아스포라도 계속해서 유지될 텐데, 역시 더욱 확대되고 인류의 생활에 여전히 더 많은 영향을 미칠 것이다. 한편 도시와 근교 및 시골 지역은 분명 변화를 겪을 것이다. 농촌은 갈수록 기계화가 진행될 것이며, 도시 지역의 주도는 점점 더 강한 양상을 띨 것이다.

미래의 이주자는 어디에 정착할까? 가장 거대한 도시는 역사적으로 물가에 위치했다. 기후 변화로 해수면이 상승한 뒤에도 변함이 없었다. 사람들은 시골 지역을 떠나서 크고 작은 도시 지역으로 계속해서 몰려들 것이다. 아마도 미래의 이주는 대부분 도시에서 도시로 이동하는 이주가 될 것이다. 언어에는 어떤 변화가 찾아올까? 사람들은 더 많은 언어를 배워야 할까, 아니면 그 반대일까? 최근 반세기 동안 영어가 극적으로 확산된 사례를 보면 아마도 영어가 미래의 주요 언어가 될 것이며, 심지어 유일한 언어가 될지도 모르겠다. 영어를 1차 언어로 습득하는 원어민은 약 3억 5000만 명이며, 이는 인류 전체의 5퍼센트에 해당한다(게다가 영어를 제1외국어로 사용하는 인구수는 이보다 조금 더 많다). 스페인어 원어민도 인류의 5퍼센트 정도를 차지한다. 하지만 사용 인구가 적은 언어는 점차 소멸하고, 그렇지 않은 언어는 확대될 것이다. 세계의 거대 도시에서는 대부분 복수 언어를 사용하고 있다. 따라서 우리의 미래는 영어만 남는 것이 아니라 복수 언어의 세계가 될 것이다. 또한 이주를 통해 언어와 문화를 습득하는 경험은 앞으로도 오래도록 계속될 것이다.

다문화 사회가 세계적으로 발전하면서 인류의 새로운 공유 문화도 생겨나지만, 또한 새로운 차별도 만들어진다. 과거의 이주는 역사적으로 형성된 연결 고리에 의존했다. 그러한 연결 고리를 통해 서로가 자원을 공유하기도 했지만, 동시에 문화적 차별과 불평등이 초래되기도 했다. 바라건대 우리의 미래에 계속해서 더 많은 이주만 존재할 것이 아니라, 지역 차원이든 세계적 차원이든 과거의 이주에 대한 신중한 연구도 함께 이루어지면 좋겠다. 그래서 우리가 오늘날 이주 때문에 일어나고 있는 변화를 더 잘 관찰할 수 있게 되기를 바란다.

더 읽어보기

Allsen, Thomas T., *Culture and Conquest in Mongol Eurasia*, Cambridge: Cambridge University Press, 2001.

Anthony, David W., *The Horse, the Wheel, and Language: How Bronze Age Riders from the Eurasian Steppes Shaped the Modern World*, Princeton and Oxford: Princeton University Press, 2007.

Aslanian, Sebouh David, *From the Indian Ocean to the Mediterranean: The Global Trade Networks of Armenian Merchants from New Julfa*, Berkeley: University of California Press, 2010.

Brooke, John L., *Climate Change and the Course of Global History: A Rough Journey*, New York: Cambridge University Press, 2014.

Cohen, Robin, *Global Diasporas: An Introduction*, Seattle:University ofWashington Press, 1997.

Diamond, Jared, *Guns, Germs, and Steel: The Fates of Human Society*, New York: Norton, 1997.

Dingle,Hugh, *Migration: The Biology of Life on theMove*, Oxford: Oxford University Press, 1996.

Dufoix, Stéphane, *Diasporas*, William Rodarmor (trans.), Berkeley: University of California Press, 2008.

Ehret, Christopher, *An African Classical Age: Eastern and Southern Africa in World History, 1000 B.C. to A.D. 400*, Charlottesville: University Press of Virginia, 1998.

_____, *History and the Testimony of Language*, Berkeley: University of California Press, 2010.

Gabaccia, Donna, *Italy's Many Diasporas*, Seattle: University of Washington Press, 2000.

Hoerder, Dirk, *Cultures in Contact: World Migrations in the Second Millennium*, Durham, NC: Duke University Press, 2002.

Lucassen, Jan and Leo Lucassen, "The mobility transition revisited, 1500-1900: What the case of Europe can offer to global history," *Journal of Global History* 4 (2009): 347-77.

_____, (eds.), *Globalising Migration History: The Eurasian Experience (16th-21st Centuries)*, Leiden: Brill, 2014.

Lucassen Jan, Leo Lucassen, and Patrick Manning (eds.), *Migration History in World History: Multidisciplinary Approaches*, Leiden: Brill, 2010.

Manning, Patrick, *The African Diaspora: A History through Culture*, New York:

Columbia University Press, 2009.

_____, "Cross-community migration: A distinctive human pattern," *Social Evolution and History* 5,2 (2006): 24-54.

_____, "*Homo sapiens* populates the Earth: A provisional synthesis, privileging linguistic data," *Journal of World History* 17,2 (2006): 115-58.

_____, *Slavery and African Life: Occidental, Oriental, and African Slave Trades*, Cambridge: Cambridge University Press, 1990.

Manning, Patrick, with Tiffany Trimmer, *Migration in World History*, 2nd edn., London: Routledge, 2012.

McKeown, Adam, "Chinese migration in global context, 1850-1940," *Journal of Global History* 5 (2010): 95-124.

_____, "Global migration, 1846-1940," *Journal of World History* 15 (2004), 155-89.

_____, *Melancholy Order: Asian Migration and the Globalization of Borders*, New York: Columbia University Press, 2011.

Moch, Leslie Page, *Moving Europeans: Migration in Western Europe Since 1650*, 2nd edn., Bloomington, IN: Indiana University Press, 2003.

Perdue, Peter C., *China Marches West: The Qing Conquest of Central Asia*, Cambridge, MA: Belknap Press of Harvard University, 2005.

Peters, F. E., *The Hajj: The Muslim Pilgrimage to Mecca and the Holy Places*, Princeton, NJ: Princeton University Press, 1994.

Wilmshurst, Janet M., Terry L. Hunt, Carl P. Lipo, and Atholl J. Anderson, "Highprecision radiocarbon dating shows recent and rapid initial human colonization of East Polynesia," *Proceedings of the National Academy of Sciences of the United States of America* 108,5 (February 1, 2011): 1,815-20.

케임브리지 세계사 01
세계사의 탄생
전통과 주제와 서술 방식

2021년 4월 15일 1판 1쇄

데이비드 크리스천 편집
류충기 옮김

펴낸곳 : (주)소와당笑臥堂 | 신고 번호 : 제313-2008-5호
주소 : (03994) 서울시 마포구 연남로 13(영상빌딩 3층)
전화 : (02)325-9813
팩스 : (02)6280-9185
전자우편 : sowadang@gmail.com

저작권자와 맺은 협의에 따라 인지를 생략합니다.
값은 뒤표지에 적혀 있습니다.
잘못 만든 책은 서점에서 바꾸어 드립니다.

ISBN 978-89-6722-029-7 94900
ISBN 978-89-6722-028-0 94900 (세트)